メルロ＝ポンティの思想

木田　元

JN177776

講談社学術文庫

父上に

まえがき

メルロ＝ポンティが世を去ってから、はやくも四半世紀の歳月が流れ過ぎたことになる。二三年前の一九六一年五月、その訃報に接したとき、われわれは現代哲学の実に大きな可能性が無残にもむしりとられたという痛切な思いにかられたものである。殊に彼がその死の前年にみずから編集した論文集『シーニュ』と、最後の公刊論文となった『眼と精神』を手にしたばかりであり、そこに彼の哲学の展開の新たな方向が垣間見られていただけに、その思いはいっそう深かった。そしてその後、絶筆となった『見えるものと見えないもの』の未定稿や、この仕事のための「研究ノート」がクロード・ルフォールの手で整理刊行されてみて、われわれはおのれの失ったものの大きさをますます深く思い知らされることになった。

とは言うものの、われわれがメルロ＝ポンティを読みはじめたのは、それほど早くはなかった。今ほど海彼の思想界の情報が刻々伝えられるといった状況ではなかったので、サルトルの動向にからんでその名前は眼にしていたものの、その著作を真剣に読みはじめたのは、一九五〇年代も後半になってからのことではなかったろうか。そして、ようやくその真価に気づいた頃、彼の死の報せがもたらされたというわけである。メルロ＝ポンティは私たちにとって、まるで流星のようにかたわらを掠め過ぎ、気がついたときにはもう地平線の彼方に落ちていたという感じであった。もっとも、その光芒は長く尾を引き、いまだに鋭い光を放ちつづけている。そして、われわれはその星屑を拾い集め、失われたものの大きさを計ってみているのである。

事実、この未完成の哲学は未完成のままに、この歳月、ますますその影響を広く深く及ぼしつづけてきているように思われる。フランスだけではなく、ドイツ、イタリア、アメリカ、そして日本で多くの研究論文が書かれ研究書が出されてきているし、哲学の領域にだけではなく、心理学、社会学、政治学、美学、芸術の諸領域にもその影響の跡はいちじるしい。六〇年代以降の構造主義の隆盛の口火を切ったのもメルロ＝ポンティであったし、いわゆるポスト構造主義の思想家たちもメルロ＝ポンティの思想からなにかを汲みとっているようである。それにこの間、五〇年代初頭の未定稿『世界の散文』や、コレージュ・ドゥ・フランスの『講義要録』（邦訳『言語と自然』）、聴講者のノートを元にして再現されたリヨン大学やソルボンヌでの講義の記録、その上いくつかの重要な研究書も公刊され、いわば資料は出そろった感じである。そこで、それらを踏まえて、彼の思想の形成と展開、その主要な問題点をふりかえってみようと思う。その影響の大きさのわりには、彼の哲学には残された問題や、展開しつくされないでしまった問題が多いように思われるからである。

それだけではない。おそらくメルロ＝ポンティが二〇世紀フランスを代表する哲学者だということには、今となってはあまり異論もないであろうが、同時に彼は——そして、ここにサルトルの名前も並べるべきであろうが——まさしく歴史のなかでその思想を鍛えあげていった、今のところ最後の哲学者でもあるように思われる。それだけに、思想が技術に化すか、さもなければほとんどファッションに化してしまっている今、われわれには彼の哲学する姿勢から学ぶべきものが実に多い。その著作の邦訳も出そろった今、もう一度じっくりと味読するに価すると思う。そんな思い入れもあって、メルロ＝ポンティの思想をまとまった形で紹介してみようというのが、本書のねらいである。まとまった形でと言っても、むろんその思想の全容にふれることなどはできそうにもない。かなり恣意的な選択をすることになると思うが、それでも彼の思想の大筋だけはとらえたつもりである。

　いかにも気のきかないやり方ではあるし、すでに周知のことにふれることにもなろうが、まず彼の思想の形成にからむ伝記的な事実から筆を起してみようと思う。たしかに彼のばあい、それほど伝記的な興味をそそる生涯とは言えないが、それにしても『行動の構造』の公刊に先立つ思想の形成期については、これまでほとんど知られなかった。たとえば、彼が現象学をいつごろから、どのような関心で学びはじめたのかといったことも、まったく不明であった。ところが、最近この時期についてのかなり詳細な研究もおこなわれて[1]、事情のはっきりしてきたところもあるので、まずそのあたりから書きはじめようと思うのである。

凡例

一、メルロ＝ポンティの著作からの引用は、その箇所を一々注記する煩をはぶき、該当箇所に以下のような略記号（著作名）と数字（ページ数）を〔 〕でかこって挿入し指示することにした。（数字の後のfは「……ページ以下」を示し、nは「注」を意味する。）邦訳のあるものは、引用箇所の指示もすべてそれによった。したがって、原書名と邦訳名と異なることがあるが、それは巻末の文献表によって確かめていただきたい。

AD　『弁証法の冒険』（滝浦静雄・木田元・田島節夫・市川浩訳、みすず書房、一九七二年）。

MS　*Maurice Merleau-Ponty à la Sorbonne. Résumé de ses cours établi par des étudiants et approuvé par lui-même, Bulletin de Psychologie*, n° 236, XVIII, 3-6, 1964.

OE　『眼と精神』（滝浦静雄・木田元訳、みすず書房、一九六六年）。

PM　『世界の散文』（滝浦静雄・木田元訳、みすず書房、一九七九年）。

PN　Philosophie et non-philosophie depuis Hegel, *Textures*, n° 8-9, pp. 83-129, 1974, n° 10-11, 1975, pp. 145-173.

PP I, II　『知覚の現象学』１・２（竹内芳郎・小木貞孝・木田元・宮本忠雄訳、みすず書房、一九六七、七四年）。

RC　『言語と自然――コレージュ・ドゥ・フランス講義要録　１９５２―６０』（滝浦静雄・木

田元訳、みすず書房、一九七九年)。

S I, II 『シーニュ』1・2(竹内芳郎・海老坂武・粟津則雄・木田元・滝浦静雄・佐々木宗雄・二宮敬・朝比奈誼訳、みすず書房、一九六九、七〇年)。

SC 『行動の構造』(滝浦静雄・木田元訳、みすず書房、一九六四年)。

SN 『意味と無意味』(滝浦静雄・粟津則雄・木田元・海老坂武訳、みすず書房、一九八三年)。

VI *Le visible et l'invisible: suivi de notes de travail*, Gallimard, 1964.

一、本文中二字下げて組んであるのは、すべて引用文である。

一、本文中の(1)(2)……の数字は注の所在を示し、注は巻末にまとめてある。各章ごとに新たに数を起している。

目次

メルロ＝ポンティの思想

I　思想の形成

1　修学時代

モーリス・メルロ゠ポンティは、一九〇八年三月一四日、フランスの大西洋岸にあるシャラント゠マリチーム県、ロシュフォール゠シュル゠メールに生まれた。ちなみに、のちに彼と深いかかわりをもつことになるJ゠P・サルトルやポール・ニザン、レーモン・アロンが一九〇五年、シモーヌ・ドゥ・ボーヴォワールやクロード・レヴィ゠ストロースが彼と同じ一九〇八年に生まれており、早逝したニザンを除くこれらの人びとが第二次大戦後のフランスの思想界を指導する「輝ける世代」を形づくることになるのである。メルロ゠ポンティは、第一次大戦の前夜に父親を亡くし、その後はパリのトゥール街で母や弟妹とともに、閉鎖的なまでに親密な家庭で幸福な幼少期を送ることになる。一九四七年のある日、彼はサルトルに「自分は比類のない幼少期からついに癒えないでしまった[1]」と語った由である。サルトルはまた、一九五三年にメルロ゠ポンティが母親を失ったときのその悲嘆について、こう書いている。

彼はまるで自分の命に執着するように彼女に執着していた。もっと正確に言えば、彼女は彼の命であった。彼の幼年期の幸福は彼女が惜しみなくそそいでくれた心遣いのおかげであった。彼女は彼の幼年期の目覚めた証人であった。だからこそ、流謫の身になってからも、彼女は依然として彼の守護者だったのである。彼女がいなければ、過去は砂のなかに呑みこまれてしまっただろう。彼女によってこそ過去は、手はとどかないまでも、生き生きと保存されていたのだ。メルロ＝ポンティは、彼女との死別まではこの黄金時代を、一日一日しだいに遠ざかってゆく天国として、また彼にそれを与えてくれた女《ひと》の生身をもった日常的な現存として生きていた。……しかし、彼の母が亡くなったとき、風はすべての扉をぱたんと閉めてしまい、彼はそれらの扉が二度と開かないだろうことを知った。二人がかりでの思い出とは儀式である。後に残された者は枯葉や言葉だけしか見いださない。メルロ＝ポンティは、その少しあとで、シモーヌ・ドゥ・ボーヴォワールに出逢ったとき、自分の生真面目さをかくすあの淋しげな陽気さで、特に誇張することもなく、〈ぼくはもう半分以上死んだも同じだよ〉と語った。[2]

母親や幸福だった幼年期への執着は、どこまでも始源へ遡行しようとする彼の哲学の体質や、サルトルと比べて一種「後向き」の彼の生き方と無関係ではなさそうである。メルロ＝ポンティ自身も『シーニュ』の序文で、サルトルとニザンの関係にからめてこう書いている。

……青年である二つの仕方があり、両者は相手を容易には理解しえないものである。まず幼年期によって魅惑されているある種の人びとがいる。幼年期が彼に取り憑き、彼らを特権的な可能性の次元に魅了されたままにしておくのだ。また、幼年期によって、大人の生活の方へ投げ出される別の種類の人間がいる。彼らは、自分には過去がなく、またあらゆる可能性のすぐそばにいると思っている。サルトルは後の方の種類の人間に属していた。

ニザンに托して語ってはいるが、メルロ＝ポンティもまた前の方の種類の人間であることは確かであろう。この種の人間について、彼はさらにこう言葉を継ぐ。

幼年期を引き継いでいった人たち、あるいはそれを乗り越えることによってそれを保持しようとした人たちにしても、……保持されているものは乗り越えられはしないものだということ、彼らが郷愁を覚えている全体性を彼らに取りもどしてくれるようなものは何もないのだということ、そして、意地を張るなら、やがては馬鹿か嘘つきになる以外に道はなくなるだろうということを学ばねばならなかった。〔S I 35-36〕

サルトルの言うように、「楽園喪失」がメルロ＝ポンティの原体験であったのかも知れない。

メルロ＝ポンティはル・アーヴルの高等中学校《リセ》に五年まで在学し、その後パリのジャンソン・ドゥ・サイイ、次いでルイ＝ル＝グラン高等中学校に移っている。この時期に哲学を専攻する決意をし、その後迷いを感じたことはなかったらしい。一九六〇年にマドレーヌ・シャプサルのインタヴューに答えてこう言っている。

> 伝記的な質問に対しては、こうお答えしましょう。哲学学級〔高等中学校の最高学年〕に入った日、私は自分のやりたがっていたのが哲学だったということに気づきました。当時も、それ以後も、私はそのことについてはほんの少しのためらいも感じたことはありません。[3]

一九二四年から二六年まで、高等師範学校《エコール・ノルマル・シュペリユール》の受験準備をするが、この時期にベルクソンを熱心に読み、メーヌ・ドゥ・ビラン全集の編集をはじめていたピエール・ティスランの講義に熱心に出席していたという。二六年に高等師範学校に入学、三〇年まで在学する。ここでサルトルやニザン、ボーヴォワールらと知り合うわけであるが、サルトルとの最初の出会いについて彼は、「J＝P・サルトル、スキャンダルを起す作家」（のちに『意味と無意味』所収）のなかで、こう述べている。

> 私が彼を知ったのは、今から二〇年前のある日、友人の一人と私が気の向くままにひどく下品な古い歌を口笛で吹いたというので学校《エコール・ノルマル》が激怒したときのことである。彼はわれわれの迫害者とわれわれのあいだに割って入って、われわれが置かれていた

英雄的《ヒロイック》でもあれば滑稽でもある状況のなかで、われわれに譲歩もさせず損害も受けさせないような逃げ道を用意してくれたのだった。〔SN 61〕

この際どうでもよいことだが、ジェラーツによれば、その友人とは、のちに中世哲学者となり『プロチノスの知恵』（一九五二年）を書くモーリス・ドゥ・ガンディヤックであり、ガンディヤックの語るところでは、その歌とは反戦歌だったということである。

もっとも、サルトルやニザンが寮生であったのに、メルロ＝ポンティは自宅から通学していたので、それほど親しかったというわけでもなさそうである。「学校でわれわれは知りあったが、それほど往き来があったわけではない。彼は通学生だったし、私は寮生だった。この二つの身分は、おたがいに自分の方が騎士階級で、相手は足軽だと思っていた[4]」とサルトルが書いている。メルロ＝ポンティはむしろボーヴォワールと親しく、彼女も『娘時代』のなかで、「プラデル」という仮名を使って、当時の彼のうぶな様子を語っている。が、それも引用するまでもあるまい。かえって、サルトルの次の証言の方が重要である。

くだらなく謹厳なわれわれの先生たちは、歴史に無知であった。彼らは、そんな問題は成り立たないとか、それは問題の立て方が悪いのだとか——これが当時の文筆上の常套手段であったのだが——〈答えは問題のなかにふくまれている〉とか、答えたものである。思索するということは測定することだ、と彼らのひとりが言っていたが、御当人はそのどちらをもやりはしなかった。そして、彼らのみんなが、人間と自然とは普遍的概念の対象になる、と言っていた。それこそまさにメルロ＝ポンティの承認しえぬことであった。おのれの前史《プレイストワール》の蒼古的《アルカイク》な秘密に悩まされていた彼は、われわれの埋没してしまった誕生を忘れて、おのれを小型飛行機ででもあるかのように思いこみ、〈上空飛行〉をやってのけるこれら勇敢な連中にいらだっていた。[5]

ここで言われている「先生たち」とはブランシュヴィックやラランドやメイエルソンといった人たちであろう。一九二〇年代後半のフランスはふたたびヨーロッパの政治的主導権を手にし、それとともにかつてないほどに強い文化的優越感をいだいてはいたが、実際には、敗戦国のドイツが古い伝統の拘束から解放されて激しい知的興奮に沸き立っていたのと対照的に、極度の知的沈滞期、いわば「ふさがれた道」に入りこみつつあった。ベルクソンはすでに老境に入り、講壇を支配していたのはブランシュヴィック流の観念論であった。サルトルは、先の文章につづけて、さらにこう書いている。

彼〔メルロ＝ポンティ〕はもっとあとになって言うだろう。彼らは世界を真正面から見ているのだと自慢している。彼らは、世界がわれわれを包み、われわれを生み出しているのだということを知らないのだろうか。もっとも解放された精神でさえもが世界の刻印を帯びており、それが目指しているつもりになっている存在によって、はじめから底の底まで条件づけられていないような思想はただの一つとして形成することはできないのだ。われわれは、その起源がけっして知ではなく出来事であるような両義的歴史に属しているのであるから、われわれの生活、このつむがれてゆく編目を認識の用語に翻訳しうるなどということは、考えることもできないのだ(6)。

若いメルロ＝ポンティのパスカルやベルクソンへの傾倒も、こうした精神的姿勢によるものであろう。パスカルについては、やはりサルトルがこう言っている。

パスカルを読みおえてしまう前の、思春期のはじめからパスカル信者であった彼は、おのれの特異な人格を一つの運命《アヴァンチュール》の特異性として経験した(7)。

メルロ＝ポンティのベルクソンに対する態度は、きわめて両価的であり、あらためて検討してみる必要があるのだが、ジェラーツは、彼が『物質と記憶』に対して早くから心酔していたらしいこと、また彼が「哲学的直観」や「変化の知覚」といったベルクソンの講演のなかで粗描されているプログラムによって触発され、具体的哲学、つまり科学から離れることはないが、科学の根底にわれわれの生きた経験をもとめ、出来上ったものではなく生起しつつあるものを見ようとするような哲学を構想したことに間違いはないと述べている(8)。メルロ＝ポンティが当初ベルクソニアンとして哲学しはじめたということは、十分に記憶にとどめておいてよいことだと思う。というのも、そのベルクソンへの定位がフッサールの著作のかなり選択的な読み方を規定しているように思われるからである。

2　現象学との出会い

メルロ゠ポンティがフッサールやその現象学に最初に接触したのは、ジョルジュ・ギュルヴィッチの講義を通じてであった。ジョルジュ・ギュルヴィッチはノヴォロシースクで生まれ、一九一九年トムスク大学教授となったが、革命後亡命し、プラハを経て一九二五年フランスに身を落ちつけ、一九六五年にパリで死去する。言うまでもなく、彼は社会学者であり、フランスでもマルセル・モースとの親交を通じてデュルケーム学派に接触し、やがてフランス社会学の改革を推し進めることになるのだが、このギュルヴィッチが一九二八年から一三年間、ソルボンヌでフッサール、ラスク、ハイデガーといった現代ドイツ哲学について一連の講義をおこない、メルロ゠ポンティもこの講義に出席していたと推定されている。ギュルヴィッチのこの講義のうちフッサールに関する部分が、一九二八年に「ドイツにおける現象学的哲学I、エドムント・フッサール」という標題で『ルヴュ・ドゥ・メタフィジック・エ・ドゥ・モラール』に発表され、さらにこの講義の全体が整理補足されて、一九三〇年に『現代ドイツ哲学の諸動向』(9)という題で公刊されている。この本では、フッサールの章が、一九二九年に公刊されたばかりの『形式的論理学と超越論的論理学』によって補足され、ラ

フッサール

スク、ハイデガーのほかにマックス・シェーラーについての長い一章が付けくわえられている。この本が、フランスにおける現象学研究に大きな影響を与えたことは、たとえばサルトルの初期の論文、『自我の超越』や『想像力の問題』がそこから重要な示唆を得ていることからもうかがえよう。

さらに、一九二九年には、二月二三、二五日の二日にわたってフッサール自身がソルボンヌのデカルト講堂で「超越論的現象学入門」という標題のもとに、四回の講義をおこなっている。この講義はドイツ語でおこなわれ、メルロ＝ポンティは当時ドイツ語を解しなかったらしいが、にもかかわらずこの講義に出席していた、とガンディヤックが伝えている。言うまでもなく、この講義はその後敷衍され、ガブリエル・パイファーとエマニュエル・レヴィナスによって仏訳されて、一九三一年に『デカルト的省察、現象学入門』という標題で公刊されることになる。ジェラーツは、メルロ＝ポンティがこの『デカルト的省察』（三三ページ）のなかの一句［Le début,］c'est l'expérience［pure et, pour ainsi dire,］muette encore, qu'il s'agit d'amener à l'expression pur de son propre sens.（「［出発点になるのは、純粋で、いわば］まだ無言の経験［なのであり］、これをその固有な意味の純粋な表現にまでもたらすことこそが問題なのである。」）の［　］の部分をいつも省略して、繰りかえし引用していることを指摘している。[10] しかし、のちに述べるような理由から、フッサールやその現象学に対するメルロ＝ポンティの関心は、この時期にはまだそれほど高まってはいなかったようである。

メルロ＝ポンティは、一九三〇年七月に哲学の教授資格試験《アグレガシオン》に合格している。これは話として面白いというだけのことだが、この試験に先立つ教育実習で、メルロ＝ポンティとボーヴォワールとレヴィ＝ストロースの三人が同じ学校に配属されている。レヴィ＝ストロースが『野生の思考』の序文に、こう書いている。

> 彼〔メルロ＝ポンティ〕が健在であったならば本書は、一九三〇年、教授資格試験の少し前、教育実習でシモーヌ・ド・ボーヴォワールとともに私たちが出会ったとき以来の二人の対話のつづきとして彼に献げられたであろう。それゆえ、突然の死によって彼を失ったいま、せめてものなぐさめに、やはりこの書物は彼の思い出に献げることにしたい。かわらぬ友情と感謝と敬愛の念のしるしとして。[11]

一九三〇年一〇月から一年間、メルロ＝ポンティは兵役に服する。「兵役がやってきた。私〔サルトル〕は二等兵だったが、彼は陸軍少尉になった。またしても二つの騎士階級だ」[12]。三一年一〇月に兵役がおわるとすぐ、メルロ＝ポンティはボーヴェの高等中学校の哲学教授に任命されている。

ついでわれわれはおたがいを見失った。彼はたしかボーヴェで教職についた。私はル・アーヴルで教えていた。けれども、われわれはそれと知らず再会の準備をしていたことになる。つまり、われわれのそれぞれが、ぎりぎりの方法でこの世界をできるだけ理解しようとしていたのである。そして、われわれは同じ方法——それは当時フッサール、ハイデガーとよばれていた——を手にしていた。われわれは同じ船に乗り合わせていたのだから(13)。

このボーヴェ時代にメルロ＝ポンティは、「知覚の本性」というテーマで学位論文の準備をはじめ、まず「ゲシュタルト心理学」、少し遅れて「行動主義」と「精神分析」の系統的研究に着手している。ジェラーツは、そのために当時彼が入手できた文献として、ゲシュタルト心理学に関しては、『ジュルナール・ドゥ・プシコロジー・ノルマル・エ・パトロジック』の二二号（一九二五年）に発表されたポール・ギヨームの論文「ゲシュタルト理論」——ここには、三七年に公刊される『ゲシュタルト心理学』の主要部分が要約されている——と、同じ雑誌に、やはりギヨームの翻訳によって発表されているH・プリンツホルンの「現代ドイツ心理学の主潮」——ここでは、ゲシュタルト心理学とフッサールの現象学と精神分析、それにクラーゲスの心理学が紹介されている——を挙げ、精神分析に関しては、ポリッツァーの『心理学の基礎の批判、第一巻、心理学と精神分析』（一九二八年）を挙げている。[14]

もっとのちの話になるが、メルロ＝ポンティは一九四五―四六年にリヨン大学で「心理学の基礎」という標題の講義をおこなう。やはりジェラーツが、聴講者のノートからその概要を伝えているが、[15]そこで彼は、上記の三つの学派がいずれも「意識と意味の新しい概念」に導くとして、次のように述べているという。つまり、フロイトは、夢であれ失錯行為であれヒステリーの発作であれ「すべての心的事実はある意味――その当事者にとってはめったにとらえられることのない意味、そして知的意識的作用の結果ではないような意味――をもつ」ということを教えているし、ワトソンの行動主義は「意識が認識ではない」ということを教え、ゲシュタルト心理学は「われわれのすべての行為が、われわれにいつも意識されるとはかぎらないある構造をもつ」ということを教えており、いずれもがわれわれを「意識」や「意味」についての新しい考え方に導くというのである。

ボーヴェでは、研究のためにかなり不便であったらしく、メルロ＝ポンティは一九三三年四月八日付で、国立学術金庫《ケス・ナシオナール・デ・シアンス》（というのであろうか）に研究助成金を申請して許可され、三三年から一年間、国立科学研究所《サントル・ナシオナール・ドゥ・ラ・ルシェルシュ・シアンティフィク》の研修員になっている。その際、申請書に付けられた研究計画書を、ジェラーツがその著書に収録しているが、これは、メルロ＝ポンティの当時の関心の方向と研究経過をうかがわせて興味あるものなのだし、一つの基礎資料だと思われるので、訳出しておきたい。

知覚の本性についての研究計画

神経学、実験心理学（特に精神病理学）および哲学の現段階においては、知覚の問題、殊に自己の身体の知覚の問題を採り上げなおしてみることは、有益なことのように思われる。

批判主義的発想の或る学説は、知覚というものを、拡がりをもたない所与（つまり〈感覚〉なるもの）が相互に関係づけられ、結局はそれらが一つの客観的世界を構成するように解読されることになる知的操作だとみなしている。このように考えられるならば、知覚は不完全な科学のようなものであり、間接的な操作ということになる。

ところが、それに対して、ドイツのゲシュタルト心理学によって追求されている諸研究は、知覚が知的な操作ではないということ、知覚においてばらばらな素材と知的な形式とを区別することは不可能であり、〈形態《ゲシュタルト》〉は感性的認識そのもののうちに現存しているのであって、伝統的心理学のいうようなばらばらの〈感覚〉なるものは根拠のない仮定であるということ、を教えているように思われる。

他方、神経学の発達は神経系の役割を明らかにし、その機能は神経流の〈伝導〉の機能であって、〈思惟の作成〉機能ではないというように次第に思われるようになってきている。こうした考え方のおかげで、神経学者は解剖学的局所に心的機能の複写をもとめる必要がなくなり、その意味では心理学は〈平行論〉から解放されることになるが、それと同時にこの考え方は、神経系が誘発の機能として有しており、あらゆる知覚にともないにちがいない〈起りかけている運動〉の役割をも明らかにする。こうして知覚は〈運動の枠組〉のうちに置きなおされることになる。視覚的所与と触覚的所与と筋感覚的所与とのあいだの対応は、批判主義的発想の考え方からすれば、記憶と判断という知的な活動によって設定されるとされるが、ここでは逆に、神経系の働きそのものによって確保されているように思われることになる。そして、この点でもまた心理学者は、〈感官の教育〉によって視覚的所与と触覚的所与との連合が漸次成立し、拡がりをもたない感覚から成る世界がかさばりをもった空間へ転じられる、といったような想像を断念するようになるはずである。

〈自己の身体の知覚〉に関する最近の文献は、もっと詳細に研究してみる必要がありそうである。一般に、感性的認識において素材と形式とを区別することは困難に思われるが、問題が自己の身体の知覚になると、その困難はもっと大きくなり、感覚には明らかに拡がりがつきまとうように思われる。精神病理学者が提起する多くの問題のなかでも、肢体切断者の幻覚の問題は採り上げなおしてみる必要がありそうである。

この種の着想は、もし資料の詳細な研究によって裏付けられさえするならば、知覚についての古典的な考え方にふくまれているさまざまな要請をもう一度ふりかえって検討してみることを余儀なくすることであろう。ほかならぬ英米の実在論的哲学も、感覚的なものや具体的なもののうちに、知的関係には還元しえぬものの存することを強調している。知覚の世界は科学の世界に同化することのかなわぬものなのであろう。

要するに、哲学の現段階においては、知覚の問題に関する実験心理学と神経学の諸成果の綜合を試み、反省によってその正確な意味を確立し、そして、おそらくは今使われているある種の心理学的および哲学的概念を鋳造しなおす必要があるであろう。[16]

この研究計画では現象学にまったく言及されていない。これはメルロ＝ポンティのフッサールに対する関心がまだ熟していなかったことを示している。ここで「批判主義的発想」の哲学ということで考えられているのが、ラシュリエやラニョーやアランの哲学であることは明らかである。そして、ジェラーツによればここで彼が積極的に評価しようとしているのは、ゲシュタルト心理学のほかに、『ジュルナール・ドゥ・プシコロジー・ノルマル・エ・パトロジック』誌に発表された「幼児において自己の身体の概念はどのように発達するか」（一九三一年）および「幼児における自己意識、三カ月から三歳までのその諸段階とその機構」（一九三二年）に見られるアンリ・ワロンの考え、それにベルクソン――「起りかけている運動」とか「運動の枠組」という概念は、ベルクソンの『精神的エネルギー』から借用されたものである――、そしてジャン・ヴァールの『具体的なものへ向って』（一九三二年）である。ジャン・ヴァールのこの本はウィリアム・ジェームズとホワイトヘッドとガブリエル・マルセルについての三つの研究をふくんでおり、メルロ＝ポンティのこの計画書で「英米の実在論的哲学」とよばれているのは、この本を通じて知った前二者のことであろう。

翌三四年四月二一日に、メルロ＝ポンティは研究助成金の更新を申請するが、それには

「知覚の本性」というもっと長文の研究報告書が付されており、そこからようやく彼の現象学研究が本格的にはじめられたことがうかがわれる。

3　「知覚の哲学」

メルロ＝ポンティは一九三四年四月二一日付で国立学術金庫《ケス・ナシオナール・デ・シアンス》に研究助成金の更新を申請し、その際同時に、前年度の研究成果についての報告書を提出している。この報告書もジエラーツの著書に付録として収録されている[17]が、文献表と併せて一二ページにもわたるかなり詳細なものである。申請書のなかで彼は、ドイツ語が読めなかったために前年度の研究が当初思うように進まなかったと書いている由であるが、この報告書から見るかぎり、相当ドイツ語の原典にあたって、研究をすすめている。われわれにとって特に興味があるのは、ここで彼が、前年度の「研究計画書」には挙げていなかったフッサールの現象学を重要な研究課題の一つとして採り上げていることである。

この報告書には「知覚の本性」という標題が付けられており、全体の構成は次のとおりである。

　序論
　I　知覚の生理学と病理学

Ⅱ　知覚の哲学
Ⅲ　知覚の心理学
1　対象
2　空間と運動
3　ゲシュタルト心理学と児童心理学
4　ゲシュタルト心理学と認識理論

われわれにとって問題になるのは「Ⅱ　知覚の哲学」であるが、それを検討する前に、この報告書の概略とそこでわれわれの興味を惹く点、それにそこで挙げられている主な文献を紹介しておきたい。彼はまず「序論」で、ラシュリエ、ラニョー、アラン以来のフランスの知覚理論が最近のドイツの業績を少しも評価していないという不満を述べた上で、「Ⅰ　知覚の生理学と病理学」において、神経生理学の業績としては、モナコフとムルグの共著『神経学および精神病理学の研究のための生物学的序論』（一九二八年）とピエロンの『大脳と思考』（一九二三年、第二版）を挙げ、病理学のそれとしては、ケルシイの『幻覚研究』（一九三〇年）とアンリ・ワロンの『児童における精神運動的および心的発達の諸段階と諸障碍』（一九二五年）を挙げた上で、いずれの立場もが知覚の心理学を基礎づけるには不十分だとしているが、ただしピエロンの「定位反射」の概念と、ゲルプおよびゴールトシュタインの『脳病理学的諸症例の心理学的分析』（一九二〇年）における実体認知不能《アステレオグノジー》や失認《アグノジー》についての研究をこの領域でのきわめて重要な成果として挙げている。『行動の構造』においては、このピエロンやゲルプとゴールトシュタインの業績にはるかに高い評価が与えられることになるわけであるから、この段階ではメルロ＝ポンティはまだこの領域にそれほど深く入りこんではいなかったのであろう。たとえば、ピエロンの「定位反射」の概念に対する評価にしても、ワロンの『児童における性格の起源』（一九三二年）によったものではないかと思われる。

IIについてはのちにふれるとして、「III　知覚の心理学」であるが、ここではもっぱらゲシュタルト心理学が問題にされており、彼自身、前年度の研究の大部分はゲシュタルト心理学に向けられたと述べている。つまり、これまでポール・ギヨームの紹介によって学んでいたのを、直接ケーラーやコフカ、ウェルトハイマーの著書や論文に当ったわけであろう。ケーラーの『ゲシュタルト心理学』（一九二九年）や『類人猿の知恵試験』（ギヨームによる仏訳、一九二七年）、コフカの『心理的発達の基礎』（一九二一年）、F・ザンダーの『ゲシュタルト心理学の実験的諸成果』（一九二八年）、それにゲルプとゴールトシュタインの前掲書などのほか、雑誌論文にもかなり細かく目を通している。ゲシュタルト心理学についての紹介そのものは、かなり初歩的なものであるが、奥行視の問題や、ウェルトハイマーの「空間的基準（niveau spatial）」の概念に強い興味を示している。IIIの「3　ゲシュタルト心理学と児童心理学」では、先に挙げたコフカの『心理的発達の基礎』やギヨームの「空間知覚の問題と児童心理学」などのほか、ピアジェの『児童の世界観』（一九二六年）に言及し、その「自己中心性」の概念を批判している。それに対して、出版されたばかりのワロンの『児童における性格の起源』には、好意的な評価を下している。Ⅲの「4 ゲシュタルト心理学と認識理論」はごく短い叙述だが、ここでメルロ＝ポンティは、ゲシュタルト心理学が意識の構造化を中枢の生理現象によって説明する点に批判的な態度を示し、また、ゲシュタルト心理学においては認識の問題がカントにおけると同じ用語で立てられているというアロン・ギュルヴィッチの言葉を引いて、もっと異った方向に解決を求めようとしている。

問題は「Ⅱ 知覚の哲学」であるが、これは彼の現象学についての研究の最初のレポートであるだけにわれわれの関心を強く惹く。少し長いが、この部分だけ訳出しておきたい。

知覚の哲学

ところで、知覚の心理学は、感覚とか心像とか、持続的存在と考えられた記憶とか、一見したところきわめて無害に思われる概念とともに持ちこまれるさまざまな哲学的先入見を背負いこまされている。われわれには知覚の究極的諸問題——感性的認識における真理の意味——を問題にするつもりはないにしても、知覚の哲学の助けを借りなければ心理学的問題の解明も完全にはおこなわれえないであろう。したがって、本年度のわれわれの研究の一部は知覚の哲学に向けられてきた。

フッサールの現象学は、われわれにとって二重の興味をそそる。——(1)フッサールがそれに与えた厳密な意味で理解するならば、現象学（超越論的現象学、ないし「構成」

現象学）は、一つの新しい哲学である。この哲学にとっての第一の問題は認識の問題ではないのだが、やはりそれは批判主義とは絶対に異なった認識理論を可能にする（E・フィンク「現代の批判にさらされたフッサールの現象学的哲学」『カント研究』一九三三年）。

(2)フッサールは心理学には関心がないということが、よく言われる。だが、本当のところは、彼が「心理学主義」に対する彼の古い批判を固守し、つねに「還元」に固執しているというだけのことなのである。なるほど、この還元によってわれわれは、すべての実証科学の態度であると同様に心理学の態度でもある自然的態度から、現象学的哲学の態度である超越論的態度へ移行する。そして、この態度の違いだけでも、たとえば知覚の現象学的分析と、同じ主題に向けられた心理学的分析とのあいだにきわめてはっきりとした境界を設けるには十分である。

しかし、彼自身が知覚の真に心理学的な分析の例を与えてくれている（『純粋現象学および現象学的哲学の構想《イデーン》』第二編）ということは別にしても、フッサールは（同書、第一編第二章において）はっきりと現象学と心理学の関係を数学と物理学の関係にたとえ、彼の哲学の展開によって心理学の諸原理の改革がおこなわれるものと期待している（『構想《イデーン》』第一、二編、およびフィンクの上掲論文参照）。真に現象学的な研究、たとえば『年報』に発表されたような記憶や像《イマージュ》についての現象学的分析（たとえばフィンクの「現前化作用と像《ビルト》」『哲学および現象学的研究のための年報』第一一巻）は、心理学にとっても重要でないわけはない。

だが、そうした現象学的分析が心理学にとってかわろうとしているわけではけっしてないということ、このことは強調しておかねばなるまい。肝要なのは、心理学をそれ自身の地盤の上で改革することなのであり、「表象」とか「記憶」などといった基本的本質のつねに不確実な意味を確定するような分析によって、心理学そのものの方法に生気を与えることなのである（リンケ「運動把握の問題に関する現象学と実験」『年報』第二巻および、同じ著者による『知覚理論の基礎』ミュンヘン、一九一八年参照）。現象学は「形相的」方法と「帰納的」（つまり実験的）方法をはっきり区別するが、けっして後者の正当性を否認するわけではないのである。

それゆえ、現象学運動が実験的な研究に示唆を与えたとしても驚くにはあたらない（たとえば、リンケ「ストロボスコープの錯覚と運動視の問題」『心理学研究』第三巻、四九九ページ）。フッサールのおこなったさまざまな分析は、ゲシュタルト心理学の閾際までいっていると主張する人さえあった（ギュルヴィッチ「主題化と純粋自我の現象学」『心理学研究』一九二九年）。結局のところ、われわれはすべての「記述的」心理学を、きわめて広い意味での現象学と呼ぶことさえできるのである。

心理学にとっての現象学運動の重要性は、フランスにおいてはプラディーヌ氏（『感覚の哲学』第一巻、特に「序論」）によって以外ほとんど注目されていない。彼は、ヒュームからベルクソンにいたるまでの哲学者たちが、あまりにも頻繁に意識を「印象」

の総和（カントにおいてさえ、認識の少なくとも「素材」はこの種のものである）に還元してきたと非難している。したがって、これらの哲学者たちの結論の多くにおいては、空間性や、一般に「意味」というものは二次的なものであり意識のうちで獲得されることになる。ところが、プラディーヌ氏にとっては、興奮をともなう感官と――その器官の構造の上で――本質的に異なった高次の感官が出現するなどということは、――たとえそれらの感官にはじめから「距離を置いて感ずる感官」であるとか、われわれに一つの「対象」を指示するといったことが属しているのではないにしても――生物学的に言ってばかばかしいことである。この感覚の哲学は、フッサールによって提起された「意識の志向性」という主題の心理学的適用とみなされうるものであろう。

したがって、現象学と、現象学から示唆を与えられた心理学とは、われわれが意識とか感覚という概念そのものを再検討し、意識の「裂け目」について違った考え方をするのを助けてくれるという点で、もっとも注目に価するものである。

この報告から、われわれは、メルロ゠ポンティがフッサールの現象学に当初どのような方向から接近していったかをうかがうことができる。しかも、その方向は、『知覚の現象学』や「人間諸科学と現象学」（一九五〇―五一年度のソルボンヌでの講義）や「哲学者とその影」（一九五九年）から読みとることのできるその後の彼の現象学理解と少しも違っていない。これについても、後に立ち入って検討しなければならないが、簡単に言っておけば、現象学を超越論的哲学としてよりも、あくまで心理学や、実証科学一般の方法論的改革の試みとして受取る、ということであろう。もともとおそらくはベルクソンから示唆を得て知覚の心理学的研究に向かい、一九世紀の経験主義的心理学への批判から出発したゲシュタルト心理学に強い関心を寄せていたメルロ＝ポンティが、やはり心理学に即して実証主義批判を目指したフッサールの現象学に着目し、これをその文脈で受けとろうとしたということは、それほど不思議なことでもなさそうに思えるのだが、当時のドイツや日本での現象学理解とひきくらべて考えてみると、これはそれほど当然すぎるといったものでもない。この時期ドイツや、殊に日本では、もうフッサールの現象学はハイデガーの哲学によって乗り越えられたと見るのが一般で、フッサールの現象学をそれ自体として問題にすることさえ少なくなっていたのであろうが、それを問題にするばあいにも、せいぜい新カント派との関連でとらえるくらいのものであって、このように二〇世紀初頭の広い知的歴史の文脈のうちに据えて見るようなことはしなかった。メルロ＝ポンティのこうしたかなり特異な現象学理解は、この報告にも名前が挙げられており、われわれもすぐふれることになるアロン・ギュルヴィッチの見方によって影響されたものと思われる。とにかく、ここにハイデガーの名前がまったく出てこないことは、われわれにとっては興味深い。

が、それはともかく、この報告書が添付された一九三四年の研究助成金更新の申請は却下されるのだが、そのかわり、この年、ボーヴェよりもパリに行くのに便利なシャルトルの高等中学校の教授に任命されている。そして、同じ年、彼は学位論文の二つのテーマを公式に登録している。二月三日付で「知覚の本性」、六月二七日付で「現象学および〈ゲシュタルト心理学〉における知覚の問題」。結局は、前者が『知覚の現象学』、後者が『行動の構造』に変わってゆくのだが、この時点では、もっぱら知覚の問題に関心が集中していたわけである。

翌一九三五年には、高等師範学校《エコール・ノルマル・シュペリユール》の復習教師に任命され、以後一九三九年の召集まで、パリに定住してこの職にとどまる。この間、一九三八年に彼は『行動の構造』を脱稿することになるのであるが、そこから逆算してみると、三四年以後彼は、行動主義の心理学、殊にアメリカに亡命したゲシュタルト心理学者たちの影響下に行動主義を発展させたトールマンの新行動主義や、ボイテンディクの動物心理学を系統的に研究したものと思われる。『行動の構造』の文献表には、トールマンの『動物およびヒトにおける目的的行動』（一九三二年）と「サイン・ゲシュタルトか条件反射か」（『心理学雑誌』第四〇巻、一九三三年）、それにボイテンディクの『動物心理学』（仏訳、一九二八年）と彼の数多くの雑誌論文が挙げられている。また、ゲシュタルト心理学の体系的叙述であるコフカの大著『ゲシュタルト心理学の諸原理』（一九三五年）とゴールトシュタインの『生体の機能』（一九三四年）もこの時期に読まれている。殊に後者は、『行動の構造』がその剽窃だと非難されたほど[18]決定的な影響を受けたものである。一九三四年の報告書に付けられた文献リストと『行動の構造』の文献表を比べてみただけでも、この復習教師の時代に彼がいかに精力的に研究に打ちこんだかは一目瞭然である。

こうした一貫した心理学研究、殊にゲシュタルト心理学についての研究を踏まえて、メルロ＝ポンティはおそらくは一九三五年に、アロン・ギュルヴィッチの「ゲシュタルト心理学のいくつかの局面といくつかの展開」（一九三六年『ジュルナール・ドゥ・プシコロジー・ノルマル・エ・パトロジック』第三三巻、四一三―四七一ページ）というかなり大きな論文の執筆に協力している。アロン・ギュルヴィッチは一九〇一年にロシアに生まれ、ドイツで教育を受けた哲学者であり心理学者であって、一九二〇年以降フッサールの知遇を受け、三〇年代には現象学やゲシュタルト心理学のフランスへの移植に尽力した人であるが、この論文もゲシュタルト心理学についての紹介論文である。ここでも、フッサールの現象学をゲシュタルト心理学と同じ知的文脈のなかでとらえようとしているが、これがメルロ＝ポンティの現象学理解に強く影響したに違いないことは前記のとおりである。もっとも、この論文へのメルロ＝ポンティの貢献は、その言語学的部分に限られるものらしい(19)。

4　三つの書評

メルロ＝ポンティは一九三五年から三六年にかけて、次のような三つの書評を雑誌に発表している。

「キリスト教とルサンチマン」（『ラ・ヴィ・アンテレクチュエル』第三六号、一九三五年、二七八―三〇八ページ）

「『存在と所有』」（同誌、第四五号、一九三六年、九八―一〇九ページ）

「サルトル『想像力』」（『ジュルナール・ドゥ・プシコロジー・ノルマル・エ・パトロジック』第三三年度、第九―一〇号、一九三六年、七五六―七六一ページ）

これらの書評は、メルロ＝ポンティの最初に活字になった文章だというだけではなく、それぞれに彼の当時の思想的境涯の一端をうかがわせるところをもっているように思われるので、簡単にでもふれておきたい。

最初の「キリスト教とルサンチマン」は、マックス・シェーラーの『ルサンチマンと道徳的価値判断について』（一九一二年）の仏訳が公刊されたのを機に書かれたものであり、その主題は一貫して彼岸的価値の本原性についての問い、つまり「現世的諸価値を超えてゆこうとする意志は〈生の倦退《タエディウム・ヴィタエ》〉――今日なら〈現実機能〉の弛緩と言われるであろうものや、結局のところ現世の価値への見切りを前提にしているのであろうか」という問いである。この問いに対して、ニーチェのように彼岸的価値への志向を生命機能の衰弱の結果と見て、そうした価値の本原性を否定するのは、メルロ＝ポンティによれば、人間的経験の根源的多様性を勝手に切り縮めてしまうことであり、したがって、このような観点からするシェーラーのニーチェ批判は、フッサールの経験主義批判と等価的な意味をもつ。フッサールの批判も、感覚的存在以外の存在はないということを既定のこととみなし、意識の実際の内容の踏査を拒む経験主義の先入見に向けられているからである。「われわれに必要なのは、意識をそれが直接あらわれるがままに、つまり意識の〈現象〉をその根源的多様性のままに、先入見なしに記述すること」なのである。こうしてメルロ＝ポンティは、「世界や事物と直接交渉することによって認識してゆこうとする」シェーラーの態度、「直接に与えられているすべてのものへの深い信頼」に裏打ちされたシェーラーの態度を高く評価する。

しかし、経験を勝手に切り縮めてしまうという批判は、経験主義と同様に主知主義にも向けられねばならない。なぜなら、経験主義と主知主義とはたがいに敵対し合いながらも、ともに意識を諸印象の複合体とみなしているからである。これらの哲学にとっては「ある内容が自然にある意味をもつ」ということはなく、「意識は諸状態からなり、それが観念連合によって二次的にある意味、たとえば空間的意味を受けとる」だけなのである。当然「愛・憎・共感といったものももはや志向的な作用ではなく、それ自身のうちに閉じこもった喜びや悲しみの状態なのであり、ただそれが、スピノザの言うように外的原因の観念をともなっているというだけのことなのである」。したがって、「これらの作用に内属している他者そのものについての知覚も、おのれ自身についての経験を助けにして他者の意識の諸状態を内的に再構成したもの」としか見られない。

経験主義がすべてを感覚的存在に還元してしまおうとするのと同様に、主知主義も科学の客観的世界に閉じこもり、ともに経験の多様性を気ままに切り捨ててしまう。主知主義にあっては、知覚の世界、芸術の世界、感情の世界、宗教的経験の世界は科学的世界の単なる粗描ないし退化としかみなされないのである。だが、科学についての反省が進むにつれて、科学的分析が所与のすべてを尽すわけではないし、将来といえども科学の対象が存在者の全体と外延を等しくすることはありえない、ということが明らかになる。「客観的思考は真の客観性を欠いている」のである。したがって、「思惟の対象を踏査し、それがわれわれに課す分節に従い、たとえば感情生活をそのあるがままに記述する」ような真の哲学的反省が必要となる。

これだけのことなら、この書評はそれほど問題にはならないのであるが、メルロ＝ポンティはこの書評の最後の部分で一種の信仰告白をおこなっており、その決然たる口調は、ガンディヤックのようなきわめて親しい友人をさえ驚かすものであったという[20]。事実、そこで彼は「神への愛と隣人愛と自己愛との統一」を主張し、この統一を「われわれは直接うまく解明することはできないが、しかしこの統一は、人道主義《ユマニタリスム》という反対証明によって確かめられうるものだ」と述べている。彼の考えでは、社会正義を推進しようという世俗的努力は、けっしてキリスト教の信仰に反するものではないのである。「言葉なき愛がつくり出すこの新しい社会は……現世と離れたものではない。それは、現世の否定とか、現世の生活の転倒とか、現世の生活と対照的な背景などと考えられてはならない。偉大な信仰の時代には、神の国はけっして補償の場ではなかった。まさしくそれが転倒された世界などではなく――別なものであるからこそ、つまり、まさしくそれが超越的なものであるからこそ、それは正義を死後まで延期させる手段や、貧しい者に我慢をさせる手段などではないのだ」。神の国の超越性そのものが、人間の歴史にその独自でかけがえのない性格を与えるのであり、だからこそ、「キリスト教は、それによって生きる人びとを、社会の政治に関しても、より気むずかしく、より敏感に、より意識的たらしめるのである」。こうして、メルロ＝ポンティは、「神から切り離されるならば、同時に愛は世界からも切り離され」、「隣人からも遠ざかる」ものだとさえ言い出してくる。

ジェラーツはこの書評から、メルロ＝ポンティの信仰がたとえどれほどゆらぎながらでもこの時期までは生きていたのだと主張し、「キリスト教徒だった彼は二〇歳でそうあることをやめた、彼の言うところでは、〈人は自分が信じているとと信じてはいるが、信じているわけではない〉からだ[21]」というサルトルの発言や、「実際のところ、彼は自分で言うほど合理主義者ではなかった、私よりももっと失った信仰に対する郷愁をもっていた[22]」と言って、メルロ＝ポンティの信仰の喪失をもっと若い時期に位置づけようとするボーヴォワールの見解に異議を唱えている[23]。

翌一九三六年に書かれた「『存在と所有』」は、言うまでもなくその前の年に刊行されたガブリエル・マルセルの同名の本についての書評である。メルロ＝ポンティはここで、マルセルもまたフッサールやシェーラーと同様に人間認識の身勝手な捨象に抗議しているのだと見ている。というのも、これまで長いあいだ常識や哲学は、生命をもたぬ対象、われわれにとってどうでもよい無関心な対象に対する静観《コンタンプラシオン》を人間認識の典型であり理想であると考えてきたのだが、マルセルはまさしくこうした考え方に抗議しようとしているからである。こうした考え方は、デカルトが第二省察で引合いに出している、窓を透して道を歩いてゆく人を見るばあいに、いかにしてそれを人として知るかというあの有名な話に典型的に見られる。この考え方にしたがえば、知覚されているのは一群の色のついたシミや線だけであり、それらに人という意味を与えるのは判断でしかない。しかし、これはよくよく特殊な知覚の仕方であり、けっして知覚のまったき力を教えてくれるものではない。事実、ある人を共に知覚するためには、私はなんらかの仕方で彼のもとにいる（être près de lui）必要がある。「私に現前している人、私が向かい合っている人、私の前にあって第二人称である人、この汝は、私が平静にその目録を作成することができるような諸性格の集合には還元されえない」のである。

　私自身の身体の知覚もまた、上のような操作には還元されえない。私の身体は、「多くの性格によっておのれを他の身体から区別し、私にこれは私の身体だと判断することを可能にしてくれるような視覚的・触覚的感覚の集合」ではないのである。私の身体は私にとって一個の対象ではない。「私が私の身体とのあいだにもつ関係は、コギトーとコギタートゥム、認識論的主観と対象との関係ではない」のである。「私は私の身体に加担しているのであり、ある意味で私は私の身体を存在するのだ」。

　これまでの哲学者たちの誤りは、「観客的態度《アティチュード・スペクタキュレール》」に身を置いてきたところにある。この態度こそが対象からその人間的局面やそのわれわれに及ぼす勢力を剥ぎとると同時に、主観をも、希望とか絶望、約束、祈願といった、その主観が他者と分かちがたいまでに他者に向けられているような状況から切り離してしまうのである。「おのれを束縛のない純粋なわれとして捉えるためには、哲学者はおのれ自身を対象として扱い、われわれがまず他人に対して採ることを学ぶ観客的態度を、おのれ自身に対しても採る必要があった。この意味からすれば、コギトーは第一の真理、あらゆる妥当な確実性の条件であるどころではない。とらわれのない断定の根拠は、むしろ私の身体の意識なのであり、これこそがおそらくは物に関するすべての断定の基礎にあるものなのだ」。事実、無縁な対象とのあいだにも、われわれが自己の身体とのあいだにもつ関係によく似た関係がある。「私が真に対象の存在を信じ、その性質よりもむしろその表情を、その本質よりもむしろその現前性をとらえるかぎりでは、それらの対象は私の身体の延長のようなものになるのである」。

してみれば、ガブリエル・マルセルの意図は、単に自己の身体と汝とが、物理的世界や科学の世界に併合されるのを妨げようというだけのことではない。彼にとって「自己の身体と汝との分析は、ある一般的方法の最初の試行であり、ある新しいタイプの認識の最初の範例なのである」。そして、この一般的方法とは現象学的方法にほかならない。というのも、この方法は、志向性という基本的事実に全面的に基礎づけられているからである。「現象学的方法は、一方では、存在者を主体に近づけてゆくが、それと同時に、われわれが語りうる存在者はたとえ不適当な仕方でであろうとわれわれが認識しうる存在者だけだという単純な理由からして、この方法は主体をある項に向けられた緊張ないし志向と定義することによって、主体を存在に結びつけ直しもするのである」。したがって、心のいかなるタイプの志向も、いかなるかたちの「参加《アンガジュマン》」ももはやなおざりにされることはない。「『存在と所有』

ともにガブリエル・マルセルの哲学は……生、つまりその固有の環境をもった人間によって生きられる諸状況全体の理解になろうとしている。彼は、知覚し、思考し、意欲し、希望し、愛し、祈る人間と、知覚され、認識され、愛され、尊敬され、祈られる諸存在者――それらがこうした作用において目指され、あるいは少なくとも予感されているがままに――を分析の主題とするであろう」。

　ここでメルロ＝ポンティは、まるで自分の哲学について語るようにマルセルの哲学を論じているが、それはこの時期彼が考えられる以上に強くマルセルの影響を受けていたからでもあるらしい。この書評を書く二年前、つまり『存在と所有』が刊行される前の一九三四年頃から、彼はガンディヤックに自分の学位論文の計画を話しながら、その立場を「実存主義的《エグジスタンシアリスト》」とよんでいたらしいが、それはかなりマルセル的意味合いの強いものだとガンディヤックが語っている。

　だが、メルロ＝ポンティは『存在と所有』におけるマルセルの立場に全面的に共感を示しているわけではなさそうである。この書評の最後の部分で、遠慮がちにではあるが、マルセルに対する批判的見解を洩らしている。というのも、『存在と所有』におけるマルセルの考え方は、メルロ＝ポンティの要約によれば次のようになる。「真の意味で実存するものが問題になるときには、反省はその性質をさぐることよりも、認識さるべき性質などはないということの理由を解明することをその本領とすることになる。反省は、既知項との関係によって未知項を決定するような問題と、その謎（たとえば苦悩の意味）が概念の結合によってではなく、犠牲とか絶望という行為によってしか解かれえない神秘とを分かつ境界線を標定することになろう」。そして、真の意味で実存するものとは、マルセルにとって人間の人格である。したがって、その思想の展開につれて身体よりも心が視野の中心に置かれることになるのだが、この領域にはもはや解かれるべき問題がないのであるから、証明も論証もありえないことになる。したがって、「哲学者はかけがえのない経験を、なぜそれがかけがえのないものであるかを教えることによって指示するだけなのである」。こうして、マルセルの存在論の中心を占める人格的なものの領域においては、「確実性が……一種の創造的直観と混同される」ことになるのだが、この直観は裏付けのない証言のようなものでしかない。メルロ＝ポンティは、この種の思惟が哲学的に不十分なものであること、つまりそれが理性にではなく選択にもとづくものでしかないことを十分に見てとっており、これについて、この書評の末尾で次のように述べている。これは、マルセルに対するその批判的見解とともに、〈直観〉と〈反省〉と〈弁証法〉との関係についてのメルロ＝ポンティの考え方をうかがわせるかなり重要な発言だと思われるので、少し長いが訳出してみる。

ここにあるのは一つの選択であって、それ以外のものではありえないであろう。しかし、反省がこの選択をもう少しコントロールできはしないかどうか、尋ねてみる必要があろう。性格づけをし、疑いに抵抗しうる基準を発見し、思惟の対象の目録を作成するといった、哲学者たちにお気に入りのこうした操作は、とうてい知性そのものを定義しうるものではない。そこで問題になっているのは知性のある使い方であり、それ以上のものではない。マルセル氏はそれをよくわきまえているので、彼の哲学は〈反主知主義的〉な響きはもたない。ある種の理性を否認すること以上に理性にかなうことはないのである。だが、知性は〈装備しなおされ〉てもなお、決定的直観に対立する障害を打ち倒す役にしか立たないのであろうか。〈ここでは『実存の哲学』におけるヤスパースのように、訴えるという以外に方法はない。私が確かめる機会をもったように、もしいくつかの意識がそれに応えるとしたら……それは、本当にそこに途があるからなのである。……しかし、この途は愛によってしかさがし当てられないし、愛にだけしか見えないのである〉。ここでいわゆる哲学に割当てられている場所がいかに狭いかということを、著者は誰よりもよく感じている。だがそうなると、〈私は見たのだ〉を究極の論拠とするこの哲学は、何でもかまわず疑似直観をも正当化することにならないだろうか。われわれはいかにして真の直観と錯覚とを区別すればよいのか。……もしすべての直観が自己充足的なものだとしたら、つまりもし不完全な認識からもっと完全な認識へ導くような途や弁証法がないとしたら、その不完全な直観のうちに閉じこめられているそれぞれの存在者がどうしてもっと先まで進む必要や、もっと多くの実存へ向かう必要を感じるのだろうか。われわれが知っている存在者はそれ自体ある構造をもっており、それがわれわれに提示するのは部分的でそのまま感じられる局面ないし側面でしかないのだが、そのそれぞれが、もっと先まで進むように促がしているのではなかろうか。マルセル氏は明らかにそう信じている。というのも、その著書のあるところで、彼は弁証法の可能性を主張し、〈超現象学的方法〉について論じているからである。つまり、われわれのかかわり合っているのは一つの完成した哲学ではないのだ。われわれも著書のなかで、〈提案〉でしかないものを主張として提示することがある。示唆でしかないものに〈論駁〉すること以上に無謀で不当なことはあるまい。

これら二つの書評からは、彼の思想の前史とでも言うべきものとともに、その信仰の帰趨がうかがえる。ジェラーツがかなり熱心にこの後の問題を論じているので[24]、それを紹介しておきたい。信仰の問題は私にはうまく呑みこめないところもあるのだが、たしかに、この時代のメルロ＝ポンティにおいてキリスト教からの離反とマルクス主義への接近とが同時的に進行しているので、その信仰の帰趨もそれなりに重要な問題なのかも知れない。

ジェラーツによれば、一九三六年以前にもメルロ＝ポンティの信仰は外的諸事件によってはげしくゆさぶられていた。たとえば、後に『意味と無意味』に収録される「信仰と誠実」（『現代《レ・タン・モデルヌ》』第五号、一九四六年二月）において彼は、一九三二年にオーストリアのキリスト教社会党が政権を獲得し、党主のエンゲルベルト・ドルフスがイタリアのファシズムと教皇レオ一三世の回状に促がされて、オーストリアを〈キリスト教団国家〉にした当時の自分の経験を述べている。「かつてその信仰の要求から〈左〉に導かれていった一人のカトリック青年がいた。それは、ドルフスがヨーロッパではじめてのキリスト教社会党政権を樹立し、ウィーンの労働者地区を砲撃していた頃のことであった。キリスト教的立場に立つある雑誌（『エスプリ』一九三四年三月号）がミクラス大統領に抗議文を提出していた。カトリック諸派のうちでももっとも進歩的な一派はその抗議を支持しているといわれていた。その青年はこの派の何人かの修道士に食事に招かれた。食事の最中に彼は、この修道士たちが、結局のところドルフス政権は既成の政権であり、正規の政府として警察力をもつのは当然なのであって、カトリック教徒たるもの、市民としてこの政府を非難するのは自由だが、教徒としてはいささかもこの政府を非難すべきではない、と言うのを聞いて驚いてしまった。歳をとってからもその青年は、この時のことを忘れたことはなかった」〔SN 251〕。

　だが、だからといってこの青年は、まだまったく希望を失ってしまったわけではなかった。当時、キリスト教的立場に立つフランスの二つの雑誌が、彼の共感を呼ぶ意見を表明していたからである。それは一九三四年三月三日に創刊された週刊誌『セット』と、エマニュエル・ムーニエによって一九三二年に創刊された人格主義的立場に立つ月刊誌『エスプリ』であった。メルロ＝ポンティは一時期この『エスプリ』グループと密接な接触をもっていたらしい。ジェラーツによれば、〈エスプリ友の会《アミ・デスプリ》〉の月報『ジュルナール・アンテリュール』の一九三五年一二月の通信者リストにシャルトル在住のメルロ＝ポンティの名前が見られるし、また彼は、一九三六年九月二六、二七日におこなわれたこの雑誌主宰のプレシ＝ロバンソンへの研究旅行にも、一九三七年七月二八日―八月一日に開かれた〈エスプリ大会〉にも参加している由である。もっとも、この大会の後ジャン・ラクロワがメルロ＝ポンティと親しい会話を交し、その時の様子をメルロ＝ポンティの死後『ル・モンド』（一九六一年五月六日）に書いているが、そこでラクロワは、この時すでに彼が無神論的ヒューマニズムの立場に立ち、彼にとって現象学が哲学のすべてになるだろうことが感じられた、と述べている。そして、この大会のわずか数週間後に、前記の週刊誌『セット』がローマからの指令で廃刊させられることになり、この瞬間から彼はエスプリ・グループとの接触を一切断ち、やがて決定的にその信仰を捨てることになったものらしい。

一方、この時期のメルロ＝ポンティはそうしたキリスト教からの離反とまるで反比例するかのようにマルクス主義への接近を示しはじめている。一九三五年にパリに帰ると、彼は高等研究所《エコール・デ・オート・ゼチュード》でおこなわれていたロシアからの亡命の哲学者アレクサンドル・コジェーヴの『精神現象学』についての講義に出席する。この講義は一九三三年から三九年までおこなわれ、のちにレイモン・クノーによって編集され、刊行されている（*Introduction à la lecture de Hegel*, Gallimard, 1947）が、マルクス主義的立場からのヘーゲル解釈であり、キリスト教に対する厳しい批判をふくんでいる。この講義にはジャン・イポリット、エリック・ヴェイユ、レーモン・アロン、ジャック・ラカン、ジョルジュ・バタイユ、ピエール・クロソウスキー、アレクサンドル・コイレらも出席していたといわれる。これと並行してメルロ＝ポンティは、マルクスと、それにルカーチの『歴史と階級意識』を仔細に研究しはじめる[25]。メルロ＝ポンティの死後サルトルが「もっと後になって交した二、三の対話から、私は彼が一九三九年以前に、その後のどの時期よりもマルクス主義に近づいたことがあったという感じをもった」と書いているが、それはまさしくこの時期だったのだろう。だが、その距離はまた大きくなる。「何が彼をそれから遠ざけたのであろうか。裁判だと思う。一〇年後に『ヒューマニズムとテロル』においてあれほど長々と語りなおすくらいだから、彼はそれによって動顚させられていたにちがいない」[26]。事実、一九三七年のモスクワ裁判の速記録は翌三八年には出版されている。これがメルロ＝ポンティの共産党への公式の接近を妨げたことは疑いない。「彼はこの思想を拒みはしなかったが、それがドグマになることは拒んだ。彼は史的唯物論が〈歴史〉を照らす唯一の光であるとも認めないし、この光が出来事の有為転変を原理的にまぬがれた永遠の源泉からくるとも認めなかったのである」[27]。メルロ＝ポンティにおけるマルクス主義の問題については、もう一度立ち入って考えてみなくてはなるまい。

話は多少前後するが、一九三六年にメルロ＝ポンティは、もう一篇、この年公刊されたサルトルの処女作『想像力』についての短い書評を書いている（『ジュルナール・ドゥ・プシコロジー・ノルマル・エ・パトロジック』第三三年度、第九―一〇号、一九三六年、七五六―七六一ページ）。周知のように、この本は『想像的なもの《リマジネール》』（邦訳名『想像力の問題』）で展開される想像力についての体系的研究のための問題史的序論として書かれたものであり、デカルトからフッサールにいたるまでの想像力についての諸理論の批判的研究であるが、特に『物質と記憶』におけるベルクソンの「イマージュ」の概念に厳しい批判をくわえ、フッサールの形相的心理学と超越論的態度への移行に讃意を表している。それに対してメルロ＝ポンティの書評は、かなり詳細な内容紹介をした上で讃辞を述べながらも、最後に次のような批判的見解をつけくわえている。

たとえば『物質と記憶』のイマージュにもっと深い意味を見いだすことも可能である。ベルクソンは世界をイマージュの総体だと述べることによって、物は〈意識の諸状態〉に解消されてもならないし、われわれに見えているものを超えた実体的実在のうちにもとめられてもならないということを強調しようとしたのである。これは、たとえひどく正確さを欠いた言葉によってであるにせよ、まさしくフッサールのノエマを予知するものであろう。同様にわれわれは、サルトルがイマージュにおける素材と形式との区別に関しても、それがある種の心理学者たちのもとで見られるばあいには厳しい判定を下しておきながら、フッサールのヒュレーとモルフェーの区別にはあまりにも軽率に同意してしまっているのに気づく――だが、〔ヒュレーとモルフェーという〕この区別こそ、フッサールの学説にあって、ドイツその地でも異議を唱えられ、また事実最大の難点をなしてもいる諸点の一つなのである。

ここからわれわれは、メルロ＝ポンティのベルクソンに対するかなり好意的な態度と、フッサールの学説についてのある種の保留を読みとることができる。『行動の構造』以後、殊に『知覚の現象学』においては、一時的にであれベルクソンに対して厳しく批判的になり、フッサールへの接近が目立つだけに、一九三六年のこの書評は彼の思想の形成のある過渡的段階を示しているように思われ、そのかぎりでわれわれの注意を惹く。

5　現象学への接近

ところで、この二年後の一九三八年にはメルロ＝ポンティは『行動の構造』をいちおう脱稿するのだが、その段階で彼は『ルヴュ・アンテルナシオナール・ドゥ・フィロゾフィ』のフッサール特集号を入手している。これはこの年の四月二七日に歿したフッサールの追悼に捧げられたものであり、そこには次のような諸論文が収録されている。

フッサール「志向史的問題としての幾何学の起源についての問い(28)」（遺稿）
オイゲン・フィンク「エドムント・フッサールの現象学の問題(29)」
マックス・デスワール「フッサールの現象学」
ルートヴィヒ・ラントグレーベ「フッサールの現象学とその改造の動機(30)」
ポール・ランズベルク「フッサールと哲学の理念」
アントニオ・バンフィ「現象学と現代哲学の課題」
ガストン・ベルジェ「フッサールとヒューム(31)」
H・J・ポス「現象学と言語学」

ジャン・ヘーリンク「フッサール現象学の三〇年、一九〇九年の一学生の思い出と反省」
ジャン・パトカ「書誌」
（以上のうち、フッサール、フィンク、ラントグレーベのものがドイツ語、バンフィのものがイタリア語、他はすべてフランス語である。）

これらの論文の内容から考えてみて、この特集号は明らかにフッサールの後期思想に焦点を合わせて編集されたもののようである。メルロ＝ポンティがこの雑誌、殊に——後に見るように——そのなかのフィンクの論文から示唆を受けて、特に『ヨーロッパ諸学の危機と超越論的現象学』（一九三六年にベオグラードで創刊された雑誌『フィロソフィア』第一巻に、その第一部と第二部が発表された）において展開されるフッサールの後期思想に強い関心をもつにいたったことは疑いない。

この頃、フランスの哲学雑誌『ルシェルシュ・フィロゾフィック』もフッサール特集号の企画をたて——これは結局実現されなかったが——、メルロ＝ポンティはアレクサンドル・コイレからこれに論文を執筆するように依頼されている。その準備もあったのであろう、彼は一九三九年三月二〇日付の手紙(32)で、ルーヴァンのファン・ブレダ神父に、この神父の手でルーヴァンに移されたばかりのフッサールの遺稿を閲読したい旨を次のように申し入れている。

拝啓　失礼とは存じますが、ジャン・ヘーリンク氏のお推めにより、フッサールの

「遺稿《ナッハラス》」について幾分の御教示にあずかりたく存ずる者です。私はいま『知覚の現象学』という著書を執筆中なのですが、『イデーン』第二巻の内容にふれておくことが、その大きな助けになるように思われます。フッサールの御門弟たちが参照されていたそのタイプ写本があったかと存じます。その写本はまだございましょうか。そして、私が御当地〔ルーヴァン〕においてそれを閲読することが許されるとお考えでしょうか。もしブランシュヴィック氏なり、他の教授なりの紹介状が必要なようでしたら、その旨御一報いただければまことに幸せに存じます。

失礼とは存じますが、それと一緒に、『ルヴュ・アンテルナシオナール・ドゥ・フィロゾフィ』に最近その一部が発表されたフィンクの著作が近くベルギーで公刊される予定があるかどうかも、うかがいたく存じます。

最後に、私はプラハのアカデミア書店からラントグレーベの手で出版された遺稿(『経験と判断』)をまだ入手しえないでおります。プラハからの返事も得られるとは思われません。もしやこの本がベルギーで販売されているということはないでしょうか(パリではどこにも見当りませんでした)。御当地で購入できるかどうかお知らせいただければ、まことに有難く存じます。『ルシェルシュ・フィロゾフィック』誌が準備しておりますフッサール特集号に論文を一つ執筆するようにコイレ氏に命じられておりますので、これをすぐにも拝読したく切望いたしております。

敬具

高等師範学校《エコール・ノルマル・シュペリユール》講師　モーリス・メルロ＝ポンティ

メルロ＝ポンティはファン・ブレダ神父からの返事を待って、四月一日にルーヴァンに赴き、六日までの約一週間に、『危機』論文の未刊部分、つまりその第三部、『イデーン』第二巻、それに「コペルニクス説の転覆」という標題をもつ遺稿を閲読し、『経験と判断』にも目を通している。また、三月一六日にルーヴァンに到着したばかりのオイゲン・フィンクにも紹介され、ファン・ブレダ神父をあいだにしてフィンクがフランス語で、メルロ＝ポンティがドイツ語で語るという不自由な会話であったにもせよ、現象学についての教えを受けたもののようである。

この時は短い滞在を余儀なくされたため、メルロ＝ポンティはふたたびルーヴァンを訪れて研究を続行するつもりであったらしいが、この年の九月にはじまった戦争のためその望みは果たされず、彼はふたたび陸軍少尉の軍服を着ることになる。三九年の八月に召集を受け、四〇年の九月に解除されると、メルロ＝ポンティはカルノー高等中学校の哲学教授になり、一九四四年までその職にとどまる。この間、一九四一年に「社会主義と自由」というレジスタンス・グループに参加する。このグループそのものはすぐ解散してしまうのだが、ここでメルロ＝ポンティはサルトルと再会することになる。このときのことをサルトルが次のように回想している[33]。

われわれふたりに関して言えば、挫折してしまったとはいえ〈社会主義と自由〉がわれわれをおたがいに向かい合わせてくれた。時代がわれわれに幸いしたのである。つまり、当時フランス人のあいだには、憎悪の裏面とも言うべき、忘れようにも忘れられぬある心の透明さがあった。ナチスを忌み嫌ってさえいれば誰でもかまわない、その人のうちにあるすべてをはじめから好ましいと思いこむような国民的友情を通じて、われわれはおたがいを承認し合ったのである。現象学とか実存という本質的な言葉が語られた。われわれはおのれの真の関心事を発見したのである。自分たちの研究を共同でおこなうにはあまりにも個人主義的でありすぎたわれわれは、はなればなれのままで相互関係を深めていった。ひとりひとりだと、各人が現象学的な考え方はもうわかったとあまりにも手軽に信じこんでしまうのだったが、ふたりになると、われわれはおたがいに相手に対してこの考え方の両義性を具象化してみせるのだった。それは、おのおのが相手のうちでおこなわれている自分には見覚えのない、時としては敵対的でさえある仕事を、おのれ自身の仕事の思いもかけない偏差としてとらえたからである。フッサールがわれわれのあいだの距たりになると同時にわれわれの友情ともなったのである。

こうして、一九四二年には『行動の構造』が、四三年にはサルトルの『存在と無』が、そして四五年には『知覚の現象学』があいついで公刊されることになる。（この間、四四年に、メルロ＝ポンティは、新聞の特派員として渡米したサルトルの後任としてコンドルセ高等中学校に移っている。）

メルロ＝ポンティがその思想の形成期のどの時点で何を読み、何を書いたかという事実関係を追うだけのことになってしまったが、ここからだけでもわれわれは、そこに貫いているかなりはっきりした一つの動きを読みとることができそうである。知覚の問題への彼の熾烈な関心が、当初ベルクソンの『物質と記憶』によってかきたてられたことは確かであろう。ベルクソンはそこで、たとえば次のように言っている。「物質とは、われわれにとって〈イマージュ〉の総体である。そして〈イマージュ〉ということでわれわれは、観念論者が表象とよんでいるものよりは多いが、実在論者が物とよんでいるものよりは少ないある存在――〈物〉と〈表象〉との中間に位置するある存在――を考えている」(34)。先ほど引用した書評のなかでのベルクソン評がこの箇所を踏まえてのものであることは言うまでもないが、メルロ＝ポンティはベルクソンの説くこの〈イマージュ〉とはまさしく〈知覚された存在（l'être perçu）〉〔S II 47〕にほかならないと見る。そこで、このイマージュの総体についての記述を知覚の用語によって翻訳し、現代の心理学や生理学の知見を動員してそれをいっそう包括的なかたちで仕上げようというのが、彼にとっての当初の課題となったのである。ゲシュタルト心理学や行動主義の心理学についてのその詳細な検討も、こうした問題意識に導かれてのものであったにちがいない。観念か物か、主観か客観かという二者択一を超えて、知覚的世界のあるがままの記述をおこなおうとするこの問題意識が、一時期彼をマルセル流の「実存の哲学」に近づけたということは十分にありそうなことである。しかし、『存在と所有』

についての書評の末尾からも知られるように、彼がすぐにもこの種の「実存の哲学」のもついわば主意主義に、哲学としての不十分さを感じたのも事実である。一九三〇年代のメルロ＝ポンティが、やはり当時ドイツ哲学の移入に急だった日本の哲学界の状況などに徴してみて異様に思われるほどハイデガーに無関心だったのも、『存在と時間』を実存哲学の書と見る当時の一般的な見方にわざわいされてのことであったのかも知れない。

　メルロ＝ポンティは、実存の哲学に対するそうした不満から、もっと哲学的に厳密な仕方で彼の課題の達成を約束してくれそうなフッサールの現象学に近づいていったものであろう。したがって、その現象学理解は、やはり基本的にはベルクソン的枠組によって規定されていたと考えてよい。その際、フッサールの現象学をゲシュタルト心理学と同じ知的文脈のなかでとらえ、その動機をいっそうラディカルに展開するものと見ていたアロン・ギュルヴィッチの見解によって彼が強く影響されたらしいことは、前に述べたとおりである。前出の一九三四年のレポートからもうかがえるように、彼は、『カント研究』に発表されたフィンクの論文によって、比較的早くからフッサールの後期思想の境位を察知し、『危機』論文において展開される「生活世界の現象学」にベルクソンの「イマージュの総体」についての記述、つまり「知覚世界の生《な》まな存在」の記述を期待していたにちがいない。一九三八年の『ルヴュ・アンテルナシオナール・ドゥ・フィロゾフィ』フッサール特集号に発表された諸論文や、一九三九年にルーヴァンで閲読したフッサールの遺稿は、彼のこの期待を充たしてくれた。あるいは、彼はそこから、この期待を充たしてくれるものだけを読みとろうとしたのではなかろうか。よく言われることであるが、彼のフッサールの読み方は、極度に選択的《セレクティヴ》なのである。

　こう考えてよいとすると、サルトルとメルロ＝ポンティの現象学理解の違いも、サルトルが『イデーン』第一巻に代表されるフッサールの中期の思想から出発し、メルロ＝ポンティが比較的早くからフッサールの後期思想に依拠していたということによるだけではなく、それ以前に、彼らのベルクソン理解に根ざしていると考えることができそうである。つまり、サルトルがフッサールの志向性という概念のうちに、ベルクソンの純粋持続の世界やプルーストの記憶の世界、いわば「内的生活《ヴィー・アンテリユール》」[35]からの脱出の可能性を認め、ベルクソン哲学を乗り超えるものとして現象学を受けとめたのに対して、メルロ＝ポンティはあくまでベルクソン的基盤の上で、それをもっと先まで推しすすめるものとして、フッサールの現象学を受けとったのであろう。もっとも、『知覚の現象学』においては、ベルクソンに対してすこぶる批判的であるが、これは、前に引いたサルトルの回想でも述べられていたように、この時期サルトルとの交友が深まり、その影響を受けたためかも知れない。しかし、これがメルロ＝ポンティのベルクソンに対する最終的な態度でないことは、彼が一九四七—四八年の高等師範学校《エコール・ノルマル・シュペリユール》での講義[36]で『物質と記憶』の詳細な注解を試みていることや、なによりも『哲学をたたえて』〔OE 193 f.〕や「生成するベルクソン像」〔S II 41〕でのベルクソンに対する熱のこもった讃辞《エロージュ》からも明らかである。

　だが、そうなると、彼の思想の形成を簡単に「ベルクソンからフッサールへ」ときめつけるわけにはゆかなくなる。ただ、彼がフッサールの後期思想に具体的に接した時期から考えてみて、『行動の構造』は考えられる以上にベルクソン的枠組によって強く規定されており、『知覚の現象学』は比較的ベルクソンばなれしているということは言えるのではなかろうか。一九三八年に脱稿された『行動の構造』が一九四二年の出版までのあいだまったく手を入れられずに放置されたとも思えない――殊に、第四章の後半に関しては――ので話は面倒になるが、彼がここで、ベルクソンの「イマージュ」の世界についての記述を、まず「行動」の用語によって翻訳しようとしたのだという見方もできるのではないかと思う。事実、『物質と記憶』の第一章は、まさしく身体論なのである。この点については、また立ちかえって考えてみなければなるまい。

もう一つ、これも推測の域を出ないのであるが、メルロ＝ポンティに「知覚の哲学」を示唆したものとして、マックス・シェーラーの『知識形態と社会』（一九二六年）が考えられるのではなかろうか。『行動の構造』の参考文献表はわずか二ページしかなく、そこにはフッサールのものとしては『イデーン』第一巻、『内的時間意識の現象学講義』、『形式的論理学と超越論的論理学』、『デカルト的省察』の四冊が挙げられているだけであり、ハイデガーの『存在と時間』の名も見当らないのであるが、シェーラーの著書は、『知識形態と社会』、『倫理学における形式主義と実質的価値倫理学』、『宇宙における人間の地位』の三冊にも及んでいる。例の書評を書いたこともあって、シェーラーには思いのほか親近感をもっていたのではなかろうか。そのシェーラーの『知識形態と社会』収録の第二論文「認識と労働」の

第五章が「知覚の哲学へ」と題されており、ここでシェーラーは、当時の心理学・生理学・生物学の知覚理論の検討をおこなっているのである。もしメルロ゠ポンティがかなり早い時期にこれを読み、そこから「知覚の哲学」の示唆を得ていたのだとしたら、つまりメルロ゠ポンティがシェーラーに近い視角から現象学へ接近していったのだとしたら、彼の現象学が一九二〇年代、三〇年代の最新の生物学・神経生理学・心理学の諸成果の哲学的検討から出発したということ、言いかえれば、その現象学がまず『行動の構造』や『知覚の現象学』として展開されたことも理解しやすいように思われる。ほかならぬシェーラーこそ、これら生命諸科学の最新の諸成果を検討し評価し、三〇年代の生命諸科学の担い手たちにその方向を指示してやった哲学者だからである。この問題もやがて検討してみなければなるまい。

II

『行動の構造』をめぐって

1 『行動の構造』と『知覚の現象学』

『行動の構造』は一九三八年に脱稿されたが、おそらく翌年第二次世界大戦が勃発し著者が召集されたという事情にもよるのであろう、一九四二年になってようやく刊行されている。このばあい「行動」という言葉は、明確に限定された心理学用語として使われており、英語の behavior にあたる。これは動物や人間の客観的に観察可能な反応を意味し、そこには筋運動や腺分泌の過程のような分子行動（molecular behavior）もふくまれる。『行動の構造』は、一言でいうなら、動物の行動の構造化の諸階梯を見さだめ、人間の意識的行動をもそこに位置づけようとする試みである。ところでこの本は、殊にその前半が神経生理学の諸立場の批判的検討に当てられているため一般の読者になじみにくいというだけではなく、そこにさまざまな思想的動機がからみ合っていて、全体として著者がどのような立場に立っているのか、その基本的性格に関しても見きわめにくいところがある。メルロ＝ポンティは一九四五年に、その年公刊されたばかりの『知覚の現象学』を主論文に、この『行動の構造』を副論文にして学位を請求し授与されているが、この二つの著作の関係、つまり『行動の構造』が『知覚の現象学』に対してどのような位置を占めるのかということも、それほどはっきりはしていない。

たとえば、メルロ＝ポンティがみずから選んで第二版以後『行動の構造』の序文に据えたアルフォンス・ドゥ・ヴァーレンの論文「両義性の哲学」〔SC I f〕では、これら二つの著作の関係は次のように考えられている。ヴァーレンは、この二冊の本の主題は「ある意味で同じ」だと見る。というのも、「人間の自然的経験は人間をはじめから物の世界に位置させ、人間が物のあいだで向きを定め決断するところに成り立つ」のだから、「人間の行動」を記述するのも「物の知覚」を記述するのも同じことの二面でしかないからである。したがって、『知覚の現象学』はすでに『行動の構造』が含意していたものを知覚の用語で展開してみせるだけだ、ということになる。だがヴァーレンは、だからといって『行動の構造』が生理学や心理学の諸立場への批判に終始する消極的な著作で、『知覚の現象学』が体系的積極的な著作だという見方はとらない。『知覚の現象学』も、古典的合理主義やその末流の主知主義的心理学への批判をふくんでいるからである。ヴァーレンの考えでは、二つの著作の実際の相違は記述されている経験の型にある。つまり、『知覚の現象学』は、「晩年のフッサールがすでに記述していた自然的で素朴な経験の平面にしっかりと据えられている」のに対して、「『行動の構造』は自然的ではなく科学的な経験の水準に位置しており、この経験そのものが、科学がおのずから採用している存在論的パースペクティヴのなかでは理解できないものだということを証明しようと努めている」のである。もっとも、「科学者の経験がもともと自らの説明すべき日常的経験に従属し、それなしでは科学者の経験も存在しえない」―という意味では、「『行動の構造』のテーゼは『知覚の現象学』のテーゼに従属している」のではあるが。

これに対して、ポール・リクール(1)などはこの二つの著作の基本的性格にかなりの違いがあると見ている。彼は、「メルロ＝ポンティを讃えて」というその追悼文のなかで両者の関係にふれ、きわめて簡潔に次のように述べている。「なによりもまず『知覚の現象学』が、すでに一九三八年に達成されてはいたが一九四二年になってやっと『行動の構造』のなかで公にされた諸成果を、はじめからその外に放置してしまっていることを見落してはならない。一九四五年の〈実存主義〉は、形態とか構造とか秩序（物理的秩序、生命的秩序、人間的秩序）といったものとはるかに〈客観的な〉諸概念を包摂しえなかった。この哲学者が構造の全理論を意味の哲学のうちにとりこもうと努力しているにもかかわらず、である。『行動の構造』は『知覚の現象学』と同じくらい偉大な著作である。それゆえ、実存の哲学と自然の哲学とのあいだでのこの最初の動揺に立ちもどってみる必要があろう」。つまり、リクールは『行動の構造』を「構造の理論」「自然の哲学」、『知覚の現象学』を「意味の哲学」「実存の哲学」と見て、両者は結局うまく交錯することなく、それぞれの独自性を主張していると考えているのである。

卓越したメルロ＝ポンティの評伝の著者グザヴィエ・ティリエット(2)は、リクールのこうした見方をそれなりに評価しながらも、二つの著作の連続性を強調する。ティリエットによれば、「『行動の構造』は物理学ならびに心理学の諸理論の成果を一つのまとまった見方《ヴィジョン》に統合せんとする、また、形態・構造・秩序といった概念から出発して客観性の新しい規約を確立せんとする」ものであり、したがって、「多くの面で、『知覚の現象学』の確乎として実存的な視点を乗り越えるか、あるいは迂回するかしていたのであり、自然の哲学へ向かう後日の方向を先取りしていた」のであるし、一方「『知覚の現象学』は、まるで『行動の構造』の諸成果を〈括弧のなかに〉入れてしまいでもしたかのように、その影響をほとんど受けていないように見える」のである。だからこそ、リクールのように「この時からすでに特徴のある動揺が現われ、メルロ＝ポンティの思索は二つの方向を再交叉させることを期待しながら、それら双方に同時にかかわっていた」という考えも出てくるのだし、両書の日付けのずれから「宇宙観照的《コスモテオリック》と言ってもいい考察が実存的現象学に道をゆずるために休止した」と考えることもできる。

　だが、それにもかかわらずティリエットは、「これら二つの著作が互に交流し合っている」と考える。それは、「両義性・弁証法・制度・現象的身体・共存といった基本的用語が二つの著作の連結の役目を果しているというだけではなく、知覚意識を論じている『行動の構造』の後半全体が『知覚の現象学』への直接の準備と道程になっている」からでもある。それに、すでに『行動の構造』においても、「構造」と「意味」とは符合し合っている。「構造の観念の上に意味という観念が付けくわえられるというわけではない」のであって、「構造とは〈意味をもった全体〉のこと」なのである。「内在的意味《サンス》をもった構造を、そこに住まう意味作用《シニフィカシオン》から切り離すことはできないし、物理的世界においてはよりいっそう可視的なものとなる構造的要素にしても、いたるところで意味する《シニフィアン》要素と連帯的に結びついているのである」から、メルロ＝ポンティにとっては「構造の哲学と意味の哲学とを二つの探究の方向として対置することなど、問題にもならない」のである。

こうして、ティリエットによれば、「構造の哲学と意味の哲学との裂開は、著作の流れのうちにはほとんど痕跡を残さなかった」が、だからといって、リクールの見解にもそれなりの価値はあるのであって、それというのも、『行動の構造』においてメルロ＝ポンティは、おのれの課題を行動の分析だけに限っており、それ以上のこと、「自然の存在論」についてはまったく手をふれていないからである。構造の哲学によって排除されたのは「存在」の実体論であって、ありうべき存在論的方向は排除されたわけではなく、保留されているだけである。とすれば、リクールの見解は「現象学＋存在論」という方程式を解くことに向けられるメルロ＝ポンティの後日の努力を先取りしていたという意味で、それなりの価値をもつことになる。われわれを肯かせるに足る委曲を尽した説明ではあるが、ティリエットは、ヴァーレンが気にしているようなこの二つの著作での著者の方法論的立場の違いについてはほとんどふれていない。つまり、『知覚の現象学』において著者のとっているのが前客体化的・前反省的な知覚経験の「現象学的記述」の立場だとすれば、それに対して、科学の内在的批判を積み重ねてゆくことによって行動の構造を浮かび上がらせてゆく『行動の構造』の立場はいかなる位置を占めるのか、そこに立場の変更があるとすれば、それはいったい何によるのかといった問題にはほとんど言及するところがないのである。

ところで、ほんの数行だが、この二つの著作の関係について直接ふれた著者自身の発言がある。もっとありそうなものだが、ほかにはまったく見当らないのである。その発言は、メルロ＝ポンティが、一九五二年にコレージュ・ドゥ・フランスの教授に立候補した際、資格審査の資料としてマルシャル・ゲルーに手渡した覚え書(3)のうちに見られる。彼はそこで、『行動の構造』の課題は「知覚する有機体とその環境との諸関係を現代の心理学や生理学の示唆を受けつつ描き出す」ところにあったが、「『知覚の現象学』という著作においては、われわれはもはや知覚行為の出現に立ち合うのではなく、この知覚行為そのもののうちに身を据え、そこで主体とその身体とその世界とのあいだの特異な関係の分析を追求する」のだと述べている。当然と言えば当然のことだが、どれほど簡潔であるにしてもメルロ＝ポンティのこの発言が、二つの著作の関係を他の誰よりも的確に言い当てているように思われるので、ここでしばらくこの発言の意味を考え、二つの著作の関係と、殊に『行動の構造』で著者が採っている基本的立場を明らかにしてみたい。

この発言によれば、『行動の構造』の課題は「知覚行為の出現に立ち合う」ことにある。言うまでもなく、この「知覚行為 (les conduites perceptives)」という概念は、知覚を「純粋認識」としてではなく「行為 (action)」の文脈のなかでとらえるベルクソンの知覚理論につながるものである。周知のように、ベルクソンは『物質と記憶』において、知覚を「可能的行為 (action possible)」「起りかけている行為 (action naissante)」としてとらえ、メルロ＝ポンティが一九三三年のレポートでふれていたように、知覚を「運動の枠組」のうちに置き直している。三〇年代の前半から一貫して知覚の問題に定位してきたメルロ＝ポンティが、その処女作の主題として「行動」を選んだのも、まず行動の発達の歴史のうちに知覚意識の出現を見届けようというつもりだったからにちがいない。前章でメルロ＝ポンティがその基本的な問題設定において、かなりの程度までベルクソンに依拠していると述べたのも、このゆえである。

ただ、メルロ＝ポンティは、行為《アクシオン》についてのベルクソンの固定した非弁証法的な考え方には批判的である。たとえば彼は『行動の構造』において、「物理的および生物的自然を変容する人間活動の総体」を指すのに、「行為《アクシオン》」という概念に代えて「労働」というヘーゲルの用語を選び、それに関連させてベルクソンの行為概念に次のような批判をくわえている。彼はまず、「『物質と記憶』において純粋イマージュがそのイマージュそのものについての意識によって裏打ちされるのは、物理的諸力が――自動的反応を発動させながら身体を通過するのではなく――〈非決定性の中心〉すなわち〈自ら行為しうる存在者〉のなかで減衰されるときなのであり、だからこそわれわれの知覚も可能的行為の圏を点線でしるしづけるのであろう」と言って、ベルクソンの「行為」がベルクソン自身主張しているような物理的運動ではないことは認めながらも、「しかし、ベルクソンの考えている行為は、つねに生命的活動、つまり有機体が自らの存在を維持するための活動であり」、「彼は人間の労働という行為のうちにも、本能が本能なりに追求しているのと同じ目標の別な追求様式しか見ていない」と批判する。のみならず、ベルクソンの「〈運動的メロディ〉という考え方のうちには、行動している意識や動作の内的統一・意味などについての具体的記述が見られるにもかかわらず、ベルクソンは時として純粋に運動的な行為概念に逆もどりすることもあり」、そのた

ベルクソン生誕百年記念会場にて　1959年5月19日

め、「習慣は〈精神的活動の化石化した残滓〉にすぎず、また、能動的行為も思考の〈運動的附随物〉にすぎない」とされ、かくして「意識の実践的意図は〈起りかけている運動〉の意識に還元される」ことになる。要するにベルクソンは、せっかく「知覚を行為に近づけた」にもかかわらず、その行為を物理的運動としてとらえるか、あるいはせいぜい生命活動という狭い意味で理解するにとどまり、しかも、その生命活動も「われわれを〈無機的固体〉に適応させようとする」ものと考えられているから、人間的な行為と知覚をそれとしてとらえるにいたっていない〔SC 242 f〕、というわけである。メルロ＝ポンティが、先の発言のなかで、action という概念を避け、conduite perceptive と言っているのも、ベルクソンの非弁証法的な行為概念への批判からであろう。

　だが、そうした批判はありながらも、メルロ＝ポンティがその基本的な問題設定においてやはりベルクソンに依拠して、人間的な知覚意識の発生を、「知覚する有機体と環境との関係」つまり行動の——ただし、弁証法的な——発達の歴史のうちに定位しようとしていることは、まず疑いない。そこで、『行動の構造』においては、「反射行動」という概念の検討（第一章）から出発して「高等な行動」（第二章）の発達が辿りなおされるわけであるが、その際彼は、神経生理学そのものの批判的自己克服、つまりゲシュタルト学説による古典的神経生理学の批判的克服——メルロ＝ポンティの考えからすれば、これはそれ自身広い意味での現象学運動の一環をなすのだが——の成果を信頼して、行動の発達を「漸進的で非連続的な再構造化」〔SC 204〕の道程として捉える。したがって、当面彼はこの再構造化の過程を「外的観察者（spectateur étranger）」〔SC 241, 274〕の立場で記述することになる。たとえば彼はこの記述を終えるにあたって〔SC 273〕、次のような言い方をしている。「われわれはこれまでの節において、物理的世界や有機体のうちに行動が誕生する次第を考察してきた。つまりわれわれは、人間について〈反省〉によっては何ひとつ知らないかのように装い、そして人間の行動についての科学的表象に含意されているものを展開させるにとどめてきた」。これがいわゆる「外的観察者」の立場であるが、この立場は、その考察が行動の「シンボル的形態」、つまり「人間的秩序」に達し、行動のうちに「意識」とよばれる構造が出現すると放棄されねばならないかのように思われる。というのも、「もしわれわれが、終始〈外的観察者〉の立場に立つこれまでの記述を続行し、人間的秩序をも考察していくとすれば、われわれはさしあたりそこに新たな構造が産出されているのを見るだけであろう」し、「そしてもし生命が〈内部〉の〈外部〉への現われだとすれば、意識とはまず世界への新しい〈環境〉——なるほどその環境をこれまでの環境に還元することはできないにしても——の投入にすぎないことになり、人類は動物の新種にすぎないことになる」〔SC 241〕からである。当然そこでは方法論的立場の変更が要求されることになる。

もともと、『行動の構造』においてメルロ＝ポンティが提唱している「構造の哲学」〔SC 198〕は、物理的秩序・生命的秩序・人間的秩序を三つの実体としてではなく、それぞれの独自性を認めながらも、それぞれの秩序を「先行秩序の捉え直し」、その「新たな構造化」と見る。つまり物質・生命・精神とよばれているものは構造の統合化の非連続的な三つの段階を示し、それぞれ前の段階の構造がより統合度の高い後の段階の構造のうちに部分として組み込まれてゆくという関係にある。そしてメルロ＝ポンティは、量・秩序・意味をこれら三つの秩序の「支配的な特性」と見る。当然、それに応じて、その構造をとらえる方法論的立場も変ってこなければならない。つまり、量を支配的特性とする物理的構造に関しては〈法則的説明〉が可能であるが、秩序を支配的特性とする有機的構造にはもっと別の種類の整理の仕方、つまり〈記述的了解〉が必要になる。これを彼は「記述的生物学」とよんでいるが、「外的観察者」の立場での記述というのは、これに当る。当然、「意味」を支配的特性とする人間的秩序、つまり行動のうちに「意識」という構造が出現してくるこの段階では、「外的観察者」の立場は捨てられることになる。では、それに代わるのは批判主義の説くような「反省的分析」の立場であろうか。メルロ＝ポンティは、『行動の構造』の第四章を挙げてこの批判主義との対決に当て、やがて『知覚の現象学』において採られるような知覚意識の「現象学的記述」の立場を打ち出してくるのであるが、その主張を理解するには、ここで出現してくる「意識」の本性や、「構造」と「意味」の関係を考えておかねばならない。

2　構造の哲学

メルロ＝ポンティが『行動の構造』の第三章で素描している「構造の哲学」は、「物理的秩序・生命的秩序・人間的秩序」、言いかえれば「物質・生命・精神」の三秩序を異なった三つの実体としてとらえる「実体の哲学」にとってかわって、これら三秩序を構造の統合度の異なった三つの段階として、つまり、それぞれが先行の秩序をとらえなおし、それをより高次の全体に組みこむことによっていっそう統合度の高い個体性を実現してゆく三つの階層としてとらえる新たな「存在論」であると同時に、これら三秩序のそれぞれに支配的な特性、つまり「量・秩序・意味」という特性の違いに応じて、そのつど構造把握の方法論的立場が転換せざるをえない必然性を基礎づける「認識論」をも包含している。彼がここでこの「構造の哲学」を持ち出してきたのは、明らかに、行動の発達の歴史を跡づけてゆく途上、行動の「可換的形態」から「シンボル的形態」への移行、つまり「生命的秩序」から「人間的秩序」への移行にともなって起らざるをえない方法論的立場の転換を基礎づけようとしてのことであろう。そして、すでに『行動の構造』の内部で問題になるこの移行は、そのまま『行動の構造』から『知覚の現象学』への移行とも重なり合うものであるから、彼がここで、引きつづいて執筆されることになる『知覚の現象学』との連関を念頭に置いていたことは確かであり、これら二つの著作が異質の動機に促がされたものだといった見方は当らない。ティリエットも言うように「……行動の記述は意識の記述へ、言いかえれば知覚へと滑るように移行する」のであり、「……行動の構造を〈意識の構造〉によって延長してゆくことが問題となる」[4]のである。したがって、メルロ＝ポンティがあるところで言っているように〔SC 235, n 3〕、現象学を「構造の記述」という広い意味に解するなら、『行動の構造』も『知覚の現象学』も一貫して現象学的なのであり、ただ、そこで記述さるべき構造の特性の違いに応じて、その記述の立場が転換するだけなのである。

行動の発達の歴史のうちに「意識」という高次の構造が出現することによって起るこの転換の結果獲得されるのが、予想されるような批判主義的な反省的分析の立場ではなく、「批判主義的発想の哲学とは単なる同音異義の関係にある」〔SC 307〕超越論的態度、つまり現象学的記述の立場であるということを論証するのが『行動の構造』の第四章の課題となるのであるが、それについては後に立ちかえることにし、ここでは一応二つの著作の連関を明らかにしえたことに満足して、いまは彼のいわゆる「構造の哲学」についてもう少し考えておきたい。

その際注意しておかねばならないのは、『行動の構造』においては秩序・構造・意味といった基本的概念がきわめて多義的ないし流動的な使われ方をしているという点である。たとえば、〈秩序〉という概念は、一方では〈物理的秩序・生命的秩序・人間的秩序〉というかたちで使われ、他方では生命的秩序の支配的特性を指示するために使われる。〈構造〉という概念にしても、右の三秩序のいずれにも適用されうる概念として使われる場合と、「構造と意味」というかたちで問題がたてられる場合、つまり〈意味〉と区別され生命的秩序の支配的特性とされる〈秩序〉とほとんど同義に使われる場合とがある。〈意味〉に関しても同様で、一方では人間的秩序の支配的特性を指示するために使われながら、他方では「物質・生命・精神は意味の三秩序として理解されなくてはならない」〔SC 203〕といった言い方がされる。だがこれは、概念規定の杜撰というべきではなく、むしろ唯物論と唯心論、機械論と生気論のアンチノミーを乗り越えて、物質・生命・精神を「構造の三つのタイプ」〔SC 196〕として統合しようとするための積極的な多義性ないし流動性と見るべきであろう。事実、「物質・生命・精神それぞれの特性と考えられている量・秩序・価値ないし意味は、その当該秩序に支配的な特徴というだけのことであり、たがいに他の秩序にも普遍的に適用しうるカテゴリーなのである」〔SC 196〕と言われている。同じことが「構造の哲学」のすべてのカテゴリーについても言われうるわけであろう。

メルロ゠ポンティのいわゆる「構造の哲学」は、ゲシュタルト学説の批判的な展開を目指すものである。事のついでに、ゲシュタルト学説についてのその見解にふれておけば、彼は、おそらくアロン・ギュルヴィッチに学んでのことであろうが[5]、ゲシュタルト学説とフッサールの現象学とを同じ思想的文脈に属するものと見、ゲシュタルト心理学が実行しているのは、まさしくフッサールの現象学によって理論化されたものと同じ様式の反省であり

〔PP I 101, n 5〕、恒常仮説に対するその批判は本質的には現象学的還元と同じ価値をもつと考えている。そして、「ゲシュタルト学説と現象学とのそうした親近性[6]」は外面的指標によっても確かめられるとして、ケーラーが現象学的記述を心理学の目標として課したことや、かつてフッサールの講義を聴いたことのあるコフカが自分の心理学の指導理念をその影響に帰していること、フッサールもまたその最晩年にはゲシュタルトの観念を採り上げるにいたったことなどを挙げている。しかし、ゲシュタルト学説は、心理学上の原子論を徹底的に批判しながらも、それが「決定された存在あるいは〔客観的〕世界についての偏見という、より一般的な偏見の一特殊例である」ということに気づかないため、「いざ自分に理論的骨組みをあたえようと試みる段になると、自分のもっとも有効な記述を忘れてしまい」、素朴な実在論に帰ってしまうのである〔PP I 101, n 5〕。

「構造の哲学」が論じられるここでも同じことが言われ、「ゲシュタルト学説も、純粋に構造論的な考え方にともなうさまざまな問題を自覚しながら、実体の哲学にとって代わるゲシュタルトの哲学にいたろうと努めてはいる」〔SC 198〕のだが、すべての心理学に共通する実在論的要請を超えることができないため、ゲシュタルトの概念の哲学的分析を十分に推し進めることができず、その含蓄を展開しきれないでいる。つまり、この学説は、ゲシュタルトに存在論的規定を与える段になると、たとえば、心的ゲシュタルトをそれと等価的な生理的ゲシュタルトに基づかしめ、さらにその生理的ゲシュタルトと同じ特性をもつ物理的ゲシュタルトを考えるいわゆる「同型説」によって、すべてを「実在の総体」としての物理的世界に引きもどしてしまうのである。だが、ゲシュタルトという概念には、本来そうした実在論的要請を破砕するだけの含蓄がある。そこで、ゲシュタルトそのものに問いかけ、その含蓄を展開することによって、物質・生命・精神をそれぞれに自律的な構造の三秩序としてとらえようとするのが「構造の哲学」なのである。

もっとも、メルロ゠ポンティがこのような同型説に対する批判や階層理論をゴールトシュタインの『生体の機能』(7)から学んだことも、これまた確かであるから、ゴールトシュタインの全体論的神経生理学理論を広い意味でのゲシュタルト学説に含めて考えてよいとすれば、メルロ゠ポンティの「構造の哲学」はやはりゲシュタルト学説の哲学的展開と見てよいであろう。

それはともかく、「構造の哲学」は、物質・生命・精神のそれぞれが異なった仕方でゲシュタルトにあずかり、構造の統合度の異なった段階をなすと見るのであるが、物理的事象のレベルでの構造、つまり物理的ゲシュタルトとはどのようなものであろうか。物理学で言われる系《システム》がまさしくそれに当ろう。物理学的な系は、ゲシュタルトと同様に、「全体から切り離された各部分に当てはまるような法則はいっさいありえず、また各ヴェクトルの大きさや方向が他のすべてのヴェクトルによって決定されるといった平衡状態ないし一定の変化の状態にある諸力のまとまり」〔SC 204〕と定義され、したがって、そこではすべての局所的変化が諸力の関係の一定性を保証するような力の再配分となって現われてくるのであり、一種の内的循環過程があることになる。物理学的系とは「空間の一区劃に刻みこまれ、自らの循環的因果性によって外的影響力の変形作用に抵抗する内的統一性として、それ自身一個の個体なのである」〔SC 204〕。そして、こうした系が構成する力の場は、「当の力学的構造の外では意味をもたないが、その代わりその内部の各点に対しては、その点の特性という絶対的特性が考えられなくなるまでにその特性を規定してしまうような法則によって特徴づけられる」〔SC 205〕のである。たとえば、ある楕円伝導体上の各点の電荷は、そのあらゆる点に妥当し、しかもその伝導体上の点にしか当てはまらないような法則によって、つまり、当該点の座標・軸の長さ・全体の電荷量の函数として決定されうる。こうした考え方はあらゆる物理法則に拡張されうるのであり、「すべての物理法則は、ある構造を表現しており、その構造のなかでのみ意味をもつ」〔SC 205〕と言うことができる。たとえば、物体落下の法則は、「地球の周辺に比較的安定した力の場が構成されていることを表わしているのだし、またその法則の基底となる宇宙論的構造が持続するかぎりでしか妥当性をもちえない」〔SC 205-206〕のである。こうして、われわれは物理学的世界のうちに幾つかの部分的まとまりを導入し、法則をその構造の表現と見ることができる。

ところで、このような「物理的ゲシュタルトが存在する」というのはどういう意味であろうか。メルロ＝ポンティは、「ゲシュタルトは実在の用語で、物理的世界の〈物〉として定義されるものではなく、認識の用語で〈知覚されたまとまり〉として定義されねばならない」〔SC 214〕と言う。つまり、物理的世界のうちにすでにゲシュタルトが存在し、それが知覚のゲシュタルトの存在論的根拠の役割をはたすと考えてはならないのであり、むしろ、物理学がわれわれを知覚される世界へ送り返すからこそ、物理学においてゲシュタルトが問題になると考えねばならない、と言うのである。「物理学は、世界の具体的な姿に忠実になるにつれて、自らの世界像を、古典科学においてモデルとなったような、またその分割可能な諸部分に絶対的特性を与えることができるような、統合度の低いまとまりから借りてくるのではなく、力学的統一・力の場、あるいは知覚の世界からも得られる強構造などから借りてこざるをえなくなるのである」〔SC 215〕。われわれは物理学的世界から出発して知覚を説明しようとしてはならないのであり、物理学を知覚世界を思考するための一つの手段と見るべきなのである。こう考えれば、メルロ＝ポンティが「構造は自然のなかにあるのではなく」〔SC 209〕、「意識にとって存在する」〔SC 214〕と言う意味も理解できよう。

ところで、物理的構造つまり物理学的系のばあいには、その系を一個の個体たらしめているのは、伝導体上の電荷の分布の場合のような地形的条件であれ、水面に浮かんだ油滴の場合のようにその系と場との動力学的関係からなる条件であれ、ある与えられた外的条件に対して得られるその系内部の平衡状態である。もしそう考えてよいとすれば、有機体もまたその系の内部に或る平衡状態を維持しつづける限りで個体として存続しうる一つの系《システム》と見ることができる。ただし、この場合は、その平衡状態が現実に与えられている諸条件に関してだけではなく、その系自身によって現実化される潜在的な条件に関してもまた得られると考えなくてはならない。つまり、「構造が、外力の強制に屈して自らを妨げている力を弛緩せしめる代わりに、自己固有の限界を越えて働らきかけ、かくして自己の環境を自分でつくり上げるというばあい」〔SC 217〕、その構造は「有機的構造」、有機体とよばれるのである。しかも、そこに実現される平衡状態は、系内で展開される相互作用の結果として一義的に生ずるようなものではなく、環境に対するその有機体の「一般的態度」からきまってくるようなある特権性をもっている。たとえば、それぞれの有機体には、物理的環境の函数としては、あるいは当該有機体の解剖学的構造によっては規定されえない特権的な行動様式や知覚の特権的な閾がある。したがって、物理的構造の平衡状態は系の内部で起る相互作用の函数として法則によって表わされうるが、「有機的構造のそれは規範《ノルム》によってしか、つまりその個体を特徴づけるあるタイプの対他活動によってしか理解されえない」〔SC 221-222〕のである。そして、有機体の知覚の閾も、当該有機体に個性的な値の一つである。とすれば、「有機体は、自己にたいする事物の作用を自分で測定し、物理的世界には類のない循環的過程によって自己の環境を自分で限界づけている」〔SC 222〕ことになる。つまり、有機体にとっての環境とは即自的な地理的場面ではなく、有機体がその感覚器官の種類や閾値によってて自ら限定するものなのであり、有機体は自ら切り取るその環境に適応することによっておのれの特権的な平衡状態を実現し維持するのである。したがって、ユクスキュルの言うように、それぞれの種に固有の環境があることになる。

こうして、有機体とその環境との関係は、物理的系とその場との関係には比較しえないような弁証法的関係であり、それは環境の物理的条件にも有機体の解剖学的構造にも依存しないある「生命的意味」を媒介にして取り結ばれるものなのである。たしかに、有機体にも趨性《トロピズム》や反射のような物理的過程に近い反応も認められる。しかし、たとえばカレイの稚魚に典型的に見られる正の趨光性にしても、水槽が自然的環境に近いほど十分に大きければ生じない。つまり、それは動物が環境との特有な弁証法的関係を断ち切られて人為的な実験的状況に置かれた際の病的・破局的行動なのであり、そのとき有機体は「一時的に物理的系の地位になりさがっている」〔SC 224〕のだと考えられる。反射にしても同様であり、動物のばあい反射は実験室内での病的分離の結果なのであり、正常な状態で純粋な反射が見られるのは人間だけである。神経系の中枢化が極度に進んだ人間のばあい、すべての刺戟につねにその全存在を差し向けるわけにゆかないので、脊髄段階での局所的な反応である反射が起るのだと考えられる。してみれば、一般の動物の正常な行動はなんらかの生命的な意味をもつものとして、つまりエサをつかみ、目標に向かって歩き、危険から逃避するといった環境に差し向けられた行為として見なければ、理解しえないものなのである。こうして、「物理的系の統一は相関関係の統一である」のに対して、「有機体の統一は意味の統一である」〔SC 232〕と考えられる。したがって、生命現象は、物理学的思考のような法則的説明によってでは必ず余りが生ずるのであって、それとは別な「意味による整理」〔SC 232〕つまり記述的了解によってしか近づけないことになる。

ところで、有機体が破局的な状況において「一時的に物理的系の地位になりさがる」ということから、物理的構造と有機的構造との関係は次のように考えられる。つまり、構造の三秩序においては、低次の構造が高次の構造に「足場を与え」、高次の構造はその低次の構造の「新しい構造化」として実現される〔SC 274〕、あるいは「それぞれの秩序と高次の秩序との関係は部分と全体との関係であり」、低次の秩序はそれを足場として構成される新しい全体である高次の秩序のうちに部分として統合されるのである。そして、「高次の秩序の出現は、その完成の度合に応じて、低次の秩序からその自律性を奪い、おのれを構成する低次の各段階に新しい意味を与えるようになる」〔SC 268〕。今のばあいで言えば、物理化学的過程が足場になってそこに生命というより高次の構造が実現されるわけであり、そうなるとそこに組みこまれた物理化学的過程はその新しい全体のなかでその自律性を失い、新たな生命的意味を与えられることになる。しかし、有機体が環境との弁証法的関係を断ち切られ、生命的な構造がその平衡状態を十分に維持しえなくなると、そこに組みこまれた低次の構造が自律性を回復して、趨性とか反射といった物理的過程にまぎらわしい行動が生ずるということであろう。この低次の構造と高次の構造の特有な関係は、生命的秩序と人間的秩序とのあいだにも成り立つのであり、精神とか心とか意識とよばれるものは、身体的生理的過程を足場にし、それを統合する高次の構造、新たな全体と考えられる。したがって、生理的諸過程が足場として十分なほどに機能しなければ精神とよばれる高次の構造も実現されえないであろうが、いったんこの高次の構造が実現されると、そこに組みこまれた生理的機能に、それがそれ自体ではもっていなかった特有の人間的意味が与えられることになるのである。

それはともかく、有機体と環境とのこの特有な関係は、有機体の行動として具体化する。行動が「構造」であると言われるのは、まさしくこうした「構造の哲学」を背景においてのことなのである。有機体の行動にはいわば「土着の意味」〔SC 230〕がそなわっているのであり、すべての部分的現象はその同じ一つの意味、同じ一つの構造にあずかっているのである。しかし、その行動の構造は、神経系の発達の度合に応じていっそう高次に構造化されてゆく。メルロ＝ポンティは、『行動の構造』の第二章「高等な行動」において、この構造化の諸階梯を辿り、そこに「意識」という高次の構造の出現を見定めようとするのである。

3　現代生理学の諸成果

メルロ＝ポンティによる「行動の構造」の記述は、前節で要約したような「構造の哲学」を背景においておこなわれる。彼はまず第一章（「反射行動」）で、ワイツゼッカー[8]やゴールトシュタイン[9]ら現代の神経生理学者による古典的反射学説の乗り越えの試みを跡づけ、古典学説によって考えられたような「反射」――つまり、一定の物理的ないし化学的動因が一定の受容器に作用し、そこに生じた興奮が専用の神経回路を経てひきおこす恒常的な反応――は、有機体の正常な行動をあらわすものではなく、病的ないし「実験室的」行動にすぎないことを確かめる。簡単にその所説〔SC 29 f.〕を辿ってみよう。

一、「刺戟」――現代生理学は、いわゆる「刺戟」なるものがその要素的特性によってではなく、その空間的布置とかリズムとか強度のリズムといった、形態的ないし全体的特性によって働くものであること、また刺戟が刺戟として働きうるためには、受容器をその影響下に置こうとする有機体の運動がなければならないこと、したがって、「刺戟のゲシュタルトは有機体そのものによって、つまり有機体が自らを外の作用に差し出す固有の仕方によって創造される」ということ、を明らかにしている。有機体にとって「刺戟」となるのは、その有機体と無関係に規定することもできるような物理‐化学的動因ではなく、「有機体自身が、自分の受容器の固有の本性に応じ、神経中枢の閾に応じ、諸器官の運動に応じて、物理学的世界のなかから自分の感じうる刺戟を選ぶ」のであり、そうした有効な刺戟の総体を「環境」とよぶなら、「環境とは、有機体の存在に応じて世界のなかから切りとられる」ものなのである。

もっと適切に言うなら、有機体の反射的反応を発動させるのは、物理‐化学的動因ではなく、興奮のあるゲシュタルトなのであり、物理‐化学的動因は単にそのゲシュタルト形成の「機会」にすぎないのであるから、「もし反射的反応をひきおこすもの」を「刺戟」とよぶなら、刺戟という概念はむしろ、「有機体が受容器のうえに場所的・時間的に散らばっている興奮を集め、リズムとか形とか強度の割合など、要するに局所的刺戟の全体的ゲシュタルトという〈理念的存在〉に身体的存在を与えようとする有機体の根源的活動」を指すのでなければならないことになる。

二、興奮の場所——それぞれの刺戟に対する受容領野も解剖学的に限定されているわけで

はなく、刺戟の強度や頻度、それに状況によって変化することが確かめられている。したがって、同じ部分的刺戟もさまざまの結果をひきおこしうるし、同じ神経要素も質的に違った仕方で機能しうる。

三、反射回路――かつて考えられていたような特定の受容器と特定の効果器とを結ぶ孤立した伝導路、いわゆる反射弓というものもあるわけではない。あらゆる反射には、反射弓にとっては外的な多数の条件――体内の化学的・体液的・植物的条件、大脳と小脳の条件、さらに同時的諸反応への依存、先行反応への依存といった条件――が有機体のなかで協働することが必要であり、したがって、これらの諸条件も「刺戟」と同様に反応の「原因」とよばれる権利を有することになる。してみれば、「反射装置は解剖学的にも、機能的にも、けっして孤立した装置ではない」ことになる。

このように外的刺戟がありさえすれば単純に反射がひきおこされるとは限らないという事実に直面して、古典学説はそれを神経系の二層構造によって説明しようとする。つまり、もろもろの反射弓からなる第一段階の上に統制中枢ないし制止装置という上級審（大脳）を置き、それが自動運動を連合したり分離したり、あるいは制止したりすると考えるのである。しかし、現代生理学は、反射行動に対する大脳の作用が、そうした一段高いところから自動運動に許可を与えたりそれを拒んだりするところにあるのではなく、神経回路そのもののなかに入りこんで、反射の構成そのものに積極的役割をひきうけるところにあることを明らかにしている。「大脳の影響の介入は、行動を再組織し、それをより高い水準の適応と生活へ高めるという働きをするのであって、単に既定の装置を連合したり分離したりするのではない」のである。

四、反応——現代生理学は、たとえ刺戟や受容器や特定の神経経路の存在を認めたとしても、刺戟に対する反射の的確で柔軟な適応をそれだけではうまく説明することはできず、前提が異なっているばあいにも反射のそうした適応を可能にするようなある一般的因子の存在を認めねばならないと考えている。たとえば、右手が習得した運動習慣が比較的容易に左手に移されるように、反射的反応にも「効果器の置換を可能にするような何か一般的なもの」が存在しているのである。

こうして、現代生理学は、古典学説が解剖学的知見にもとづいて要請した刺戟や受容器や反射弓といったものが、実はたがいに交錯し合っており、反射が「身体のなかに並列された一連の出来事」ではないということを確かめるにいたっている。すでに興奮自体からして、けっして外的作用の受動的な記録にすぎないものではなく、外的影響に手をくわえ、それがおのれ自身のある規範に服しうるようにする有機体自身の活動なのである。

古典的生理学の誤謬は、生理的機能を解剖学的機構の結果にすぎないと見たところにある。現代生理学は「適応した機能を保証するような驚くべき複雑さをもった構造」は、「その機能自体が構造の発達を導く役をする」と考えないかぎり説明されえないと見る。つまり、「解剖学的接続の機械的秩序」によっては決定されないような生理的機能の独自性を認めるのである。たとえば、ある肢体ないし器官が他の肢体や器官の機能を代わりにひきうける代償行為の発動によっておこなわれる活動の再組織や、先ほどふれた習慣の転移といった現象は、このように考えなければとうてい理解できない。代償行為について言えば、トレンデレンブルクの実験は次のような事実を確かめている。

適当な大脳領域が部分的に切除されて、右脚ではエサをつかむことができなくなった動物は、その代理をしていた左脚を切ってしまうと、ふたたび右脚を使うようになる。たとえこのとき右脚を支配する中枢を切除しても、状況が緊急な仕方で強要するとき、たとえば食物が檻の外にあるというときには、いぜん右脚を使うことができる。〔SC 70〕

実験のこうした諸段階にたいしてあらかじめ予備装置が準備されていて、それが状況に応じて発動されると考えるのは無理であろう。むしろ、神経支配がそのつど状況によって規制され新しく配分されなおすと考える方が、はるかに事態に合致する。つまり、神経支配は、解剖学的構造によってよりも、神経系自身がある平衡状態に向かおうとする働きによって規定されるのだと考えるべきであろう。

こうして現代生理学は神経活動について、ほぼ、次のような結論に到達している。つまり、「神経系の求心領域は、有機体内部の状態と外的動因の影響とを同等にあらわす諸力の場と考えられるべきだということ、そしてその諸力は、力の分布の或る特権的な仕方にしたがって互いに平衡しようとし、そしてその結果にふさわしい運動を身体の運動部分から獲得してくる。そして、その運動が遂行されるにつれて求心系の状態に変容が生じ、今度はそれが新しい運動をひきおこす。この力動的で循環的な過程が、効果的行動というものの説明に必要な〈柔軟な〉調整を保証する」〔SC 80-81〕というのである。したがって、どれほど無意識的・自動的に見える反応も神経活動の全体から孤立させることはできないのであり、盲目な自動運動と意図的活動との原理的な対立を考えることはできない。

もっとも、神経系が全体として働くといっても、それはつねに全体が全体に依存しているということではなく、そこには内的分節があり、ばあいによっては、相互影響を無視しうるような部分的過程に区切られることもある。つまり、「行動の組織化や統合にはあらゆる段階があり」、古典生理学が反射として観察したような統合度の低い行動形態もありうるのである。ただ、このような意味での反射は、動物の正常な活動をあらわすものではなく、病的な行動ないしは「実験室の行動」に相当する、というわけである。

こうして、現代生理学は神経現象の説明に「ゲシュタルト」というカテゴリーを導入する。「孤立した諸部分がもつ特性の総和とは異なる特性をもった全体的過程」、もっと正しくは「その諸部分を一つ一つ比較すれば、それらは絶対的大きさにおいて異なっているにもかかわらず、全体としてみれば相互に区別できない全体的過程、言いかえれば移調可能な全体」として定義されるこのカテゴリーは、物理的システムにも適用されうるものであるから、このカテゴリーの導入によって生理学は、生気論的仮説に頼らなくても神経系の「横の機能」、つまりその循環的依存関係を説明しうることになる。問題として残るのは、物理的事象のレベルにもゲシュタルトが認められるからといって生理的ゲシュタルトを物理的ゲシュタルトに還元することが許されるか、許されないとすれば、それぞれの構造的特性をどのように定義すればよいのかということであるが、メルロ＝ポンティの「構造の哲学」はこれに答えるものであった。

メルロ＝ポンティは、第一章における反射理論の検討に次いで、第二章（「高等な行動」）において、ここでもやはりボイテンディク[10]やプレスナー[11]、なかんずくゴールトシュタインに依拠しながら、中枢機能の理論の検討に向かう。彼はまず「反射学説の補足および延長」として展開されてきたパヴロフの条件反射学説を検討し、それが「行動の忠実な記述であるどころか、実在的分析の原子論的要請にもとづく理論構成である」ことを指摘した上で、機能局在の問題について現代生理学が到達した一般的結論を次のように要約する〔SC 103 f〕。

一、疾患の分析について――「構造の障害」という考え方が導入される。「一個の損傷は、たとえそれが局在するものであっても、行動の全体にかかわる構造の障害を規定するということがありうるし、そして、似たような構造の障害が、皮質の異なった領域に位置する損傷によってひきおこされることもありうる」。周知のように、失語症についての研究の発達が、それぞれの機能を皮質の一定部位に定位し、機能障害をその部位の破壊による内容の欠損と考える古典的機能局在論の成立を促した。しかし、ある種の健忘性失語において、患者はある語をまったく失ったわけではなく、命名のためにはその語を使えなくとも、自動言語としてはそれを使用しうるということが確かめられている。つまり、患者にとって不可能になったのは、運動のあるストックではなく、行為の或るタイプ、或る水準――カテゴリー的態度を必要とする行為の水準――だということになる。また、ある種の脳損傷患者においては、運動・知覚・言語の全領域にわたって、同じようにカテゴリー的態度を要求するある水準の行為が不可能になっていることが確かめられている。こうした事実から、脳の一定部位の損傷が行動の全面におよぶ一般的な「構造の障害」をひきおこすということが知られるし、そうした構造の障害が存するということは、逆に「行動組織化の一般的機能」が存することを示唆する。ここでは、「内容よりも構造が、解剖学よりも生理学が優位に立っている」のである。

二、全体的活動とモザイク的活動――「しかしながら、神経活動は、神経系のあらゆる部分が同じ資格で介入する全体的過程として取り扱うことはできない。機能はそれを現実化する基体にけっして無関係ではない」。構造の障害といっても、それがすべての領域にまったく一様にあらわれてくるわけではなく、それが目立ってあらわれてくる領野があり、またその優先的分布が認められるのであるが、損傷の場所はそれと無関係ではない。たとえば視覚領に近い後頭部の損傷は、知覚障害の優位と対応し、前頭部ないし聴覚領の損傷は言語能力の目立った欠陥と対応する。ここから、大脳の諸領域が機能の上では全体と連関しながらもそれぞれの特殊性を有することが知られる。しかし、その特殊性は、内容の受容における特殊性ではなく、内容の構造化におけるそれなのである。事実、視覚領に損傷を負い、目立った知覚障害を示した患者も、その後の研究で、そこに欠けているのが同時的多様を直観する能力であり、それが行為のある水準を全般に不可能にしていることが確かめられた。

三、折衷的局在論と機能的平行論――「したがって、神経実質内の場所は多義的な意味をもつ。われわれは、折衷的な局在論と機能的な平行論しか認めることができない」。右のような事実から、中枢領域の活動は、その一つ一つが空間内の一運動に対応する特定機構を活性化するというのではなく、質料的に異なるさまざまな運動に「同じ類型的形式、同じ価値的述語、同じ意味」を与えうるような全体的活動なのであり、この中枢の活動が或る働きから他の働きに変わるばあいも、関係する装置の数が変わるということではなく、同じ基体が両者において質的に違った仕方で機能し、そこに違ったゲシュタルトが形成されるということなのである。したがって、たしかにわれわれは解剖学的立場で、大脳を同質的諸部分の相互外在性によって定義される空間のなかで考察することもできるが、しかし「大脳の生理学的事象はこの空間内では表わされえない」のであり、したがってそれに依存する「高等な行動もそうした空間のうちで生起するのではない」ことになる。

それはともかく、大脳の働きがこのように捉えられるとすれば、皮質の中枢領域の損傷は一定の型の活動、一定の水準の伝導をおかすことになり、その損傷の位置や発生の仕方がどうであろうと、そこでは機能の系統的解体が観察される。他方、末梢部位の伝導体に損傷が存するときは、孤立的に運動領域なり感覚領域なりに障害が起り、ある刺戟の影響がうばわれ、またある運動が削減される。この局在が「垂直の局在」とよばれるものである。このばあいには、知覚内容や運動に基体の或る領域の活性化が対応することになり、「水平の局在」が認められる。しかし、このばあいも、たとえば知覚の空間的・質的性格は、要素的刺戟の受容器上の位置によって一義的に決定されるわけではなく、同時的刺戟の布置に依存しているのであるから、孤立的な脱落現象ではなく、その領域の系統的解体が起る。したがって、「水平の局在」と定義されている領域内部にも従属的な垂直の局在が認められなくてはならないことになる。神経活動にこうした一連の水平的局在と垂直的局在の交錯を認めるのが、メルロ＝ポンティのいわゆる折衷的局在論なのである。

現代生理学も、たしかに神経活動と意識作用のあいだに一種の平行関係を認める。しかし、それは、神経活動と意識作用のそれぞれを要素的過程のモザイクに分け、それら相互のあいだの対応関係を主張するような古い心身平行論ではなく、機能的ないし構造的平行論である。意識の生活も有機体の生活も、もはや相互に外的な無数の出来事からなるのではない。そこには行動のさまざまな組織化、行動のさまざまな統合度が認められるのであって、心理学はそれを記述し、生理学はその物質的基体を指定しようとするだけなのである。

もっとも、すでに彼の「構造の哲学」からも明らかなように、メルロ＝ポンティ自身は現代生理学の主張するこの種の心身平行論をそのまま受け容れるわけではない。彼は、反射運動に関してと同様に高等な行動、つまり神経の中枢活動に関しても、現代の生理学が原子論的な考え方、つまり古典的な機能局在論や、それに基づく心身の内容的な平行論を批判的に乗り越えようとするその志向は高く評価するのだが、その際多くの生理学者たちが持ち出す「統合（intégration）」とか「統制（coordination）」〔SC 124〕という概念は十分な検討を要すると見る。というのも、これらの概念はきわめて多義的であり、場合によっては、生理学の真の改革につながるものでもありうるのだが、たいていの場合は、単に原子論を「修正」〔SC 124〕するために使われているにすぎないからである。ここで立ち入ることはできないが、メルロ＝ポンティは空間知覚・色彩知覚・言語活動の生理学において、たいていの場合「統制」の概念が原子論を補うための「既成回路の自動的な連結」と考えられていることを確かめている〔SC 124 f〕。だが、事態を仔細に検討してみるならば、そこで要求されている「統制」とは、そうした「自動性」としてではなく、「並列した諸部分のうちに現われる意味の統一、結合された諸項の実在には何ものも負わない諸関係の統一」の創造、つまり「ゲシュタルト」ないし「機能的構造」の形成として考えられなければならないことが明らかになる〔SC 139〕。

色の知覚や空間的位置の知覚が問題になる場合であれ、語の了解が問題になる場合であれ、神経活動は客観的刺戟によって触発される既定装置の活動ではない。興奮の過程は局所的興奮の総和ではなく、そのつど臨機応変に能動的に構成される不可分の統一性を有している。その過程は局所的興奮の特性にではなく、神経活動の固有の法則に依存しているのである。行動の条件は、皮質の中枢に進むにつれていっそう、神経実質そのもののうちにではなく、その全体的活動のゲシュタルトのうちに見いだされることになる。してみれば、「機能」は、単に一定の生理学的基体が存するということの単なる帰結ではなく、独自の積極的な実在性を有することになろう。こうして、現代生理学においては「ゲシュタルト」というカテゴリーが不可欠なものとなるのである。

現代生理学が到達したこうした知見から、メルロ゠ポンティはさらに次のような結論を引き出す。つまり、われわれがこのゲシュタルトというカテゴリーを手に入れるのはあくまで「知覚的世界」からであり、「図とは何であり、地とは何であるかをわれわれが学ぶのは、知覚的世界においてである」〔SC 145〕以上、もはや知覚的世界を実在的世界によって、心理学的「現象」を生理学的実在によって、説明することはできない。「行動の構造と、その基礎に横たわる大脳の活動とが、知覚的世界によってしか考えられないとすれば、知覚的世界はもはや生理学的現象の秩序に平行な現象の秩序ではなく、それよりももっと豊かな秩序であるように思われる」〔SC 146〕。こうして行動の生理学は、いやおうなしにわれわれを行動の生理学的基体についての研究によりも、知覚的世界において与えられる「行動の直接的検討」〔SC 147〕へと差し向けるのである。

4　行動の構造

メルロ＝ポンティは、そうした「行動の記述」に立ち入る前に、行動の「構造」——生理学的基体の要素的興奮の総和には還元されえない行動の「構造」——の特質を明らかにしようとして、学習理論の検討を試みている〔SC 147 f〕。というのも、学習、つまり新しくしかも適応した行動の習得は、感覚神経終末に受容された興奮や効果筋によって遂行される運動といった行動のいわば「内容」が新たな「構造」のうちに統合されてゆく過程であり、したがって、それこそが行動の「構造」を特権的なかたちで浮かび上らせてくれるからである。彼はその検討に際してもまた、大脳生理学の仮説に忠実な条件反射学説や、それに足場を置く行動主義の学習理論に対するゲシュタルト主義者たちの批判に手がかりを求めている。

条件反射学説は、ソーンダイクの「試行錯誤」理論と同様に、学習をまったく機械論的に捉えようとする。それによれば、試行には状況との意味的な関係はまったくなく、動物は必要にかられて多くの仕ぐさをし、そのうち不成功に終ったものは切り捨てられ、成功したものが固定されるのである。その際、最初の試行が不成功に終った場合、新しい試行がひきおこされるのはなぜか。これについては行動主義が、条件反射学説を利用して、うまい説明を与えている。つまり、それは「〈相互誘導〉と〈内部誘導〉の法則に従って、そのときまで制止されていた皮質の諸点が興奮状態に移る」〔SC 148〕からだ、というのである。では、成功した反応が固定されるのはなぜであろうか。それは「反覆」ということで説明される。つまり、その反応が現われることによって一系列の実験が終ることになるので、その反応は他の反応より頻度が高いから、というのである。

これに対して、ゲシュタルト学説は、有利な反応の固定をその頻度によって説明することはできない、と批判する。事実、実験の場合でも、一系列の実験は有利な反応が現われさえすれば終るわけであるから、その反応だけが他の反応よりも頻度が高いということはない。むしろ、有利な反応は一度でも体験されると後は固定されるのである。とすれば、行動の固定には、なんらかの仕方で行動の正負の「価値」が介入するのだと考えざるをえない。では、有機体において、そうした価値を評価するのは何であろうか。

一般に学習とは、ある刺戟とある運動とのあいだに一定の接続が生ずるというだけのことではない。新たな行動の習得は、最初になされた有利な反応をそのまま固定することではないのである。たとえば、最初の試行では脚でヒモを引いてエサを手に入れることに成功したネコは、次からはヒモを歯で引くようになる。学習とは「内容はさまざまであるが〈意味〉の一定した多数の行為のうちにあらわれる〈行動の一般的変容〉」〔SC 151〕なのである。また、その反応は個別的状況について習得されるのではなく、「同じ形式の一連の諸問題を解決すべき新しい〈傾性〉」〔SC 151〕として固定されるのである。

すべての学習のもつこうした「一般的性格」から、「条件刺戟というものが、その刺戟とともに反射生起力を得ることになった諸刺戟のカテゴリー全体を代表するものとしてのみ作用する」ということ、成功した反応としての運動も「同一の基本的主題をめぐって多様な現われ方をしうる〈一般的傾性〉の特殊例としてのみ固定される」〔SC 154-155〕ということが確かめられる。だが、学習のこの一般的効力を保証するものは何であろうか。

学習において決定的な役割を果すのは、単なる「ある状況とある有利な反応との隣接」ではなく、その「偶然的隣接が有機体によって利用される仕方、つまり有機体がそれにほどこす形成作用」〔SC 156〕であり、即自的な隣接が「有機体にとっての」隣接になることである。隣接関係だけが問題なら、なぜあらゆる種類の学習が可能ではないかが理解しえないことになる。してみれば、試行にしても、ただ盲滅法におこなわれるわけではなく、「それに意味と有効性を与える有機的枠のなかでおこなわれる」のであるし、「種によって異なる〈感覚‐運動のア・プリオリ〉を予想する」〔SC 156〕と見なければならない。事実、たとえば迷路に入れられたネズミにしても、あたかも「仮説」に従ってでもいるかのように系統的に試行をおこなう。その点が正しく見てとれなかったのは、古い実験で動物に課せられる問題がやたらに複雑で、真の学習に都合のよいものではなかったからであろう。学習がおこなわれる場合には、試行はある内部法則をふくんでおり、有機体が「一方では〈さまざまな可能的解決相互〉のあいだに、他方では〈あらゆる解決と問題〉とのあいだにある関係を創造し、それによって解決の価値が測られる」〔SC 157〕のでなければならない。

学習のこうした諸特性を説明するものこそ、行動の「構造」である。中枢性の反応においては、「感覚神経終末に受容された興奮や効果筋によって遂行される運動は、それぞれの構造のなかに統合されており、その構造がそれらにたいして調整の役を演じている」〔SC 159-160〕のであるが、学習とは、それらの興奮や運動が新たな構造のうちに組み込まれることにほかならない。この「構造化の過程」は、「刺戟－反応の図式のなかに、刺戟の質料的特性ではなくて、状況の〈形式的特性〉、すなわちその骨組となる空間的・時間的・数的・機能的諸関係を介入させ」、状況と反応とのあいだに「〈意味〉の関係」、構造的な対応関係を設定するのであるから、それこそが「適応した反応の固定と習得された傾性の一般性」を説明してくれるのである〔SC 160〕。

　メルロ＝ポンティは、学習理論の検討からそれぞれの行動のもつ「構造」に着目し、その「構造」が内容と癒合していて組み替えがきかないか、それともその再構造化、つまり学習が可能であるか、さらにはその構造そのものが活動の固有の主題となりうるかという観点から、有機体の行動を大きく三つのレベルに区別し、それを行動の「癒合的形態（formes syncrétiques）」「可換的形態（formes amovibles）」「シンボル的形態（formes symboliques）」〔SC 161〕と名づける。これら三つのレベルが動物の三つの群に対応するというわけではないが、それぞれの種の支配的な行動の型に応じて動物は大きくこの三つのレベルに分けられる、とメルロ＝ポンティは考えている。以下、これら三つの行動形態――特に前二者――についての彼の記述を簡単に追ってみたい。

癒合的形態〔SC 161〕――いわゆる「本能的」な行動のレベルであり、このレベルにおいても、行動はけっして孤立した刺戟に向けられているわけではなく、ある種の関係へのかかわりをもってはいるが、それは自然的環境において与えられる刺戟の特殊な複合に限られている。このレベルに属する動物、たとえばヒトデやガマにも条件づけがおこなわれないわけではないが、それは自然的生活状況に類似した状況のもとでだけであるし、それが真の学習になることはない。前述のように、ここでは行動の「構造」が内容に癒合していて、その組み替えがきかないのである。したがって、このレベルに属する動物は、環境に大きな変化が生じた場合、それにうまく適応して生きてゆくことができない。

可換的形態〔SC 163〕――このレベルにおいてはじめて、行動のうちに種の本能構成によっては決定されていない「信号《シグナル》」が出現し、真の学習が可能になる。条件反射学説では、信号となるのは無条件刺戟と、空間的ないし時間的に隣接して与えられることによって、その反射生起力を引き受けるようになった条件刺戟だと考えられているが、こうした考え方はゲシュタルト学説や新行動主義によって否定されている。空間的隣接の場合を考えてみれば、無条件刺戟が結びつくのは、訓練の対象となる条件刺戟にではなく、その条件刺戟を一契機としてふくみ、それに意味を与えている場の全体の「構造」になのである。つまり、信号として働くのは、「構造実現の素材から比較的独立している構造それ自体」、トールマンのいわゆる「サイン－ゲシュタルト」だということになる。このことは、ケーラーの次のような有名な実験によって確かめられている〔SC 163-164〕。

ニワトリを訓練して、同じ餌の二つの山のうち〈薄い灰色〉の標識のあるほう（G・1）をえらび、〈中ぐらいの灰色〉の標識があるほう（G・2）はたべないようにしつけた上で、G・2を取り去り、G・1よりも〈もっと薄い灰色〉G・0を置いてみる。ニワトリは、プラスの反射生起力を得たG・1と中性的なG・0に対しているわけだから、G・1をえらびそうに思われる。だが、実際には、実験対象となった四羽のニワトリは、五九回G・0を採り、プラスの色G・1は二六回しかえらばない。次に、反射制止力を得たはずのG・2を残してそれを〈もっと濃い新しい灰色〉G・3と一緒に置いてみると、マイナスの色G・2が多くえらばれる。その際、身体の左右への順応性や、色に対する運動性の弁別反応が介入するのを防ぐため、訓練の過程で、それらの餌の山は前後左右に置き換えられる。

この実験から、反射生起力が結びつくのは、灰色の或る特定の色調にではなく、その濃淡の関係に対してであるし、習得される運動性反応も、餌の山が前後左右に置き換えられる以上、さまざまな筋束や神経束にかかわるわけであるから、けっして単なる個別的運動の総和ではないことになる。求心性の興奮の構造――これを知覚された場の構造と考えてもよいであろう――が運動性の構造を発動させ、調節しているのだと考えるほかはないであろう。もっとも、この実験の場合には、物理的刺戟としての色そのもののうちに二つの色のコントラ

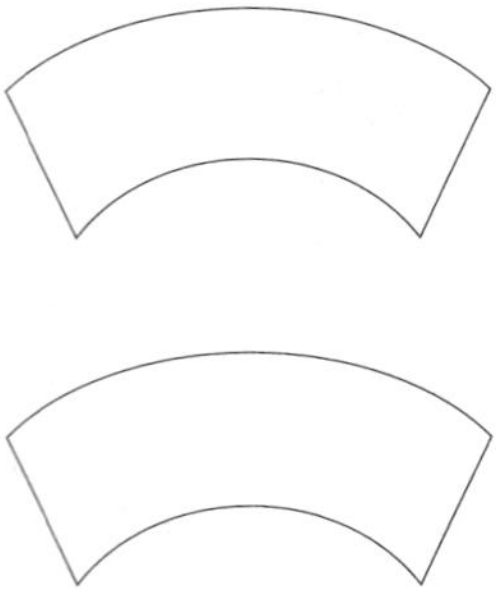

図1

ストがふくまれているのだと言えるかもしれないが、たとえば、二つの図形のうち小さいほうを選ぶようにしつけられたニワトリがジャストローの二つの等しい図形（図1）の一方――人間の知覚においても小さく見えるほう――を小さい図形として扱うという場合などは、信号となる十全な刺戟は物理的世界のうちにあるのではなく、「局所的性質が全体に依存するような別の世界」のうちにあると考えざるをえない。

　信号となりうるこうした構造には複雑さのあらゆる段階が認められ、その統合化が高まるに応じて、ますますその質料的特性をはなれた構造が信号として機能するようになる。そして、どの程度の構造に反応しうるかによって、その種の知能を測定することもできるであろう〔SC 166〕。たとえば、空間的関係と時間的関係が複雑にからみ合った構造や、無条件刺戟と条件刺戟とが単に隣接するのではなく、論理的といってよいような関係におかれている構造が信号として働くこともありうる。そして、後者のようなばあいには、条件刺戟が、対目標反応とは区別される手段的な反応をひきおこすことになる。さらに統合化が進むと、目的・手段の関係が動力学的・静力学的構造によって支えられるようになる。メルロ＝ポンティはここでゲシュタルト心理学者や新行動主義者、それに動物心理学者たちの実験例に依拠しながらその諸段階を記述しているが、むろんここでそれをそのまま追うことはできない。しかし、彼が行動のこの可換的形態のもっとも統合化の進んだものとして、主としてケーラーに拠りながらチンパンジーの行動の特性を究明している部分〔SC 171 f〕は、次の「シンボル的形態」――特に人間的な行動形態――との関連で重要である。しばらくその所説を追ってみたい。

ケーラーは名著『類人猿の知恵試験』で、主として道具の使用と製作、それに迂《まわ》り路の実験によって、チンパンジーの行動を検討しているが、それに拠りながらメルロ＝ポンティが特にここで問題にしようとするのは、それらチンパンジーの行動に認められる「動力学的および静力学的関係の間隙と不十分さ」〔SC 173〕の理由である。たとえば下等なサルや知能の低いチンパンジーの場合、すでに棒を道具として使用することは習得していても、その棒が目標物のすぐ近く、あるいは少なくとも棒と目標物が一目で見渡せるように「視覚的に接触」しているばあいにしかそれを道具として使わない。その棒の道具としての価値は、それが目標から遠ざかるにつれて減少するのであり、その位置と無関係な力学的特性によって決定されるわけではないのである。また、以前の実験で箱を踏台として使用する操作を習得したチンパンジーも、与えられた箱にほかのチンパンジーが坐っていたりすると、それを踏台としては使えない。ケーラーは、チンパンジーの行動のこうした欠陥を、主として場の構造（この場合は、棒や箱の力学的特性）を視覚的に把握する力の虚弱さによると見ている[12]が、メルロ＝ポンティは、むしろそれはそうした力学的構造がある種の高次の構造化〔SC 175〕を前提にするからではないか、と考える。つまり、「チンパンジーの行動においては、踏台としての箱と腰掛としての箱とは、二つの異なった二者択一的な対象であって、同一事物の二面ではない」。チンパンジーは「対象に対して、その時どき任意に選ばれた視点をとることができず」、同じ物を違ったパースペクティヴのなかで再認できない。チンパンジーにとって対象はそのつど「場の実際的構成に依存する〈ヴェクトル〉を身にまとい、そのような〈機能値〉を与えられたもの」としてしか現われないのである。

メルロ＝ポンティは、こうしたチンパンジーの行動に認められる不十分さの原理を、さらに迂回（迂《まわ》り路）行動によって確かめている〔SC 177 f〕。檻のなかにいるチンパンジーに、檻の外のコの字型の枠の向うに置かれた果物を棒を使って引き寄せるという課題が与えられた場合、彼らは、その果物を一度自分から遠ざけ、枠を迂回させせなければならないが、彼らにはそれができない。だが、そのチンパンジーたちも、たとえば窓から投げ出された果物を自分が迂回して取りにゆくことならできるのである。したがって、彼らにとっては〈自分が迂回すること〉と〈目標を迂回させること〉とは、二つの異なった、困難度の違う仕事だということになる。これら二つの場合の空間的諸関係は質的な違いを示しており、チンパンジーが目標へ向かう運動空間においてはその関係が生きてくるが、目標が位置している視覚空間においてはそれが生きてこないのである。外受容的構造が自己受容的構造のもつような可塑性を得るのを妨げているのは何であろうか。

人間でも、ひどく疲れているような場合には、複雑な道筋をひとに説明するよりも、自分で辿ってみる方がやさしいし、身振りをまじえながらでなければうまく説明できないものである。失認症の患者の場合にも、視覚対象の形態を認知する際に運動的態度に援けを求めることが知られている。これは、衰えた「視覚的与件」を補うために「運動感覚的与件」に援けを求めるというだけのことではない。その際運動的態度が提供するのは、新たな〈内容〉ではなく、「視覚与件を組織化し、表象された空間の諸点間に〈必要な関係〉を描く能力」〔SC 178〕なのである。つまり、われわれは、動作を繰りかえしてみることによって、説明に当っておのれが身を据えている〈可能的空間〉に〈生きられる空間〉を重ね合わせ、そこに、上下・左右といったおのれの身体の強力な構造を移し入れているのである。純粋に視覚的な見取図を描いたり、読みとったりするには、運動的メロディを視覚的図表に書きかえたり、またその逆をおこない、両者のあいだに相互表出の関係を設定することができなくてはならない。

それと同様に、自分が迂回しうるからといって、対象にも迂回させることができるためには、自分が対象の位置にいたならばしなければならない運動図式を、対象の置かれている視覚空間のうちに描かなければならない。つまりは、運動空間と視覚空間とを相互に切り換え、相互表出の関係におくこと、言いかえれば、諸関係間に一つの関係を設定し、いわば「自乗された構造」〔SC 178〕を構成する必要がある。人間は、そうした高次の構造化をおこない、たとえば特定の感覚与件に拘束されない空間一般といったものを構成し、そこにさまざまな異なった感覚与件を定位することができるし、そうした高次の構造を媒介にして視覚的刺戟を自己受容的刺戟に翻訳し、またその逆をおこなうことができるのだが、チンパンジーにはこの能力が欠けているのである。人間の場合でも、たとえば脳損傷の患者などにあっては、こうした高次の構造が解体し、さまざまな感覚与件が分離していると思われることがある。チンパンジーも、自分を運動体の位置においたり、自分を目標として見たりすることができないのであろう。チンパンジーは、同じ物をさまざまなパースペクティヴのなかで再認できないのと同様、観点を変えることもできないのである。

動物心理学者は、動物には〈物として扱う態度（dingbezogenes Verhalten）〉〔SC 180, n 6〕が欠けていると言う。動物にとっては、対象はそのつどの現われに尽きているのであって、多様なパースペクティヴのなかでのその現われを相互表出の関係におき、多様なパースペクティヴのなかで現われうるが、そのどの一つにも閉じこめられることのない〈物〉という高次の構造を構成することができないのである。チンパンジーの行動に認められるこれらさまざまな特徴はすべて同じ意味をもち、「有機的活動の同じ構造」、「実存の同じ型」をあらわしている。それらは「可能的なものにではなく直接的なもの、また物にではなく機能値に適応した行動」の多様なあらわれなのである〔SC 181〕。メルロ＝ポンティは、チンパンジーに欠けている、諸関係をさらに関係づけ、構造をさらに高次に構造化しうるそうした行動を「シンボル行動」とか行動の「シンボル的形態」とよび、それを特に人間的な行動の水準と考えている。

5　シンボル行動

前節で述べたように、メルロ＝ポンティは中枢に結びつく動物の高等な行動をその構造的特性に即して大きく三つのレベルに分け、そのもっとも高次な、特に人間的な行動のレベルを行動の「シンボル的形態」とよんでいる。だが、これについての彼の記述は簡単にすぎるし、あまり明快とも言えない。それには、前にもふれたように、このレベルに関しては「外的観察者」の立場での記述をつづけてゆくわけにはゆかず、方法論的立場の転換が要求されるという理由もあるのであろうが、それにしても、いかにも簡単にすぎるので、いくぶんの推測や補足も交えながら、この人間的行動についての彼の所説を見てゆきたい。

いささか話はそれるが、まず気になるのは、「シンボル」という概念の用法である。今日でこそシンボルという概念のこうした用法は珍しいものではなくなったし、それどころか、「シンボル」こそ現代のもっとも「創造的な概念《ジェネラティヴ・アイディア》」の一つであるとか[13]、「シンボリズム」と「システム」という二つのキー・ワードをぬきにしては現代の「新しい人間像」はとらえられないなどと言われるようにもなったが[14]、メルロ＝ポンティが『行動の構造』を執筆した当時は、これはそれほど一般的な概念ではなかったからである。むろんいくつかの用例はあった。だが、こうした創造的な――ということは、豊かな含蓄をもった、ということになるのだろうが――観念がえてしてそうであるように、この概念も当初は相互にかなりへだたった諸領域で、かなり異なった知的文脈のなかで、しかしいかにも相呼応するかのように使われはじめたのであり、それが次第に、実際に呼応しはじめ、知の一つの方向を標識するようになってきたのであるが、今日でもその含蓄は汲みつくされてしまったわけではなく、それだけにいまだに多義性をとどめているくらいであるから、もちろん当時この概念が一義的に規定されていたわけはない。だが、この概念の発展のその後の歴史に照らしてみても、メルロ＝ポンティの用法がいかにも正統的なものに思えるだけに、彼がそれをどこから学んできたかが気になるし、それによって、彼のいわゆるシンボル行動も、そしてまたその人間観もかなり違って見えてくる可能性があるように思われる。

　当時考えうる一つの用例は、フロイトのそれであるが、そこでは、この概念はまさしく日本語でいう「象徴」の意味で使われており、無関係ではないまでも直接結びつくとは思われない。次に考えられるのは、オグデンとリチャーズによる意味論の古典『意味の意味』（一九二三年）、ホワイトヘッドの『シンボル、その意味と影響』（一九二七年）であるが、これらも『行動の構造』の文献表には見当らないし、メルロ＝ポンティが当時読んでいたとは思われない。もっともありそうに思えるのは、言うまでもなくカッシーラーの『象徴《シンボル》形式の哲学』（一九二三―二九年）からの影響であるが、これも右の文献表に挙げられていないというだけではなく、ほかにもそれを否定する材料がある。というのは、メルロ＝ポンティはここで、明らかに可換的レベルでのシグナル（信号）行動に対してシンボル行動を考えているのであり、したがって、シグナルとシンボルとを対《つい》にしてサイン（記号）の下位概念と考えているのであるが、カッシーラーは『象徴形式の哲学』においてはもちろん、有名な「アニマル・シンボリクム（シンボルを操る動物）」という人間の定義を提出した『人間（*An Essay on Man*）』（一九四四年）においてさえも、サインとシグナルを等置し、これとシンボルとを対《つい》にして考えている。[15] それは、このカッシーラーのシンボル理論の継承者であるランガー女史が『シンボルの哲学（*Philosophy in a new Key*）』（一九四二年）の一九五一年版の序文で、チャールス・モリスの『サイン・言語・行動』（一九四六年）にならって、「サインとシンボル」という対概念を[16]「シグナルとシンボル」に訂正し、サインは両者を包括する概念として使いたいと述べているところからも明らかである。したがって、メルロ＝ポンティの概念規定は、モリス以後記号論において一般におこなわれることになる規定に正しく合致しているわけであるが、それだけに、彼がこれを直接どこから学んできたかが気になるわけである。ちなみに、モリスは『サイン・言語・行動』のある注[17]で次のように述べている。「フッサール、ゲッチェンベルガー、デューイ、ミード、ランガー、ケチュメッティ、オグデンとリチャーズ、パヴロフ、ハンター、ヤーキズ、コルツィブスキー、フェトナル、その他多くの人びとが、こうした区別をおこなっているが、その際ある者はサインとシンボルを対置し、ある者はシグナルとシンボルを対置している。もっとも、区別の根拠はそれぞれ大幅に異なっているのだが」。ということは、サイン、シグナル、シンボルの規定が当時もそれほど確定的なものではなかったことを物語っていよう。

　メルロ＝ポンティがシグナルとシンボルを対《つい》にして考える直接の拠りどころがボイテンデ

ィクであろうことは、『行動の構造』の当該箇所に付せられる注〔SC 184, n 1〕でその名前が挙げられてもいることだから、ほぼ確かだと思う。ほぼ、と言うのは、なにしろ文献を丹念に集める根気がないので、ここに挙げられているボイテンディク、フィッシェル共著の「人語に対する犬の反応について[18]」という論文にも直接当ることができず、この注が果して「シグナル」と「シンボル」の対置にまでかかっているのかどうか確かめえないからであるが、ただ、ボイテンディクの一九五八年の著書で邦訳もある『人間と動物』の「象徴《シンボル》的行動」と題された章に、『行動の構造』の当該箇所とほとんど同じような叙述――「動物の行動には数多くの〈記号《ツァイヒェン》〉が働いているのだが、それはつねに状況の変化を意味する信号《シグナル》であって、決して象徴《シンボル》ではない[19]」――が見られるので、ほぼそう見当をつけて間違いはないと思うのである。だが、もしそうだとしても、モリスの言い方から見ればまだそれほど定着していたとは思えないこの概念規定を、それでは、ボイテンディクはどこから学んできたのか。ボイテンディクが『人間と動物』のなかで名前を挙げており、シグナルについてかなり明確な定義を与えたヤーキズも、まだサインとシグナルという対概念を使っているから、これも否定的である。とすると残るのは、これも推測の域を出ないのであるが、ウォルター・S・ハンターの『シンボル過程[20]』だけになる。どうもあやふやな話で申しわけないが、メルロ＝ポンティのシンボル概念は、ハンター－ボイテンディクという動物行動学者の系譜から汲みとってこられたもののようである。むろんそこに、ヘッドがその失語症研究のなかで提出した「シンボル行動」とか「シンボル的表現」といった概念や、カッシーラーの「シンボル意識」といった概念の含意も重ね合わされているにはちがいない。この「シンボル」だとか「構造」だとか、豊かな含蓄をもち、したがってきわめて多義的でありながら、やがて成長していわゆる「創造的観念」になるような概念を発見し育て上げるのに、メルロ＝ポンティは一種独特の勘をもっていたような気がする。この場合も彼は、シグナルとシンボルについての動物行動学的ないし記号論的な明確な定義にもとづいてというよりは、いわば一種の勘に頼って、「シンボル行動」とか行動の「シンボル的形態」という概念を持ち出しているようである。

だが、それにしても、彼自身が明確に定義していない以上、その典拠となった動物行動学者のもとでこれらの概念がどう定義されているかをいちおう見ておく必要がある。ハンターの所説は、モリスが次のように要約してくれている。「生体がその行動を制御するにあたって、他の記号《サイン》の代理をするある記号をみずからしつらえ、それが、代理されている記号と同じ意味をもつばあい、その記号はシンボルであり、その記号過程はシンボル過程である。そうではないばあいには、記号はシグナルであり、その記号過程はシグナル過程である。もっと簡単に言うなら、シンボルとはその解読者によってつくり出され、それが同義的である他の記号の代理として働く記号であり、シンボルでない記号はすべてシグナルである。こうしたシンボルの利点は、環境によってしつらえられるシグナルが存在しないばあいにも起りうるというところにある。解読者自身の行為や状態が環境に対する行動を導く記号になる（あるいは、それをつくり出す）のである」[21]。これは、ヤーキズが、（ここでは、ヤーキズのいう「サイン」を「シグナル」に読みかえる）、シグナルに対する反応に対して、実在のシグナルないしそれと類似の過程が消失したのちも、生体が内的にシグナルに代わる代理記号を産出して、反応を完了できるばあい、この代理記号がシンボルとよばれるとした、有名な定義に一致している。いずれのばあいにも、シンボルには、無条件刺戟の代理をするシグナル（条件刺戟を一契機とする場の構造、と考えておいてよい）のさらに代理をするサインであるということ、そして、解読者自身によってつくり出されるサインであるということ、この二つの規定が与えられている。だが一方、メルロ＝ポンティのシンボル概念の直接の先蹤となったと思われるボイテンディクのそれは、いささか趣を異にする。彼は、例の「象徴的行動《シンボル》」という章で、「……象徴《シンボル》とは、経験のうちに形成された関係によってではなく、記号と他の記号との結びつきが記号をもって表わされた事物と他の事物との結びつきに等しいがゆえに、記号をもって表わされた事物を現前せしめるような記号である[22]」と定義して、たとえば電信略号系はシグナルであるのに対して言語体系はシンボルであるゆえんを次のように述べている。つまり、「いわゆる電信言語においては、いかなる〈記号（信号）〉と〈記号によって表わされるもの（信号によって表わされるもの）〉との間にも、固定した一義的な結びつきがある。ところが言語体系とは、各記号が連関のうちに意味を獲得するような有機的統一体なのである。いかなる言語も、相当する単語を持たぬ事物をも含めて、すべてのものを述べることができる[23]」。少なからず曖昧な定義であるが、どうも『行動の構造』の段階でのメルロ＝ポンティの「シンボル行動」の概念の背景にあったのは、この程度のぼんやりしたシンボル概念であったらしい。

メルロ＝ポンティは、行動の「シンボル的形態」を論ずる冒頭で、おそらくボイテンディクの言い方をそのまま借りてこう述べている。「動物の行動においては、反応を生起させる記号はつねに〈シグナル〉であるにとどまり、けっして〈シンボル〉となることはない。命令に従って椅子に跳びあがり、次にそこから第二の椅子に移るように訓練されたイヌは、椅子の代わりに二個の踏台や踏台と肱掛椅子とが示されても、けっしてそれを利用しはしないであろう。つまり、ここでは音声記号が刺戟の一般的意味と反応とを媒介していないのである。記号がそのように使われるためには、それが一つの出来事ないし前ぶれ（ましてや〈条件刺戟〉）であることをやめ、その記号を表現しようとする活動の固有の主題となる必要がある」〔SC 181-182〕。そして、たしかに言語は人間の創出したもっとも精緻なシンボル体系ではあるが、問題はむしろ物理的音声を単なるシグナルとしてではなくシンボルとして使う基本的能力にあるのであり、それはもっと多様な発現の仕方をもつ。メルロ＝ポンティはチンパンジーの行動に欠けているその能力、つまりシンボル機能を規定しようとして、さまざまな言い方をするが、たとえば「ある運動的メロディを視覚的図表に書きかえて、両者のあいだに相互対応や交互表出の関係を設定する」ばあいのように、「諸関係間に一つの関係を設定し」、「自乗された構造」〔SC 178〕つまり諸構造の構造を設定する能力であると定義している。ところで、人間のばあいこうした能力は、たとえばある種の運動習慣の習得に具体的にあらわれてくる。楽器の演奏やタイプライターを打つといった習慣の習得にとって、一定の視覚的刺戟と一定の部分的運動を条件反射的に連結するということは、習いはじめはともかく、それほど本質的なことではない。熟練した人でも、一定の音符や文字を急には鍵盤の上に指示できないことがあるからである。さらに、このばあい、既知の視覚的所与のまとまりに一定の運動的メロディを対応させるということさえ、本質的ではない。本当にある楽器の演奏に熟達した人は、即興演奏、つまりなんの視覚的所与もなしに演奏することができるからである。したがって、こうした運動習慣の習得においては、視覚的刺戟と運動性興奮の相関関係がある「一般的原理」によって媒介されていなければならないことになる。音楽のばあいで言えば、聴覚的なメロディの調子、楽譜の視覚的な書記形態、演奏家の動作の流れには構造的対応があるのであり、それらはともに「同じ一つの構造にあずかり、同じ意味の核を共有している」〔SC 183〕にちがいない。そして、この「構造の構造」〔SC 184〕こそが曲の音楽的意味なのである。

メルロ＝ポンティの念頭にあるシンボルとは、このようにさまざまな関係相互の関係として成り立つ高次の関係、諸構造相互に共通な構造、つまり「関係の関係」「構造の構造」のことである。彼は、こうした「すでに創造されてある古い構造を超出して別の構造を創造する能力」〔SC 261〕こそ、人間を定義するものだと考えている。むろん、こうした高次の構造は、シグナルとして現に与えられている構造を足場にしなければ構成されえない。しかし、それを足場にしながらも、それを現に与えられてはいない可能的構造と切り換え、交互表出の関係におき、現に与えられている構造がその一つのヴァリエーションとしてとらえられるような高次の構造を構成しうるところに、人間の人間たるゆえんがあるというわけであろう。こうしたことがなしえてはじめて、同一主題が多様な関係、多様なパースペクティヴのもとに表現されうることにもなる。たとえば、すべての対象は、われわれにそのつどある特定のパースペクティヴのもとでしか与えられないが、われわれはそこに閉じこめられることなく、それを、現に与えられてはいないが与えられることの可能な他のもろもろのパースペクティヴと切り換え、そうした無限なパースペクティヴを通してあらわれはするがそのどれ一つにも限定されることのない〈物〉という構造を構成し、現に与えられている対象の在り方を〈物の一つのあらわれ〉として受取ることができる。つまり、その対象を〈物として扱う〉(24)ことができるのである。こうなってはじめて、〈認識〉という行為も可能になるわけであろう。

たしかにチンパンジーも、木の枝から小枝を取りはらって餌を引き寄せる道具をつくることはでき、自然的対象に一定の機能値を付与することはできるが、そのチンパンジーも他の道具の準備にしか役立たないような道具をつくったり、可能的な使用のために道具を準備しておくことはできない。人間にとってそうしたことが可能なのも、観点を選んだり変えたりしうる能力によって可能的状況にかかわりうるからであろう。「限られた環境に対してだけではなく、可能的なもの、間接的なものに対しても向きを定め」、「現実的環境の向うに各自が多くの局面から見ることのできる一つの〈物の世界〉を認め」、つまりは生物学的〈環境〉に閉じこめられることなく〈世界〉に開かれうるこうしたレベルに達した人間的行動を、メルロ＝ポンティはヘーゲルにならって〈労働〉〔SC 242〕とよぶ。〈世界内存在〉とか世界への〈超越〉が人間存在の本質をなすと言われるのも、こうした意味においてなのである。革命とか自殺といった現象が人類にしかないというのも、これらいずれもが「与えられた環境を拒否し、環境全体を超えたところに平衡を求めようとする能力」を前提にするからである〔SC 262, n Ⅰ〕。ところで、人間的行動ということになれば、当然〈意識〉の問題を無視するわけにはいかないが、これについてはあらためて考えてみなければならない。

6　意識の構造

メルロ＝ポンティに従って動物の行動の諸階層を辿り、彼が行動の「シンボル的形態」とよぶ特に人間的な行動のレベルに達したわれわれは、彼がここで「意識」の問題にどう対処しているか、つまり行動と意識との関係をどう捉えているかを見てみなければならない。前にもふれたように[25]、行動の発達の歴史のうちに人間的な知覚意識の発生を見さだめることこそ、『行動の構造』の基本的な課題の一つだからである。

その際彼は、この問題についての現代の哲学や心理学の諸理論の批判的検討から出発する。彼の考えでは、現代の哲学や心理学は、たとえばベルクソンが意識を「起りかけている行為」として捉えたり、ジャネが自己の肢体の移動の意識に心的機能の核心となる「現実機能」を認めたりしているように、たしかに意識を行為と密着した「現実的意識（conscience actuelle）」〔SC 244〕として捉えようとする方向を目指してはいるが、それにふさわしい行為の観念と意識の観念とを用意していないため、両者の内的連関をうまくつけることができないでいる。つまり、結局のところ意識は「瞬間的衝撃」のような「構造も性質も欠いた純粋活動」あるいは「自己自身への透明さ」として定義され、それに応じて「現実の認識でありまたその変容である知覚と行為」〔SC 244〕は意識から排除されてしまうのである。メルロ＝ポンティはベルクソンに関して、「彼がまずなさねばならなかったのは意識を自己意識と定義することを止めて、自己自身の明白な認識からはみ出るような〈意識の生活〉という概念を導入することであり、それ以上になさねばならなかったのは、この意識の生活を無規定のままに放って……おくのではなく、……意識の参与する行為と認識の〈構造〉を記述することだった」〔SC 244-245〕、と述べている。

メルロ＝ポンティによれば、そうした意識の生活は、実は生命的秩序においてはじまっていたのである。彼は、生物学の対象が意味的統一性なしには考えられないものであり、そしてその統一性は意識によってのみその対象のうちに発見されうるものだという確認にからめて、「自然の精神とは隠れた精神である。それは、精神という形式をとって産出されるのでさえなく、単にそれを認識する精神にとって精神であるにすぎない。つまり、それは即自的精神ではあるが対自的な精神ではないのである[26]」というヘーゲルの言葉を引用し、「生命」

とよばれていたものは実は「生命の意識」だったのであり、「意識の生活」はすでにこの段階ではじまっていたのだと主張する。そこで、彼の仕事は人間的レベルにおける「意識の原初的な生活」を記述し、そこから意識の「高次の弁証法」が出現する次第を見さだめることである〔SC 247〕。その際彼は、「これまでの人びとが現実的意識についての十分な概念を欠いていたので、知覚の記述的諸性格を説明することができず、勝手なやり方で知覚を構成するようになった」のに学んで、それとは反対に、「知覚の記述的諸性格から出発し、そこからすれば意識の構造がいかに考えられねばならないかを示そう」〔SC 247〕とする。

彼の論定によれば、初発段階の知覚の特性は、「自然物や、それに支えられている純粋な質（熱さ、冷たさ、白、黒など）よりも、むしろ〈人間的志向〉を目指す」という点と、「それを〈真なる対象〉としてよりも、むしろ体験されるべき〈現実〉として把握する」〔SC 247〕という点、この二点にある。

幼児の知覚が、まず顔や動作、特に母親の顔や動作の表情に向けられるものだということはよく知られている。それも、けっしてその顔を組み立てている感覚的諸要素、つまり感覚のモザイクの知覚から出発して、その表情を読みとるというのではない。われわれ成人のばあいでさえ、目や髪の色を知らず、口や顔の形を知らなくとも、喜びとか怒りといった表情を認めることができるのであり、それらの「いわゆる要素」なるものは、表情に寄与するかぎりでしか現前しないのだし、記憶のなかでそうした諸要素が再構成されうるのも、表情から出発してのことでしかない。初発段階の知覚がまず向けられるのは、「感覚的与件」にではなく「人間的志向」になのであって、感覚的諸性質についての分析的知覚は、意識のもっと高次の弁証法に属するものである。初発段階の知覚野を構成するのが、他人の身体に次いで人工的な使用物だというのも、同じような理由による。メルロ＝ポンティは、この特性を裏づけるために「ゲシュタルト」の概念を援用する。ゲシュタルトとは、視覚的布置や聴覚的布置、さらにはそうした感官の区別にさえ先行する布置であり、そこでは各要素の感覚的値いが全体のなかでのその機能によって決定され、それとともに変化するからである〔SC 250〕。

そして、この同じゲシュタルトの概念によって、原初的な知覚対象の在り方、つまりそれが「真なる対象として認識されるよりも、むしろ現実として生きられる」〔SC 250〕ものだというその在り方も記述可能になる。メルロ＝ポンティによれば、この区別は成人のある種の意識状態、たとえばフットボールのグラウンドがそこを走っている競技者にとっては認識の「対象」としてではなく、その実践的志向の内在的目標として現前するといったことからも理解できる。これは知覚意識と行為との内的連関を示す実にうまい例証なので、少し長いが引用してみる。競技者にとってのグラウンドは「無限に多様なパースペクティヴをひきおこしながら、パースペクティヴが変っても等価のままでいられるような理念的目標ではなく」、「さまざまな力線によって辿られ、またある種の行為を促す諸区劃に分節されて、競技者の知らぬ間に、彼の行為を発動させ、支えている」のであり、このばあい、「意識がこの環境に住みつくと言うだけでは足りず、意識とは、この瞬間、環境と行為の弁証法以外の何ものでもない」のである。というのも、「競技者の試みる駆引が、そのつどグラウンドの様相を変え、そこに新しい力線を引き、そして今度は行為がそこに繰りひろげられ実現されながら、ふたたび現象野を変容させる」からである〔SC 250〕。初発的知覚にとってのその対象の在り様もこうしたものであり、それは認識の対象としてよりも、われわれの行為を促す現実として現前するのである。

メルロ＝ポンティによれば、初発的知覚のこうした記述的特性は、次の二点に関して意識概念の改造を要求する。その一点は、カントが考えたような感覚的諸内容とア・プリオリな構造の区別は二次的なものでしかない、ということである。幼児の知覚が向けられている人間的志向は、感覚的内容や与件の多様から系統的な解釈によって引き出されたり、それに二次的に付与されたりするものではなく、その内容そのもののもつ分解不可能な意味であり、シェーラーの言うような意味での「実質的ア・プリオリ」なのであるから、われわれはもはや意識を「経験組織化の普遍的機能」——あらゆる経験の対象に普遍的条件を付与しはするが、その特殊規定は経験の内容の多様性にのみ負うような機能——と定義することはできない。したがって、「経験には、互いに他に還元しえないさまざまな領域が存在する」ことになる〔SC 255-256〕。

もう一点は、このようにア・プリオリな形式的構造と経験のうちに現われる具体的構造とを分けて考えることができないということになれば、あらゆる関係をいわゆる「認識主観」の活動にもとづけることもできない、ということである。そして、そうなると知覚世界が非連続な諸領域に分けられるのに応じて、「意識もさまざまなタイプの意識活動に細分される」ことになろう。つまり、感覚的モザイクを配列して一つの表象をつくるという表象作用が意識の全生活を蔽うことはできず、欲望には欲望の、意志には意志の、懸念には懸念のそれぞれの対象への関わり方があるということである。「意識には対象を目指す多くの仕方があり、多くの種類の志向がある」のである〔SC 256〕。

こうして、メルロ゠ポンティは、意識とは、「時にはおのれ自身に明晰な、だが時には認識されるのではなく、かえって生きられるだけのものであるような意味的志向の網」〔SC 258〕だと定義する。彼は、こう考えさえすれば、一方で行為の観念を拡大することによって、行為と意識とを結びつけることも可能になると見る。「表象的意識が意識の形態の一つでしかなく、意識とは一般に対象——意欲された対象であれ、欲求された対象であれ、好まれた対象であれ、表象された対象であれ——へのかかわりと定義されるならば、われわれに感知される身体の諸運動は、それらを生気づけ、またそれらを一つの方向をもつメロディたらしめるような実践的志向によって互いに結び合わされていることになる」〔SC 258〕からである。

むろん、この「生きられる意識」によって意識の生活が、つまり人間の弁証法が尽されるわけではない。メルロ゠ポンティは、やはり「本来の人間的意識」〔SC 260〕を、先にふれたようなシンボル機能に、つまりすでに創られてある構造、与えられた構造を超出して高次の構造を創出する能力に見る。だが、それにしても、なぜこのシンボル行動のレベルにおいて、即自的意識が対自化してくるのであろうか。メルロ＝ポンティは肝腎のこの点にふれていないが、ある推測は可能である。それは、シンボルが与えられた記号ではなく、解読者が自らつくり出す記号であり、[27]したがってシンボルに適応して行動するというとき、そこには自らつくり出した記号を自ら解読するという一種自己還帰的《レフレクシーフ》な関係が生ずる。これが、いわゆる対自的意識の萌芽であることに間違いはあるまい。しかし、メルロ＝ポンティは、意識が対自化するということは、反省以前にあった意識の即自的生活がそのまま浮かび上ってくるということではなく、むしろそこに新しい構造が出現してくることだと考えている〔SC 332〕。これについては、後にもう一度考えてみる必要があろう。

ところで、メルロ＝ポンティは、こうした意識概念の例証として、「フロイト主義の構造的解釈」とでも言えるものを持ち出してくる〔SC 263 f〕。彼の考えでは、フロイトが葛藤とか、コンプレクスの形成とか、抑圧、退行、抵抗、転移、代償、昇華などとよんだ諸現象は、彼がなしたように因果概念の体系によらなければ説明できないものではなく、意識の構造的概念によって十分説明可能なのである。つまり、これまで見てきたように行動の発達というのは「行動の漸進的で非連続な構造化」なのであり、正常な構造化とは「幼児期の態度が新しい態度のなかでももはや位置すべき場所も意味もなくなるように、行動を根本的に再組織する構造化」のことなのであって、それはついには「その各契機が全体と内的に結びつく完全に統合された行動」に到達するはずのものなのであるが、たとえば「その統合化が見かけの上でしか実現されず、行動のなかに比較的孤立したある系が存続し、患者がその系を変形することも、また引き受けることも拒むといったとき、抑圧があると言われる」のである。コンプレクスとは、行動のこの種の断片的分節、意識の断片的生活、つまり「あるカテゴリーの刺戟に対する後天的で持続的な意識の構造」のことなのである。夢における遡行とか、過去に得られたコンプレクスの効力とか、抑圧されたものの無意識性といったものは、要するに「行動組織化の原始的様式への逆行、もっとも複雑な構造の衰え、もっとも容易な構造への後退」をあらわしているものであり、なるほどこうした病的な行動にならう因果的説明やエネルギー機構による説明が近似的に適用されうるかも知れないが、だからといってそれを統合された正常な行動へまで及ぼすことは許されないのである。昇華や転移も、それが遊んでいる生物学的な力の転用にすぎないばあいには、「十分に統合されていない行動に特徴的な不規則さや不安定さ」をもっていようが、その統合が完全になされたばあいには、それは新しい全体に組みこまれ、生物学的力としては姿を消しているはずなのである。

こうしてメルロ＝ポンティは、心とか精神とよばれるものを、生命活動の上につけくわわってそれに方向を与える新しい実体としてではなく、それらを部分として組みこむ新たな全体の「統一形式」、「高次の秩序」と定義する。こうした「高次の秩序の出現は、その完成の度合に応じて低次の秩序からその自律性を奪い、おのれを構成する各段階に新しい意味を付与する」〔SC 268〕のである。したがって、彼によれば、普通におこなわれる心身の区別も、正常な統合された人間の認識には役立ちえない。というのも、「正常な人間においては、身体的過程だけが孤立して展開されることはなく、それはもっと広範な行為の連環に組み込まれている」からである。身体的過程がそれとして問題になるのは、そうした統合が崩れた病的なばあいであろう。したがって、問題になるのは心と身体という相互に外的な二つの秩序の関係ではなく、一方が他方を統合するのに成功しているか失敗しているかという統合の二つのタイプの関係でなければならない〔SC 268-269〕。

たしかに、一般には心が身体に作用するとか、身体が心に作用するという言い方がされる。しかし、「心が身体に作用する」という言い方がされるのは、「われわれの動作が精神的意味をもつと認められるとき、つまりそれが物理的諸力や生命的弁証法に特有な態度からは理解されないとき」のことであり、もっと正確に言えば、「身体の活動が生命の水準よりも高い水準に統合され、身体が真に人間の身体になった」ときである。それとは逆に、「身体が心に作用する」という言い方がされるのは、「行動が生命的弁証法の用語や既知の心理学的諸機構によって残りなく理解されうるばあい」であり、もっと正確に言えば、「行動が解体して、統合度の低い構造に席を譲ったとき」である。つまり、いわゆる心身の相互作用とは「弁証法の交替ないし置換」にほかならないのである。

したがって、完全に統合された人間においては、心身の区別を論ずることはできない。だが、こうした統合化はけっして絶対的なものではありえず、つねに挫折する〔SC 311〕。そして、統合化が挫折したばあいには、心と身体は明らかに区別されるのであり、そこに二元論の真理がある。事実、飢えとか渇きだけでも思考や感情が乱れたり、「情念のうちに固有の性的弁証法が顔をのぞかせたり」、心身の二元性はさまざまな水準で再現してくるものである。ただ、この二元性は実体の二元性ではなく、あくまで機能的二元性である。そこで、メルロ＝ポンティは、心と身体の概念は相対化されるべきだと提案する。つまり「交互に作用し合う化学的構成要素の塊としての身体があり、生物と生物学的環境との弁証法としての身体があり、社会的主体と集団との弁証法としての身体がある」のであって、その一つ一つが前段階のものに対しては「心」であり、次の段階のものに対しては「身体」なのである〔SC 311-312〕。身体とは一般に「すでに辿られた道程の全体、すでに形成された能力の全体、つねにより高次の形態化のおこなわれるべき既得の弁証法的地盤」であり、心とは「そのとき確立される意味」のことなのである〔SC 312〕。

だが、それにしても、先に見たような即自的な知覚意識と、そのさらなる構造化によって生ずるとされる純粋な自我意識、下位の弁証法に深く根を下ろした所産的精神と、普遍的反省の場としての能産的精神との関係はどうなるのであろうか。『行動の構造』の最後の一章がその検討に当てられている。

7　構造と意味——問題の提起

前にもふれたことであるが[28]、『行動の構造』において展開されている「構造の哲学」は、構造の統合度が高まるにつれてその構造をとらえる方法論的立場の転換が要求されるという複雑な構成をもっている。つまり、統合度の低い物理的構造に関しては「法則的説明」が可能であるが、もっと統合度の高い有機的構造については、それとは違った整理の仕方、「記述的了解」によらねばならない。同じような立場の転換は、人間的構造、つまり意識の出現に際しても起るはずである。もっとも、メルロ＝ポンティは、意識をただちに自己意識と定義するような特定の意識概念を前提にするのではなく、意識の原初的な生活である「初発段階の知覚の記述的諸性格」から出発し、そこから「意識の構造」を明らかにしてゆこうとするため〔SC 247〕、さしあたっては——事実上は内がわからの一人称的記述がはじまっているにしても[29]、たてまえとしては——「傍観者の立場に立つこれまでの記述を続行」〔SC 241〕するのであるが、やはり彼にしても意識の特権的様式と認めざるをえない「本来の人間的意識」〔SC 260〕、つまり対自的意識がいっそう高次の構造として出現するとともに、「反省」〔SC 274〕の立場に移行せざるをえないように思われる。

　だが、いったんそうした反省的意識の立場に立ってしまえば、これまでの構造化の過程がまったく逆のパースペクティヴのもとに見られることになりはしないか。つまり、「意識の発達に寄与した外的諸条件——身体的・心理的・社会的諸条件——がどうであれ、また意識の発達が歴史的に徐々にしかおこなわれないにせよ、後天的自我意識から見れば、その自我意識を育て上げてきた歴史でさえも、自分が自分に与える一つの光景にすぎない」ように思われるし、「意識を成人の意識にまで仕上げてくれた歴史的生成は、その意識の以前にあったのではなく、その意識にとってのみあるのであり、また意識が発達してきた期間も、もはや意識を組み立てるための時間ではなく、意識が組み立てる時間なのであり、かくして、さまざまな出来事の系列は、意識の永遠性に従属することになる」〔SC 306-307〕ように思われるのである。そして、まさしくこれは、意識の在り方を心理的・社会的・歴史的諸条件の函数として見ようとする心理学主義・社会学主義・歴史主義の因果的思考に対立する批判主義的観念論の立場である。とすると、メルロ＝ポンティの「構造の哲学」も結局は批判主義に帰着するのであろうか。たしかに、物質・生命・精神を実在の三領域としてではなく意味の三秩序として定義する構造の哲学にあっても、「意識という人間的秩序は、他の二つの秩序に積み上げられる第三の秩序としてではなく」、それらの「意味」、つまりは「経験の諸領域」の「可能性の制約」〔SC 300-301〕であり、「宇宙の場」であるかのように思われそうである。メルロ＝ポンティも、「超越論的哲学の発想、つまり意識は自らの前に宇宙を構成し、そして対象そのものを疑いなき外的経験において把握するのだという意識についての考え方は、反省の最初の段階としては決定的な解答であるかのように思われる」〔SC 320-321〕ことを認めはする。だが、それにもかかわらず彼は、「しかし、われわれの結論は批判主義的なものではない」〔SC 306〕と主張し、構造の哲学が到達した「超越論的態度」〔SC 307〕と批判主義のそれとの区別に最後の一章を当てている。といっても、ここでの「思いのままに蛇行する」[30]彼の行論は、どう読んでみても明確とは言いがたく、ジェラーツの言うように[31]、彼自身最後まで最終的な決断をためらっているようにも見えるほどである。

そこでの批判主義に対するメルロ＝ポンティの批判の眼目は、次の点にある。つまり、批判主義的な反省的思考は、デカルトが、知覚を自然の一出来事として見るような因果的説明の立場を越えて、もっぱら「見ているという、また触れているという思惟」だけを分析し、素朴な意識に物そのものに達しているのだと思わせるような知覚の内的構造を明らかにしようとしたその意図〔SC 290〕を承け継ぎ、認識に際して諸対象の特徴的構造を内的に基礎づけている「構成的ないし能産的思考」〔SC 296〕を浮かび上がらせるのであるが、その結果、おのれの身体をも、知覚における受動性の経験をも意識によって構成された対象とみなすことになり、心身関係の問題も、結局は知覚の問題も排除してしまうことになる。しかし、メルロ＝ポンティの見るところ、こうしたデカルト主義や批判主義によって乗り越えられた常識的な実在論——つまり、意識は世界の一部であり、外的・身体的に条件づけられていると見る考え方——は、なるほどそれを哲学として見れば一つの誤謬であろうが、しかしこの誤謬は「正当な理由をもった誤謬」であり、「本ものの現象」——つまり「部分的〈射映〉はおのれの表現する全体的意味にかかわっている」という「知覚経験固有の構造」——に支えられている誤謬なのであって、「この現象を顕在化させる」ことにこそ、彼の超越論的哲学の「任務」があるのである〔SC 322-323〕。

したがって、構造の哲学がいっさいの因果的思考に逆らって到達した「超越論的態度」は、批判主義的発想の哲学のそれとは「同音異義の関係」〔SC 307〕にある。そして、その同音異義の関係を、メルロ＝ポンティは次のように敷衍してみせる。つまり、批判主義がその意識を一挙に意味の領域に住まわせ、意識をはじめから知的意識とみなすのに対して、「われわれの出発点となった〈ゲシュタルト〉というもののなかで深い意味をもっているのは〈意味〉という観念よりはむしろ〈構造〉という観念である、つまり理念と存在との見分けがたい合体、素材がわれわれの面前で意味をもちはじめるような〈素材の偶然的な配列〉、生まれ出ようとしている〈可知性〉なのである」〔SC 307〕が、それにとってゲシュタルトが存在する意識とは、知的意識ではなく知覚意識なのである。また、有機体における素材と形態との関係に関しても、「批判主義は、その観念論的分析の残滓である〈質〉と〈現実存在〉とを徐々に放逐して、ついにはそれらを、われわれにはどうにも考えようがなく、したがってわれわれにとっては無きに等しい素材のうちに位置させることによって、いたるところに等質的悟性の活動を展開させるのに対して、われわれにとっては、それぞれの〈形態化作用〉は観念の世界の一出来事でありながら、新しい弁証法の制度化であり、新しい現象領域の開始であり、また先行のものを孤立した契機としては消滅させながらも、それを保存し、統合するような新しい構成層の設定であるように思われた」〔SC 309〕。心身の関係に関して言えば、「批判主義的な考え方においては、われわれのかかわるのが即自的身体ではなく、意識にとっての身体であることを示すことによって、心身関係の問題は徐々に押しのけられ、そのようにして遂には意識を不透明で外的な現実に接触させる必要がなくなるのに対して、われわれの立場では、意識は絶えず〈有機体への内属〉を体験することになる。けだし、われわれにとって大事なのは、意識が、事実上意識の対象でしかありえない物質的諸器官に内属しているということではなく、意識には意識自身の歴史と、自らが越えてきた弁証法の諸段階が現前しているということだからである」〔SC 309〕。

こうしてメルロ＝ポンティは、彼自身の超越論的哲学と批判主義的なそれとを明確に区別した上で、批判主義に次のような批判をつきつける。「意識の生活を主観‐客観の純粋な弁証法に変じてしまい、感覚的厚みをもった物を意味の束に還元し、また外傷的経験の再生を中性的な一つの記憶に還元し、そして私の意識のもつ階級構造を不断の検閲のもとに従属させてしまう」ということは、批判主義の言うように、ア・プリオリな可能性の制約を露わにすることではなく、むしろ「意識の新しい構造を出現させる」ことではないのか〔SC 331〕。「たとえば、意識が時間というものから、つまり意識自身の中心にあるあの不断の湧出から遊離し、時間というものを、扱い慣れた一つの知的な意味として捉える」とき、それは、「意識が自らのうちに暗に含まれていたものをはっきり露呈させた」というだけのことなのか、むしろそれは、「意識が事実上いかなる不透明性にも出会うことのない言わば明るい夢のなかに入りこんでしまう」ことではないのか〔SC 331〕（この場合、明るいといわれるのは、「意識が自己自身の表面で、物の外側でしか生きていない」という意味なのだが）。要するに、「反省によって知的意識に移行するということは、われわれの知をわれわれの存在に適合させることであろうか、それともそれは、単に意識が自分のために一つの遊離した存在を創り出す仕方ではないのか」〔SC 332〕と、こういった批判をである。

したがって、メルロ＝ポンティにとって、外的観察者の立場を去って意識を内がわから記述するということ、超越論的立場へ移行するということは、けっして「無制約的な反省」の立場に立つということではない。「それに問いかけ、そのうちに決定的解決を求めるべきもの」は、まさしく有機体への内属を体験し、ゲシュタルトに当面している「知覚意識」〔SC 312〕なのである。しかし、この知覚意識への還帰はそれほど簡単なことではない。というのも、この知覚意識それ自体に一種の自己欺瞞、自己隠蔽の機構があり、もともとこの意識は、個人的・主観的なパースペクティヴを通して間主観的な物を目指すものであるのに、「物の意識」たらんとするためにおのれのパースペクティヴ的性格を忘れているのが自然だからである。知覚をめぐる古典的論議は、知覚意識のこの自然な自己隠蔽に欺かれているわけであり、だからこそ〈構成された物の世界〉と〈世界についての知覚経験〉とをつき合わせ、実在論のように世界によって知覚を説明しようとしたり、批判主義のように知覚のうちに〈世界についての科学知の萌芽〉しか見ようとしなかったりすることになるのである。したがって、「現実の世界がその特殊性のままに構成されるあるタイプの根源的経験」としての知覚にたちかえるためには、「意識の自然な運動を逆転させ」〔SC 327〕、その自然な自己隠蔽をあらわにする必要がある。メルロ＝ポンティは、後期フッサールの「現象学的還元」とはまさしくこの逆転の企てにほかならなかったと見ている〔SC 327, n 2〕。こうして、下から積み上げられてきた「構造の哲学」がここでうまく「知覚の現象学」に接続することになる。もっとも、この接続が果たしてうまくいっているものなのかどうかにも論議の余地があろう。そして、うまくいっているとしても、「知覚の現象学」が「構造の哲学」にその高次のレベルの構造記述として組みこまれることになるのか、それとも、構造のモデルがすべて知覚的世界から借りてこられている以上、「構造の哲学」が現象学的用語に翻訳されて「知覚の現象学」のうちに組みこまれることになるのか、今の私にはうまく見きわめることができない。

だが、それはともかく、こうなってみると、知覚意識と知的意識、所産的精神と能産的精神の関係という問題は、知覚経験そのもののうちにその萌芽をもっていることになろう。したがって、それを解くには、「〈射映〉とそれによって現わされる〈物〉、また〈パースペクティヴ〉とそれを通して目指される〈理念的意味〉との生きられる関係を、論理的関係と混同せずに理解する」〔SC 327〕ことが必要となるし、「構造と意味」〔SC 333〕との二元性を単なる論理的関係に解消することなく生きられるがままに捉えることが必要となる。メルロ＝ポンティは、「マールブランシュが機会原因論によって、ライプニッツが予定調和によって解決しようとした問題」〔SC 327〕が、こういったかたちで人間の意識に移されるのだと述べているが、これが「知覚の現象学」に当面課せられる課題ということになろう。『行動の構造』のいかにも竜頭蛇尾といった感じのする最後の一節に、彼は「構造と意味」という標題を与えているが、彼の考えでは、これがそのまま『知覚の現象学』への移行を指示しているということになるのであろう。

III 『知覚の現象学』をめぐって

1　フッサールとメルロ＝ポンティ

『行動の構造』と『知覚の現象学』という二つの著作が、一九三四年のレポート「知覚の本性」において述べられていた構想の具体的実現であり、『行動の構造』が行動の発達の歴史のうちに知覚的行為がいかに出現するかを外的観察者の立場で目撃しようとしていたのに対して、『知覚の現象学』においては、「われわれは知覚的行為のうちに身を置いて、そこで主観とその身体とその世界とのあいだのこの奇異な関係の分析を継続してゆこうとする」のであるから、この二著が一貫した構想の展開であることは明らかである。しかし、『行動の構造』のいかにも竜頭蛇尾とも言える終わり方が、「外的観察者の立場に立つ記述」から転じて向かうべき方法論的立場に対する著者の一種の自信のなさを示しているように思われるのに対して、『知覚の現象学』の序文がその方法論についてのいかにも堂々たる宣言であることを思えば、一九三八年の『行動の構造』脱稿後に、メルロ＝ポンティがこの点である種の回心を経験したことは確かである。そして、これが――ベルクソン的な発想からの離脱ということをもふくめて――フッサールの現象学の受取り方をめぐってのものであったことも疑いをいれない。しかし、それにしても、この回心がいかなる性質のものであるかは、考えてみるに価しよう。

『行動の構造』においては、フッサールや現象学への言及は意外なほど少ない。文献表を見

フッサール

ても、そこではフッサールの著作として『イデーン』第一巻（一九一三年）、『内的時間意識の現象学講義』（一九二八年）、『形式的論理学と超越論的論理学』（一九二九年）、『デカルト的省察』（一九三一年）が、そしてそのほかにフィンクの『現前化作用と像』（一九三〇年）が挙げられているだけで、ハイデガーの『存在と時間』（一九二七年）の名前さえ見当らない（ハイデガーに言及した注が一つあるが〔SC 317〕、これはおそらく後日の、つまり出版直前になってからの加筆であろう）。フッサールへの言及も、すべて注のなかでなされており、そのうちには、一九三八年の本文脱稿後、一九四二年の出版までのあいだに付されたと考えられるものもある[1]。してみれば、この段階でメルロ＝ポンティは「外的観察者の立場」から移行すべき「超越論的態度」――ブランシュヴィック流の「批判主義的発想の哲学などとは単なる同音異義の関係にあるにすぎない」超越論的態度――としてフッサールの超越論的現象学を考えてはいたものの、『イデーン』第一巻に見られるようなデカルト主義的立場に同調するつもりはなく、彼の念頭にあったのは、フィンクの上記の論文[2]や『形式的論理学と超越論的論理学』における「超越論的感性論」の構想によってわずかに示唆されていたいわゆるフッサールの後期の立場であったのであろうが、それがあくまで漠然とした見当にすぎなかったため、『行動の構造』をなんとなく曖昧に終わらせることになってしまったのであろう。

しかし、彼は、この見当がそうはずれていなかったことを、『行動の構造』脱稿の翌年、まず『ルヴュ・アンテルナシオナール・ドゥ・フィロゾフィ』のフッサール追悼号（一九三九年一月号）に掲載された諸論文によって、次いでわざわざルーヴァンまで赴き、フッサールの遺稿によって確めることになる。『知覚の現象学』の文献表を見てみれば、メルロ＝ポンティが『行動の構造』脱稿後どれほど本格的にフッサールの現象学の研究に取り組んだかが一目瞭然である。『行動の構造』の文献表に見られるもののほか、そこで挙げられているものを、念のため列記してみる。

フッサール　『論理学研究』（第四版、一九二八年）
〃　「『イデーン』へのあとがき」（『現象学研究年報』第一一巻、一九三〇年）
〃　『ヨーロッパ諸学の危機と超越論的現象学』第一、二部（『フィロソフィア』第一巻、一九三六年）
〃　『経験と判断』（ラントグレーベの編集、一九三九年）
〃　「志向史的問題としての幾何学の起源についての問い」（遺稿、『ルヴュ・アンテルナシオナール・ドゥ・フィロゾフィ』第二号、一九三九年一月）
〃　『イデーン』第二巻（遺稿）
〃　「コペルニクス説の転覆、原方舟《ウア・アルケー》としての大地は動かない」（遺稿）

〃　　　『危機』第三部（遺稿）

先にもふれたように、最後の三つの遺稿は、メルロ＝ポンティがルーヴァンに赴いて閲読したものである。このほか、ハイデガーの『存在と時間』（一九二七年）および『カントと形而上学の問題』（一九二九年）、フィンクの論文「現代の批判にさらされたエドムント・フッサールの現象学的哲学」（『カント研究』第三八巻、一九三三年）および「エドムント・フッサールの現象学の問題」（『ルヴュ・アンテルナシオナール・ドゥ・フィロゾフィ』第二号、一九三九年）、アロン・ギュルヴィッチの「フッサールの「イデーン」へのあとがき」の検討」（『ドイッチェ・リテラトゥーアツァイトゥンク』一九三二年二月二八日）、それにマックス・シェーラーの五つの論文の名前が挙げられている。『ルヴュ・アンテルナシオナール・ドゥ・フィロゾフィ』のフッサール追悼号に掲載された論文のうち、ここではフィンクのものしか挙げられていないが、当然ラントグレーベの「フッサールの現象学とその改造の動機」をもふくむ他の諸論文も読んでいるにちがいない。

ここで今さららしくこんなリストを掲げてみたのは、メルロ＝ポンティはたしかにこの時点でフッサールの現象学について、その後もそれほど変わることのないかなり明確な一定の見方――しばしば恣意的な解釈だとか選択的な読み方だとか言われる――に達し、しかもその見方にかなりの自信をもっているが、果して何がこうした見方とその自信とを裏づけてくれたのかを確かめてみたい気がするからである。

だが、その前に、『知覚の現象学』、特にその序文と、――いまも述べたように、それほど見方が変わっていないということを前提にして——一九五〇—五一年度のソルボンヌでの講義『人間諸科学と現象学』、それに一九五九年の「哲学者とその影」から読みとられるそのフッサール解釈の——一々を解説するつもりはないが——基本的性格について考えておきたい。

　メルロ＝ポンティのフッサール読解には、たしかに選択的と言われても仕方のないところがある。彼は、『イデーン』第一巻の時期のフッサールの思想と後期のそれとを截然と区別し、前の超越論的観念論の立場を切り捨ててしまう。現象学的還元を超越論的意識への還帰と考えるこの立場では、世界は意識によって構成された意味形成体にすぎないことになり、「世界からその不透明性と超越性とが奪いとられてしまう」〔PP I 9〕からである。そして、メルロ＝ポンティは、フッサールがたとえば『危機』においてなしたように、現象学的還元を科学的に構成された「客観的世界」から「生活世界」ないし「自然的な世界経験」への還帰として捉えようとする〔PP I 3-4〕。しかし、ここにも問題がないわけではない。たしかにフッサールは『危機』において、『イデーン』第一巻における還元の「デカルト的方途」に反省をくわえ、それと異なった構想を立ててはいる(3)。しかし、フッサールはそこで、客観的世界から生活世界への還帰を「還元」とはよばず、「超越論的判断中止《エポケー》」とよぶ。彼は、この判断中止によってはじめて真の還元が可能にされると考えていたのであり(4)、彼にとって超越論的還元とは、やはり生活世界からそれを構成する超越論的主観性への還帰なのである。もしこの手続きを全体として還元とよぶならば、還元は二段階の作業であり、まず客観的世界から生活世界へ、次いで生活世界から超越論的主観性への還元がなされねばならないことになる。現象学的還元ということで、客観的世界から生活世界への還帰だけを考えるとすれば、それはたしかにフッサールの思想の歪曲と言われても仕方があるまい。

むろんメルロ＝ポンティもそれを知らないわけではない。「フッサールはその後期の哲学において、すべての反省は生きられる世界（Lebenswelt）の記述に立ち帰ることから始めねばならないということを認めている。しかし、彼はこれに付け加えて、生きられる世界の構造はそれはそれでまた、第二の〈還元〉によって、普遍的構成の超越論的流れのなかに置きもどされねばならないのであり、そこでは世界のすべての暗がりに光が当てられることになる、と述べている」〔PP II 237, n 1〕ことは知っているのである。しかし、メルロ＝ポンティにとっては、「構成によって世界が透明になるか、それとも構成が生きられる世界のうちの何ものかを保持しつづけるか」、このいずれかしか可能ではない。そして、「前者の場合には、なぜ反省が遠まわりをして生きられる世界を経過する必要があるのかが理解できなくなるし、後者の場合には、構成は生きられる世界からけっしてその不透明さを剝ぎとりはしないことになる」のだが、メルロ＝ポンティは「フッサールの思索が、論理主義的時代に身につけた多くの無意識な記憶を打ち破って次第に進んでゆくのは、この第二の方向へ向かってである」と見る。彼の考えでは、後期のフッサールが「合理性を問題視したり、結局のところ〈流動的〉であるような意味を認めたり、認識を根源的ドクサの上に基礎づけたり」していることが、なによりもそれを証示している。

ここで言われている「構成が生きられる世界のうちの何ものかを保持する」とか「認識を根源的ドクサの上に基礎づける」ということが何を意味しているかは、多少の説明を要しよう。フッサールは『イデーン』第一巻では、世界を無批判的に在りと断定してかかるわれわれの態度を「自然的態度」とよび、この自然的態度を特徴づけるその普遍的な断定作用のスウィッチを切って「超越論的態度」に移行し、当時の心理学がおこなっていたようにおのれ自身の意識をもはや外的刺戟にさらされた世界内部的一存在者として見るのではなく、むしろ世界や世界内部的存在者の存在意味がそこで構成される超越論的なものとして見るその方法的作業を「現象学的（ないし超越論的）還元」とよんでいた。そこでは、自然的態度と超越論的態度はいわば対立的なものと考えられていたのである。しかし、彼は『イデーン』の第二巻においてはこの点を反省し、超越論的態度は「自然主義的（natural ないし naturalistisch）」でないというだけであって「自然的（natürlich）」ではあると言うようになる。[5]ということは、現象学的還元がくわえられるべきであったのは実は自然を客体化して見る自然主義的態度にであって、自然的態度にではない、ということである。自然的態度は、超越論的態度をもふくめて、あらゆる技巧的（künstlich）な理論的態度が、そこではじめて可能になるような根源的場面なのであり、他の態度と並ぶような一つの態度ではない。そして、現象学的還元が目指していたのも、実はこの自然的態度、つまり自然的な世界経験の開示だったのである。

理論的態度からあらゆる理論に先立つ自然的態度に還るというこの作業は、前にふれた『危機』における客体的世界から生活世界への還帰に対応するし、また『経験と判断』における述定的判断から前述定的な知覚経験への還帰にも対応する。フッサールはこれを「エピステーメーの領域からドクサの領域への還帰」[6]とよんでいる。あらゆる認識、あらゆる理論は、この根源的ドクサ（Urdoxa）によって支えられており、したがって、それら認識や理論の意味と価値もそこから測られるべきなのである。これが「認識を根源的ドクサの上に基礎づける」ということの意味である。

だが、事はそれだけではすまない。この根源的な自然的態度を開示すべき超越論的態度もまた、この自然的態度を基礎にして形成される一つの技巧的態度である。つまり、非反省的な自然的態度こそが哲学的反省の出発点でもあれば到達点でもあるのであり、哲学的反省は徹頭徹尾それに支えられている。とすれば、哲学的反省がそこから完全に離脱し、完全な距離をとってそれを眺めることなどできようはずもない。完全な反省は原理的に不可能であり、むしろ「還元の最も偉大な教訓は、完全な還元は不可能だということにある」〔PP I 13〕ことになる。反省はつねに非反省的なもののなにがしかを保持しているのである。これは、必ずしもメルロ＝ポンティの牽強附会とは言えない。後期のフッサールにはたしかにこうした思索のモティーフがあるのであり、たとえば「厳密学としての哲学の夢は見果てた」[7]という有名な感懐などはこれを伝えるものであろう。

しかし他方では、メルロ＝ポンティも認めているように、なるほどフッサールには、この自然的態度において生きられる生活世界をさらに超越論的主観性の構成作業に還元しようという意図もあり、『危機』などを見れば、むしろそれこそがフッサールの究極のねらいなのである。しかし、とメルロ＝ポンティは反論する。「われわれのさまざまな定立やわれわれの理論的態度の手前にある、秘儀中の秘儀とも言うべきこの下部構造、今度はそれが絶対的意識の〈諸作用〉に基づくなどということが、どうしてありうるだろうか。われわれの〈考古学《アルケオロジー》〉の領域へのこうした下降は、われわれの分析の手段を無傷のままにしておくであろうか。この下降は、ノエシス、ノエマ、志向性といったわれわれの考え方、われわれの存在論になんの変更も加えないものであろうか。われわれは今までと同じように、さまざまな作用の分析のうちに、われわれの生や世界の生を決定的に支えているものを求めてもかまわないのであろうか」〔S II 12〕と。フッサールがそれを可能だと考えるとすれば、メルロ＝ポンティによれば、それは彼の論理主義的時期の考え方の残滓でしかない。事実、フッサール自身一方では、「この前理論的、前定立的ないし前客体的秩序へ移行することによって、構成するものと構成されるものとの関係を逆転してもいる」〔S II 24〕のである。メルロ＝ポンティはその一例として、フッサールが『イデーン』第二巻において、超越論的意識の相関者たるべきはずの論理的客観性を身体的な間主観性に基づけようとしている箇所を引いている。たしかにそこでフッサールは、次のように述べているのである。「論理的客観性は、おのずから間主観性という意味での客観性でもある。ある認識者が論理的客観性において認識する事がらは……、そのような対象の認識者が充たさねばならぬ諸条件を充たしているかぎりすべての認識者が認識しうるものである。ということは、この場合次のことを意味する。つまり、彼は物を、それも同じ物を経験しているのでなくてはならないわけであり、したがって彼はその同一性そのものを認めうるために、他の認識者と自己投入（Einfühlung）の関係にあるのでなくてはならないし、さらにそのためには、身体性を有し、同じ一つの世界に所属しているのでなくてはならない……ということである[8]。さらにフッサールはそこで、独我論とは一つの「思想的実験（Gedankenexperiment）」であり、独在する自己、つまり論理的客観性の相関者たる超越論的主観は「われわれによって構想された主観（das von uns konstruierte Subjekt）」だとさえ述べているのである[9]。

メルロ＝ポンティは後期のフッサールのこうした考え方を、『知覚の現象学』の段階でかなりの程度まで知っていたものらしい。というのも、彼はその序文において――ここでは『デカルト的省察』改訂のための「第六省察」の草稿[10]を手がかりにしてであるが――ほとんど同じ意味のことを述べているからである。それによれば、後期のフッサールは、合理性というものが絶対精神のうちになり、あるいは実在的世界のうちになりあらかじめ与えられているようなものではなく、「私のさまざまな経験の交叉点に、また私の経験と他者の経験の交叉点に、それらの経験が相互に嚙み合うことによってあらわれてくる」ものだと考えていた。したがって、哲学者は、その反省によって、みずからのうちにすでにある「不偏不党の傍観者」としての「省察する自我」に立ちかえるのではなく、みずからの発意《イニシアティヴ》によってこのような自我を創設し、それとともに合理性をも創設するのである。しかも、その発意にしてからが、存在のうちになんらかの保証をもつものではなく、その権利は、この発意そのものによってわれわれに与えられるところの、おのれの歴史や他者との関係を引受ける現実的能力に全面的に依存している——というのが、その論旨である。明らかにこれは、「哲学者とその影」において『イデーン』第二巻を手がかりに述べられていた事態に対応していよう。

それにしても、メルロ＝ポンティは、フッサールの思索の展開についてのこれだけ思い切った見方を、『知覚の現象学』の段階で、いったいどこから学んだのであろうか。たしかに、よく言われるように、メルロ＝ポンティはフッサールの研究に取りかかるに当ってある予断をもっており、それを確かめるに必要な範囲内で、つまり選択的にフッサールを読んだ、というところはあるかも知れない。しかし、この場合は、やはりフッサールそのひとの思索の展開についての解釈が問題なのであるから、そう独創ですむ話ではない。とすれば、少なくとも、その予断を裏づけてくれるだけの何かがあったにちがいないのである。

思うに、それは例の『ルヴュ・アンテルナシオナール・ドゥ・フィロゾフィ』のフッサール追悼号に掲載されたラントグレーベの論文「フッサールの現象学とその改造の動機」[11]であろう。どうしてかこの論文は『知覚の現象学』の文献表に挙げられていないが、この時点でメルロ＝ポンティの読みえたもののなかでこれ以上彼のフッサール解釈に近いものはなさそうである。たしかに、一九三九年四月のルーヴァン訪問の際のフィンクとの会談も、彼のいわば予断を裏づけてくれる根拠の一つにはなったであろうが、この会談は、ファン・ブレダ神父の伝えるところでは「お互いが相手の言葉でおのれを表現する」[12]というかなり不自由なものであったらしく、委曲を尽すというわけにはいかなかったであろう。同じ雑誌に掲載されたフィンクの論文「エドムント・フッサールの現象学の問題」も、予定されたプログラムの四分の一が発表されただけであって、これだけではメルロ＝ポンティのフッサール解釈を裏づけるに不十分である。

ラントグレーベのこの論文は、三章からなっており、第一章「フッサールとブレンターノにおける志向性」および第二章「フッサールの現象学と現象学派」において、『算術の哲学』以来のフッサールの思索の展開を仔細に辿り、第三章「ハイデガーの『存在と時間』と現象学的方法の限界の問題」において、フッサールとハイデガーの思想的関係を、なるほど両者の身近にいたものでなければとうていなしえないであろうような実にみごとな仕方で解明している。四〇ページ足らずの小さい論文ではあるが、今日なお価値を失わない珠玉の名篇である。『知覚の現象学』執筆当時は、まだ『存在と時間』を全体にわたってそれほど立ち入って読んではいなかったと思われるメルロ＝ポンティが、[13]その序文で「……徹底的な反省は自分自身が非反省的生活に依存していることを意識しており、この非反省的生活こそ反省の端緒的かつ恒常的かつ終局的な状況である。現象学的還元とは、一般に信じられてきたように観念論哲学の定式であるどころか、実存的な哲学の定式なのであって、それゆえハイデガーの〈世界‐内‐存在（In-der-welt-sein）〉も現象学的還元を土台としてのみ現われたのである」〔PP I 13〕などと書いているのは、おそらくラントグレーベのこの論文に拠っているものであろう。ちなみに、『行動の構造』のなかでただ一箇所あるハイデガーへの言及〔SC 317, n 1〕も、おそらくこの論文を読んだあとでの加筆であろうと思われる。

むろん、メルロ＝ポンティのフッサール解釈なり現象学理解がすべてこの論文に拠っているというわけではない。メルロ＝ポンティはここから得られた示唆を、その後フッサール自身の遺稿に即して検討し、それをさらに創造的な仕方で展開している。だが、その根本の示唆を与えたのが誰であったかを知ることは、彼の現象学理解の基本的な方向を知るのにやはり有効だろうと思うのである。

2 「現象野」——心理学と哲学の関係

「現象学」とは、もともとは与えられた現象の因果的発生を説明する説明学に対して、その現象のいわば内的構造を記述的に解明する記述学といった程度の意味なのだが、強いて字義に即して見れば「現象」についての学と考えられないことはない。ただ、そう考えたばあいにも、その「現象」の意味が現象学を標榜する人びとのあいだで大きく喰い違っているため、事が厄介になる。たとえば、ブレンターノにあっては、現象学は発生的心理学に対する記述的心理学、つまり「生理学と手を結んで心理現象の発生‐消滅の因果法則を帰納的に研究する」発生的心理学に対して、「内的経験に基づいて心理現象を組成する究極的な心的諸要素を記述的に解明する」記述的心理学を意味していた。フッサールが現象学という概念を直接継承したのはエルンスト・マッハからであるが、そのマッハにあっても現象学とは、因果概念のような「呪物崇拝」に類する概念を排除して、もっぱら記述的な方法だけに頼る研究方法を意味した。いわゆる現象学の創唱者フッサールそのひとのもとでも、初期の『論理学研究』初版の時代（一九〇〇—〇一年）には、それは「意識体験の純粋記述的研究」と考えられていたが、『イデーン』第一巻（一九一三年）になると、単に「経験的個人の体験や体験諸クラス」の記述ではなく、現象学的還元の「剰余」である「純粋意識」の諸体験とその相関者のいわば構造分析と考えられるようになるし、さらに『危機』（一九三六年）の時代には、自然的な世界経験とそこで生きられる生活世界との構造連関の記述的解明と考えられることになる。ハイデガーもまた、よく知られているように、『存在と時間』の序論で現象や現象学についてのユニークな定義を与えているが、このあたりになると、「現象」の概念もブレンターノや初期のフッサールにおけるそれとはまったく違ってしまい、なまなかこの語義にこだわると現象学が何であるのかを理解できないことになってしまう[14]。

では、いったいメルロ＝ポンティのばあい「現象」とは何を意味するのか。さいわい彼は、『知覚の現象学』の序論の最後で「現象野」という概念をもち出し、この現象野についての直接的経験を、「暫定的」にと断わりながらも、科学的認識、心理学的反省、それに哲学的反省との関係において位置づけようとしている。『知覚の現象学』の方法論的立場を見さだめるのに役立つと思うので、まずその所論の検討からはじめたい〔PP I 103 f〕。

『知覚の現象学』の序論は、いわゆる「感覚」「連合」「投射」「注意」「判断」といった心理学的諸概念について心理学そのものに語らしめることからはじめられている。つまり、これらの諸概念に基礎を置く経験主義的および主知主義的な――メルロ゠ポンティの考えでは、これら二つの立場は相互補完的な関係に立つ――古典的心理学がゲシュタルト心理学によって乗り越えられるその次第を、そのまま追っているのである。これは、ちょうど『行動の構造』において、いわゆる「刺戟」とか「興奮」「反射」といった諸概念に基礎を置く古典的生理学がゲシュタルト学説によって乗り越えられるその次第をそのまま追うことから話がはじめられていたのに対応していよう。

古典的心理学のもっとも基本的概念は「感覚」と、それにかかわる「恒常仮定」――感覚には、それが確認されていようといまいと、必ず一対一の関係で対応する刺戟があるはずだという一種の信仰――とであろう。「連合」「投射」「注意」「判断」といった諸概念は、「感覚」という基本的概念を前提にした上で知覚を説明しようとする必要から、経験主義的心理学とそのアンチ・テーゼである主知主義的心理学によってそれぞれにもち出されてきた補助概念なのである。よく知られているように、ゲシュタルト心理学は、われわれの知覚経験のありのままの記述のうちにはそうしたまったく無意味な質の受容としての「感覚」なるものは見当らず、図と地といったような有意味なまとまりとしてのゲシュタルトこそが初次的な心理学的所与であるとして、「感覚」の概念と恒常仮定とに根本的な批判をくわえた。だが、メルロ＝ポンティによれば、ゲシュタルト心理学者たちは、本来「フッサールの現象学によって理論化されたタイプの反省」〔PP I 101, n 5〕に匹敵するはずであった彼らのこの批判の含蓄を首尾一貫して展開するにはいたらなかった。つまり、この「感覚」概念の根底にある「心理学上の原子論」は、客観的世界の存在を無条件に断定してかかるあの一般的偏見の一特殊例であり、したがって恒常仮定の批判は本来「現象学的還元」に匹敵する価値をもつはずであったのに、彼らはそのことに気づかず、自分たちの有効な発見にたとえば「同型説」――物理的ゲシュタルトの一異文である脳髄内で生起する生理的ゲシュタルトと心理的ゲシュタルトとが同型であると説き、心理的ゲシュタルトをふたたび間接に物理的世界に定位しようとする考え――のような誤った理論的枠組みを与えてしまった、というのである。

『知覚の現象学』の当面の課題は、ゲシュタルト心理学の発見が開いた新しい地平、つまり「現象野」を、誤った理論的枠組みから浄化してもっとよく限定することにあるが、それに先立ってメルロ＝ポンティは、この現象野についての「直接的経験」を、経験の科学的・心理学的・哲学的諸概念から明確に区別しておこうとする。

メルロ＝ポンティによれば、知覚意識にはおのれ自身に対しておのれを包み隠すような一種の弁証法、つまり、〈物〉の構成を可能にするためにおのれの現象を忘却するような一種の秘匿機制、あるいは、それがおのれの目的であるかのように、あらゆる現われの根拠とみなされる即自的真理へ向かおうとする目的論的構造がそなわっている。近代の科学は、知覚のこの目的論、つまり知覚された現象を物へと構成してゆく運動の延長ないし増幅でしかない。私の諸経験や、さらにはまた相互主観的な諸経験が〈物〉という不変値を目指すのと似たような仕方で、科学的諸概念も諸現象を定着し客体化しようとするのである。こうして近代科学は、「いかなる力の働きにも服さない物体の理論上の状態」を定義し、それとともに他方で「力」と「運動」とを定義し、さらには「その内容にはまったく無関係な幾何学的空間」という観念を手に入れることによって存在者の固定化に成功した。こうした科学的規定に服さない生物体の価値規定や人間的諸現象の意味的連関はすべて切り捨てられ、すべてが即自の体系に統合されてしまい、対自として残るのは「この体系を総覧し、自分だけはこの体系のなかに座を占めることをやめた科学者自身の思惟だけ」、ということになる。つまり、生物体が「内面なき一つの外面」になってしまったのに対応して、主観性の方は「外面なき一つの内面」、「一個の不偏不党の傍観者」になってしまったのである。「科学の自然主義」と、「科学に対する反省の帰結である普遍的な構成主観の唯心論」とは相互補完的な関係にあり、共に「経験を平板化してしまう」という共通点をもっているのである。そして、たしかにこうした立場でなら、「知覚とは端緒における科学であり、科学とは方法的になった知覚である」〔PP I 109〕と言いえたであろう。

ところが、いまやこうした「近代科学が知覚によって着手されていた認識運動を継承することによって達成した透明な哲学」は崩壊しつつある。物理学の限界が認められ、その諸概念が混沌化してきているし、生物体も物理＝化学的分析に対して意味という観点から原理的困難をつきつけているし、思惟の世界、価値の世界が問題にされてきている。メルロ＝ポンティによれば、いまや「こうした混沌を経験することによって、われわれは、合理主義が原理的にまぬがれていると主張していた歴史的地平のなかで合理主義を捉え」、相対化することができるようになり、また「理性によってつくられたわけではない世界に理性が湧き出てくるのを理解させてくれるような哲学」を追求し、理性の生命的な下部構造を準備することができるようになったのである。こうして、われわれはもはや、「知覚とは端緒における科学だ」とではなく、逆に「古典科学とはおのれの起源を忘れて、みずからを完結したものと思いこんでいる知覚のことだ」〔PP I 110〕と言わねばならなくなろうし、そこからおのずと哲学の課題も明らかになる。メルロ＝ポンティはそれを次のように定式化する。

したがって、最初の哲学的行為は、客観的世界の手前にある生きられる世界にまで立ちもどることだ、ということになるだろう。それというのも、この生きられる世界においてこそ、われわれは客観的世界の権利もその諸限界も、了解しうるようになるだろうからだ。また、最初の哲学的行為は、事物にはその具体的表情を、有機体には世界に対処するその固有の仕方を、主観性にはその歴史への内属性を返してやることだ、ということになるだろう。またそれは、諸現象とか、他者ならびに事物がはじめてわれわれにあたえられる媒体としての生きた経験の層とか、生まれ出ずる状態における〈自我＝他者＝事物〉の体系とをふたたび見いだすこと、知覚を目覚めさせること、おのれがわれわれに手渡す対象と、おのれが基礎づける合理的伝統とに利するために、おのれ自身の方は事実としてもまた知覚としても忘却せしめようとする知覚の奸計を画餅に帰せしめることだ、ということになるだろう。〔PP I 110-111〕

メルロ＝ポンティの言う「現象野」とは、したがって、客体化的認識に先立って知覚経験によって生きられているがままの場面、「生きられる世界」、後期フッサールが「生活世界」とよんでいたものにほかならない。現象とは、けっして意識の「内面的領域」とか「意識の直接与件」とか「心的事実」といったものではないのである。当然、この現象についての経験もまた、「内観」とか、対象との合一というベルクソンの言うような意味での「直観」ではない。恒常仮定の批判によって明るみに出された対象や行動のゲシュタルトは、言語を絶した合一のなかで捉えられるといったものではなく、記述的に「了解」されるものなのである。もしそれを直接与件と呼ぶにしても、直接的ということの意味が変わってしまうのであり、「意識の直接与件」とはもはやベルクソンの言うような印象とか、主観と一体となった対象ではなく、対象の意味や構造、あるいは諸部分のおのずからなる配列のことであり、私の行動の分節化やそのメロディ的統一のことなのである〔PP I 111-112〕。したがって、現象の経験は、別に内的経験に限られはしない。内的経験も外的経験もまったく同じ資格で現象に開かれうるのである。

こうして、現象への還帰とは、内観による意識の内面的世界の開示でもなければ、ベルクソン的直観のような対象との神秘的な合一を目指すことでもなく、ひたすら〈物〉の構成に向かう知覚の自然な運動や、その増幅である科学的認識の運動に逆らって、物の発祥地である現象を顕在化すること、「科学の諸作業にその十全な意味を与え、科学の諸作業がいつも立ちかえってゆく意識の前科学的生活を公開すること」〔PP I 113〕にほかならない。

だが、メルロ＝ポンティによれば、こうした客観的世界から現象野への還帰という心理学的反省は、ひとたびはじめられると、もはやそこにとどまりえず、「その固有の運動によっておのれ自身を乗り越え」一個の超越論的哲学になろうとする傾向がある。つまり、「さきに客観的世界の手前に生きられる世界をあらわにした顕在化作用が、こんどは生きられる世界そのものに対しても遂行され」、この現象野がそれに対して与えられる究極の主観性、「〈自我＝他者＝事物〉の体系」を構成するただ一つの「超越論的われ」が問われることになり〔PP I 115-116〕、「現象野の手前に超越論的領野をあらわにしよう」と企てられることになる。メルロ＝ポンティは、カントの超越論的哲学や、フッサールの「大部分の著作、晩年に公刊された著作にさえ見られる」〔PP I 120, n 1〕超越論的現象学のプログラムはこの企て以外の何ものでもない、と見る。フッサールについてここで考えられているのが、『危機』においても構想されている、生活世界をさらに超越論的主観性へ還元しようとする企てであることは明らかであろう。

ところでメルロ＝ポンティは、このように「現象野を直接的かつ全面的に顕在化するのには、原理的な困難がある」〔PP I 116〕と考える。というのも、たしかにゲシュタルトはある内的法則によって表現されるかも知れないが、この法則がゲシュタルトを可能にするのであったり、あるいはこの法則がモデルになって、そのゲシュタルトが実現されるわけではないのであるし、一般に構造の現象の出現はあらかじめ存する理性が外部へ展開するといったことではけっしてないからである。「ゲシュタルトとは世界の出現そのもののことであって、その出現の可能性の条件ではない。それは一つの規範の誕生そのものであって、あらかじめ存する規範にしたがって実現されるものではない」〔PP I 116〕。ゲシュタルトはたしかに物ではないが、だからといって、それは観念が具象化されたものでもないのである。

したがって、現象野を根源的な所与だと認める立場は、「一方ではたしかに、秩序や理性を諸事実のぶつかり合いとか自然の偶然とかで説明する経験主義を断罪することであるが、しかし他方では、その理性とか秩序そのものに事実性という性格を保持しておくことでもあり」、右のような意味での超越論的哲学を拒否することである。というのも、「もしも普遍的な構成意識といったものが可能だったら、事実の不透明性は消えてしまうことだろう」からである。哲学的反省とはけっして「普遍的な理性への単なる還帰」〔PP I 117〕ではない。「反省が真の反省になるのは、反省がわれを忘れることなく、あくまでおのれを〈非反省的なもの－についての－反省〉として、したがってまたわれわれの実存の構造の一変化として認識するばあいだけ」〔PP I 119〕であり、「非反省的なものの事実性にみずから与える一つの創造的作業」〔PP I 117〕だとさとるばあいだけなのである。こうしてメルロ＝ポンティは、「超越論的」という概念に、新たな独自の定義を与える。すなわち、「ある哲学が超越論的となる、つまり徹底したものになるのは、絶対的意識へとゆきつく道程については何も語らず、ただそこに身を据えることによってではなく、おのれ自身を一つの問題とみなすことによってであり、知の全面的顕在化を要請することによってではなく、理性のこうした倨傲を根本的な哲学的問題と認めることによってである」〔PP I 120〕、というのである。すでにふれたように、メルロ＝ポンティは『行動の構造』においても、彼自身の説く「超越論的態度」が、「批判主義的発想の哲学のそれ」とは――そしてフッサールの超越論的現象学のある時期のプログラムにおけるそれとも――「同音異義の関係」にあると語っていたが〔SC 307〕、フッサールへのその態度決定がここでも繰りかえされているわけである。

メルロ＝ポンティが知覚の研究をあくまで心理学者の記述に即してはじめようとする理由も、こうして明らかになる。もしそうしなければ、われわれはこれまでの反省的哲学と同様に、一挙に超越論的次元に身を置いて構成の真の問題を見失ってしまうからであるし、他方、心理学的記述そのものが誤った理論構成から浄化されるならば、そのまま一つの哲学的方法たりうることを予感させてくれるからである。彼の考えでは、哲学的反省の本領は、あくまで経験科学の記述に同行しつつ、その記述のもつ真の意味が開示されうるような視点を準備する、というところにあるのであり、それ以上のものであろうとしてはならないのであろう。その研究に着手するにあたって、彼が次のように語るのも、まさしくそのことを言わんとしてのことである。「現象野が十分に区画された今、心理学者とともにこの両義的な領域のうちに歩み入り、そこにわれわれの第一歩を確保しよう。そうすればやがて、心理学者の自己批判が第二次の反省によってわれわれを現象の現象へとつれてゆき、現象野を決定的に超越論的領野に転換させるようになるであろう」〔PP I 121〕。

3 「世界内存在」としての身体(1)——幻影肢の現象に即して

『知覚の現象学』は、われわれがこれまで考察した序文と序論「古典的偏見と現象への還帰」につづいて、その本論が第一部「身体」、第二部「知覚される世界」、第三部「対自存在と世界内存在」という三部から構成されている。このうち、おそらくもっとも充実しているのは、第一部の「身体」論であろう。この身体論は、『行動の構造』にふれた際に言及したあの「構造の哲学」[15]に即して言ってみるならば、「シンボル的形態」とよばれた行動の位層において人間的身体がいわば生物学的「環境」[16]を足場に「世界」の「構成(constitution)」——もっと正確には「制度化(institution)」——に向かう運動、つまりは「世界内存在(être au monde)の運動」〔PP I 141-142〕を記述しようとするものである。その意味では、この記述は、われわれが中断したあの「構造の哲学」を補完してくれることになるだろう。そこで、「世界内存在」とか「身体的実存」といった概念のもとにメルロ=ポンティが何を考えているのかを明らかにするに必要な範囲内でしばらくこの身体論を考えてみたい。

メルロ＝ポンティはこの身体論を、『行動の構造』においてと同様、生理学そのものの内部で、身体を世界内部的な一対象と見る機械論がいかに克服されたかの考察からはじめている〔PP I 134 f〕。ここで言われる「対象」とは、「諸部分の相互外在」ということと、その諸部分相互間、およびその対象と他の諸対象とのあいだに外的機械的関係しか存しないということ、によって定義される。機械論的生理学は一般に有機体をこうした対象の一つとして捉えようとし、解剖学の知見を基礎に刺戟と受容器、受容器と感覚器とのあいだに線状の依存関係を認め、それによって行動を説明してきた。たとえば、ある波長の光は網膜の特定部位で受容され、特定の伝導路（視神経）を通って中枢の特定部位で赤なり青なりとして感受されるというわけである。だが、もしそれが事実だとしたら、中枢のその部位に損傷が起ったばあい、それは赤なり青なり特定の感覚内容の消失を結果するはずであろう。しかし、現代生理学は、中枢の損傷や、さらに伝導路のレベルで起る損傷のばあいでさえも、そこから結果するのは特定の感覚内容の消失ではなく、むしろ機能の脱分化――色彩感覚の例で言うなら、スペクトルの四色への、次いで青黄二色へのそしてついには灰色一色への単純化――だということを教えている。してみれば、神経相互間には横断的な機能があるわけであり、神経系の本質的機能は興奮を能動的に分化して、安定した全体に体制化するところにあることになる。神経実質の損傷は、その体制を不安定にするわけであろう。

こうしてメルロ＝ポンティは、いわゆる精神物理的事象は世界内部的な因果性によって律されるものではなく、脳はまさしく一つの「形態化《ゲシュタルトゥンク》の場」だと見る。しかも、こうした形態化作用は、神経系の発達が皮質的段階に達する以前にも介入してくるものなのだから、「神経系の登場と同時に、刺戟と有機体の関係はごしゃごしゃになってしまう」〔PP I 137〕のである。問題はその形態化の過程を明らかにすることだが、その際われわれはもはやそれを第三者的な過程として対象的に捉えることはできない。生きた身体の機能を理解するには、みずからその身体の機能を生きてみるしかないのである。

だが、身体がそのように物的な対象ではないからといって、それではそれは精神なのであろうか。たしかに、身体のいたるところで興奮の形態化がおこなわれ、いわば意識が身体の全体に拡散しているかのように思われる。しかし、その身体に拡散している意識とはいかなるものなのであろうか。それはたとえば、いわゆる内受容性を通じて手に入れるおのれ自身の身体の意識であろうか。だが、そうだとすると、この意識はやはり身体において起る一連の物理的・生理的出来事に随伴するものでしかなく、それらの出来事そのものである身体とその意識とは区別されねばならないのではないか。たとえば幻影肢にあっては、現実的身体と身体意識とのあいだにはっきりずれが認められる。そこで、メルロ＝ポンティは、この幻影肢の現象を手がかりに、自己の身体についての「表象」であるいわゆる「身体意識」と、彼の言う「身体に拡散している意識」との違いを明らかにし、身体におけるいわゆる「生理的なもの」と「心理的なもの」の関係を問おうとするのである〔PP I 138 f〕。

幻影肢というのは、戦傷や交通事故などで手足の切断手術を受けた人が、たとえばすでにないはずの右脚に生《な》ま生《な》ましい痛みやかゆみを感じたりするような病的現象であるが、これには生理学や心理学によってさまざまな説明が試みられてきた。この現象の原因は、最初生理学者によって、末梢部にあるとされ、いわゆる「末梢説」が説かれた。つまり、切断部位から大脳に通ずる神経経路にくわわった刺戟が、切断された部位のそれとして誤って伝えられるためだと考えられたのである。だが、もしそうだとすると、幻影肢はコカインによる局部麻酔によって消えそうなものだが、そうはならないし、また、大脳損傷の結果、手足が切断されているわけでもないのに、現実の手足のほかに幻影肢が生ずることがある。そこで、幻影肢の原因は、末梢にではなく、大脳中枢にあるのだという「中枢説」が提出されることになった。

ところが、この幻影肢の現象は意識とも密接な関係がある。たとえば、幻影肢は、負傷した際の情動や状況を思い出させるような情動や状況があらわれたとき、突然感じはじめられるということがある。また、幻影肢は、手術直後は巨大なものに感じられるが、患者がその切断を納得するにつれて縮小してゆき、最後には断端に吸収されてゆく、ということもある。とすると、幻影肢は、情動とか記憶とか意志とか信念といったものと関係があることになるが、こうした関係は、「末梢説」をとろうが「中枢説」をとろうが「生理学」によっては説明しえないものである。そこで幻影肢についての「心理学的説明」がもち出されてくるのであるが、しかし一方、やはりこの幻影肢には、脳に通ずる、求心性の神経を切断すればあっけなく消えてしまうという単純な生理学的事実があり、これは心理学的にはどうにも説明できないことである。

こうして、幻影肢の現象には、生理的条件と心理的条件とがともにからみ合っているのだという「混合理論」がもち出されることになる。だが、そうはいっても、一方は「空間内に存在する生理的諸事実」、他方は「どこにも存在しない心的諸事実」、言いかえれば、一方は「即自の秩序に属する神経の興奮流といったような客観的諸過程」、他方は「対自の秩序に属する受容とか拒否とか過去の意識とか情動とかいったようなさまざまなコギタチオ〔思惟〕」なのであってみれば、それら二系列の条件がどうからみ合いうるのかは理解しがたい。そこでメルロ゠ポンティは、こうした「心的なもの」と「生理的なもの」、「対自」と「即自」といったデカルト的二分法を乗り越え、それらが、接合しうる地盤を求めようとするのである〔PP I 140〕。

彼は、すでに『行動の構造』において問題にした「代償行為」〔SC 68 f〕にも、こうした「心的なもの」と「生理的なもの」、「目的論」と「機械論」との二者択一を乗り越えるような現象が認められると考え、それを引き合いに出す。代償行為とは、ある肢体ないし器官が失われた他の肢体や器官の機能を代わりに引き受け、一定の活動を遂行する現象を言う。たとえば、脚を切り取られた昆虫は、残ったほかの脚にその代わりをさせ、一定の任務を遂行する。これは、あらかじめ神経回路のうちにそうした救助装置が準備されていて、必要に応じてそれが自動的に発動されるのだというぐあいに、機械論的に理解するわけにはいかない。たとえば、前にも引き合いに出したことのあるトレンデレンブルクのサルについての次のような複雑な実験は、そう考えることを禁じるのである。

適当な大脳領域が部分的に切除されて、右脚ではエサをつかむことができなくなった動物は、その代理をしていた左脚を切ってしまうと、ふたたび右脚を使うようになる。たとえこのとき右脚を支配する中枢を切除しても、状況が緊急な仕方で強要するとき、たとえば食物が檻の外にあるというときには、いぜん右脚を使うことができる。〔SC 70〕

こうした場合、実験の各段階に応ずるような救助装置が準備されていて、それが次々に発動されてゆくと考えることは、いくらなんでも無理である。しかし、だからといって、動物が自分の果すべき目的を意識していて、自分の四肢を自由に使いこなすと考えるわけにもゆかない。というのは、脚が切り取られたばあいに代償行為を発動させる昆虫にしても、その脚がただ縛りつけられて使えないというだけのときには、それを発動しえないからである。もし一定の目的意識のもとに四肢を自由に使いこなせるのだとしたら、こういうばあいにも代償行為は発動されてよいわけであろう。だが、このばあいは、世界へ向かう運動の流れが、使えないにしてもまだ健全なその脚を通って流れ出ているので、代償行為は発動されないのである。やはり、問題になっているのは〈種のア・プリオリ〉であって、個体的な選択ではないことになる。

　メルロ＝ポンティは、こうした代償行為の発動を決定するのは「世界内存在の運動」だと考える〔PP I 142 f〕。「世界」という概念を生物学的「環境」と区別して人間的行動のレベルに厳密に限定しようと思うなら、ここは「環境内存在」と言うべきところであろうが、今は、メルロ＝ポンティのゆるい用語法に従って「世界内存在」と言っておこう。メルロ＝ポンティによれば、「ある動物が実存する（*exister*）」とか、「一つの世界をもつ（*avoir un monde*）」とか、「一つの世界に属している（être *à* un monde）」などと言われるばあい、それはその動物が世界についての客観的知覚なり意識なりをもっているという意味ではない。動物にいわゆる本能的な行動をうながす状況は十分に分節されたものではなく、それが動物に提示するのは「実践的な意味」だけであり、動物はそれを「身体的に認知」するのである。「世界内存在」とはこのように「主体をある〈環境〉のうちにしっかりとつなぎとめる」ものであり、これが、「明白な任務の前で動物の四肢を相互に代置可能にし、たがいに等価的であることを可能にしている」のである。

　メルロ＝ポンティはこの「世界内存在」をベルクソンの「生活への注意（attention à la vie）」や、ピエール・ジャネの「現実機能（fonction du réel）」と対比させている〔PP I 142, 144-145, n 4〕。なるほどベルクソンは、知覚を意識の機能とし、行動を身体の機能とする従来の考え方を批判し、知覚と行動との統一を表現するために「感覚－運動過程

(processus sensori-moteur)」という概念をもち出したとき、明らかに「意識を世界内に参加させる」ことを目指していたにちがいないのだが、彼が身体において「起りかけている運動」の意識を「生活への注意」とよんだとき、やはり彼は客観的過程としての反射運動とそれについての意識とを区別しているわけであり、両者は即自と対自に分かたれてしまう。ジャネの「現実機能」もたしかに実存的概念として用いられており、彼はこれによって、情動をわれわれの世界内存在の変様として捉えようとはしているが、しかし、彼もまたこの現実機能、つまりわれわれがおのれの「世界」を自分の眼前に展開する際の心理的緊張をある種の客観的な心的エネルギーとしてとらえ、したがって情動をもそうした心的エネルギーの逸脱という盲目的ダイナミクスの意識と考えてしまう。しかし、メルロ＝ポンティによれば、たとえ反射運動でさえも、けっして盲目的な機械的過程などではないのである。

彼の考えでは、反射もそれなりの仕方で状況のある「意味」に適応するものであり、「行動の環境」に対するわれわれの定位を表現している〔PP I 142 f〕。つまり、反射は状況を「距離を置いて」「包括的に現前せしめる」ものであり、こうした現前をもとにして、次に部分的な刺戟にある意味が与えられることになるのである。「反射は、客観的な諸刺戟から結果するものではなく、逆にそれらの諸刺戟の方へふり向き、それらの諸刺戟に対して、それらが一つ一つとしては、また物理的作用因としてはもたなかったような意味、それらがただ状況としてのみもつことができるような意味、を付与する」のである。したがって、「状況の意味におのれを開いているかぎりでの反射」や「まず最初は認識対象の定立ではなく、われわれの全体的存在の一つの志向であるかぎりでの知覚」は、「前客観化的視察（vue préobjective)」の諸様態なのであり、これこそ「われわれが世界内存在とよぶもの」なのである。言いかえれば、刺戟や感覚内容の手前に写真器の「しぼり」のようなものがあって、これが「世界内でわれわれの反射や知覚が目指しうるもの、われわれのおよそ可能な作業領域、われわれの生活の幅」を決定しているのである。その結果、「刺戟からは比較的独立した、われわれの〈世界〉のある種の首尾一貫性があるわけであり、これが世界内存在を単なる反射の総和として扱うことを禁じている」のだし、また同様に「われわれの有意的な思考からは比較的独立した、一種の実存の脈動のエネルギーといったものがあるわけであり、これが世界内存在を意識的な作用として扱うことを禁じている」のである〔PP I 143-144〕。

幻影肢の現象も、こうした世界内存在の視角から見てはじめて了解可能となる。つまり、われわれにあって手足の切断を認めまいとしているのは、「物的ならびに相互人間的なある世界のうちに参加している〈われ〉」なのであって、これが手足の切断にもめげず今までどおりの自分の世界に立ち向かおうとして、その切断を拒否するのである。この拒否はけっして定立的意識の水準に属するものではなく、「一つの世界へのわれわれの内属の裏面」でしかない。つまり、「腕の幻影肢をもつということは、今までどおりその腕だけに可能ないっさいの諸行動をなしうる状態にとどまろうとすることであり、切断以前にもっていた実践的領野をいまもなお保持しようとすること」なのである〔PP I 147〕。

こうして、「身体とは世界内存在の媒質であり、身体をもつということは、ある生物にとって、一定の環境に結びつき、ある種の企投と一体になり、その企てに不断に参加する」〔PP I 147-148〕ということである。幻影肢の患者のばあい、かつて自由に取り扱っていた諸対象が姿を見せている完全な世界が明白に見えており、字を書くとかピアノを弾くといった企てをふくめてその世界へ向かう運動の力を感じることによって、おのれの身体の完全性の確証をもち、その欠損を拒否する。いわば世界が患者にその欠損を蔽い隠してくれるのである。しかし、やはりその同じ瞬間に、世界は患者にその欠損を示さずにはいない。というのも、「私が世界を通じて自分の身体を意識している」というのが本当だとしても、他方同じ理由からして「私の身体が世界の軸だ」ということも本当だからであり、「世界が私の身体に習慣的志向を喚び起す」ちょうどその瞬間に、私は「自分がもはや実際にはその世界と合体しえなくなっている」ことに気づかされるからである。こうして患者は、「自分の損傷を否認するまさにそのかぎりでその損傷を知っているのであり、逆に彼はそれを知っているまさにそのかぎりでそれを否認する」〔PP I 148〕のである。

メルロ＝ポンティは、こうした知の両義性は、われわれの身体がはっきり区別される二つの層、つまり「習慣的身体（le corps habituel）」の層と「現勢的身体（le corps actuel）」〔PP I 148〕の層をそなえているためだ、と考える。幻影肢とは、現勢的身体の層ではすでに失われた手の所作が、習慣的身体の層ではまだ姿を見せているということであろう。とすると問題は、「どうして習慣的身体が現勢的身体の保証人として働くことができるか」にあることになる。ということは、言いかえれば、「もはや私にはその対象を自由に扱うことができなくなっているのに、どうして私はその対象を自由にしうるものとして知覚しうるのか」という問題になる。この問題に、メルロ＝ポンティは次のように答える。つまり、その対象は、「私にとって自由に扱いうるもの」であることをやめ、「即自的に自由に扱われうるもの」つまり「一般にひとが自由に扱いうるもの」としてあらわれてくるのである。そして、それと相関的に、私の身体の方も、「単に瞬間的で個別的で充実した経験」のなかで「私の」という人称的なものとして捉えられるだけではなく、「一般性の様相」のもとに、「ひと」という「非人称的な存在」としてもまた捉えられているにちがいない、というのである〔PP I 149〕。

したがって、幻影肢の現象は人称的な現勢的身体の層によっていわば抑圧されている非人称的な習慣的身体の層が、顔をのぞかせ、一時的に現勢的身体につきまとうということであろう。こうして、メルロ＝ポンティは、幻影肢の現象を精神分析で言われる「抑圧」〔PP I 149〕と結びつけて考えようとする。

これまで見てきたように「幻影肢」の現象は、生理学だけでもまた心理学だけでも説明しきれない、いわゆる「生理的なもの」と「心理的なもの」との奇妙なからみ合いを示す現象なのであるが、メルロ＝ポンティはこれを手がかりに、第三人称的な延長体《レース・エクステンサ》の秩序に属するとされる「生理的なもの」と第一人称的な思惟体《レース・コギタンス》の秩序に属するとされる「心理的なもの」とが接合する場面、つまり「世界内存在の運動」を粗描しようとする。その際彼は、シルダーやメニンガー＝レルヒェンタール、レールミットといった人たちが、患者に認められる幻影肢への「信憑」や切断の「拒否」を記述するのに、「禁圧（répression）」とか「抑圧（refoulement）」という精神分析の用語を借りているのに示唆を得て〔PP I 141, 144, n 1〕、幻影肢を「抑圧」の現象——といっても、彼独自のいわば「構造の用語」〔SC 263〕によって解釈された「抑圧」の現象——に類比させて理解しようとしている。

メルロ＝ポンティの解するところでは、「抑圧」とは、愛情問題であれ立身出世であれ仕事であれ、一つの途に身を投じたひとがその途上である障害にぶつかり、その障害をとびこえる力もなければその企てを放棄する力もないため、その試みのうちに釘づけにされ、心のなかでその試みを空しく繰りかえすことに果てしもなくその力を浪費するところに生ずる〔PP I 149 f〕。時の経過によってその外傷性の経験の傷口がふさがれることがないため、そのひとはいつまでも同じ不可能な未来にさらされたままでいるのである。ということはつまり、あらゆる現在のなかで一つの現在が特権的な価値を獲得し、それが他の現在を押しのけて、それらから真の現在としての価値を奪いとってしまうということである。その人は、かつて青春の恋にまきこまれ、挫折したその人でいまもありつづけているのである。

といって、経験の或る特権的構造のこの固着は、記憶のようなものではなく、むしろ記憶とは両立不可能である。というのも、記憶は古い経験を絵のようにわれわれの前に展開してみせるものであるが、真の現在としてとどまっているこの過去の経験は、われわれのまなざしの前に展開されることなくいつもその背後にとどまっているものだからである。つまり、それは一定の日付をもった過去の出来事として表象のかたちで存続するのではなく、一つの存在のスタイルとして、世界内存在の一つのスタイルとして存続しつづけるのである。こうして、その人は、おのれに「さまざまな世界」を与える不断の力を、それらの世界のうちの一つのために譲渡してしまうことになる。

しかも、メルロ＝ポンティによれば、この存在のスタイルは「われ」という第一人称的な実存として生きられるのではなく、「この実存についての一種のスコラ学」〔PP I 150〕として――つまり、その古い経験で身を養うというよりはむしろ、そうした古い経験をしたという記憶や、次いでそうした記憶をもったという記憶で身を養うといった操作を果てしもなく繰りかえして、その古い経験の類型的な形式だけをとりとめるといったかたちで――「ある程度の一般性において」〔PP I 150〕存続しつづけるのである。その意味で抑圧の現象は、受肉した存在としてのわれわれが置かれている条件を世界内存在の時間構造に結びつけることによって、われわれのもとでの非人称的な存在構造の出現とその在り様を典型的に示してくれるものだ、とメルロ＝ポンティは見るのである。

一般にわれわれが他人のそれと比較可能な身体的諸条件をもち、また恒常的な刺戟や類型的状況から成る生物学的環境に生きているかぎり、われわれは「私をとりまく万人共通の環境のうちにその条件をもつようなリズム」〔PP I 151〕をも身につけている。つまり、「わわしており、これこそ私がおのれの生存維持のために何よりも頼りにするものなのである。

また、それに応じて、私が構成する人間世界のまわりに、ある「一般的な世界」が姿をあらわしており、これこそ私がまず所属しなければならない世界なのである。

こうしてメルロ゠ポンティは、いわゆる「抑圧」において、これまで経験されてきたさまざまな瞬間的世界のうちの一つがコンプレクスとして保持されつづけ、その後のすべての経験の形式となるのと同じように、「世界の一般的形態」つまりは生物的環境への「前人称的加盟」であり、「無記名の一般的実存」である私の有機体も、私の人称的な実存の底にあって一つの生得的コンプレクスの役割を果していると考える〔PP I 151〕。といって、この一般的実存も決して惰性的な物のような在り方をしているわけではなく、それなりに「実存の運動」を粗描しているのであり、危機的な状況や、たとえば芸術家が本当に充実した創作活動に打ちこんでいるような特権的瞬間には、私の人間的世界がその生物学的環境を完全に統合し、身体的過程が完全に人間的な世界内存在の運動に合一することもある。しかし、そうした瞬間はあくまで間歇的に生ずる特権的な瞬間でしかなく、その直後にはふたたび前人称的時間が流れはじめ、たいていの場合は、「人称的実存が有機体を抑圧しながらも、これを超出することも自分を放棄することもできず、これを自分の方に還元することも自分の方をこれに還元することもできないでいる」〔PP I 151〕ものなのである。

したがって、「行為のなかでの精神と身体の融合、生物学的実存の人称的実存への昇華、自然的世界の文化的世界への昇華」〔PP I 152〕を可能にするのも、また同時にそれを束の間のものにするのもわれわれの経験の時間構造なのである。それぞれの現在は近接した過去と未来の地平を通じて次第におよそ可能な時間の全体をとらえてゆく。現在はこうして諸瞬間の分散を乗りこえ、過去にその決定的な意味を与える。だからこそ、すべての過去が人称的実存に統合されうるのである。しかし、そうした力は、すべての現在に与えられているのであり、次の現在が今の現在とは違った仕方で過去を統合することもありうるのだし、他方、その過去がかつての現在としてその自閉的な明証のうちに閉じこもることもありうるのである。「われわれが自己の実存を中心化することを可能にしている当のものが、また同時にわれわれがそれを絶対的に中心化するのを妨げているものでもある」〔PP I 153〕のである。こうして、「世界内存在の両義性は身体の両義性に翻訳され、それはそれでまた時間の両義性によって理解される」〔PP I 153〕のである。

メルロ＝ポンティは、こうして抑圧の現象を手がかりにして明らかにされた世界内存在の両義性によって、幻影肢にまつわる心身の関係を解き明かそうとする。たとえば、幻影肢においては、被切断肢を思い出させる記憶が幻影肢を出現させる。それはなぜであろうか。幻影肢そのものは決して想起や再生された知覚などではなく、あくまで現在するもの、つまり抑圧された経験と同様に「過去になり切ってしまわない古い現在」、いわば「準現在」である。にもかかわらず、記憶が幻影肢を導入するとすれば、それは、「すべての記憶が失われた時をふたたび開き、その失われた時が喚び起こす状況をもう一度引き受け直すようにわれわれを促す」〔PP I 153-154〕からにほかならない。

負傷時を思い出させるような情動が幻影肢を出現させるという事態も、情動を世界内存在の変様として考えてみるならば、うまく理解できる。サルトルの『情動論粗描』によれば、情動にかき立てられているという状態は、ひとがある状況に身を投じていながら、その状況に真正面から立ち向かうこともできず、さりとてその状況を棄て去ることもできないので、おのれ自身の身体の在り様を変えることによって、行手を阻む客観的世界を消失せしめ、魔術的行為のなかで象徴的満足を得ようとする状態である。メルロ゠ポンティは、情動の本質をなすそうした「客観的世界の崩壊、真の行動の放棄、自閉症への逃避」が、同じく現実的なものの抹殺をはかる幻影肢に有利な条件となるのだと考える。つまり、記憶や情動が幻影肢を出現させるとしても、それは、あるイメージが連合によって他のイメージを喚起するとか、ある思惟が他の思惟を余儀なくするということによるのではなく、「ある実存的態度が他の実存的態度を動機づける」からであり、記憶と情動と幻影肢とが「世界内存在」の様態として等価的だからなのである〔PP I 154-155〕。

では、求心性伝導路の切断が幻影肢を抑止するという、あの単純な生理学的事実はどう考えればよいのであろうか。この事実は、被切断肢を依然として実存の回路のうちに維持し、それを有機体の機能のうちに数え入れるという役割をある特定の感覚゠運動回路が負うている、ということを意味している。ところで、感覚＝運動回路というのは、ある条件のもとで恒常的な刺戟に恒常的な反応を反射的に返してやる、われわれの世界内存在全体のうちにあって比較的自立した実存の流れである。となると問題は、「実存の総体的態度である欠損の拒否が、おのれを実現するのに、感覚＝運動回路といったきわめて特殊な様相を必要とするのはなぜか」、「われわれの一切の反射作用にその意味を与え、そのかぎりではそれらの反射作用を基礎づけているはずのわれわれの世界内存在が、それにもかかわらず逆にそれらの反射作用に身をゆだね、結局はそれらによって基礎づけられるのはなぜか」〔PP I 155〕ということになる。

メルロ＝ポンティはすでに『行動の構造』において〔SC 78〕、正常な状態での反射といったものが認められるのは、神経系の中枢化が高度の段階に達し、単に生物学的「環境（Umwelt）」だけではなく「世界（Welt）」をもつ人間においてだけだということを指摘していた。それは次のような意味である。つまり、前にも述べたように、動物がそのつどの環境のうちに閉じこめられて、いわば忘我の状態のうちに生きているのに対して、人間は与えられた環境のうちに生きながらも、そこに与えられうる可能的環境を重ね合わせ、それらを相互に切り換えることによって、それらの環境をおのれの特殊な様態としてもちながらも、そのどの一つにも還元されることのないような開かれた「世界」、つまりそれら全環境の共通の根拠とも言うべき「世界」を構成し、そこで生きることができる。人間は、環境とのあいだにある距離を打ちたて、いわば世界へ超越することができるのである。だが、その

ために は、その時どきの瞬間的状況が人間にとっては存在の総体であることをやめ、そのつどの個別的な反応がその実践の総体を占めるのをやめなければならない。つまり、そうした個々の反応の形成は実存の中心部においてではなく、末梢部で、しかも非人称的な一般性においておこなわれなければならないのである。そのように、「その自発性の一部を放棄し、安定した器官と既成の回路を通じて世界に参加することによってこそ、人間は心的かつ実践的空間を獲得することができるのであり、この空間こそが人間をその環境から原理的に離脱せしめて、その環境を見ることを可能にしてくれる」〔PP I 156〕のである。してみれば、習慣的身体をそなえているということは、最高度に統合された実存にとってぜひとも必要なことなのである。実存の総体的態度のあらわれである幻影肢が特定の感覚＝運動回路によって養われている理由も、こう考えれば納得することができよう。

こうしてメルロ＝ポンティは、幻影肢の現象を手がかりに、いわゆる「生理的なもの」と「心理的なもの」とが世界という一つの志向的極へ向けられた実存の運動、つまりは生物学的環境を足場にしておこなわれる「世界内存在の運動」のうちに、それぞれがそれなりの役割を果しつつ統合されていることを明らかにする。「具体的に捉えられた人間とは、ある心的現象がある有機体に外から接合されたようなものではなく、あるときは身体的になるかと思えばあるときは人称的な行為に赴く実存の上下運動である」のだし、「心理的動機と身体的機会とがたがいに相交錯しうるのは、心的志向に対して絶対的に偶然であるような運動は生きた身体のなかには一つとして存在しないからであり、また逆に、生理的素質のなかにすくなくともその萌芽なり一般的下図なりを見いださないような心的作用は一つとして存在しないからである」〔PP I 157〕。

しかし、それにしても、通常「生理的」とか「心的」とよばれている出来事は、同じ世界内存在の運動に組みこまれながら、やはりそれぞれに相対的役割を引き受けている。「生理的」とよばれる過程は、われわれを一定の環境のうちに安定させ、「心的」とよばれる過程はその「環境内存在」を足場にして人間的世界の構成に向かう。心とか意識を「構造」として捉えるわれわれの観点からすれば、そうした高次の構造を実現した身体の行動がみずからのまわりに人間的「意味」、つまりシンボルを投射するのである。いったい、意識という構造を実現した身体のおこなうその投射活動、つまりシンボル機能とはいかなるものなのか。メルロ＝ポンティは、ゲルプとゴールトシュタインによって多年観察されたシュナイダーという患者の症例の検討を通じて、これを明らかにしようとしている。

4 「世界内存在」としての身体(2)——精神盲に即して

第一次世界大戦中、砲弾の破片で大脳の後頭葉——通常「視覚領」とよばれている部位——に戦傷を負った、当時二四歳のシュナイダーという名の兵士がいた。彼は、外傷が癒えたのちも、きわめて興味ある多様な障害を示し、これに注目したゲルプとゴールトシュタイン、それに彼らの弟子たちによって一九一八年以降、はじめは大脳損傷者収容所、次いでフランクフルト・アム・マインの無料診療所で長期にわたって定期的に観察されつづけた。彼らはこの症例をきっかけに、これと類似の大脳皮質損傷者の諸症例を研究し、これらを材料にして従来の機能局在論を批判しながら、いわゆる全体論的な神経生理学理論を構築することになる。彼らの研究成果は、たとえばカッシーラーによっても『象徴形式の哲学』第三巻（一九二九年）第四章「シンボル意識の病理学」において仔細に検討されているが、メルロ＝ポンティもまた『行動の構造』〔SC 108-109〕や『知覚の現象学』〔PP I 179 f〕において、これを批判的に吟味している[17]。殊に『知覚の現象学』においては、メルロ＝ポンティはこの症例についてのゲルプとゴールトシュタイン、さらにカッシーラーの所説をも批判的に検討しながら、身体の運動性のうちに根源的な志向性を認めようとする。以下その所論について考えてみたい。

シュナイダーの臨床像において顕著なのは、なんといっても視覚障害であった。彼のばあい、その視野がせばまり、視力が動揺し、赤緑色盲が認められた。視覚だけでは文字や幾何学的図形などの単純な形体把握ができなくなっている。それに成功するためには、指とか頭などでその形体の輪郭をたどるという補助手段に頼らねばならない。日常の物体の認知はいちおう可能だが、見慣れない物についてはうまくゆかない。視覚的記憶が不良で、とくに文字の想起ができない。また、自発的になら絵や字を書くことができるが、与えられた手本を模写することが困難になっている。伝統的な考え方からするなら、シュナイダーの症例は、失読をともなう「精神盲（Seelenblindheit）」に分類されるはずのものである。

ところが、シュナイダーのばあい、診察が進むにつれてその障害が視覚機能だけに限られず、触覚与件の空間的定位や触覚的再認の能力、運動機能にも及んでいることが確かめられ、しかもその障害に奇妙な「構造的性格」〔SC 108〕のあることが認められた。たとえば彼は、人から頭や腕や脚にさわられても、そのさわられたのがどこかを指示することができないし、皮膚にさわられたその接触点が八〇ミリもはなれていても、それを弁別できず、また身体にふれた物体の大きさや形を認知することができない。しかし、彼は蚊に刺されたようなばあいには、すばやく正確にそこに手をもってゆくことができるのである。また、彼は眼を閉じたままでは「抽象的運動」――命令に応じて手や脚を動かしたり、指を屈伸させるような運動――ができない。それをするには、運動させるように命じられた手足を眼で見るか、全身を使って予行演習をしておかなければならない。しかし彼は、「具体的運動」――ポケットからハンカチを出して鼻をかんだり、マッチ棒を箱から出してランプに点火したりという生活に必要な習慣的運動――は眼を閉じたままでも自由にできるし、事実彼は紙挟みをつくって生活をたてているのである。彼はまた、コップの水をあたりまえに呑むことはできるが、コップなしで、あるいは空のコップを渡されて水を呑む真似をしろと言われても、それができない。さらに注目すべきことには、シュナイダーは自分の身体の一部、たとえば鼻を指さすように言われてもできないのに、それを摑むことならできる。つまり彼にあっては「指示作用（Zeigen）」と「把握作用（Greifen）」とのあいだにはっきり分離が認められるのである。この分離は、ほかの小脳疾患の患者にも認められる。してみると、この種の患者にあっては、具体的な状況に促されておこなう「具体的運動」や「把握作用」は冒されていないが、ある実験的な状況においておこなわねばならない「抽象的運動」や「指示作用」が不可能になっていると考えることができよう〔PP I 180〕。

図1

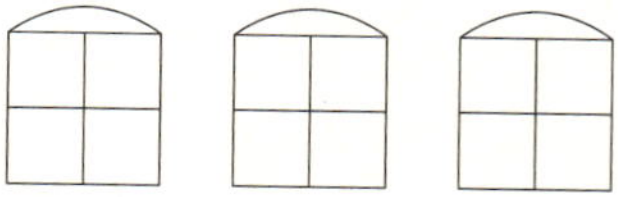

図2

ゴールトシュタインが他の著作[18]で挙げている症例によれば、この種の患者にあっては、視覚的認知や視覚的記憶に関しても、こうした行動のレベルの分離が認められる。そこで採り上げられているのは前頭葉損傷の患者であるが、彼らはたとえば斜に置かれたマッチ棒を三〇秒見せられたあと、その通りに置けと命じられてもそれができない。しかし、もっと多くの棒を使った屋根やドアや窓のある家の形なら、それを手本通りにつくることができるのである。また、二本のマッチ棒をV字状に置かれたばあいは、それを再現できないのに、同じ棒が山型に置かれたばあいには、それができる。単純な正方形を模写することができないのに、図1のようなもっと複雑な図形なら模写できるし、のみならず、図2のようなさらに複雑な図（教会の窓）を描いてみせたりする。このばあいも、彼らは、よく知っている具体的図形なら、たとえ複雑なものでも模写できるのだが、抽象的な図形になるときわめて単純なものでも模写できないのだと考えられよう。

では、いったいこのような具体的運動と抽象的運動、「把握作用」と

「指示作用」、「具体的なもの」にかかわる行動と「抽象的なもの」にかかわる行動の分離は、何を意味するのか。それは次のように考えられよう。人は具体的運動においては自己の身体を馴れ親しんだ環境に入りこむための手段として使うのであり、それはいわば「与えられた世界」を地としておこなわれるのに対して、抽象的運動においては人は「世界への没入を断ち切り」、おのれの身体そのものを定立的に意識しなければならず、あらかじめその運動の展開さるべき地としての世界を能動的に構成しなければならない〔PP I 191-192〕。同様に、自己の身体部位の「把握」においては人は自己の身体空間を習慣的な行動の素地として意識すればよいのだが、それを「指示」するには自己の身体空間を客観化しなければならない。また、具体的図形（たとえば図1）の模写は与えられた知覚空間を地としておこなわれるが、抽象的な図形（正方形）を模写するには、あらかじめいわば等質的な抽象的空間を能動的に投射し、その上でおこなわなければならないのであろう。つまり、抽象的行動は、具体的行動が展開されていた「充実した世界」の内部に「反省と主観性の一地帯」をうがち、そこでおこなわれるのである。具体的行動は「求心的」であり、これにたいして抽象的行動は「遠心的」であるのだし、具体的行動は「存在のなかで、あるいは現勢的なもののなかで」おこなわれ、抽象的行動は「可能的なもののなかで、あるいは非存在のなかで」おこなわれる。あるいは、具体的行動は「与えられた地に密着し」、抽象的行動はみずから「その地を展開する」のである。正常者にあっては、抽象的行動を可能にするこの「投射機能」がなんの苦もなく働いているのに、脳損傷者においてはそれが欠損していると考えなければならない〔PP I 192〕。

事実、シュナイダーほどひどく冒されていない患者のばあい、形体や距離や対象そのものは知覚できるのに、それらの上に、行動に必要な境界線や方向軸や力線を設定したり、それらをある展望のうちに配置したりできない。彼らはたとえば、迷路のなかで袋小路に入っても反対方向を見いだすことができなかったり、自分の前に置かれた二群のマッチ棒を比較して、どちらが多いかを言うことができなかったり、自分の身体に受けた刺戟点を他人の身体の上に指示することができなかったり、曜日や月の名を暗誦できるのに今日の前の曜日名、今月の前の月の名を言うことができなかったりするのである。こうした作業は、結局のところ、「与えられた世界をそのときどきの企投にしたがって組織し、地理学的環境の上に主体の内的活動性を表出する行動の場なり意味の体系なりを構築する能力」を必要とするのだが、これらの患者にあっては「世界はもはやすっかり出来上って凝固した世界としてしか存在しない」のである〔PP I 193〕。これに対して正常者にあっては、「世界は企投によって偏極作用を受け、……行動を誘導する無数の標識が、まるで魔術によるかのように世界のなかに出現してくる」のであろう。この同じ投射作用が抽象的運動を可能にもするのであって、それというのも、「私の身体の一切のさし迫った任務から外して保持し、それを幻想のままに使いこなして、ただ口頭での指令または精神的必要だけで規定されている運動を虚空に描き出すためには、やはり身体と環境との自然的関係を逆転させて、存在の厚みを通して人間の創造性が浮かび上ってくるようにする必要がある」からである〔PP I 193-194〕。

こうして、シュナイダーをはじめとする脳損傷者に特徴的な障害の「意味」は明らかになったとして、それでは、こうした障害の「原因」〔PP I 194〕は何であろうか。シュナイダーのばあい、ゲルプとゴールトシュタインも最初の二つの著作[19]においては、その運動障害を視覚障害に結びつけて考えていたらしい〔PP I 194, SC 181, n 3〕。つまり、シュナイダーの運動障害は視覚機能の多様な障害と連関しており、この視覚障害は後頭部の損傷と結びついているにちがいない、というわけである。それに、たとえば彼は、運動させるべき身体部位を見ることができれば、なんとか「抽象的運動」もおこなうことができる。ということは、彼のばあい、視覚的認識にも冒されない部分が残っており、それに依存して不完全ながら抽象的運動がおこなわれうる、と考えられるわけである。こうして、抽象的運動と指示作用、あるいはそれに必要な「投射」機能は視覚的表象力に依存し、具体的運動と把握作用は運動感覚ないし触覚に依存するという結論が出されることになる。しかし、やがてゲルプとゴールトシュタインもこうした帰納的な因果的説明の誤りを自覚し、その分析を深めてゆく。メルロ＝ポンティは、この分析の深化をまさしく「心理学の進歩の顕著な一例」〔PP I 196, n 6〕だと見ている。

では、この因果的説明のどこに誤りがあるのであろうか。まず問題になるのは、上で見たような抽象的運動と指示作用の障害が、シュナイダーのように視覚機能に一次的障害があるとは思われない小脳疾患や前頭葉損傷の患者にも認められるという事実である。とすれば、上の説明は、符合する多くの症状のなかから恣意的に一つを採り出して、それを他の諸症状の決定的原因とみなしているにすぎないと言われても仕方があるまい〔PP I 196〕。

それだけではなく、上のような説明が成り立つためには、つまり、正常者にあっては抽象的運動や指示作用は視覚に依存し、具体的運動や把握作用は運動感覚ないし触覚に依存しており、シュナイダーのばあいは視覚障害が原因で抽象的運動や指示作用がおこなえなくなっているのだと言いうるためには、彼にあって冒されているのが視覚機能だけで、触覚経験は正常者におけると同じように正常なままに保持されているというのでなければならない。しかし、この種の患者の行動のうちには、触覚経験の一次的な変質を予想させるものがある。たとえば、ある患者はドアをノックすることはできるのに、ドアが手の届くところにないばあいには、ノックをする真似ができない。彼はちゃんと目を開いてドアを見つめているのに、その所作を空でおこなうことができないのである。ここでは、視覚機能の衰弱など問題にするわけにはゆかないのであり、触覚に一次的障害があると考えねばなるまい。つまり、正常者にあっては実際に触れうる対象の周囲にある可能的な触覚の地平が、この患者にあってはその運動領野から失われてしまっていて、運動領野が実際に手の触れうる対象の範囲に縮小してしまっている、と考えられるのである。あるいは、むしろ患者において冒されているのが、視覚とか触覚よりもっと深いもの、つまり、正常者にあって、実際には手の届かない対象をもその運動領野の一部たらしめているような「世界への開在性」そのものだと考えた方がよさそうである〔PP I 199-201〕。

事実、正常者にあっては、視覚経験と触覚経験とは単に並在しているわけではなく、それらは一つの相互感覚的組織のうちに不可分の契機として統合されている。そこにあるのは一つの総体的な経験なのであって、そこでさまざまな感覚の寄与分を区別することなどできるわけのものではない。とすれば、脳損傷患者においても、触覚経験は正常者におけると同様に正常なままに保持されているという先の仮定そのものが成り立たないことになる。純粋触覚などというものが問題になりうるとすれば、それ自体病的現象なのである。したがって、患者において起っているのは、総体的経験の解体、経験全体の変質とみなすべきであろう。「精神盲と触覚の不完全さと運動障害とは、病的行動の三つの構成分ではなくて、より根本的な一つの障害の三つの表現なのであり、この障害によってはじめてそれら三者も了解される」〔PP I 203-204〕のである。したがって、特定の経験的事実を原因とみなし、他を結果とみなすような経験主義的な考え方はもちろん、一般に帰納的方法や因果的思考は、「行動」という特殊な対象の認識にかかわる心理学においては採ることができない、とメルロ＝ポンティは結論する〔PP I 202, 203〕。

すでにゲルプとゴールトシュタインも、初期の著作において採っていた考え方、つまりシュナイダーの運動障害を視覚障害に結びつけ、そこに原因を求めるような考え方を捨て、その後の著作[20]、殊に『指示作用と把握作用』においては、それとは違った方向へ考えを進めている。これがカッシーラーやその他の研究者によって受けつがれ、主知主義的な方向に徹底されてゆくのであるが、メルロ＝ポンティによれば、それは「症状をそれ自体検証できる原因へと遡るのではなく、理由ないし可知的な可能条件へと遡ることによって、根本的障害を再構成しようとする」〔PP I 206〕行き方である。

ゲルプとゴールトシュタインは、把握作用と指示作用の違いは、把握作用が眼前にある具体的・個別的な対象とだけかかわればよいのに対して、指示作用はその対象から距離をとり、それをその瞬間的存在や個別的存在から切り離して、それを私にとってのそのかつての現われや、他人にとってのその同時的な現われの代表として、つまりは一つのカテゴリーを代表するものとして扱うような態度を必要とするという点にあると考え、そうした態度を「カテゴリー的態度」〔PP I 207〕とよんでいる。脳損傷患者は、このカテゴリー的態度がとれなくなっているために指示作用や抽象的運動――これもまた刺戟によって受動的に動かされるのではなく、能動的に自己の身体を対象化し、それによって空間中に無償の志向を描き出すものである――がおこなえなくなっている、というわけである。

たしかに、こうした「カテゴリー的態度」という概念をもち出すことによって、同じ脳損傷患者に認められる特異な言語障害もうまく理解できることになる[21]。たとえば、この種の健忘性失語の患者は、同じ言葉を具体的文脈においては使えるが、それを命名のためには使えない。傘を示して「これは何ですか」と問われても、「それは傘です」と答えることができず、「家には傘が三本あります」とか「雨のためにもたなければなりません」などと言う。これも、命名作用をおこなうためには、指示作用においてと同様に示された対象を個別的対象としてではなく、それをその対象の属するカテゴリーの代表者として扱う態度が必要なのだが、患者はその態度がとれなくなっているのだと考えられる。これは、色名健忘の患者が、与えられた毛糸のサンプルのなかから、たとえば赤系統のものだけを選び出すという分類能力をも同時に失っているという事実とも符合する。

ゲルプとゴールトシュタインの考えているこの「カテゴリー的態度（kategorialen bewußten Einstellung）」とは、いわば客観化の能力であり、カッシーラーはこれを、彼自身のいわゆる「シンボル意識（Symbolbewußtsein）」と結びつけて考えている。それはまた、ヘッドのいわゆる「シンボル機能（symbolical function）」や、ボウマンとグリュンバウムのいわゆる「表象機能（repräsentative Funktion）」、ファン・ヴェルコムのいわゆる「投射（Projektion）」の能力とも重なり合うものであろう〔PP I 207〕。それを何とよぶにせよ、脳損傷患者にあっては、こうした根本的機能が欠損し、そのため、知覚機能、運動機能、言語機能といった多様な場面で、そのある水準に属する行動――つまり抽象的行動――が不可能になるのだと考えられるわけである。

しかし、メルロ＝ポンティは、こうした主知主義的な立場からの解釈をも十分なものとは認めない。彼の考えからすると、こうした能力は、「〈物〉の構成に際しても働いているものであって、これはさまざまな感性的所与を相互に代表し合うものとして、またそれらすべてが集って一つの〈形相（eidos）〉を代表するものとしてとり扱う能力、それらの所与に一つの意味をあたえ、それらを内面から生気づけ、それらを体系にまで整理し、幾多の諸経験を同一の可知的核にまで集中化し、それらの諸経験のなかにさまざまな展望のもとでそれと認知できるような一つの統一性を現出せしめるような能力、一言で言えば、諸印象の流れの背後にそれを説明してくれるような一つの不変因子をしつらえ、経験の素材を形態化する能力」なのであり、つまりは以前に述べたような意味で〈物〉を構成し、〈世界〉を構成する能力なのである。とすれば、「意識がこういう能力をもっている」と言うことはできないのであって、むしろ「意識とはこの能力そのものである」といわねばならない〔PP I 207〕。

そして、もしそうだとすれば、脳損傷患者がカテゴリー的態度をとれなくなるということは、とりもなおさず彼がもはや意識つまり「対自」としては存在しなくなるということでなければならない。意識として存在しないということは、物として存在するということ、「即自」のうちに落ちこむということにほかならない。こうして、具体的運動と把握作用は即自的な生理的過程、つまり既定の神経回路による反射運動にすぎず、抽象的運動と指示作用は意識的・対自的な行動だということになる。さらに言うなら「具体的運動と抽象的運動、Greifen（把握作用）とZeigen（指示作用）との区別は、生理的なものと心的なもの、即自存在と対自存在の区別に等しい」〔PP I 208〕ということになろう。

こうした主知主義的な立場は、ゲルプとゴールトシュタインによりも、彼らの見解を受け継いでそれをある方向に徹底したカッシーラーに帰せられるべきものであろうが、「ゲルプとゴールトシュタインもときにはこうした方向に現象を解釈する傾向がある」ことをメルロ＝ポンティは指摘している〔PP I 209, n 7〕。「なるほど彼らは、自動運動と意識との古典的二者択一を超克することに誰よりも多くの貢献をした。けれども彼らは、心的なものと生理的なもの、対自と即自とのあいだに在るあの第三項、われわれなら〈実存〉と名づけるであろうところのものにたいして、彼らの分析によっていつもそこへと導かれてゆきながらも、一度もその名を与えようとはしなかった。そのため彼らの最も古い労作は、しばしば身体と意識との古典的二分法に顚落した」と述べ、たとえば『指示作用と把握作用』からの次のような箇所を引用している。「把握の運動は指示行為よりもはるかに直接的に、有機体とその総体的な周辺領野との諸関係によって規定されている（……）。ここで問題になるのは意識をともなって経過する諸反応よりもむしろ直接的な反応であり（……）、ここでわれわれのかかわるものは、より生命的な一つの過程、生物学の用語で表現するならより単純で、より原始的な過程なのである」。

しかし、メルロ＝ポンティは、具体的運動と抽象的運動、把握作用と指示作用との区別を生理的なものと心理的なもの、即自存在と対自存在との区別と見ることはできないと主張する。事実、抽象的運動や指示作用にしても身体によっておこなわれるわけであるから、まったく生理学的な説明を免れているものではありえない。また、シュナイダーがおこなう習慣的な行動を、まったく意識をともなわない反射運動の集りと見るのも無理である。「幾つかの運動だけは身体の機械装置に、他の運動は意識の方に関係づけるということは不可能であって」、具体的運動と抽象的運動、把握作用と指示作用の区別を正しく維持するためには、「身体には身体たるためのさまざまな仕方があり、意識には意識たるためのさまざまな仕方がある」ことを認めなければならないであろう〔PP I 211〕。

メルロ＝ポンティは、こうした「主知主義的分析は、……間違っているというよりはむしろ抽象的なのだ」と見る〔PP I 212〕。つまり、抽象的運動や指示作用の基礎に〈シンボル機能〉なり〈表象機能〉なりを認めることそれ自体は正しいのだが、これを「分析の究極の項」とみなして、さらにそれが立脚している土台を無視するところにその抽象性がある、と見るのである。そのため、この機能は「言語的・知覚的・運動的素材を貫く単一の形式」、程度の多少を許さずあらゆる場面に全的に現前するような分解不可能な透明な意識としてとらえられることになる。なるほどカッシーラーも、〈象徴能力一般〉などというものは存在しないのであって、反省的分析にしても知覚・言語・運動といったさまざまな場面で起る病的現象のあいだに「存在における共通性」をではなく、「意味における共通性」を認めようとするだけだと言うが、メルロ＝ポンティは、こうして存在の秩序から意味なり価値なりの秩序に移ろうとすること自体一つの抽象だと見るのである。つまり、こうしてもし意識が存在の外にある純粋本質だということになれば、病的意識、未開の意識、幼児の意識、他者の意識といった意識の経験的多様性も理解しえないことになろうし、また、同じ意識の欠損が、なぜこれほどにも多様な疾患や、多様な臨床像を呈するかも理解しえないことになる〔PP I 212-213〕。

シュナイダーの症例に話を返そう。シュナイダーのばあい、なんといっても砲弾の破片によって後頭部に損傷を負ったことがその諸障害の起源である。たしかに、その臨床像において視覚障害が優越している。だが、だからといって、それを他の諸障害の「原因」と見ることはできなかった。しかし、だからといって、砲弾の破片が彼のシンボル意識にぶつかったと考えるなど、論外であろう。彼にあって、精神なりシンボル意識なりが冒されたとしても、それは「あくまで視覚を通じて」なのである。したがって、もし主知主義がこうした抽象的立場にとどまり、「疾病の一般性と特殊性とを同時に表現するような疾病の具体的本質、構造」を規定しえないかぎり――ここでメルロ＝ポンティはさらに、「現象学が発生的現象学とならないかぎり」と付けくわえている――、「因果的思考や自然主義の逆襲」も正当だとみなさざるをえないことになるのである。こうして、メルロ＝ポンティの課題は、「言語的・知覚的・運動的諸内容と、それらの受けとる形式、またはそれらを生気づけるシンボル機能とのあいだに、形式を内容に還元することでも逆に内容を自立した形式のもとに包摂することでもないような一つの関係を構想する」〔PP I 214〕ところにあることになる。言いかえれば、シュナイダーの疾病は、なぜ視覚とか触覚とか運動機能とかの特定の内容に限定されず、それらの諸機能を貫いてそのあるレベルを冒すことになったのか、そしてそれにもかかわらず彼にあっては、なぜシンボル機能は視覚という特権的素材を通してしか冒されなかったのか、この二つのことを同時に理解しうるような手立てをメルロ＝ポンティは構想しなければならないのである。

　事実、シュナイダーの諸障害は、明らかにその視覚的発祥を示している。彼の障害は単に知覚だけではなく、運動性や思考にもかかわってはいるが、特に冒されているのは、「思考にあっては同時的総体を把握する能力」であり、「運動性にあっては運動を総覧し、運動を外部に投射する能力」である〔PP Ⅰ 215〕。とすれば、視覚障害は、なるほど思考障害の原因ではないにしても、ましてやその結果ではないことになろう。逆に言えば、視覚が投射機能の原因ではないにしても、だからといって視覚は純粋精神がその力を発揮する単なる材料でもないのである。同時的総体の把握といった視覚機能が思考のレベルで利用されるのは、たしかに経験的な視覚機能を超えたシンボル機能によってであろうが、しかし、逆にこの機能はやはり視覚を足場にして構成されたものなのである。メルロ＝ポンティは、この素材と形式との弁証法的な関係を、前にもふれたことのあるフッサールのいわゆるFundierungという概念を――かなり思い切って拡張してのことではあるが――援用してとらえようとしている。すなわち、「シンボル機能は視覚を土台としてその上に立脚しているものだが、しかしそれは視覚がその機能の原因だからではなくて、視覚とは〈精神〉があらゆる希望を超えて利用せねばならなかった自然の贈物だからであり、〈精神〉は視覚に対して一つの徹底的に新しい意味をあたえねばならなかったけれども、にもかかわらず〈精神〉は、単に受肉するためにだけでなくさらに存在するためにも、それを必要としていたのである」〔PP Ⅰ 215〕。

このように考えるならば、意識とか精神とか知性とよばれるものも、主知主義が考えるようなものとはまったく違って見えてこよう。たとえば、シュナイダーにあっては、いまふれたように知的障害も認められる。しかし、それは、「カテゴリー的態度」といった概念から予想されるような、一つのカテゴリーへ包摂する能力の障害といったものではない。たとえば彼は、「光と色にとっての目は音にとっての耳に等しい」といったアナロジーや、「椅子の足」とか「釘の頭」といったメタファーをうまく理解できない。彼はそれを理解するのに、それに精密な概念的分析を施し、その関係を顕在化させねばならない。そして、そうした能力は彼には欠けていないのである。問題はむしろ、正常者が説明することは困難でも、いわば直観的に理解しうるこうしたアナロジーを、一々概念的な包摂関係にもちこまねば理解できないところにあろう〔PP I 217〕。

正常者がこうしたアナロジーやメタファーを説明ぬきで一気に理解できるとすれば、それは彼が、その精神の働きの沈澱物ともいうべきさまざまな意味の体系、つまり「世界」をおのれのまわりに張りめぐらし、それらの意味を事物そのものの上に直接読みとることができるからであり、それらの意味相互の照応や関係や参照を利用するのに、それを一々顕在化する必要がないからである。もっとも、メルロ＝ポンティは、この「〈沈澱〉という言葉にだまされてはならない」と言う。こうした意味の体系、「圧縮された知識の集積」は、われわれの意識のうちに「惰性的な塊」としてあるわけではなく、それはつねに現在の意味作用、現在の思惟によって身を養っているのである。「それが私に一つの意味を提供してもくれるが、逆に私の方からそれへ意味を返しもする」のであって、「世界という構造」は、こうした「沈澱と自発性という二重の契機」をもって、意識の中心に座しているのであり、「意識の本質」とは、こうして「みずからに一つのあるいは幾つかの世界を与え」、それを維持したり棄却したりするところにあるのである〔PP Ⅰ 220-221〕。シュナイダーのばあいには、その世界が弾力性を失い、平板化してしまい、もはや彼にいかなる意味も呈示しないし、また彼のおこなう意味作用を受肉させたり沈澱させたりもしえなくなっているわけであろう。してみれば、彼に見られる知的障害は、けっして既定の意味を操作する概念的思考作用の障害ではなく、むしろ、感性と意味とが接合する両者の実存的基盤、「知性の実存的土台」〔PP Ⅰ 227〕にかかわる障害だと考えねばならないことになる。

こうしてみると、シュナイダーのいっさいの障害はたしかに単一体に還元されうるが、それは主知主義者によって与えられたような〈表象機能〉とか〈シンボル機能〉といった抽象的な単一体ではなく、それらの実存的基盤をなしているようなもっと根本的な機能だということになる。メルロ゠ポンティは次のように言う。「意識の生活（認識生活、欲望の生活、あるいは知覚生活）には、一つの〈志向弓（arc intentionnel）〉が張り渡されていて、これがわれわれのまわりに、われわれの過去や未来や人間的環境、物的状況、観念的状況、精神的状況を投射し、あるいはむしろ、われわれをこれらすべての関係のもとに状況づけているのである。この志向弓こそが諸感官の統一を、諸感官と知性との統一を、また感受性と運動性との統一をつくるのであるが、これこそが疾病のばあいに〈弛緩〉するのである」〔PP Ⅰ 229〕。われわれがこれまで「世界内存在の運動」とよんできたものも、志向弓によって支えられ一つの世界の統一へと向かう意識のこうした運動にほかならないことになる。

メルロ＝ポンティは、経験主義と主知主義、因果的説明と反省的分析との古典的な二者択一を超える彼自身の分析を「実存的分析」とよぶ。それによれば、意識はもはや経験主義の言うような「心的諸事実の総和」でもなければ、主知主義の言うような純粋で単一な「表象機能」でもなく、「一つの投射活動であって、諸対象を自分自身の行為の痕跡として自分のまわりに沈澱させるが、また逆にそれらの諸対象を支えとして他の自発的諸行為へと移行してゆくもの」だと考えられる。そして、そうであってはじめて、「さまざまな〈内容〉のすべての欠損が経験の総体に反響してその解体の緒《いとぐち》をつけること、一切の病的屈曲が意識全体にかかわること、けれども一方、疾病はそのつど意識をある〈側面〉から冒すもので、それぞれの場合で或る徴候が疾病の臨床像において優位を占めるものとなること、最後に、意識は傷つきうるもので、それ自体のうちに疾病を受ける可能性をもっていること――こうしたことが同時に理解されうることになる」のである。シュナイダーのばあいで言えば、いわゆる「視覚領」が冒されることによって、固有の意味での視覚機能だけではなく、それを足場にし、その昇華によって可能となった同時的多様の俯瞰の能力とか、対象定立や意識化のある仕方も冒されることになるのである〔PP I 230-231〕。

こうしてメルロ＝ポンティは、身体の運動性こそが根源的な志向性であり、意識とはこの身体を媒介として物へ向かう存在なのであって、したがって、意識とはもともとは「われ思う（je pense）」ではなく、フッサールが『イデーン』第二巻以後しきりに言っていたように「われなし能う（je peux; Ich kann）」なのだと説く〔PP I 232〕。「視覚も運動も、われわれが対象と関係する特殊的な仕方」なのであって、「これらすべての経験を通じてただ一つの機能が表出されているとすれば」、それこそがこの「われなし能う」という「実存の運動」なのであり、世界内存在の運動なのである。しかも、この運動はさまざまな内容のもつ根本的な相違を抹殺するようなものではない。それは、これらすべての内容を結びつけるにしても、それらを一つの「われ思う」の支配下に置くことによってではなく、それらの特殊性を尊重しつつそれらを「一つの〈世界〉の相互感覚的統一」へと向けてゆくことによってだからである〔PP I 232〕。

してみれば、身体の運動性そのものに、初次的な「意味付与（Sinngebung）」〔PP I 238〕の能力が認められることになる。つまり、身体がある運動習慣を獲得するとき、言いかえれば、身体がその運動を「了解し」それをおのれの世界に統合するとき、一つの意味が把握される――ただし、運動的意味が運動的に把握される――のである〔PP I 240〕。世界を織りなしている基本的骨組は、こうして身体がおのれ自身のうちにそのモンタージュを有している身体的な意味なのである。「身体こそが他の一切の表現空間の根源であり、表現の運動そのものなのであり、意味を外部に投射しそれに一つの座を与えるもの、意味がわれわれの手もとに、われわれの眼下に物のように存在しはじめるようにさせるものなのである」〔PP I 245〕。しかし、その身体にも、それが身体として存在するさまざまな仕方がある。その事態をメルロ＝ポンティは次のように述べている。「或るばあいには、身体は生命保存に必要な所作だけにかぎられ、それと連関して、われわれのまわりに一つの生物学的世界を定立する。が或るばあいには、それはこの最初の所作のうえに働きかけて、その本来の意味から比喩的な意味へと移行し、その最初の所作を介して一つの新しい意味の核を表示する。……最後に或るばあいには、目指された意味が身体の自然的手段をもってしては達成されえぬこともあり、そのときは身体は、自分のために道具を組み立てなければならなくなり、自分のまわりに文化的世界を投射する」〔PP I 245-246〕。身体そのもののおこなうこの意味作用に即して考えるとき、「意味」という言葉の意味もまったく変わってくることであろうが、これについては、言語の問題との関連でまた改めて考えてみなければなるまい。

5　メルロ＝ポンティとフロイト主義

メルロ＝ポンティは『知覚の現象学』の「身体論」(第一部)の一章を性(sexualité)の問題に当て(第V章「性的存在としての身体」)、そこでフロイトの精神分析に関説している。われわれの意図は『知覚の現象学』の叙述をそのままなぞろうというところにあるわけではないし、それに、この『知覚の現象学』の構成は、その分析を存在論的なレベルで検討し直そうと企てる最後期をいちおう別にすれば、今後当分のあいだ彼の思索の基本的構図になるわけだから、ここで『知覚の現象学』のこの章の叙述をはさんでその前後にまたがる彼のフロイト主義についての見解を検討してみても、それほど不当な逸脱にはなるまい。

メルロ＝ポンティは『行動の構造』以来、遺稿『見えるものと見えないもの』にいたるまで繰りかえし多様な視角から、フロイトとその後継者たちに言及している。そのうち、フロイト主義についての一般的評価という点で特に問題になるのは、『行動の構造』、『知覚の現象学』、『シーニュ』所収の一九五一年の講演「人間と逆行性」〔S II 125 f〕、そしてA・エスナールの著書『フロイトの業績と現代世界におけるその重要性』(一九六〇年)のために書かれた「序文」〔RC 181 f〕であろう。そのほか一連のソルボンヌ講義、殊に一九五〇―一九五一年度の「幼児の対人関係」[22]においては、フロイトだけではなく、ジャック・ラカン、グローバー、アブラハム、アンナ・フロイト、メラニー・クライン、カーディナーらその後継者たちの思想を特定の視点、つまり幼児の他者に対する、殊に両親に対する関係という視点から検討しているし、また、コレージュ・ドゥ・フランスの『講義要録』中一九五四―一九五五年度の月曜講義「受動性の問題――眠り、無意識、記憶」〔RC 48 f〕、それに『見えるものと見えないもの』所収の「研究ノート」のうちのいくつかでも、特定の、具体的な問題に即してのフロイトへの言及が見られる。これらすべてについて検討することはできそうにもないので、前記の著書や講演、序文に見られるフロイト主義についてのその基本的見解を辿ってみたい。

すでにふれたように、メルロ＝ポンティは『行動の構造』において〔SC 263〕、フロイト主義のとる因果的説明の立場を批判し、それを「構造の用語」によって解釈してみせながら、「生命的弁証法」と「本来の人間的弁証法」の関係を明らかにしようとしている。つまり、コンプレクスの形成とか抑圧、退行、抵抗、転換、代償、昇華といったフロイトの記述した心的諸機制が、なんとしても性的下部構造や社会的規制作用を原因とみなす因果的説明によらねば説明しえないものなのかどうか、むしろそれは、行動の発達を「行動の漸進的で非連続的な構造化」〔SC 264〕と見る視角から、つまり「構造の用語」によっていっそう適切に解明されるのではないか、と彼は問うのである。彼の考えでは、「正常な構造化」と言われるのは、「幼児期の態度がもはや位置すべき場所も意味もなくなる」ように行動が根本的に再組織され「完全に統合された行動」に到達するような構造化のことであろうが、「その統合化が見かけの上でしか実現されず、行動のなかに比較的孤立したある系が存続し、患者がその系を変形することも、また引き受けることも拒む」といったようなばあいに「抑圧がある」と言われ、そうした孤立した断片的な行動、つまり「あるカテゴリーの刺戟に対する後天的で持続的な意識の構造」が「コンプレクス」とよばれる。言いかえれば、コンプレクスとは行動の構造化の挫折ないし「衰弱」によって、行動のうちに構成されるそれなりに自律的な内的論理をもった「意識の断片的生活」にほかならない。したがって、もっと一般的に言って、「夢における遡行とか、過去に得られたコンプレクスの効力、最後に、抑圧されたものの無意識性といったものは、行動組織化の原始的様式への逆行、もっとも複雑な構造の衰え、もっとも容易な構造への後退を表わしている」〔SC 266〕のである。してみれば、フロイトが想定したような力の葛藤とかエネルギー機構、それによる行動の因果的説明は、断片的な行動、つまりは病的な行動に、しかも「きわめて近似的にしか」当てはまらないということになり、これによって完全に統合された正常な行動を説明することはできないことになろう。

『知覚の現象学』や「人間と逆行性」に見られるその一般的評価も、これとそれほど違ったものではない。ただ、ここではフロイトの「原理上の宣言」、つまりその理論的な説明体系を批判することよりも、多年にわたる臨床経験から得られたその「事実上の成果」〔PP I 261〕を評価することに力が注がれている。事実、フロイト自身「その具体的分析においては因果的思考を放棄している」のであって、それは彼が「症状はいつも多くの意味をもち……〈重層的に決定され〉ている」ということを教えているところからもうかがわれよう。なぜなら、これは結局「症状はそれが確立されたとき、いつも患者のうちに存在理由を見いだし、その結果生におけるいかなる事象も厳密な意味では外部から決定されることはない」ということを認めることだからである〔PP I 265, n 2〕。

こうして、メルロ＝ポンティの見るところ、精神分析のその「事実上の成果」は、「人間を性的下部構造によって説明する」ところにではなく、「性のなかにも以前には意識的な諸関係や諸態度と思われていた諸関係や諸態度を見いだす」ところに、「心理学を生理学的にする」ところにではなく、「〈純粋に身体的な〉ものと思われていた機能のうちに一つの弁証法的運動を見いだし、性を人間存在のうちに統合しなおす」〔PP I 261-262〕ところにある。言いかえれば、フロイト主義の達成した積極的な成果は、フロイトの初期の仕事に見られるような、機械論的なエネルギー理論をモデルにして考えられた生理的条件によって意識現象や人間的諸事象を説明しようとするところにあるのではなく、性というものを、世界の構成に向かう人間的実存の運動のうちに組みこまれながら、その回路のなかでやはりある特殊化された役割を果している一支脈としてとらえ、いわば「本来の人間的弁証法」と「生命的弁証法」の関係に独自の照明を当てたところにある、とメルロ＝ポンティは見るのである。

当然、フロイトにとっては「性的なものとは性器的なものではなく、性生活とは性器を本拠とする過程の単なる帰結ではない」のだし、リビドーとよばれるものも「一つの本能」などではない〔PP I 262〕。本能というのは、「最小限の努力によって、その種に特徴的な一定の状況に適応する一定の反応を保証してくれるような生体内部の装置」〔S II 131〕、あるいは「一定の目的に自然必然的に向かう活動」ということであろうが、フロイトが教えているのはむしろそうした意味での「性的本能などというものはない」ということなのである。つまり、愛の能力というものは、その器官に関しても、対象に関しても、その愛し方に関しても、また、その発達によって到達すべき目標に関してもまったく不確定なものであり、したがって、幼児は原理的に「性的倒錯者」なのであって、彼らがいわゆる「正常」な性行動を身につけるには、「先走ったり後退したり、足踏みしたり自己を乗り越えたり」しながら「苦難に充ちた生活史」を辿らねばならないのであり〔S II 131〕、そこには本能的秩序によって保証されているような安定性はまったくない、ということをこそフロイトは指摘しているのである。たとえば、その生活史の端緒にあって決定的な役割を果す両親との関係にしても、幼児が両親を愛するのは、けっして幼児に両親と同じ血が流れているからではなく、両親が自分の方を見ているのを幼児が見ているからであり、幼児が自分を両親に同化するからである。「フロイトにとって、究極の心理学的実在は、幼児を両親像に結びつけ、次いでそれらを介してすべての他人へ結びつけている引力と張力の系であるが、この系のなかで幼児は次から次へとさまざまな位置づけを試みるわけであり、その最後のものが彼の成人としての態度になるのである」〔S II 131-132〕。

愛の能力が宿る器官もけっして本能的に固定されたものではなく、フロイトは、幼児が「吸うか嚙むかしかできない口とか、こらえるか出すかしかできない括約筋器とか」、まだうまく分節した活動をなしえない器官によってさえ他者とのある関係を取り結ぶものであり、「対人関係のこうした原始的様式が成人の性生活のうちにまで支配的なかたちで残ることのありうる」ことを教えている〔S II 132〕。また、彼のその愛し方にしても本能的な規制を受けているものではなく、「他者の絶対的所有」を求める幼児的情愛が、「他者をその距たりと自律性のままに受け容れる」成人の愛に移行するには、性器愛期への移行だけでは足りるものではなく、大きな苦痛を代償にしなければならないことを教えているのである〔S II 132〕。

メルロ＝ポンティは、こうした具体的分析による教示に従うかぎりフロイトの言うリビドーはけっして「本能」のごときものではなく、主体が「さまざまな環境に固着し、さまざまな経験によっておのれを固定し、行為の諸構造を獲得してゆく一般的能力」〔PP I 262〕と解すべきであり、そうしたものであるからこそ、このリビドーによって人間は「おのれの歴史をもつ」ことができるようになるのだ、と考える。「或る人間の性の歴史を解く鍵を与えるとすれば、それはその人の性のなかに、世界に対する、つまりは時間や他の人間たちに対する彼の存在の仕方が投影されているから」〔PP I 262〕にほかならない。

だが、メルロ＝ポンティは、精神分析の「事実上の成果」をこのように解しながらも、「性の観念を一般化する」この学説の結論にやはりある種の曖昧さのつきまとっていることも見逃がさない。つまり、「性の観念を一般化し、これをもって物的ならびに相互人間的世界への一つの存在の仕方とするとき、結局のところ実存全体が一つの性的意味をもつと言いたいのか、それとも逆に、どんな性的現象も一つの実存的意味をもつと言いたいのか」〔PP I 263〕はっきりしない、と言うのである。しかも、前者だとすると、「実存とは性生活を指示する一つの異名」だということになり、「実存全体が性生活によって了解される」と言ってみたところでなんの意味もなく、単なる「同義語反覆」にすぎないことになる。また、後者だとすれば、性生活はわれわれの世界内存在の一表現、「単なる実存の反映」にすぎないことになるが、これは事実に反しよう。というのも、政治や思想の領域では実に有能な生活を送っている人が、その性生活において荒廃しきっているというばあいもあれば、技巧的に完成された性生活が必ずしも実存全体の活力に対応するとは限らないばあいもあるからである。してみれば、実存全体の弁証法と性的弁証法、あるいはより一般的に人間的弁証法と生命的弁証法の関係はもっと別様に考えられねばなるまい。性生活という言い方に意味があるとすれば、やはりそれはわれわれの実存全体のうちにあって、「性器の存在と特定の関係をもつ」〔PP I 263〕特殊化された一支脈をなしているのでなければならず、それを実存全体のうちに解消してしまうことは許されないのである。

メルロ＝ポンティは、彼自身のいわゆる「構造の哲学」によってこの関係に独自の照明を当てる。つまり、たしかに「生物学的実存は人間的実存のなかに嚙み合わされており、後者固有のリズムとけっして無関係には存在しない」のだが、「それにもかかわらず〈生きること〉(leben)〉は、そこから出発してはじめてしかじかの世界を〈体験すること〈erleben)〉も可能となるような一つの始元的な作用なのであり、われわれは知覚したり関係的生活に入るまえにまずもって栄養を摂り呼吸せねばならず、さらに人間関係の生活に入るまえに視覚によって色彩や光に対し、聴覚によって音に対し、性によって他者の身体に対して存在するのでなければならない」〔PP I 264〕のであり、人間的実存は、おのれのうちにそうした「与えられた無記名の実存」をとり集め、いわばおのれの足場としてもっていなければならないのである。「身体と精神との交流が了解される場としての実存に還帰し」、性的弁証法と本来の人間的弁証法の関係をそこで考えようとするこうした彼自身の立場を、メルロ＝ポンティは「実存的精神分析（la psychoanalyse existentielle)」〔PP I 265〕とよんでいる。

このようにおのれ自身の見解によって補いながらではあるが、メルロ＝ポンティはフロイト主義の「事実上の成果」を高く評価する。のみならず、彼によれば、こうして一切の人間的行為には「意味がある」〔PP I 262〕[23]と主張する精神分析は、「(それと知らずに) 実は現象学的方法の発展に寄与した」〔PP I 262〕のである。事実、フロイトの言う「無意識」〔S II 134〕にしても、それこそが「われわれにあって表向きの存在となることが認められるものを選び出し、われわれが抵抗を感ずる思考や状況を避ける当のもの」なのであってみれば、イドとかエスという呼び名から推測されるような「〈三人称的〉過程」でもなければ、「非 - 知 (non-savoir)」でもなく、「他の人たちがもっと正しく両義的知覚 (la perception ambiguë) と名づけたもの」〔S II 134〕あるいは「アンビヴァレントな意識」〔SC 266〕と呼んだものにほかならない。この意識は、「おのれの対象のかたわらを掠め過ぎ、それらを定立しようとしている時にはそれを避け、それを認めるというよりはむしろ盲者が障害物に対するようにそれを考慮に入れる、つまり対象を知ることは望まないのであって、それを知っているその限りでそれを無視し、それを無視する限度内でそれを知っている、そしてわれわれの表向きの行為や認識を支えているといったもの」〔S II 134-135〕なのである。フロイトは、彼自身の「偉大な発見」であった「身体の無記名の生活と表向きの人格的生活との浸透関係」を説明する必要に迫られて、けっして「熟した概念ではなく」「暫定的な呼び名」でしかないこの無意識という概念をもち出してしまったのだ、とメルロ = ポンティは見るのである〔S II 134〕。

しかし、メルロ = ポンティは、最後期に属するエスナールの著書への「序文」(一九六〇年）においては、こうしたフロイト主義についての見方をいわば修正し、精神分析と現象学の関係についても、これとは違った考え方をするようになる。これは、この時期のメルロ＝ポンティに認められる現象学から「自然哲学」への傾斜と対応しているようにも思われる。

事実、彼はそこで次のように述べている。「おそらくもっと成熟した哲学や、それにまたフロイト研究そのものの生長……によって、今日われわれは現象学と精神分析――ないし、精神分析に内在している哲学――との関係を違ったふうに言い表わすことができそうだし、〔エスナール〕博士が寛大に扱って下さっているわれわれの初期の試みに対しても、われわれとしては寛大なままでいるわけにはいかなくなるであろう」〔RC 186-187〕。いったい、いかなる点において「われわれの初期の試み」は修正されねばならないのであろうか。

メルロ＝ポンティは、今日「フロイトの遺産にとってのもっとも重大な危険」は、その「安易な観念論的定式化」〔RC 188〕にあると見る。もはやかつてのような科学主義的・客観主義的・生物学主義的イデオロギーによる歪曲はフロイト主義にとってそれほどの脅威ではない。その点では「現象学がいわばあまりにも効果をあげすぎた」のである。そのため今度は、その「観念論的逸脱」が問題になってきた、というわけである。事実、かつてわれわれのうちにある恥ずべき「野蛮なもの」を露呈させるということで「悪の権化」として人びとの顰蹙を買った精神分析が、今日では「その爪をそがれ」た上で、すっかり飼いならされ、その考えは「弱められ平板化されれ」て、その謎も衝撃力も失ってしまっている。メルロ＝ポンティは、「精神分析が教科書によって学ばれ、制度となってしまい、精神分析にあまりにもぴったりで、一見それを立証しているかに見えるが、実際には加速され皮相化してしまった分析のまさしくその蔭に自乗された無意識を隠しているような人びとをつくり上げる文明」を考えてみるならば、精神分析にとっては、やはり「ある逆説」、「ある問いかけ」、ある衝撃にとどまる方がその本質にふさわしい、と考える〔RC 188-189〕。「科学や技術や〈西洋的〉悟性のエディプス的下部構造を暴露してみせ」、「われわれの神話を回復し」てくれたこの「スフィンクス」が、すっかり飼いならされ、「新たな啓蒙の哲学のうちに慎しみ深くその座を占める」とでもいうようなことになったら、「いったいそこに何が残るというのだろうか」〔RC 189〕と、彼は自問するのである。

　したがって彼の物言いも微妙に変ってきている。たとえば、彼はここでは、「エネルギー論的ないし機械論的比喩は、少なくともフロイト主義のもっとも貴重な洞察の一つであるもの、つまりフロイト主義はわれわれの考古学であるという洞察の閾を、あらゆる観念論化に抗して守ってくれる」〔RC 189〕ものだと見るようになるし、また「無意識」という概念についても、「われわれの哲学は、フロイトが無意識とよぶわれわれのうちなるこの無時間的で不滅なるものをそれ以上うまく表現する手段を与えてくれそうにもないのだから」、それが「ある謎の索引」だということを十分に心得た上での話ではあれ、「おそらくそれを無意識とよびつづける方がよい」〔RC 190〕と言うようになる。『知覚の現象学』の時代の「実存的」な視点とは、まったく変った視点からフロイト主義を見るようになっているのである。

現象学と精神分析との関係についても、ここではかつてとはかなり違った見方がされるようになる。つまり、精神分析がそれとは気づかず現象学的方法の展開に寄与したといった見方は撤回され、「現象学が精神分析に共鳴する」のは、むしろ「現象学がひそかに含意しているもの、ないしその限界において露呈するもの――つまり現象学の潜在的内容ないしその無意識――によって」であるし、両者が出会うのも「正確には人間のうちにおいてではなく」、「人間を一つの仕事場として記述し、エゴとその作用の真理、意識とその諸対象の真理といった内在の真理のかなたに、意識には支ええない諸関係、つまりわれわれとわれわれの起源との関係、われわれとわれわれのモデルとの関係を発見しようとするその点において」〔RC 190〕なのである。メルロ＝ポンティのフロイト主義ないし精神分析評価のこうした修正ないし転回は、明らかに「根源的自然」の存在論とでも言うべきものへ傾斜してゆきつつあったこの時期の彼の思索の展開ないし転回に平行するものであるが、それについては後にふれる機会もあろう。

IV

戦後のメルロ＝ポンティ

『知覚の現象学』についてはなお考えてみなければならない問題が多く残されており、われわれとしてもまだそこから離れるつもりはないのだが、前章で最後に考察したフロイト主義に対するメルロ＝ポンティの態度決定の問題がすでにそうであったように、それらの問題もその後の著作にみられる所説と合わせ考える方が事態の解明に有効であるように思われるので、ここでしばらく『知覚の現象学』を離れて、その後の彼の生活と著作について概観しておきたい。といっても、一九四〇年代後半から五〇年代前半へかけての彼の政治的立場の推移や、それをめぐってのサルトルとの親交と絶交の経過は、彼の政治論集やマルクス主義の問題をめぐるその諸論文と考え合わせなければ論じえない問題であろうし、そうした観点からのちにあらためて考えてみるつもりなので、ここではあまり立ち入らない。つまりは、きわめて外面的にその経歴を辿り、併せて今後問題になる著作や講義や遺稿に解題をくわえておこうというつもりなのである。

メルロ＝ポンティは一九四〇年の動員解除後、四四年までカルノー高等中学校に在任し、四四年にサルトルの後任としてコンドルセ高等中学校に移っている。この間、「社会主義と自由」という名のレジスタンス・グループに参加し、そこでサルトルと再会するにいたった事情については前にふれたことがある。(1) 四四年八月のパリ解放とともに、サルトルとメルロ＝ポンティは雑誌『現代《レ・タン・モデルヌ》』の刊行を企画する。当初その編集委員会には、彼らのほかにレーモン・アロン、ミシェル・レーリス、アルベール・オリヴィエ、ジャン・ポーラン、シモーヌ・ドゥ・ボーヴォワールが名をつらねていた。「これらの名前がいっしょに並んでも、ちぐはぐな感じのしなかった[2]」時代だったのである。もっとも、彼らの仲間うちでも、カミュは『コンバ』紙の編集に忙殺されて不参加、マルローは参加を拒否した。『現代《レ・タン・モデルヌ》』という誌名には、チャップリンの映画『モダン・タイムス』への連想が働いていて、それがみんなの気に入っていた、とボーヴォワールが述べている[3]。この雑誌の創刊号は翌四五年の一〇月に出されるが、創刊後半年のあいだに、編集委員のうち「オリヴィエは右傾し」、「アロンの反共ぶりも目立ってき[4]」、「ある者は『フィガロ』へ、ある者はR・P・Fへ、ある者は『新NRF』誌へ[5]」と四散し、結局はサルトルとメルロ＝ポンティとボーヴォワールの三人だけが残って、四六年六月号からは表紙から編集委員会が姿を消し、「編集長ジャン＝ポール・サルトル」の名で刊行されることになる。もっとも、それ以後のこの雑誌の実質的な「編集長兼政治的指導者[6]」はメルロ＝ポンティであったらしく、サルトルも表紙に彼の名を並記しようと提案したらしいが、メルロ＝ポンティは、「きっぱりと拒否した」由である。だが、メルロ＝ポンティはこののちしばらくのあいだ、主としてこの雑誌を舞台にその著作活動を展開し、それが『ヒューマニズムとテロル』（一九四七年）、『意味と無意味』（一九四八年）という二つの論文集にまとめられることになる。

『ヒューマニズムとテロル』は、一九三八年のモスクワ裁判をモデルにし世界的な反響を呼んだアーサー・ケストラーの小説『真昼の暗黒』（一九四一年、仏訳名『ゼロと無限』）と、一やはりケストラーの一九四五年に発表された評論『ヨーギと人民委員』への批判として、一九四六—四七年に三回に分けて『現代』誌に発表された論文「ヨーギとプロレタリア」に手を入れ、同じ四七年やはり同誌に発表された「読み方を学ぶべきである」という文章を序文としてくわえた論文集である。これには「共産主義の問題についての試論」という副題がつけられている。ここで展開される共産主義に対する彼の態度決定、歴史とモラルの関係についてのその所説、そしてこれが左右両翼に惹き起した激しい反響については、すべてのちにふれることにする。ただ、この論文をめぐってのサルトルの次のような回想[7]は、捨てるのがいかにも惜しい気がする。当時サルトルが「政治の迷路のなかで途方に暮れて」いたのに対し、メルロ＝ポンティは「政治という両義的な世界のなかで」サルトルよりも「はっきりと方向を見定めていた」。当然『現代《レ・タン・モデルヌ》』の政治的論説はほとんどメルロ＝ポンティが執筆していたのだが、彼はそれをT・M《タン・モデルヌ》の署名で発表することを望んだ。ただ彼は、T・M署名のものも、彼自身の署名のものをも、発表に先立ってなんとしてもサルトルに読ませようとする。

彼は私の隠れ家を発見し、私に無理にそれを読ませにやってきた。私は突然彼が私の前に、笑いながら原稿をもって立っているのを見いだすものだった。〈僕は同意見だよ〉と私は口ごもった。〈それはうれしい〉と、身じろぎもせずに彼は言った。そして、彼の右手が私に差し出している数葉の紙片を左手で指しながら、〈それでもやっぱり君はこれを読んでくれなくちゃあ〉と根気よく付けくわえるのであった。
私は読み、教えられ、ついには夢中になって読んだ。彼は私の道案内人だった。私を踏み切らせたのは『ヒューマニズムとテロル』であった。きわめて密度の高いこの小冊子が私に方法と対象とを明かしてくれたのだ。それは私に事なかれ主義を脱するに必要な刺戟を与えてくれた。

『意味と無意味』もほとんど同じ時期に、主として『現代』誌に発表された諸論文を、作品・思想・政治の三部に編成した論文集である。「作品」と題された第Ⅰ部には、セザンヌ、ボーヴォワール、サルトルについての評論と、珍らしく映画論が集められている。第Ⅱ部「思想」には、「ヘーゲルにおける実存主義」「実存主義論争」「人間のうちなる形而上学的なるもの」「マルクス主義をめぐって」「マルクス主義と哲学」の五篇が収められている。第Ⅲ部「政治」には四篇の政治論説・時評が集められている。それぞれについて、やがてふれる機会があろう。

この間、メルロ＝ポンティは一方では、一九四五年七月に『知覚の現象学』と『行動の構造』によって学位を取得し、この年の秋からリヨン大学の講師に就任、一九四八年に教授に昇進している。一九四七―四九年の二学年は、高等師範学校《エコール・ノルマル・シュペリユール》でも講義をしている。毎週パリ―リヨン間を往復していたのであろうか。この間おこなわれた講義のテーマはティリエットによって次のように伝えられている。

リヨン大学

一九四六―四七年度　「ライプニッツにおける自由」
一九四七―四八年度　「マールブランシュ、メーヌ・ドゥ・ビラン、ベルクソンにおける心と身体」
〃　「言語と伝達」
高等師範学校
一九四七―四八年度　「マールブランシュ、ビラン、ベルクソンにおける心と身体の結合」
一九四八―四九年度　「ソシュール」

リヨン大学の講義に関しては、のちに見るように、かなり問題があるのだが、今はティリエットに従っておこう。このうち、一九四七―四八年度の高等師範学校での講義だけは、ジャン・ドゥプランが聴講者のノートを収集、編集して、一九六八年に公刊しているので、そこからおおよその内容を察知しうるが他はすべて未公刊である。ただ、一九四七―四八年度のリヨン大学での講義「言語と伝達」の最初の数回は、『意味と無意味』所収の「人間のうちなる形而上学的なるもの」（一九四七年）とほぼ同じ内容であったと伝えられるし、一九四八―四九年度の高等師範学校での講義で「ソシュール」をテーマに採り上げているところから、この時期彼がソシュールやトルーベツコイをはじめとするいわゆる構造言語学や、W・フォン・ワルトブルク、G・ギヨームらの新たな言語学の諸成果と積極的に取り組み、『知覚の現象学』以後の言語論の新たな展開を準備していたことはうかがわれる。

一九四九年メルロ＝ポンティはパリ大学文学部、いわゆるソルボンヌの児童心理学および教育学の講座の主任教授に招かれ、五二年まで在任する。この三学年間におこなわれた講義は次のとおりである。

一九四九―五〇年度　「意識と言語の習得」
　　〃　　　　　　　「幼児の意識の構造と葛藤」
　　〃　　　　　　　「おとなから見た幼児」
一九五〇―五一年度　「幼児の心理‐社会学」
　　〃　　　　　　　「幼児の対人関係（第一、二部）」
　　〃　　　　　　　「人間諸科学と現象学（第一、二部）」
一九五一―五二年度　「児童心理学の方法」
　　〃　　　　　　　「他者の経験」

このうち、一九五〇―五一年度の「幼児の対人関係」の第一部、および同年度の「人間諸科学と現象学」の第一部の二つは、彼としても会心のものであったらしく、聴講者のノートにみずから加筆して「大学資料センター」からタイプ印刷のかたちで公刊している。その二つをもふくめてこれらの講義は、最後の「他者の経験」を除いて、すべて『ビュルタン・ドゥ・プシコロジー』という雑誌の「ソルボンヌにおけるメルロ＝ポンティ」と題された特集号（一九六四年）に、すこぶる不備なものではあるが聴講者のノートが収録されているので、そこからほぼその全容をうかがい知ることができる。

一九五〇年の夏、朝鮮に戦争がはじまった。『現代』の事実上の編集主幹であったメルロ＝ポンティは、北朝鮮が先に国境を越えたというニュースを信じて一種の「回心」[8]を経験し、「非政治主義《アポリティスム》」に転向する。サルトルやボーヴォワールの伝えるところでは、彼は「大砲が物を言う以上、われわれはもはや沈黙するほかはない」[9]と語っていたらしい。政治的指導者を失った『現代』はしばらくのあいだ政治の看板をおろしてしまった感があったが、間もなく、指導者の意に反してまるで雑誌それ自身がかつて敷かれたレールに乗ってひとり歩きをはじめたかのように若い世代の政治論文を掲載し、急進化の準備をしはじめる。そして、その頃メルロ＝ポンティとは逆方向の回心を経験したサルトルが彼らとともに、共産主義者に対して「メルロ＝ポンティが放棄したばかりの批判的同伴者の関係」[10]をとりはじめる。一九五二年六月から『現代』に発表されはじめた『共産主義者と平和』がそれである。彼らふたりの行路はここで完全に交叉したわけである。事実上の決裂は、一九五二年に「あるマルクス主義者のきわめてつまらない論文」の処遇をめぐって起った。とうていそのままでは発表のしようもないので、旅行中のサルトルに相談をせずメルロ＝ポンティがみずから筆を執って冒頭に「紹介文《シャポー》」を付して印刷にまわしたのだが、旅行から帰ってきたサルトルがその論文のあまりの下らなさに腹を立て、校正の段階でメルロ＝ポンティに断わりなくその紹介文をはずしてしまった。それを知ったメルロ＝ポンティはすぐに電話で辞意を伝え、その親交は以後回復することなく終る。「この衝突はわれわれからではなく、世界から生じてきたのであり、われわれはふたりとも正しかったのだ」[11]と、のちにサルトルが述懐している。

一九五三年にメルロ＝ポンティは、「彼の生命ともいうべき」母を失った。ボーヴォワールに逢ったときに彼が「その真情を悲しげな快活さでかくしながら、誇張もなしに〈僕はもう半分以上死んでしまっているよ〉と語った」ことを、サルトルが伝えている[12]。彼は「世捨人」になり、講義に出かける以外書斎をはなれることはなくなったという。

コレージュ・ドゥ・フランスにて

それに先立つ一九五二年の二月、メルロ＝ポンティはマルシャル・ゲルーの推薦でコレージュ・ドゥ・フランスの教授に選ばれている。かつてベルクソンやルイ・ラベルによって占められていたフランス最高の知性の座に、当時としては異例の四四歳という若さでついたのである。そこには、最初推薦を受けたジャン・ヴァールが自分の代わりに弟子のメルロ＝ポンティを推したという事情もあったらしい。就任講演『哲学をたたえて』は翌五三年一月一五日におこなわれた。

このときゲルーがコレージュ・ドゥ・フランスの教授会にメルロ＝ポンティを紹介する報告書を作成するその参考資料としてメルロ＝ポンティがみずから執筆しゲルーに手

渡した覚え書が残っており、これがその死後「モーリス・メルロ＝ポンティの一未公刊文書」〔RC 137 f〕[13]という標題で発表されている。これは、彼がその初期の著作の基本的理念や一九四五年以降携ってきた新しい研究の見通しにふれたきわめて貴重な資料であるが、そこで彼は当時計画していた三部作に論及している。それらは、「『知覚の現象学』の延長線上に一つの真理論を提供する」ところにあり、初期の研究から「旅程」と「方法」とを受けとりながらも、「それら初期の研究の哲学的意義を決定的に確定する」はずのものなのである。彼はこの三部作の意図を次のようにも規定している。それは、「精神についてのある具体的理論、つまり道具——これは精神がおのれに与えたものではあるのだが、その精神から受けとったものを、さらにはそれ以上のものを精神に送り返すものなのだ——との交換関係のうちに置かれた精神を示してくれるような理論」〔RC 143-144〕を構築せんとするものなのである。この三冊の本は、そこでは『世界の散文への序説（Introduction à la prose du monde)』、『真理の起源（Origine de la vérité)』、『超越論的人間（L'homme transcendantal)』と名づけられている。

このうち『真理の起源』の方は、一九四七年の論文「人間のうちなる形而上学的なるもの」の脚注〔SN 138〕ですでに予告されていたものであり、こののち『存在と意味（Être et sens)』、『真なるものの系譜（Généalogie du Vrai)』と標題を変え、最終的には『見えるものと見えないもの（Le visible et l'invisible)』という標題に落着き、メルロ＝ポンティがその死の間際まで筆を執りつづけたが、結局は未完におわった著作である。未定稿として残されたわずかな断章とそのための「研究ノート」とが同じ標題のもとに遺稿として刊行されているが、それについてはのちにまとめてふれることにしたい。

ところで、右の覚え書によれば「精神の特徴的な働きは、われわれがおのれの身体的存在をとりあげなおし、それを……シンボル作用のために使う運動のうちにある」〔RC 143〕のであり、したがって「精神の具体的理論」はシンボルの能力としての身体の理論によって基礎づけられる。つまり、この精神の理論は「表現についての新しい観念、身体の所作や身体による物真似の仕方の分析、さらに数学的言語というもっとも昇華された言語にいたるまでのあらゆる形式の言語の分析のまわりに配置される」〔PM 3 クロード・ルフォールの「前書き」〕はずであった。メルロ＝ポンティは、同じ覚え書のなかで、このうち、数学的思考のような形式的思考と言語との関係という「この問題を完全なかたちで論ずることは、目下準備中の『真理の起源』に関する著作に待つことにして、われわれはまず、文学的言語を扱って半ば書きあげられている本のなかで、この問題にもっとも平坦な側面から近づいてみることにした」〔RC 145〕と述べている。当時すでに「半ば書きあげられていた」この本が三部作の第一部をなす『世界の散文への序説』である。この著作は結局完成されることなく放棄され、死後発見された一七〇ページの未定稿がクロード・ルフォールの手で『世界の散文』（一九六九年）の名のもとに遺稿として刊行されることになった。

『世界の散文』という耳なれない標題は、ヘーゲルから借りてこられたものである。「世界の散文（die Prosa der Welt）」という言葉そのものは『美学講義』のうちに見いだされるものであるが、『歴史哲学講義』においてヘーゲルは次のように述べている。「東洋における原始的で粗野な詩情とあらゆる有限的存在の転倒・無視とは対照的に、またギリシャ精神の美しい調和的な詩情と均衡のとれた自由とも対照的に、いまやローマ人のもとで生活の散文、つまり自然に対する有限性の意識、悟性の抽象、人格性という厳めしいものが現われてくる……」[14]。メルロ＝ポンティは先の覚え書のなかで、この課題について次のようなことを語っている。「作家にあっては、思考が言語を外から支配するのではない。新しい特有語法《イディオム》というものは、みずからおのれを組み立て、さまざまな表現手段を案出し、その固有な意味に応じておのれを多様化してゆくものなのだが、作家自身がまさにそうした特有語法《イディオム》のごときものなのである。詩とよばれているものはおそらく、こうした自律性がこれ見よがしに発揮される文学の一部門にほかならないのであろう。だが、すべての偉大な散文もまた、〈意味する道具〉を創造しなおすものであり、この道具は以後新たな統辞法に従って操作されることになる。平凡な散文は、月並みの記号によって、すでにその文化の備品となっている意味にふれるにとどまる。が、偉大な散文とは、その時まで一度も客観化されることのなかった意味をまんまと手に入れ、同じ言語《ラング》を話しているすべての人がそれに近づきうるようにする技法である。……ヘーゲルはかつて、ローマ国家は〈世界の散文〉だと言っていた。散文というカテゴリーを練りあげることによって、文学の枠を越えて、そのカテゴリーに或る社会学的意味を与えるはずの仕事に、われわれも『世界の散文への序説』という標題を与えよう」〔RC 145-146〕。

遺された草稿は、ほぼ連続して書かれたと思われる次の六つの断章から成っている。

純粋言語の幻想
科学と表現の経験
間接的言語
アルゴリズムと言語の神秘
他者の知覚と対話
表現と幼児のデッサン

この著作が最初に思いつかれたのは一九四八ないし四九年、サルトルの『文学とは何か』(『シチュアシオンII』一九四八年に所収)に触発されてのことであったらしい。クロード・ルフォールが、この時期に書かれた、やはり「世界の散文」という標題をもつ次のような覚え書〔PM 6-7〕を引用している。「私も一種の『文学とは何か』を書かなければならない。記号と散文、といっても文学の弁証法全体についてではなく、モンテーニュ、スタンダール、プルースト、ブルトン、アルトーといった五人の文学的知覚についてのもっと長い部分をつけくわえて」。しかし、その構想が具体化する直接の動機になったのは、アンドレ・マルローの『芸術の心理学』(その最終巻である第三巻『絶対者の貨幣』は一九五〇年七月に出され、一九五一年には『沈黙の声』という標題で『芸術の心理学』の増補改訂版が出されている)である。ルフォールは、マルローの著書の出版年月その他のさまざまな証拠から、メルロ＝ポンティがこの著書の執筆にとりかかったのは一九五一年のはじめ、その中断は同年の秋か一九五二年の初めであろうと推定している。メルロ＝ポンティは一九五二年の夏には、絵画的言語と文学的言語の比較を目指している第三章「間接的言語」に大幅に手をくわえ、「間接的言語と沈黙の声」という標題で、それを『現代』の第八〇・八一号（六月・七月）に発表する。この時期には、すでに『世界の散文』そのものの執筆は中断されていたわけであろう。

その執筆中断の動機を、ルフォールはあくまで一つの仮説だとしながら次のように推測している〔PM 7〕。つまり、この「表現の理論の形而上学的意味」を明らかにしてくれるはずの『真理の起源』の構想がふくらみ、当初の計画を縮小する気にさせたのだろう、というのである。新しい「文学とは何か」が新しい「形而上学とは何か」によってとって代わられた、というわけである。表現の形而上学を構築するためには、「言語の体系性の問題と言語の歴史性の問題、芸術的創造の問題と科学的認識の問題、最後に表現の問題と真理の問題をただちに結びつけて考える」必要があったのであろう。ただ、だからといってメルロ＝ポンティがこの『序説』において立てた企てをすぐさま捨て去ったわけではないことは、ルフォールも言うように、彼がコレージュ・ドゥ・フランスにおいて一九五二—五三年度には「感覚的世界と表現の世界」および「言語の文学的用法」を、一九五三—五四年度にも「パロールの問題」をテーマにしていることからうかがわれる。

だが、ルフォールは一方において、この執筆中断を促がしたのは、もっと深いところで起っていたメルロ＝ポンティの思想の動揺であったろう、と説いている。というのも、ゲルーに手渡された覚え書では、彼は自分の初期の研究と目下の研究との連続性を強調しているのに、『見えるものと見えないもの』に収められている「研究ノート」では、『知覚の現象学』で採られていた視角が徹底的な批判に付されているからである。「彼は、さまざまな〈意識の哲学〉なるものがひっかかっていた罠を発見し、古典的形而上学に対する彼自身の批判もその罠から彼を解き放してはいなかったことに気づく」のであり、彼はその「身体の分析と、知覚の分析に存在論的基礎を与える必要に直面し」、その形而上学的意図が彼を「『世界の散文』から遠ざける」〔PM 10〕ことになるのである。この最後期の彼の思想については、われわれものちにふれるつもりなので、ルフォールのこの見解の検討もそのときにゆずりたい。

上記の二冊の本が「目下執筆中」〔RC 142〕であったのに対して、最後の『超越論的人間』はまったく構想の段階にとどまっていたらしい。「同時に或る道徳の原理をも与えてくれる」〔RC 149〕ような形而上学の体系化をはかるこの本については、ゲルーに宛てた覚え書でも、次のように言われているだけである。「……われわれの研究はわれわれを導いてついには、歴史の運動を通して透けて見えてくるこの〈超越論的人間〉を、あるいは万人に共通なこの〈自然の光〉――これまでは無言であった世界を言葉《パロール》にもたらすという課題をわれわれに割当てるこのロゴス――を、そして最後には、われわれの初期の諸研究が事象の明証性のうちで出会った知覚世界のこのロゴスを、反省させることになるはずである。われわれはここで形而上学の古典的な諸問題と再会することになる……」〔RC 148〕。これもまた

『見えるものと見えないもの』の「研究ノート」で予告されている思想圏に収斂するものであることは、われわれにとっては明らかである。

たしかに、コレージュ・ドゥ・フランスでの講義のテーマを見ても、一九五三—五四年頃からメルロ＝ポンティの関心が大きく変ってきていることに気づかされる。毎年度末に『コレージュ・ドゥ・フランス年報』に掲載されたその講義の要録が、死後やはりクロード・ルフォールの手で『講義要録——コレージュ・ドゥ・フランス、一九五二—一九六〇年』（一九六八年、邦訳『言語と自然』）にまとめられているので、それによって講義の題目だけを列記しておく。

一九五二—五三年度　「感覚的世界と表現の世界」
　　〃　　　　　　　「言語の文学的使用の研究」
一九五三—五四年度　「言語《パロール》行為の問題」
　　〃　　　　　　　「歴史理論のための資料」
一九五四—五五年度　「個人および公共の歴史における〈制度化〉」
　　〃　　　　　　　「受動性の問題——眠り、無意識、記憶」
一九五五—五六年度　「弁証法的哲学」
　　〃　　　　　　　「弁証法に関するテキストと注解」
一九五六—五七年度　「自然の概念

　　　　　　一、われわれの自然概念の諸要素
　　　　　　二、現代科学と自然についての新しい考え方の諸徴候」
一九五七―五八年度　「自然の概念（つづき）――動物性、人間の身体、文化への移行」
一九五八―五九年度　「哲学の可能性」
一九五九―六〇年度　「現象学の限界に立つフッサール――その後期哲学のテキストの翻訳と注解」
　　　〃　　　　　「自然とロゴス――人間の身体」
一九六〇―六一年度　「デカルトの存在論と現代の存在論」
　　　〃　　　　　「ヘーゲル以後の哲学と非哲学」

　最終年度の二つの講義は死によって中断され、当然要録も書かれていない。ただ、ヘーゲルとマルクスを主題にした「ヘーゲル以後の哲学と非哲学」の講義のためにメルロ＝ポンティが生前つくっていたノートが、やはりこれもルフォールによって校訂され、雑誌『テクスチュール』（一九七四年八―九月号、一九七五年一〇―一一月号）に発表されている[15]。これらの講義の一々についても、今後折にふれ論ずる機会があろうと思うので今は立入らないが、一九五三―五四年度あたりからメルロ＝ポンティの関心が歴史や弁証法の問題に集まりはじめていることにだけ注意しておきたい。事実、この頃は、「マルクス、レーニン、トロツキーを読みかえし、マックス・ウェーバーやルカーチについておびただしい覚え書を積み上げ」〔PM 8〕ていたらしい。その関心が当面、一九五五年に公刊される『弁証法の冒険』

に移っていたことは確かである。この本の末尾には「一九五三年七月、一九五四年四―一二月」とその執筆の日付が明記されている。

『弁証法の冒険』は、一九五五年に全篇書き下しのかたちで発表され、実に激しい論議をよんだ政治哲学論集である。彼はここで、マルクス主義がこの半世紀になめた経験を、「政治そのものの領域において」ではなく、「政治哲学の領域において」標定しようと試みる。まず「序」において、「理性の政治」と「悟性の政治」という対立的な政治理念が採りあげられる。「理性の政治」とは、つねに歴史の全体に関する一個の歴史哲学に依拠しつつ現在の諸問題に対処しようとする理想主義的政治理念、たとえば古典的マルクス主義の抱懐するような政治理念であり、それに対してアランによって提唱された「悟性の政治」とは、そうした独断的な歴史哲学に頼ることなく、現実の問題を一つ一つ処理してゆく現実主義的政治理念、つまり自由主義的政治の理念である。メルロ＝ポンティは、こうした二者択一が無効であり、事実、こうした対立の調停の上に真のマルクス主義的な政治理念が確立されてきたのだと主張する。

次いで彼は第I章「悟性の危機」においてマクス・ウェーバーの歴史認識の理論を検討し、そこですでに認識主観とその客観である歴史との悟性的関係が崩壊し、自由主義的な悟性の政治がおのれの限界を認めていることを確かめる。つづく第II章「〈西欧〉マルクス主義」は、そのウェーバーの歴史哲学を継承した「ウェーバー的マルクス主義」、つまり『歴史と階級意識』（一九二三年）におけるルカーチに代表される「西欧マルクス主義」が検討される。そこでは、歴史における主体と客体の相対性がさらに徹底的に相対化され、かえってそこに一つの絶対が発見されることになる。主体と客体、知と歴史の果てしない交替のなかで、いっさいの独断的歴史哲学から解放されながらも、なお全体化の課題を手ばなさないこの西欧マルクス主義においてこそ、真に全体的な歴史の弁証法、つまり革命的弁証法も姿を現わすのであり、理性の政治と悟性の政治の真の調停も可能になる、というのである。

第Ⅲ章「『プラウダ』」においては、なお胎児の状態にあったこの西欧マルクス主義が、レーニンの『唯物論と経験批判論』の粗放な唯物論を拠りどころとするレーニン主義者によっていかに扼殺されたかがかえりみられる。マルクス主義はここでふたたび弁証法を放棄して形而上学的唯物論に引きもどされることになる。なるほどそこでも弁証法が保存されていないわけではないが、それは客体のうちに据えつけられ、「質的飛躍」とか「矛盾」といった客体のもつ一種の記述的特性の確認に堕してしまっているのである。第Ⅳ章「行動としての弁証法」においては、唯物論と弁証法とのこうした曖昧な関係が政治行動のうちにいかにあらわれてくるかが、トロツキーに即して検討される。

と、こうした歴史的省察を前提にした上で、第Ⅴ章「サルトルとウルトラ・ボルシェヴィズム」においてメルロ＝ポンティは、『共産主義者と平和』（一九五二年六月—一九五四年四月）におけるサルトルの政治哲学に執拗な批判をくわえ、極端な客観主義のゆえに弁証法を失ってウルトラ・ボルシェヴィズムに陥ったスターリン主義と同様、またそれと相互補完的にサルトルのそれも極端な主観主義のゆえに弁証法を見失い、ウルトラ・ボルシェヴィズムに陥っていると断じるのである。これは、サルトルに対する事実上の絶縁状であった。「終章」において彼は、マルクス主義の革命的思考にひそむ曖昧さ——運動としてしか真でありえぬ革命を政体としても真であるかのように主張する特有の曖昧さ——を指摘し、もはやそうした革命的幻想をいだかず、資本主義体制とソヴィエト体制のいずれに対しても「方法的懐疑」の状態に身をおく、非共産主義的左翼の立場を提唱する。いかにも「精彩を欠いた結論」[16]にも思われるが、本書の刊行されたのが第二〇回党大会とスターリン批判の前夜であり、翌一九五六年にはスターリン主義の矛盾がハンガリーの悲劇的な反ソ暴動となって爆発することを思えば、むしろその予見の的確さに驚くべきかも知れない。

『弁証法の冒険』とそれが惹き起したさまざまな烈しい論議についても、のちに立ち入って論ずる機会があると思うので、ここではおおよその概観にとどめておきたい。

『現代』をはなれたのちも、メルロ＝ポンティは、コレージュ・ドゥ・フランスでの講義と平行して、主として『レクスプレス』誌を舞台に活潑な執筆活動をつづけており、それら五〇年代に執筆した諸論文を死の前年『シーニュ』（一九六〇年）という標題のもとに集めている。新たに執筆された長文の「序」にくわえて、そこには、先にふれた「間接的言語と沈黙の声」（一九五二年）や、構造言語学の諸成果を検討しつつ彼のいわば中期の言語論を展開した「言語の現象学について」（一九五一年）、レヴィ＝ストロースの構造人類学の最初の紹介である「モースからクロード・レヴィ＝ストロースへ」（一九五九年）、フッサールの後期思想の実に独創的な解釈を展開した「哲学者とその影」（一九五九年）などが収録されている。それらの一々については、今後折々に論及することになろう。

なお、死の直前、一九六一年の一月に発表された『眼と精神』、それに一九五九年以後の遺稿と覚え書を集めた『見えるものと見えないもの』（一九六四年）にうかがわれる最後期の思想については、のちにそれだけまとめて論ずるつもりなので、ここではふれないことにする。われわれの当面の課題は、『知覚の現象学』以降の彼の言語論の検討に置かれることになろう。

V　メルロ＝ポンティの言語論

1　言語と語る主体——初期の言語論

言語の問題は『知覚の現象学』にはじまって最後期の「研究ノート」にいたるまで、メルロ＝ポンティの一貫した思索の主題であった。その言語論の展開は便宜上次のような三期に分けて考察されるのがつねである。

初期　『知覚の現象学』、殊にその第一部第Ⅵ章「表現としての身体とパロール」において体系的に展開された言語論。

中期　一九四〇年代後半から五〇年代前半にかけての論文や講義、未完の草稿に見られる言語論。検討の対象となるのは、論文としては、「人間のうちなる形而上学的なるもの」（一九四七年、『意味と無意味』所収）、「言語の現象学について」（一九五一年、『シーニュ』所収）、「間接的言語と沈黙の声」（一九五二年、『シーニュ』所収）、『シーニュ』への序文」（一九六〇年）、講義としては「意識と言語の習得」（ソルボンヌ、一九四九—五〇年度）、「人間諸科学と現象学」（ソルボンヌ、一九五〇—五一年度）、『哲学をたたえて』（コレージュ・ドゥ・フランス就任講義、一九五三年）、コレージュ・ドゥ・フランスの『講義要録』のうち「感覚的世界と表現の世界」（一九五二—五三年度）、「言語の文学的使用の研究」（一九五二—五三年度）、「言語行為《パロール》の問題」（一九五三—五四年度）、そして未完の草稿『世界の散文』（一九五一—五二年？

に執筆）である。

後期　遺稿『見えるものと見えないもの』、殊にそこに収録されている「研究ノート」から読みとられる言語論。

メルロ＝ポンティの言語論の展開をこのような三期に区分することについては、多くの研究者たちに一致が見られるが、それが単に便宜的なものなのか、それともそこに本質的な展開なり転回なりが認められるのかといったその時代区分の論拠やそれぞれの時期の特徴づけに関してはかなりさまざまである。たとえばX・ティリエットは――「G・デロッシにならって」――この三期の性格を次のように要約している[1]。

一、言語行為《パロール》に還元された言語《ランガージュ》と表現や所作に還元された言語行為《パロール》、意味《サンス》と意味されるもの《シニフィエ》との同一性（『知覚の現象学』）

二、言語行為《パロール》の密度を薄める、ソシュールの影響および共時性と弁別的なものとの重要性、言語《ランガージュ》の遍在性、言語的制度、諸言語体系《ラング》（『シーニュ』に転載された諸論文）

三、沈黙というテーマの掘り下げ、さまざまな言語《ランガージュ》のもつ構造の多様性、より広い類《ジャンル》のようなものとしての言語《ランガージュ》、重層的決定あるいは根源的象徴体系《サンボリスム》、存在の証人としての言語《ランガージュ》、言語行為《パロール》－沈黙の基本的転換性（『見えるものと見えないもの』）

そしてティリエットは、これら三つの局面はそれぞれ「ゴールトシュタイン、ソシュール、フロイトの名によって支配されている」とつけくわえている。初期と中期を分かつのが、この間におこなわれたソシュール言語学の摂取であることは、大方の認めるところである。たしかに『知覚の現象学』においてもメルロ＝ポンティは、「言語行為《パロール》の寄託物であり沈澱物」である「構成された語彙ならびに統辞の体系」としての「言語《ランガージュ》」と、そこにおいてこそ「まだ定式化されていない意味が外部に表現される手段を見いだすだけではなく、またさらに対自的存在ともなり、真に意味として創造される」「言語行為《パロール》」との「有名な一つの区別」にふれており〔PP I 321〕、ここで「言語《ランガージュ》」とよばれているものはむしろ「言語体系《ラング》」とよばれるべきものであろうから、彼がすでにこの段階でソシュールを念頭に置いていたことには疑いはないが、『知覚の現象学』の参考文献表にソシュールの名は見あたらないし、まだ耳学問の域にとどまっていたのではなかろうか。彼がソシュールの『一般言語学講義』と本格的に取り組むのはやはり四〇年代後半と見るのが妥当であり、したがって中期の言語論が「ソシュールの名によって支配されている」のはその通りだとしても、初期と後期のそれがゴールトシュタインとフロイトによって規定されていると言えるかどうかはなお検討に価しよう。

ジェームズ・M・エディ[2]もメルロ＝ポンティの言語論の展開を三期に分けて考察するが、彼は言語についての著述が急増する一九四九年以降、殊に一九四九—五〇年度のソルボンヌ講義「意識と言語の習得」以降の中期を「転回点」と見る。エディによれば、以後メルロ＝ポンティは全面的にソシュール学徒となり、その言語論はまさしく「構造主義」にほかならないのである。メルロ＝ポンティの言語論についてのエディのかなり精細な解釈や批判は、今後もそのつど参照しなければならないが、いま展開の三つの時期についての彼の見方を大雑把に要約すると、次のようなことになろう。つまり、『知覚の現象学』においては、言語《ランガージュ》が言語行為《パロール》に還元され、その言語行為《パロール》は生活世界の分節を構成してゆくいっそう基本的でいっそう広範な前言語的および非言語的な行動の枠組のうちに組みこまれ、その特殊な一様相とみなされているのに対して、「転回点」となった中期には、ソシュールの記号概念の影響下に、示差的体系としての言語体系《ラング》へも注意が向けられ、逆にその沈黙せる、つまり「見えない」構造である言語体系《ラング》とのアナロジーで身体が捉えられるようになり、後期の『見えるものと見えないもの』においては、言語が知覚意識を理解するための「本質的パラダイム」とみなされるにいたる、というのである。ティリエットやエディのこうした解釈の当否をもふくめて、しばらくメルロ＝ポンティの言語論について考えてみたい。

われわれもまず『知覚の現象学』に見られる言語論の検討からはじめよう。メルロ＝ポンティはここでも経験主義と主知主義との双方に対する批判から出発する。

ここで批判の対象にされる言語論における経験主義とか主知主義とは、一九世紀の後半から二〇世紀初頭にかけて目覚ましい発展を遂げた失語症理論の展開のなかで打ち出されてきた立場である。この経緯について多少の解説をしておこう。失語症とは、卒中発作による脳の血管障害や頭部外傷、脳腫瘍などのため大脳の特定部位、いわゆる言語中枢が損傷され、その結果言語機能が障害されている状態を言うが、この失語症の研究は一八六一年にブローカが発声器官や聴覚になんの異常もないのに言葉が話せなくなる運動性失語症と、右利きのばあい脳の左半球——左利きのばあいは右半球——の第三前頭回の破壊との対応を確定して以来急速に進んだ。一八七四年にはウェルニッケが、自分では話せても他人の言葉を理解できなくなる感覚性失語症と第一側頭回後部の破壊との対応を確証し、これら運動性言語中枢(ブローカ中枢)と感覚性言語中枢(ウェルニッケ中枢)、それに大脳皮質がひろく関与し特定部位には局在されない概念構成の場をくわえ、これらの中枢の連合関係によって失語症の臨床像を整除する図1のような古典的図式が考案されるにいたった。つまり、皮質下的段階をくわえると、損傷の起りうる部位は七箇所考えられ、これに応じて七通りの臨床像が想定される。さらにこれに読字中枢、書字中枢といったものまでくわえると、実に複雑な図式になろう。

それはともかく、通常は連合主義とよばれるこの考え方によれば、それぞれの中枢にそれぞれの語詞映像が——たとえば、運動性言語中枢には運動性の語詞映像、感覚性言語中枢には聴覚性の語詞映像が貯えられており、言語活動とは神経機構の興奮によって適当な語詞映像が再生され、それに応じて語の理解や構音がおこなわれるということであり、失語症とは中枢や中枢間の連合路の損傷によって語詞映像のストックが失われたり、その再生が妨げられることによって起るということになる。

こうした古典的な機能局在論に対して、すでに一八六四年、ブローカの運動性言語中枢の特定の直後にイギリスの神経学者ジョン・ヒューリングス・ジャクソンが重症な運動性失語症の患者にあっても冒されずに残されている自発語、いわゆる遺残語に注目し、失語症において冒されるのが知的な随意言語であり、感情的な自動言語は冒されにくいということ、つまり失語症において失われるのは語のストックではなく、それを使いこなすある種の使い方だということを指摘していた。また、彼は言語障害と運動障害との親縁性にも注意し、言葉なり身体なりを使う際のいくつかの用途水準をも区別していた。ベルクソンも『物質と記憶』（一八九六年）において、機械的な「習慣－記憶」と真の記憶である「表象－記憶」と

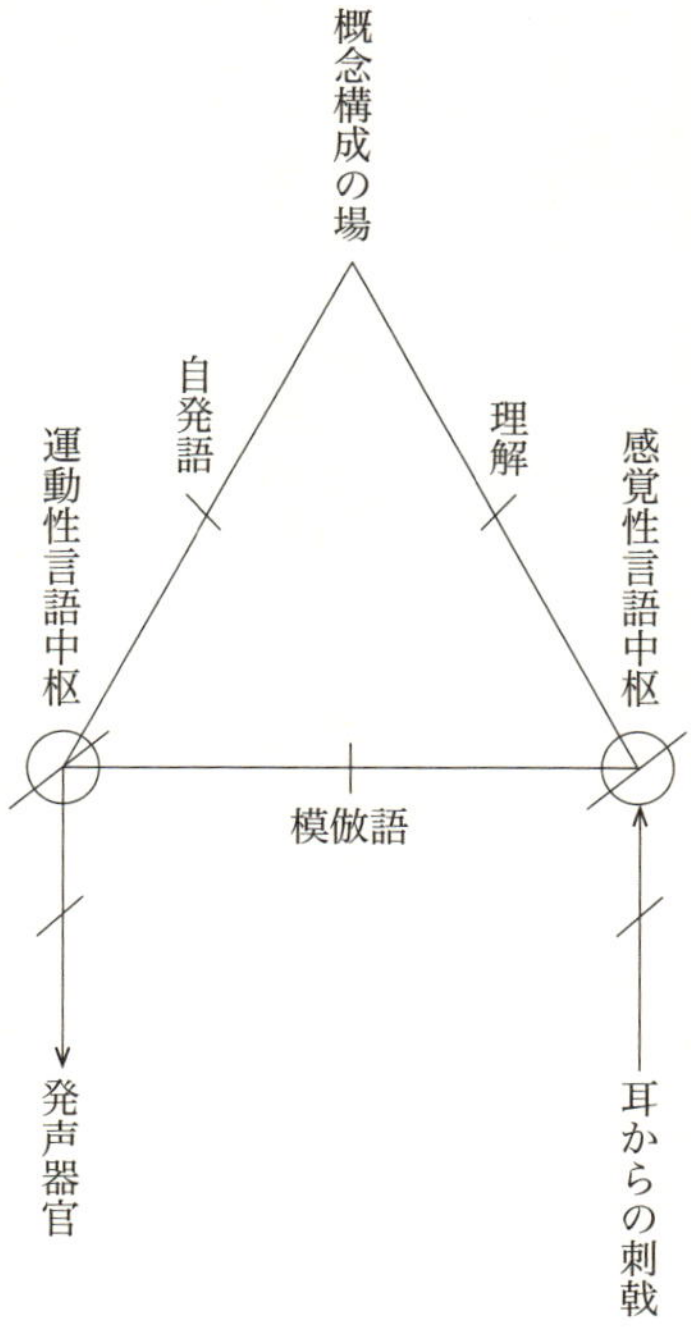

図 1

を区別し、大脳が「表象‐記憶」の貯蔵所ではありえないことを論証することによって、連合主義的な失語症理論を批判したが、今世紀に入り、一九〇六年にフランスの神経学者ピエール・マリが真の失語症とは内言語の喪失であり、知能障害であると主張するにいたって、失語症理論ははっきり主知主義への方向をとることになる。一九二六年にはヘッドが失語症を「シンボル機能」の障害と規定し、やはり一九二〇年代にゲルプとゴールトシュタインが、前にもふれたようにこれを「カテゴリー的態度」の喪失と規定する。たとえば、呈示された色の名前を言うことのできない色名健忘の患者は、それと同時に、呈示された毛糸のサンプルを指令に従って分類すること——赤系統のものだけを選び出すといったこと——もできない。そこから、この患者の失ったのは、感覚的所与を一定のカテゴリーのもとに包摂する一般的能力だとみなされるのである。また、しばしば、失語症は認知能力の障害（失認症）や運動能力の障害（失行症）をあいともなっており、しかもそれら言語・認知・運動能力の一定水準だけが冒されるというところから、その水準の行動はあらかじめ一定の態度、つまりカテゴリー的態度をとることによってはじめて可能になるのであり、この態度の喪失こそが根本的障害だとみなされることになるのである。

こうした失語症理論の展開が言語への哲学的関心を強く促がしたことは、たとえばベルクソンやカッシーラーのばあいを考えてみればよい。言語障害についてのこのような研究の諸成果を踏まえて、正常な言語活動についての理論が多様に構築されてくることになるのである。しかし、メルロ＝ポンティは、主知主義的な言語論も実は連合主義的——彼のいわゆる経験主義的――言語論のアンチ・テーゼにすぎず、結局はいずれの立場においても言語そのものの本質は究められていないと批判する。というのも、経験主義の立場では、言語活動とは神経機構の法則に従う語詞映像の再生という第三者的な自動運動にすぎないことになり、「語る者は誰もいない」ということになってしまうし、主知主義の立場では、「たしかに主体は存在するけれども、それは語る主体ではなく思惟する主体であり」〔PP I 290-291〕、言葉はその内的思惟――シンボル機能なりカテゴリー操作なり――の単なる外的標識にすぎないことになってしまうからである。

メルロ＝ポンティのここでの言語論の特質は、そうした経験主義と主知主義とをともに乗りこえて、なによりもまず神経機構の自動運動や内的思惟に対する言語活動の自立性を確立しようとするところにある。そして、彼はその主張を「言葉《モ》は意味をもつ」〔PP I 291〕という簡潔な命題に要約してみせるのである。

「言葉は意味をもつ」というのはきわめて当然な主張であるように思われようが、この命題によってメルロ＝ポンティが言わんとしているのはかなり特殊な事態である。というのも、主知主義にしても言葉が意味をもつことは認めるであろうが、それは、言葉というものを、なんらその言葉の助けを借りずにおこなわれる内的思惟の外的標識とみなすからであり、そのかぎり言葉はその思惟によって外からその意味を与えられているのであって、言葉そのものに意味が内在しているわけではないと考えられるのに対して、メルロ＝ポンティの右の命題は、「言葉そのものに内在する意味」〔PP I 294〕の存在を主張するものだからである。

いったい、言葉と思惟との関係はどのように考えられるべきなのであろうか。メルロ＝ポンティも、言葉の外でおこなわれる思惟経験を認めないわけではない。だが、彼によれば、そうした「純粋思惟」は「意識のある空虚」か「瞬間的な祈念」〔PP I 301〕のようなものでしかなく、それは言葉に表現されてはじめてわれわれの思惟になるのだ。だからこそわれわれは、言葉に表現してみてはじめて自分が何を考えているのかを理解しうるのだし、作家たちは自分が何を書こうとしているのか知らないままに本を書き出したりもするのである。表現以前に思惟がそれ自体で存在するかのようにわれわれが思いこむのは、すでに一度表現され構成されたことのある思惟をわれわれが無言のまま想い出せるからなのであるが、その思惟も実は、語られることによってはじめて思惟となったのである〔PP I 301〕。事物を名指すばあいにしても、あらかじめその事物についての純粋な——つまり言葉によらない——概念を想起し、次にその概念の標識としての言葉を口にするということではない。もしそうなら、すでに頭ではわかっている対象でもその名前を想い出せないとひどく落着きの悪い思いをするということは起らないはずであろう。実は、名指すことがそのまま対象の認識なのである。こう考えれば、子供にとっては、名前を知ったときにはじめてその対象が存在するようになるのであったり、名前が対象そのものに宿っているものだと思えたりするわけも理解しうるし、またわれわれのもとでの「言霊《ことだま》」といった思想からもうかがえるように、呪術的思惟において物の名前を語ることがその物を存在せしめたり、それを変えたりすることになるわけも納得しえよう。こうしてメルロ＝ポンティは、「言葉は対象や意味の単なる標識ではなく、物のうちに住みつくものであり、意味を担うものであって」、「語るということは、語っている者にとって、すでに出来あがっている思惟を翻訳するものではなく、それを遂行することなのだ」〔PP I 293〕と主張する。

言葉を通じてのコミュニケーションにしても、言葉が内的思惟の単なる標識だと考えるのではとうてい理解しえない。もしそうだとしたら、言葉は聴き手のうちに、語り手のうちにあったと同じ内的思惟を惹き起す機会にはなるかも知れないが、語り手から聴き手にはなに一つ伝達されはしないし、すでに聴き手のうちにある思惟以上の何ものも生じることはないことになる。しかし、われわれは、他人の話を聴いたり本を読んだりすることによって、これまでの考えをすっかり変えられてしまい、その思惟が豊かになるという経験をする。そうしたことが可能なのも、言葉が思惟の単なる標識ではなく、言葉がそれ自身のうちに内在する意味をもち、それをみずから聴き手なり読み手なりのうちに運びこむからである。してみれば、われわれは、話したり書いたりする者のもとでも、聴いたり読んだりする者のもとでも「言葉《パロール》のなかでおこなわれる思惟」〔PP I 295〕といったものが生起するのを認めなければならなくなろうし、語の概念的意味と区別される言葉そのものに内在する意味を認めねばならないことになろう。

もっとも、こういったことが言われうるのは、すでに形成された意味の単なる記号として使われる制度化された言葉、「構成された言葉」〔PP I 302〕についてではなく、そうした意味を最初に言表にもたらす「真正の言葉」、たとえば「はじめて語を発した幼児とか、はじめて自分の気持を発見した恋する人とかの言葉、〈語りはじめた最初の人間〉の言葉、伝統となる手前の始元的な経験を目覚めさせた作家や哲学者の言葉」〔PP I 295, n 2, 3〕についてだけだ、ということをメルロ゠ポンティは繰りかえし注意している。この区別は、前にもふれた「言語《ランガージュ》」――ソシュールの定義に従うならむしろ「言語体系《ラング》」と言うべきであろう――と「言語行為《パロール》」の区別、あるいは「語られた言葉《パロール》(parole parlée)」と「語る言葉《パロール》(parole parlante)」の区別とも言いかえられている〔PP I 321〕。

ところで、そうした真正な言葉にあって「言葉そのものに住みこみ、それと不可分になっている」〔PP I 299〕その意味を、メルロ゠ポンティは言葉の「所作的意味」とか「実存的意味」〔PP I 294〕「情動的意味」〔PP I 307〕などとよんでいる。彼によれば、言葉のいわゆる概念的意味は、意味の基層をなすこの所作的意味からいわば抽出された二次的な意味でしかないのである。では、いったい言葉の「所作的意味」とはいかなるものであろうか。メルロ゠ポンティはこの初期の言語論において、前にもふれたように言語活動を身体的所作の一環としてとらえ、一般に「所作がその意味を内にふくんでいる」〔PP I 301〕ように、言語活動も一個の所作としてその所作的意味を内にふくんでおり、これこそが言葉の初次的意味だと考えるのである。そこで、われわれも彼に従って、身体的所作一般の意味と対比させながら、言語的所作の意味を見さだめてみなければならない。

通常われわれが他人の所作――たとえば怒りの所作とか脅しの所作――の意味を理解するのは、「類似による連合」とか「類推による推論」〔OE 131〕によると考えられている。つまり、第一に私の心的作用があり、第二に私自身の身体の内受容的イメージがあり、第三に私に見えている他人の身体があって、そこから私は観念連合あるいは類推によって第四項である他人の心的作用を推測する、というわけである。だが、もしそうだとすると、内受容的に与えられている自分の表情と視覚的に与えられている他人の表情を比較する手段などまったくもたない幼児が、早くから他人の表情――たとえば笑顔――を理解しうるということの説明がつかないであろう。私が他人の所作の意味を理解しうるのは、その所作がけっして自己完結的なものでなく、私の所作が向けられているのと同じ物に向かい同じ世界に向かう行動だからである。しかも、世界へ向かう私のそうした行動の発達、つまり身体図式の整備には、他人の行動についての視覚的経験が決定的な役割を果している。だからこそ、私は視覚的に与えられる他人の所作のうちに読みとることのできる志向をおのれの身体によって実現したり、他人の所作のうちにおのれの志向を見てとったりできるのであり、いわゆる「志向の越境」〔OE 136〕が起るのである。こう考えてはじめて、幼児に特有の「模倣」や「転嫁」の現象も理解しえよう。

してみれば、他人の所作の理解はいわゆる知覚でもなければ判断でもなく、私自身がおのれの所作によってそれを採り上げなおすことにほかならない。「私自身が目撃している所作はある志向的対象を点描によって描き出しているのであり、私の身体の能力がその対象に調節されそれと重なるとき、その対象は顕在化され、はっきりと理解されることになる」〔PP I 304〕のである。こうして「〈理解された〉〔他人の〕所作の意味はその所作の背後に在るわけではなく、その所作が描き出している世界の構造、そしてやがて今度は私の方で捉えなおすことになる世界の構造と交じり合っているのであり、その所作そのもののうえに広がっているのである」〔PP I 305〕。

メルロ゠ポンティは、言語的所作の意味もそれと違った在り方をするわけではない、と主張する。なるほど、一般の身体的所作のばあいには、目指されるのは感性的世界であり、所作とともに志向的対象も目撃者に提供されているのに対して、言語的所作のばあいには目指されるのは自然的知覚には与えられない精神的風景だという違いはある。しかし、ここでは「自然が与えなかったものを、代わって文化がこれを提供している」〔PP I 306〕のであって、「手もちの意味、つまり過去の表現行為が話し手たちのあいだに一つの共通の世界を確立しており」、これが感性的世界の代わりをする。ちょうど「他人の所作の理解が、そこでその所作がくりひろげられ、その意味を展開する万人に共通な知覚世界を前提にする」〔PP I 317〕のと同じように、言語的所作も対話者に共通なこの言語的世界のうちで遂行されるのである。そして「言語活動とは、主体がその意味の世界のなかでとる位置のとり方」〔PP I 316〕にほかならず、「言葉《パロール》の意味とは、その言葉がこの言語的世界を使いこなす仕方、あるいはその言葉《パロール》が既得の意味の鍵盤のうえで転調する仕方以外の何ものでもない」〔PP I 306〕のである。そして、もしその言葉《パロール》が真正の言葉であるならば、はじめての所作が対象にはじめてある人間的意味を与えるのと同じように、ある新しい意味を、つまりこの言語的世界にある新しい構造をもたらす、というわけであろう。「言葉《パロール》とは一つの所作であり、その意味は一つの世界なのである」〔PP Ⅰ 302〕と言われるのは、こうした意味においてである。

だが、それにしても、身体的所作とその意味、たとえばほころんだ顔と喜びとの関係と言語記号とその意味との関係には決定的な違いがありはしまいか。多くの言語体系の存在していることが、なによりもそれを証明している、と言われる。情動的所作とか身振りは「自然的記号」であるのに対して、言語記号は約束にもとづく「慣習的記号」〔PP Ⅰ 307〕だと言われるのも、そのためである。ここでメルロ＝ポンティも、特にソシュール言語学をめぐってしきりに論じられる言語記号の「恣意性」の問題にふれることになる。そして、これが彼の言語論、殊にこの初期の言語論と明らかにソシュールの影響下にある中期の言語論との関係が問われるときの、大きな争点にもなるのである。われわれもこの点を少し立ち入って考えてみよう。

少し長くなるが、問題になる箇所〔PP Ⅰ 307-308〕をまず引用しておきたい。

なるほど語のもつ概念的・辞項的意味だけを考察するならば、たしかに語詞形式――語尾は例外だが――は恣意的なもののように思われよう。だが、たとえば詩において本質的であるような語の情動的意味――われわれがさきに語の所作的意味とよんだもの

——を考慮に入れるならば、事態はもはや別様になろう。すなわち、そのばあいには語も母音も音韻もそれぞれが世界を唱うための仕方であり、対象を表わすべくさだめられているのだということが認められるであろうし、それも、素朴な擬音語理論がそう思いこんできたように、それらが対象に客観的に類似しているからではなく、それらが対象の情動的本質を抽出し、語の本来の意味でこれを表現するからである。もしも音声学の機械的法則とか外国語の混淆とか文法家の手による合理化とかその言語体系《ラング》内部での模倣とかに帰せられるべきものをすべて語彙から除き去ることができるとしたら、おそらくはそれぞれの言語体系の起源に、たとえばもし夜のことを〈ヨル〉とよぶなら光のことを〈ヒカリ〉とよぶのが恣意的ではなくなるような、しかもかなり縮約された一つの表現体系が見いだされることであろう。また、ある言語体系では母音が優勢であり他の言語体系では子音が優勢であるといったことや、文章構造や統辞法の諸体系といったものも、同じ一つの思惟を表現するためのそれぞれに恣意的な慣習を表わしているのではなく、人間の身体が世界を祝祭するための、そして結局はそれを生きるための多くの仕方を表わしているということになるであろう。そしてそのことから、ある一つの言語体系の十全な意味というものはけっして他の言語体系には翻訳できない、ということも帰結してこよう。

このパラグラフから、メルロ＝ポンティはこの段階では言語記号の恣意性を否定しており、その後ソシュール言語学の影響下にそれを認めるようになったという、一部に見られる見解が引き出される。だが、その主張が正当化されうるためには、メルロ＝ポンティがここでしきりに否定している「恣意性」がソシュールのそれと同じ意味のものであることが論証されねばならないであろう。

ソシュールにおける「恣意性」の概念については、ソシュール研究に期を劃した丸山圭三郎氏の実に行きとどいたすぐれた研究[3]があるが、氏によれば、ソシュールの「恣意性」には二つの異なった射程がある。すなわち、

①一記号内におけるシニフィエとシニフィアンの恣意的関係

②一言語体系内のシーニュが有する価値の恣意性

であり、丸山氏は①を「シニフィアンの恣意性」、②を「シーニュの恣意性」とよんでいる。①は一記号内の縦の関係であるのに対して、②は諸記号間の横の関係、つまりそれ自体においてはまったく切れ目のない連続した現実を不連続な言語記号に区切るその切り取り方の恣意性ということになる。まず問題になるのは、①のシニフィアンの恣意性であるが、これについてソシュールは次のように述べている。[4]

恣意的という語についても注意してほしいことが一つある。この語からシニフィアンは、話者の自由に任されているなどと思ってしまってはならない。〔…〕私が言いたいのは、記号表現が無縁的（immotivé）であるということであり、言いかえるならば、

シニフィアンはシニフィエとの関係において恣意的だということ、その二つの間には、現実的には一切の自然的結びつきが存在しないということである。

つまり、このばあいの恣意性とは、有縁性がないということ、自然的な結びつきがないということである。とすると、先に引用した箇所でメルロ＝ポンティが否定している恣意性は、この意味の恣意性ではないことになる。というのも、彼が語とその情動的意味との結びつきの必然性を主張するからといって、それはけっして両者のあいだにそうした自然的結びつきがあるという意味ではないからである。彼はそこでも、「素朴な擬音語理論」が思いこんでいるような客観的類似が問題なのではないと述べているし、他の箇所でも、自分の考え方が「人工的記号を自然的記号に帰着せしめ、言語を情動にまで還元しようとする……自然主義的な考え方とは、なんの類似点ももたない」〔PP I 309〕と述べている。むしろ彼がここでこのような言い方で否定しようとしているのは、言葉に先立って存在する純粋概念を前提にし、言葉をその外的標識と見る主知主義的な考え方であろうと思われる。彼がここで主張したいのは「結局は言語もまた自分自身以外には何ごとも語らないということ、換言すれば、言語の意味は言語と不可分であるということ」〔PP I 309〕なのである。

だが、それでは、先に引用した箇所で「語も母音も音韻も……対象を表わすべくさだめられており」しかもそれは、「それらが対象の情動的本質を抽出し、……これを表現するからだ」と言われたのはどういう意味であろうか。この対象の情動的本質とは、対象の相貌、ゲシュタルトだと考えてよさそうである。してみれば、「対象の情動的本質を抽出し、これを表現する」とは、「世界を形態化する」〔PP I 208〕ことであろう。つまり、彼がここで言わんとしているのは、語ることがそのまま世界を形態化し構造化すること、つまりは「世界を唱うこと」「世界を祝祭すること」だ、ということである。それは、まさしくソシュールが②のシーニュの恣意性ということで言わんとしていたことである。つまり、言語はその分節によって、無定形な連続体である現実を切り取るのだが、その基準を言語外的現実のうちにはいっさい有していないのであり、その意味で恣意的なのである。

　ことばに先立つ観念なるものはないのであって、言語が現われる以前は、何一つ明瞭に識別されるものはない。〔…〕音の実質といえども〔観念以上に〕固定的でもなければ、堅固なものでもない。〔…〕したがって、そこでは思惟の物質化が行われるのでもなければ、音の精神化がなされるのでもなく、「思惟＝音」が区分を含み、言語は二つの無形の塊りのあいだに組み立てられることによってその単位を作りあげていくという一種の神秘的な事実があるのだ⑤。

つまり、シーニュは同時にシニフィアンでありシニフィエなのであって、シニフィアンの切り取りの単位がそのままシニフィエの切り取りの単位でもあるのであり、しかもその切り取りの基盤は言語外的現実のどこにあるわけでもなく、したがってそれぞれの言語体系においてまったく恣意的なのである。シーニュが言葉の外にある意味や概念を表現する外的標識ではなく、それ自体が意味であり表現だというのは、このような意味においてである。そして、このシーニュの恣意性こそ言語の自立性を保証するものであろう。メルロ゠ポンティがここで、語詞形式とその情動的意味——つまりは世界の形態化の仕方——の一体性ということで考えているのも、これ以外のことではない。

ところで、言うまでもなく、ソシュールにおいてシーニュは個として存在するものではない。つまり、「すでになんらかの価値を有する個としてシーニュの算術的総和が全体を作るのではなく、全体の切り取りの結果生ずる個と個の間の差異と対立の関係によってのみ、個の価値が決定される」[6]のである。このシーニュの示差性はその恣意性と表裏の関係にある(「恣意性と示差性は、二つの相関的特性である」[7])。メルロ゠ポンティが「おそらくはそれぞれの言語体系の起源に、たとえばもし夜のことを〈ヨル〉とよぶなら光のことを〈ヒカリ〉とよぶのが恣意的ではなくなるような、しかもかなり縮約された一つの表現体系が見いだされる」〔PP I 307〕と言うのも、言葉のこの示差的性格を強調しようとしてのことであろう。

結局、メルロ゠ポンティが上掲のパラグラフでおこなっている「恣意性」の否定は、「自分自身にとって純粋で明晰な思惟についての単なる表記法としての、慣習的な記号というものは存在しない」〔PP I 308〕ということであり、言語に先立つ純粋な思惟を想定する主知主義的な言語理論を却けようとするものでしかない。したがって、ここで彼のいう「恣意性」はソシュールのそれではなく、ソシュールにおけるシーニュの恣意性にあたるのは、むしろ「信じがたいほどの言語的偶然」〔PP I 308〕という言い方であろう。ソシュールの『一般言語学講義』をそれほど立ち入って研究していたとは思われないこの時期のメルロ＝ポンティに、ソシュールによって定義された概念を無理やり押しつけようとするのは筋違いというものであろう。だが、一方、メルロ＝ポンティがすでにこの時点でソシュールにきわめて近い発想で言語の問題を考えていたというのも事実であり、やがて彼がソシュール言語学に接して、そこにおのれの思想の裏づけを見いだしたと信じるのも、不思議ではないのである。

こうしてメルロ＝ポンティは、一般の身体的所作は「自然的記号」であるのに対して、言語は「慣習的記号」だとする考え方を拒否するが、それだけではなく、彼は、所作を「自然的記号」と見ることとそのことにも反対する。もしそれを自然的記号と見ることができるとすれば、それは、「与えられた〈意識状態〉に対して、われわれの身体の解剖学的組織が一定の所作を照応させる」〔PP I 309〕と考えられるばあいであろうが、よく知られているように、怒りの仕草や愛の仕草は各民族、各文化圏でかなり異っている。つまり、情動にしても所作にしても身体組織に対して「偶然的」つまり恣意的なのである。メルロ＝ポンティは、「怒ったときに大声を挙げたり、愛情を感じて接吻したりすることは、テーブルのことをテーブルとよぶより以上に自然的なことでもなければ、より少く慣習的なことでもない」〔PP I 310〕と主張する。「親子の情のような、人間の身体にすでに刻みこまれてしまっているようにみえる感情でさえも、本当は制度なのである」〔PP I 310〕。してみれば、人間のうちに、いわゆる自然的な行動の層と、加工された文化的な層とを区別することはできないことになろう。あるいは「人間にあっては、すべてが加工されたものであり、かつすべてが自然的なものなのである」〔PP I 310〕。つまり、人間にあって生物学的存在に何ものかを負わないような人間的行為も文化もありえないが、また同時に、なんらかの仕方で人間的意味を負わせられていないような生命活動もないということである。これは、前にふれたメルロ＝ポンティの独自な階層理論を思い出してみれば分かりやすいところであろう。

これと関連して、やはりここで決着をつけておいた方がよいと思われる仮説がある。それは、メルロ＝ポンティがこの段階でやはりシニフィアンとシニフィエとのある種の有縁性を認めており、しかもそれはゴールトシュタインの次のような考え方に基礎をおくと見る仮説である。デロッシやティリエットがメルロ＝ポンティの初期の言語論が「ゴールトシュタインの名によって支配されている」と見るとき、あるいはこうした仮説に立って考えているかとも思われる。すでにロマン・ヤーコブソンが言語体系の相違にもかかわらず幼児の音素獲得に一定の恒常性があり、幼児はまず母音の〈a〉と、通常はほとんど同じ頃子音の〈m〉とを獲得するという事実を確かめていたが[8]、ゴールトシュタインはこれに有機体論的な立場から独自の解釈をくわえている。つまり、こうした音素の獲得はけっして孤立した現象ではなく、有機体の世界に対する二つの態度のあらわれだと見るのである。彼は『生体の機能』において、従来の解剖学や機械論的生理学においてはほとんど等価的なものと見られてきた外転運動と内転運動、伸展運動と屈曲運動とが有機体全体にとってもっている価値の相違を明らかにした〔SC 222-223〕[9]。つまり、外転運動と伸展運動とは、どちらかと言えば脊髄の活動に結びつき、内転運動と屈曲運動とは、むしろ皮質に依存している。そして、屈曲運動は眼球の輻輳や注視の運動とか、注意を集中して頭を前に傾ける運動などに見られるような有機体の「世界を所有しようとする態度」、「自我からの世界の把握」をあらわしているのに対して、伸展運動はあくびや伸びの動作に見られるような「物ごとに気を奪われている状態」、世界への受動的な没入をあらわしている。ゴールトシュタインは〈a〉という音素が、眼を開いたり、腕を伸ばしたりする伸展運動にともなって発音され、〈m〉が眼を閉じたり額をしかめるような運動にともなって発音されるというところから、これらの音素のもつ「意味」を考えようとするのである。こうした考え方を推し拡げてゆけば、擬音語理論とは違った観点からシニフィアンとシニフィエの有縁性を認める理論が構築できそうにも思われる。しかし、ゴールトシュタインも認めているように「屈曲運動と伸展運動の相違は動物においては人間におけるほど著明ではなく」、「その分化もあまり著しくない」のであってみれば、この分化それ自体がすでに人間的レベルの現象であり、つまりは世界内存在のもっとも初次的な転調だと考えられようし、そうだとすれば幼児の最初の音素の獲得もそれと同期化した世界の形態化だということになろう。そうなれば、これはシニフィアンとシニフィエの有縁性というよりはむしろ同一性の主張だということになる。

だが、メルロ＝ポンティはその事態をむしろ次のように考えようとしているようである。「ダーウィンによれば、太陽から目を保護するためにおこなわれる眉をしかめる動作とか、視力をはっきりさせるためにおこなわれる両眼の輻輳の動作とかが、瞑想という人間的行為の組成分となり、観察者に対してもそういう意味をもつものとなる」のとまったく同様に、「咽喉の収縮、舌と歯のあいだからのヒューという空気の放出、こういったわれわれの身体のある種の使い方が突然一つの比喩的な意味を授与されて、われわれの外部に向かってそういう意味を指示するようになる」のであり、そのように「無限定な一連の不連続な動作のうちで、その自然的な力を乗りこえ変貌させるような意味的核をおのがものとすること――これこそが人間の身体の定義なのである」〔PP I 316〕。『行動の構造』においてもそうであったように、ここでもメルロ＝ポンティはゴールトシュタインの一種の平行論をたくみに階層理論に組みかえているのであって、それをそのまま受けつぐわけではない。

メルロ＝ポンティは、『知覚の現象学』のこの言語論の結論ともいうべき部分でも、次のように述べている。すでに一度語られることによって既得の資産となった概念的意味を単に二次的に指示するような「語られた言葉《パロール》」と区別され、意味がその発生状態で見いだされるような「語る言葉《パロール》」においては、「いかなる自然的対象によっても定義されないようなある一つの〈意味〉のなかで実存が分極化作用を起すのであるが、その実存がふたたび自己と合体しようとするのもそうした〔自然的〕存在の彼岸においてであって、それゆえ実存は、おのれ自身の非＝存在の経験的支えとして言葉を創造するわけである」〔PP I 321-322〕。「言葉とは、われわれの実存が自然的存在を超過しているその余剰部分なのである」〔PP I 322〕。

しかし、他方で表現行為は、そのように存在の彼岸へ向かっていたものを、ふたたび存在へ引きもどしもする。つまり、そうした表現行為の沈澱物が「語られた言葉」、つまり制度化された相互主観的な言語体系《ラング》をつくり出し、言語世界や文化世界を構成することになるのである。メルロ＝ポンティは、あらゆる表現行為のうちでひとり言語だけがそうした沈澱作用を起し、偶然的事実としての言語行為《パロール》から沈澱したいわば理念的意味を可能にし、その推定的極限としての「真理の観念」をわれわれにいだかせるというところに、ロゴスの特権とでもいうべきものを認めている〔PP I 311-312〕。

最後に、彼の言語論を強く動機づけた失語症理論に関しても、彼はこうした見地からある新たな提案をおこなっている。彼の考えでは、いわゆる主知主義的失語症理論が本来目指していたのは、言葉を思惟のうえに基づかしめようとすることではなく、「思惟と客観的言語とを人間が〈世界〉へと自己を企投する根本的活動の二つのあらわれとして扱う」「実存的理論」〔PP I 313〕とでも名づけうるものであったはずなのである。つまり、カテゴリー的活動は、思惟や認識であるよりもむしろ、「世界とかかわる一つの仕方」、世界を構造化するある仕方として捉えられるべきであったのである。そう考えてはじめて、色名健忘の患者が同時に毛糸のサンプルをうまく分類できなくなるという障害もうまく理解できる。というのも、この患者において障害されるのは知的な分類能力などではなく、ある発意にもとづいて知覚野が構造化されるその仕方なのであり、その同じ構造化の力が色の名前にあの実存的な意味を住まわせ、言葉にその分節的表情、つまり生命を与えるものでもあるからである。だが、この問題についてはこれ以上立ち入るのをやめ、次にメルロ＝ポンティのいわゆる中期の言語論について考えてみなければならない。

2　構造としての言語——中期の言語論

メルロ＝ポンティの中期の言語論がソシュールの強い影響下に展開されたことは一般に認められているところであろうが、それでは彼の本格的ソシュール研究はいったいいつ頃からはじめられたのであろうか。別にむきになって論ずるほどの問題ではないであろうが、『知覚の現象学』以後のメルロ＝ポンティの哲学的関心の推移のどういう文脈のなかでソシュールへの関心が強まってきたのかという問題ともからめて、先に書き残したことを補足しながら、まずそのあたりの検討からはじめてゆきたい。

前にも述べたように、メルロ＝ポンティは一九四五年の秋にリヨン大学の講師に就任、四八年に教授に昇進し、四九年パリ大学に移るまでそこで講義をおこなっている。先に、そのリヨン大学での講義題目をティリエットに従って紹介しておいたが[10]、おかしなことに『意識と言語の習得』の英訳者シルヴァーマンが当時のリヨン大学での聴講者フェルナン・ジャケに教えられ、そのジャケのノートに拠って、メルロ＝ポンティのリヨン大学での講義についてティリエットとはまったく違った報告をしているのである[11]。その報告によると、メルロ＝ポンティは一九四五—四六年度は「心理学の方法」を主題に講義し、主として精神分析、行動主義、ゲシュタルト心理学を論じたらしいが、それに次いで「言語の本性に関する諸理論の歴史」にも論及したという。そこで彼が採りあげたのは、ヘラクレイトス、ソクラテス、プラトン、デカルト、ロック、バークリー、フンボルト、カッシーラーの言語理論であり、言語と思惟の関係、表現における意識の役割、メタファーの意義といったことが検討の主要な論点になった由である。

シルヴァーマンによると、一九四六―四七年にはメルロ＝ポンティは次の三つの講義をおこなっている。

(一)「発生的心理学」――ふたたびフロイト主義、行動主義、ゲシュタルト心理学を論じたのち、当時刊行されていたピアジェの著作を紹介したり注解したりしながら、幼児における因果性、発生、遊びの問題を論じたと伝えられる。

(二)「美学と近代絵画」――現代美学の考察から出発し、セザンヌ、映画、キュビスム、マルロー、芸術心理学の意義を問題にしたらしい。シルヴァーマンは、『意味と無意味』の第I部の諸論文における関心と重なり合うところが多いと述べている。

(三)「デュルケームと近代社会学」――エミール・デュルケーム、J・S・ミル、マックス・ウェーバーについての考察。

一九四七―四八年にもメルロ＝ポンティはやはり三つの講義をおこなっている由である。

(一)美学、特にボードレール、ランボー、マラルメといった象徴主義の詩人に焦点を合わせて近代詩を論じたらしい。当時メルロ＝ポンティは、サルトルのボードレール解釈とヴァレリのマラルメ研究を手がかりに詩の本質を解明しようとしていた、と言われる。

(二) ポール・ギヨームの『ゲシュタルト心理学』、フロイトの『精神分析入門』（英訳 *Introductory Lectures on Psychoanalysis*, London, 1922 を使ったらしい）、ラガーシュ『嫉妬』の三つの著作についての注解。

(三) 言語の心理学――おそらくティリエットが「言語と伝達」とよんでいる講義がこれに当ろう。ここでメルロ＝ポンティは、(a)心理学、社会学、歴史学に見られる科学主義的傾向の批判、(b)言語と思惟の関係、(c)語る主体とそのコミュニケーションにおける役割、という三つの論点にそって講義をすすめた、とシルヴァーマンが伝えている。

シルヴァーマンのこの報告には、ティリエットが挙げている一九四六―四七年度の講義「ライプニッツにおける自由」にあたるものも、一九四七―四八年度の講義、「マールブランシュ、メーヌ・ドゥ・ビラン、ベルクソンにおける心と身体」に当るものも見当らない。どうしてこうした喰い違いが生じたのか私には見当がつかないし、また、まだリヨン大学に在籍中だったはずの一九四八―四九年度に高等師範学校では「ソシュール」についての講義をおこなっていながら、なぜ当のリヨン大学でそれを採りあげなかったのかも不明である。が、それはともかく、彼のソシュール研究が、一九四七―四八年度の言語の心理学についての講義（ティリエットが「言語と伝達」とよんでいる講義）の延長線上で企てられたものであろうことは、確かである。ただ、ティリエット[12]もシルヴァーマンも伝えているように、この講義の最初の数回は一九四七年に発表された論文「人間のうちなる形而上学的なるもの」（のちに『意味と無意味』に収録）を利用したということであるが、この論文を見てみると、たしかにそこにソシュールの名が挙げられてはいるものの、それはW・フォン・ワルトブルクやメイエ、ギュスターヴ・ギヨームらと並べられて数行論及されているだけである〔SN 126〕から、この講義そのものにおいてもソシュールがそれほど主題的に論じられていたわけではなさそうである。したがって、彼がソシュール言語学と積極的に取り組むのは、翌一九四八―四九年度の高等師範学校での「ソシュール」を主題とした講義、そしてさらにソルボンヌ赴任後の一九四九―五〇年度の講義「意識と言語の習得」〔MS 226 f〕においてであろう。

右の「ソシュール」講義の内容については、今のところわれわれには知るすべがない。となると、われわれに遺された資料のなかで、メルロ＝ポンティが最初にソシュールに主題的に論及しているのは「意識と言語の習得」だということになる。（ここでは、ソシュールだけではなく、ロマン・ヤーコブソンやトルーベツコイらプラハ学派の人たちの音韻論の領域での業績にも検討が加えられている。）しかも、ここでメルロ＝ポンティは自分の言語論を展開するのに単にソシュールを援用しているというのではなく、ソシュール言語学の成果を自分なりの視点から要約し、さらに批判的見解をも展開しているので、もしメルロ＝ポンティに対するソシュールの影響の程度や、彼のソシュール解釈の当否を問題にしようとするなら、この講義の少なくともソシュールにふれた部分〔MS 257 f〕は簡単に見ておく必要がありそうである。

この講義でメルロ゠ポンティは、㈠言語の習得についての発達心理学的研究、㈡言語幻覚や失語症など言語の解体現象についての病理学的研究、㈢言語学、(さらに、実際に講義はされなかったが、予定としては㈣文学によって代表されるような個人的言語の習得の経験)といった諸領野での新たな研究成果を検討しているのだが、いまは話をソシュールにふれた部分に限らねばならない。

メルロ゠ポンティはこの講義の最後に近いところで、ソシュール言語学の諸成果を——必ずしもその相互の連関をきちんと見定めているとも思われないような仕方で——おおよそ次のように要約している。

㈠　ソシュールによれば、言語は本質的に弁別的であり、語はそれぞれに一つの意味を担うのではなく、たがいに他の語から距離をとり合うだけである。ということは、言語現象のそれぞれがコミュニケーションという一つの総体的運動の分化だということである。言語体系《ラング》においてはいっさいがネガティヴであり、そこにあるのはポジティヴな項のない差異だけである。その差異がシニフィエのがわにおいては概念的差異となり、シニフィアンのがわにおいては音の差異になる。

㈡　したがって、言語に関しては、その「意味」よりもむしろ「価値」を論ずべきである。ちょうど貨幣が無数の対象と交換されうる価値をもつというのと同じような意味でそれぞれの語もある価値をもち、それが多くの可能な用法のうちで多様な意味となってあらわれるのである。

㈢　言語体系《ラング》は社会制度に比べられる。ソシュールが言語は「慣習的《コンベンショナル》」だと言うとき、彼が言わんとしているのは、言語が「自然的なもの」ではなく「文化的なもの」だということでしかない。

㈣　ソシュールの思想にはある二重性が認められる。つまり(a)一方で生き生きとした「語られた言葉(parole parlée)」への還帰が試みられる(「言語体系《ラング》は実在体ではない。それは話者(sujet parlant＝語る主体)のうちにしか存在しない」)。(b)しかし、同時に、言語《ラング》は話者のもつ一機能ではない。おのれの言語共同体に所属している話者はその言語体系《ラング》の所有者ではない。話者とは、ひたすら理解されようとし、理解しようとする意志につきる。

メルロ＝ポンティはさらにここから、「個人と社会との関係」という哲学の重要問題に、言語の分析を通じてソシュールが与えた解答を引き出してくる。ノートの不備によるのか、メルロ＝ポンティの講義そのものがそうであったのか、その行論には飛躍や筋道のはっきりしないところも見受けられるし、おそらくソシュールに押しつけるのは無理だと思われるような章句も見うけられるが、多少臆測もくわえて整理してみると、おおよそ次のようなことになる。

㈠　記号と意味との関係——メルロ＝ポンティによれば、ソシュールは〈言語にあってはすべてが心理学的〈心的?〉である〉という考えから出発する。たとえば——と言うつもりなのであろうが、このあたりの論理の筋道は必ずしも明確ではない——語の同一性は構造的な同一性であって実質的な同一性ではない。フランス語の mer（海）とラテン語の mare（海）とのあいだには構造的同一性はあっても実質的な同一性はない。それは語の〔実質的な形の〕変化を意識することなしに世代から世代へと連続的な移行によって伝えられてきたのである。語の同一性を支えているのは語の価値であり、それはちょうどチェスの駒が素材（木で造られているか石で造られているかといった）によって定義されるものではなく、それがもつ防御と攻撃の一定の能力によって定義されるのと同様である。これは言語にあってすべてが心的であるということがいかなる点で言われているのかを示すものである。だが、この心的というのは個人的ということではない。事実——と言うのだが、このあたりの論理の運びも明確ではない——言語体系《ラング》は名称目録《ノマンクラチュール》、つまり、そのそれぞれが一つの意味に結びつけられた記号の総和ではなく、もろもろの語はそれぞれが力のシステムとしてたがいに緊密に連関し合っている(des systèmes de pouvoir solidaire les uns des autres) のである。したがって、同じ言語体系《ラング》の内部で、たがいによく似た観念を表現する記号はたがいに限定し合っている。メルロ゠ポンティはその例として、フランス語の mouton が、ほかに sheep という語をもつ英語の mutton と価値を異にすること、ある言語体系《ラング》には太陽を指す語が二つあり、一つは太陽そのものを、もう一つは地面に降りそそぐ太陽の光を指すといった事例を挙げている。したがって、ある語のもっとも正確な定義は、「他の語がそうではないもの」であるということになろう。あるのは一つの語の意味ではなく、すべての語がたがいに他の語に対してもつ意味なのである。一般に言語現象とは多数の記号のこうした共存にほかならない。これらの記号の一つひとつを採り上げても、それには意味がないのであり、個々の記号はそれら自身が構成分となっている全体から出発してはじめて定義されうるのである。したがって、あるのは「概念的差異」と「音声的差異」だけである。してみれば、言語《ランガージュ》と意識との関係を考察するわれわれの通常のやり方は間違っている。働きつつある言語《ラング》は、純粋な意味と純粋な記号という慣習的な区別を超えているのである。

　こうして——というのだが、この連関もあまりはっきりしない——それぞれの話者はふたたび話者たちの集団に統合しなおされることになる。言語現象のポジティヴな面を基礎づけているのは、他我とコミュニケートしようとする総体的意志である。言語現象はその瞬間その瞬間に考察されるならば、ネガティヴで弁別的なものでしかないのだが、それが話者の本質をなすコミュニケートせんとする総体的可能性に形を与え現実化するのである。

㈡

　話者と表現体系との関係——言語体系《ラング》と話者とを絶対的に区別することはできない。言語をともなわない「純粋思惟」は輪郭のない「風」のようなものであり、逆に思惟をともなわない言葉は音声記号のカオス、「形のない湖の水のようなもの」である。言語の機能はこれら二つのカオスの接点に、分節された思惟を出現させるところにある。つまり、その湖の水の表面に波が生じ、波のさまざまな幾何学的形体や紋様――分節され限定された思惟――が生じるのである。そこでは「思惟の物質化がおこなわれるわけでも言語の精神化がおこなわれるわけでもない」。思惟と言語は同じ一つの現象の二契機にすぎないのである。

(三) 理性と偶然との関係――以上のことからわれわれは精神と対象との関係についてある独創的な考えに導かれる。

(a) 言語行為《パロール》と言語体系《ラング》の区別――言語行為《パロール》は個人の行為であり、言語体系《ラング》は話者が言語行為《パロール》のためにそこから言葉を汲みとってくる宝庫だとされる。しかし、フランス語「そのもの」といった言語体系《ラング》に達することができるだろうか。事実、私は言語行為《パロール》をおこなうそのたびに私の言語体系《ラング》をその全体において目指しているのである。言語行為《パロール》と言語体系《ラング》の境界を区切ることはきわめて困難である。

(b) 通時態と共時態の区別――通時的観点とは、言語体系を時間の継起のなかで、縦断的に考察するものであり、そのときには言語体系はわれわれの目に一連の偶然的出来事であるように見える。われわれは、使われなくなったある体系が没落したり、ある些細なものが偶然使われているうちに、やがて採りあげなおされ体系化されてゆくのを見る。共時的観点とは言語体系をその生成のある時点でその全体性において考察するもので、そのときには言語体系は、通時的観点から見られた場合とは逆に、ある秩序に向かい、体系をなしているものに見えてくる。ある惑星が突然消滅するとその惑星系全体がそのもつ力を利用して再組織されるが、言語学においても同様であって、言語体系《ラング》の再構造化の基底には偶発事が存する。この意味で、言語体系《ラング》は相対的に動機づけられた(relativement motivé) 事象の領域だと言える。つまり、なんらかの偶発事に由来しない合理的なものはなに一つなく、その偶発事が話者の共同体の体系的表現によって採りあげなおされ彫琢されてゆくのである。

メルロ＝ポンティは、共時態と通時態のこうしたソシュールの考え方がその後いくつかの重要な点で修正されてきたと見る。たとえばギュスターヴ・ギヨームは深層言語学的図式とでもいったものの存在を認めているが、それは時間を通じて展開しつつ通時態に方向を与えているさまざまな表現手段のうちに存する一つの構築法と定義される。そうなると、言語《ランガージュ》は瞬間的なゲシュタルトではなく、ある平衡状態へ向かって進展している〈動きつつあるゲシュタルト〉だということになる。それにまた、いったんその平衡状態が獲得されても、まるで磨耗現象にでもよるかのようにその平衡を失い、ふたたび別の方向に新たな平衡を求めてゆくことがある。したがって、この種の考え方からすると、言語体系には通時態のもろもろの偶発事を淘汰してゆくある原理が内在していることになるし、偶発事と共時態とは、もはやソシュールにおけるように単に並置されるわけにはゆかなくなる。しかし、こうした修正を試みる人たちのもとでも、ソシュールの思想の本質的部分は保持されている。それは、〈必ずしもその展開が保証されているわけでもなければ、あらゆる種類の逸脱の可能性をもふくみながら、やはり理解し理解されようとすることを望む話者たちの推進力によってそこに秩序と体系とが再建されることになる、よろめきながら進む一種の論理〉という考え方である。

たとえば言語《ランガージュ》や言語体系《ラング》といった概念のかなり野放図な混用をはじめとして、今日のソシュール学の水準から見ればずいぶん問題になる箇所も多いであろうし、おそらくはノートの不備ということも手伝って行論に飛躍や未整理なところも目立ちはするが、基本的な論点は一九五一年の「言語の現象学について」〔S I 131 f〕の第Ⅱ章と相当程度まで重なっており、すでにしてソシュール言語学のやはりユニークな摂取が認められる。「個人と社会との関係という哲学の重要問題」に対してはたしてソシュールからいかなる解答が引き出されたのかという問題をもふくめて、その検討はのちにまとめて試みることにして、ここではまず、そうしたソシュール言語学の摂取の上に打ち樹てられたとされる彼の中期の言語論を見ておきたい。

先にもふれたように、ティリエットはメルロ＝ポンティのこの時期の言語論においては「言語行為《パロール》の密度が薄められる」と述べている。だが、果してそう言えるであろうか。「言語の現象学について」においても「人間諸科学と現象学」〔OE 3 f〕においても、むしろメルロ＝ポンティはフッサールの後期の言語論とソシュール言語学がともに「話者（＝語る主体）への還帰」「言語行為《パロール》への還帰」を果している点に共感し、それによっておのれの初期の言語論を補強しようとしているように思われる。そのあたりの事情を簡単に見ておきたい。

フッサールの言語論の展開については「人間諸科学と現象学」の方がくわしいが、それによると、かつてフッサールは『論理学研究』（第二巻　第四研究「独立的意味と非独立的意味の相違ならびに純粋文法学の理念」）において、いっさいの経験的に与えられる諸言語をそのヴァリアントとしてとらえることのできるような「普遍的言語」「普遍文法」「合理的文法」つまりは「言語の形相学」とでも言うべきものの構築の必要を説いていたが、『形式的論理学と超越論的論理学』や「幾何学の起源について」といった後期の諸著作においてはそうした理念を放棄し、「話者への還帰」をはかり、「話者とは何であるか」ということを意識しなおすところにこそ言語の現象学の課題があると考えるようになる。前のような考え方からすれば、われわれは「おのれの話している言語の歴史的根源から身を引きはなし」、いわば本質直観によって「言語一般の本質にまでつき進むことができる」ことになろうし、言語とは思惟の前にその普遍的構造を透明なかたちで展開しうる一対象であり、結局は思惟の翻訳、外的記号でしかないことになる。だが、その思想の成熟とともにフッサールは、いっさいの言語学的状況を脱したそうした超越論的主観の活動として言語を見ることの不可能であることをさとり、「ある言語学的状況を介することによってのみ、またおのれの言語を行使することによってのみ真理を目指したり、暫定的な意味での普遍的思惟に到達したりできる話者（＝語る主体）」を再発見し、その話者の立場から言語を見ようとするようになる。そこでは、話すということはもはや思惟を言葉に翻訳することではなく、「言葉によって或る対象を志向する」ことであり、理念や文化的対象の存在でさえ、言語なしには私的な現象にとどまる思惟がまず言語によって現実存在と間主観的価値とを獲得することによってはじめて可能になる、と考えられるようになる。

メルロ゠ポンティはフッサールのこうした後期の言語論とソシュール言語学とのあいだに「重大な近似性」〔OE 76〕を認める。というのも、ソシュールが「言語体系《ラング》の言語学」にくわえて「言語行為《パロール》の言語学」〔OE 76〕を、あるいは「言語体系《ラング》の通時的言語学」にくわえて「言語行為《パロール》の共時的言語学」〔S I 135〕を提唱したとき、彼の念頭にあったのも同じ「話者への還帰」ということだった、と考えられるからである。だが、メルロ゠ポンティのこうしたソシュール理解はすこぶる評判が悪い。ソシュールが通時態と共時態とを区別したのはあくまで言語体系《ラング》に関してであったし[13]、『一般言語学講義』を刊行した弟子たちの「フェルディナン・ドゥ・ソシュールはその講義において言語行為《パロール》の言語学に言及したことはいちどもなかった[14]」という証言もあるので、「言語行為《パロール》の言語学」というのは、メルロ゠ポンティの誤解——せいぜい「生産的」な誤解[15]——と見られてきたのである。

だが、こうした見解に対して、一九五〇年代以降に発見された新資料を踏まえて『一般言語学講義』の精緻なテキスト・クリティークを試みている丸山圭三郎氏の反論[16]がある。氏は、メルロ゠ポンティが「ソシュールをパロールの言語学の樹立者として称揚している」のは、けっして言われるような現象学者としての必然な誤解ではなく、ソシュールそのひとにメルロ゠ポンティの説くような意味での「パロールの概念」があったのだと主張し、その論拠としてリードランジェによって採られた第一回目（一九〇七年）の講義ノートから次の箇所を引用している。[17]

人が語るためには、ラングの宝庫が常に必要であるというのも事実であるが、それとは逆に、ラングに入るものはすべてまずパロールにおいて何回も試みられ、その結果持続可能な刻印を生みだすまでくりかえされたものである。ラングとはパロールによって喚起されたものの容認に過ぎない。

今ここで問題になったラングとパロールのこの対立は、それがランガージュの研究に投げかける照明の故に非常に重要である。この対立を特にはっきりと感じさせ観察可能にさせる一つの手段は、ラングとパロールを個人の中で対立させてみることである。（ことばが社会的事実であるというのは確かであるが、これを個人の中に集約させる方が好都合であるような事実も少くない。）そうすれば、このラング、パロールという二つの領域が殆ど手にとるようにはっきり区別されるのがわかるであろう。

ディスクールの要請によって口にされるすべてのもの、そして個別な操作によって表現されるものはすべてパ、ロ、ー、ルである。

個人の頭脳に含まれるすべて、耳に入り自らも実践した形態とその意味の寄託、これがラングである。

この二つの領域のうち、パロールの領域はより社会的であり、もう一方はより完全に個人的なものである。ラングは個人の貯蔵庫である。ラングに入るものはすべて、換言すれば頭に入るものはすべて、個人的なものである。（丸山氏によれば、バイイとセシュエによって編纂された『一般言語学講義』においてはこの部分が十分の一弱に削られ、これに対応するのは「パロールにおいて試みられずにラングに入るものはなく、すべての発展的現象は、個人の領域にその根を有する」という一句だけであるという。）

ここでは、パロール＝個人的言語行為、ラング＝社会制度という通念をくつがえすような思想が述べられている。丸山氏も指摘するように、少なくともここに見られるかぎり、ソシュールにとって「パロールとラングは、ともに社会的事実の二面であり、いずれも個人の次元で観察されうる領域である」、あるいはもっと正確に言うなら、「ラング、パロールともに、その社会的側面と個人的側面を有しており」、「本来的には全く個人的な知能と意志に基づくパロールは、ディスクールという実践を通して社会的行動となり、ラングに働きかけてこれを変革するのに対し、本来的には社会制度であるラングも、各個人の意識と記憶の中に寄託されるという意味では、まことに個人的なもの[18]」なのである。丸山氏はさらに、リードランジェのこの第一回目の講義ノートから、「新たに創造されるものはすべてディスクールに際して創られるものだということは、同時に、すべてが起るのはことばの社会的側面においてであるということを意味している」という言葉を引用している[19]が、これらのテキストに見られるソシュールの思想は、『知覚の現象学』におけるメルロ＝ポンティの言語論とほとんど重ならんばかりである。彼もまたパロールこそ、しかも理解し理解されようとする意志であるいわば相互主観的な話者のパロールこそが創造的言語活動、「語る言葉（parole parlante）」であり、ラングはその「寄託物、沈澱物」、「語られた言葉（parole parlée）」だと主張していたのではなかったか〔PP I 321〕。丸山氏はまた、ソシュールのこのテキストではラングがまだ「体系」としてとらえられていないというゴデルの指摘を引いているが、[20] これもまたメルロ＝ポンティの初期の言語論が十分に展開することのできなかった視点であり、そこにも両者の言語論の近似性が認められよう。

丸山氏は、こうしたラングとパロールの概念がソシュールのその後の第二回（一九〇八―〇九年）、第三回（一九一〇―一一年）の講義でどのように定義しなおされてゆくかを精細に追っているが、[21] それによれば、第二、三回講義においてはラングをもはや個人的貯蔵物の総和としてではなく体系としてとらえる視点が導入されるとともに、パロールを創造的能力として見る見方も姿を消し、パロールは「社会契約によって容認されたものの実現」、ランガージュの行使としてしか見られなくなる。しかし、第一回講義の視点もけっして失われたわけではなく、丸山氏によれば、ソシュールの考え方は結局第三回講義の次のような定義に落着いているという。[22]

ラング＝受動的なもので集団の中に存在する。ランガージュを組織化し、言語能力の行使に必要な道具を構成する社会的なコード

パロール＝能動的で個人的なもの

1一般的な諸能力の使用（発声作用など）

2個人の思考に基づいた、ラングというコードの個人的使用

ここではラングもパロールも、それぞれ両義的なものとしてとらえられている。つまり、ラングは「受動的（非創造的）でありながら個人の言表を規制し条件づけるコード」という二重性格をもち、パロールは「能動的（創造的）でありながら副次的な現象、物理的現象に過ぎない」という二重性格をもつと考えられている。丸山氏は、この二重性が「実はソシュール自身の思想の発展過程を反映している」と見る。つまり、氏は「第一段階においては〈具体的現実〉として捉えられる un état de langue donné に視点をおき、ランガージュの社会的産物としてのラングと、これを変革する源である個人の意志と知能の働きとしてのパロールの関係を問題としたのに対し、第二段階では価値体系の概念、すなわち記号学的視点に立って〈fait sémiologique pur〉〔純粋に記号学的な事実〕と〈fait physiologique de la phonation〉〔発声作用の生理学的事実〕を峻別する必要性を問題にした[23]」と見、一見異質に思われるこれらの二つのプランが深層において密接な関係をもち、そこにこそソシュール言語学の秘密があると見るのである。

丸山氏の論文の面白さにつられてその紹介に深入りしすぎたきらいがないでもないが、われわれの論点に重大なかかわりがあるので、もう少し紹介をつづけたい。氏も説いているように、ソシュールは第一回の講義からパロールの創造性と、そしてまた社会性を強調している。第一回講義から先ほど引用したテキストでも、ラングとパロールの二つの領域のうち

「パロールの領域はより社会的である」と言われていた。もう一度丸山氏の言葉を引くならば、「いかにそれが個人的な意志から出発するにせよ、パロールはディスクールという実践を通して社会性を獲得し、言語場をも含めた現実の中で社会関係を構成する[24]」のである、そこにこそ、氏のいわゆる「構成された構造」であるラングに対して、氏によって「構成する構造＝主体[25]」とよばれているパロールに特有の社会性があるのである。このような意味でのパロールがソシュール言語学の対象でないわけはない。『一般言語学講義』に見られる「言語学の唯一にしてかつ真正な対象は、それ自体としてのラングであり、それ自体のためのラングである[26]」という――先程引用した「ソシュールは言語行為《パロール》の言語学に言及したことはない」という主張の裏づけとして使われる――言葉もソシュールのものではなくバイイたち編纂者の創作である由であるし、第三回の講義では、病気のため果せなかった最後の章が「個人におけるランガージュの能力とその行使」に予定されていた[27]ということを考え合わせても、メルロ＝ポンティがソシュールに関して「言語行為《パロール》の言語学」を語るのはけっして「誤解」ではなさそうである。あるいはメルロ＝ポンティは一九四〇年代末から五〇年代初頭にかけてのソシュール言語学摂取のある段階で、『一般言語学講義』編纂の基礎資料の一つであったリードランジェの講義ノートを閲覧する機会をもったのではないか、という錯覚さえ起ってきそうなくらいである。

　ティリエットがこの時期のメルロ＝ポンティの言語論においては「言語行為《パロール》の密度が薄められる」というとき、彼は言語行為《パロール》をあくまで個人的言語事実として考えていたのではあるまいか。ソシュールの言語行為《パロール》の概念のもつ社会的性格に着目しさえすれば、ソシュールの影響下に立つこの時期の言語論においても、別に言語行為《パロール》の密度は薄められる必要はないのである。

だが、それにしても、「創造的かつ社会的な言語行為《パロール》」という概念と、やはりソシュールから学んだ記号学的視点からとらえられた「示差的体系としての言語体系《ラング》」という概念とは、メルロ＝ポンティによってどのように結びつけられることになるのであろうか。

メルロ＝ポンティの中期の言語論にあって、おそらくもっとも考慮に価するのは、彼のいわゆる「言語行為《パロール》の言語学」の主張、言いかえれば彼がソシュールの言語学やフッサールの後期の言語論について強調する「語る主体への還帰」〔OE 76〕の思想と、やはり彼が「ソシュールから学んだ」〔S I 58〕と言う示差的記号の体系としての言語体系《ラング》の概念とがどのように結びつくかという問題であろう。これは言ってみれば、言語《ランガージュ》における主体と体系の問題、ないし——丸山圭三郎氏の用語をそのまま借用すれば——「主体と構造の問題㉘」ということになろうが、次にこの問題を考えてみたい。

メルロ＝ポンティは「間接的言語と沈黙の声」〔S I 58 f〕を次のように書き出している。

われわれがソシュールから学んだのは、記号というものが一つひとつでは何も意味するものではなく、それぞれの記号は一つの意味を表現するというよりも、おのれ自身と他の諸記号とのあいだの意味のへだたりを示すものだ、ということである。それら他の諸記号についても同じことが言えるわけだから、言語体系《ラング》は項のない差異からなっていることになる。もっと正確に言うなら、言語体系《ラング》における諸項は項相互間にあらわれてくる差異によってはじめて生み出されるものだ、ということになろう。

今となってはもう周知のことであろうが、ソシュールによれば言語体系《ラング》とは、その一つひとつの語がそれに対応する一定の意味を表現するというのではなく、それぞれの語が他の語との差異を示すだけの――つまり、示差的意味しかもたない――記号体系である。メルロ＝ポンティも言うように、たしかにこれは「難解な思想」〔S I 58〕である。というのも、常識的な考え方からすれば、Aという項にもBという項にも定まった意味がないとしたら、どうしてそれらのあいだに差異、つまり意味の対照が生じてくるのか理解しかねるからである。もっとも、それは、こうした体系が自立した諸部分の集合によって成立する体系ではなく、一つの全体が内的に分化してゆくことによって部分が決定されてくるような体系、全体が部分に先行するような体系だと考えれば、納得できないこともない。ただ、そうなると、部分の意味を知るには全体を知っていなければならないことになろうし、意思の伝達は全体と全体とのあいだでしかおこなわれえないことになろう。当然、一つの言語体系《ラング》を学ぶにはすでにその全体を知っていなければならないという、これも常識的な立場からすれば逆説的な事態が生じてくる。

だが、それにもかかわらず、ソシュールがおそらくは語彙のレベルで構想したこのような逆説的な記号体系の概念が、その後トルーベツコイやロマン・ヤーコブソンによって音韻論のレベルにいっそう適切に適用されうることが証明された。たしかに音素というものはそれだけではなんの意味ももたず、同じ体系内の他の音素に対する「弁別的」な価値しかもたない。一言語体系《ラング》のもつ音韻組織は、もっぱら「対立的」で「相関的」であるだけの諸項からなる差異の体系なのである〔S I 59〕。

また、一つの言語体系《ラング》がさまざまなレベルで起るそうした内的分化によって生じる体系だということも、幼児の言語の習得に即して確かめられるにいたった。幼児にあっては、言語体系《ラング》の習得された部分——成人から見て部分と思われるもの——がそのまま全体としての価値を有する。つまり、幼児にあってはある種の音素が語として、さらには文としてさえ働くのである。そして、その進歩がけっして部分の付加によってではなく、それなりに完全な全体の内的分化によっておこなわれるということも、ヤーコブソンによって確かめられている[29]。つまり、幼児は喃語の段階では信じられないほど豊富な音を発声しているのだが、そこには音の対立は認められず、それらの音は意味する手段としては使われていない。ところが、幼児が話しはじめると、つまり真の言語の習得段階に入ると、それらの音は大部分放棄され（ヤーコブソンの言う「デフレーション」[30]の現象が起り）、母語の音韻体系に属する音素だけが対立的に発声され聞き分けられるようになる。つまり、最初の意思伝達の試みとともにはじめて音素の対立が生じるのであり、そのときはじめて音素が言語行為《パロール》というただ一つの活動の内的分化として働きはじめ、以後その分化が果てしなく繰りかえされてゆくことになるのである。

メルロ＝ポンティが、こうした言語体系《ラング》の概念を逆説的だとする常識的立場からの異論はツェノンの逆説と同じ種類のものであり、ツェノンのそれが実際に運動をおこなってみることによってあっけなく乗りこえられてしまうのと同様に、その種の異論も「言語行為《パロール》の行使」〔S I 58〕によって簡単に乗りこえられると説くのも、このゆえにほかならない。たしかに言語体系《ラング》というものは、それを学ぶひとのもとで「おのれ自身に先行し」、「みずからおのれについて教え」「おのれ自身の解読法を暗示する」〔S I 58〕という逆説的な性格を示すが、それは、部分の学習によってあとから獲得されるはずの全体がすでにその部分の学習に先立って、未分化な全体として、つまり意思を伝達せんとする話者の総体的意志として存在するからであり、つまりは言語行為《パロール》というものが言語体系《ラング》のうちに刻みこまれている諸可能性を現実化するというだけのものではなく、むしろ分節化された全体としての言語体系《ラング》を支え可能にする未分化な全体でもあるからなのであって、メルロ＝ポンティはこの「循環」のうちにこそ「言　語《ランガージュ》を定義する奇蹟」〔S I 58〕を認めている。

彼が、言語行為《パロール》と言語体系《ラング》、共時態《サンクロニー》と通時態《ディアクロニー》とを単純に区別し並置するソシュールの考え方に反対するのも、このゆえである。先にふれた「意識と言語の習得」において彼が、「私は言語行為《パロール》をおこなうそのたびに私の言語体系《ラング》をその全体において目指している」のであるから、「言語行為《パロール》と言語体系《ラング》の境界を区切ることはきわめて困難である」と述べていたのも、言語行為《パロール》をすでに制度化された言語体系《ラング》にのっとっておこなわれる単なる二次的な個人的行為としてではなく、言語体系《ラング》を創造し、支え、変革してゆく創造的な社会的行為と見ているからである。もっとも、すでにソシュール自身にこうした視点のあったことは、先に丸山圭三郎氏の論文に拠ってわれわれも確かめたところである。メルロ＝ポンティは、共時態と通時態に関しても、ソシュールのようにこれを二元的に並置するべきではなく、そこにそれぞれが他方を包みこみ合ういわば弁証法的な関係を認めるべきだと説き、たとえばギュスターヴ・ギヨームの提唱する「深層言語図式」にそうした媒介原理の一つを見ている〔S I 136〕。それというのも、通時的視点でとらえられる「言語の過去」もはじめは話者によって生きられる「現在」の共時的体系であったのだし、「共時態というのも通時態の一つの横断面にすぎない」からである。してみれば、現在実現されている言語体系《ラング》にしてもけっして完全に顕在化したものではなく、つねに変化の可能性をふくんでいることになる。言語体系《ラング》とは、「相互のあいだで明確に分節された意味の諸形式の体系でもなければ、また一つの厳密なプランにしたがって構築された言語学的諸観念の建造物でもなく、そのそれぞれが一つの意味によってよりも一つの使用価値によって定義されるであろうような、相互に収斂しあうさまざまな言語的所作のまとまり」〔S I 137〕にほかならないのである。したがって、それが均衡を保つ全体だとしても、その均衡は「動的な均衡」であり、つねに言語行為《パロール》の創造性に開かれている。ソシュールの強調する言語記号の恣意性の原理も、この言語行為《パロール》の創造性との連関ではじめてその真意が理解されえよう。丸山氏も前記の論文で、まことに適切に次のように述べている。

……第一のプラン〔既成の社会制度として見られた言語体系《ラング》〕では必然性としか映らなかったこの言語記号の恣意性こそが、新しい意味体系を創り出すパロールの創造性の基盤にもなっているのである。すなわち、個人が持ち得る無限と言ってもよい生体験を、非直接的言語によって一体系内の有限な signification に分節する、まさにその故に、事物とシーニュの間には必然的にギャップが生ずる。dénotation に絶えず conotation が付加されていくのは、人間がそのギャップを克服しようとする主体的な試みであり、その結果ついにはシニフィアンとシニフィエがずれて、新しいシーニュの価値体系が誕生する。ちょうど、社会的、文化的現実が、自然的現実の存在をあくまで前提にするように、ここではパロールが既成のラングの意味体系を前提とし、この絶対的なと言っていいほどの規制の下にありながら、主体が真の表現作用を行うことによってはじめてそこにことばの創造的止揚が見られる。この弁証法的発展の図式の中にこそ、本来的ソシュールのパロールの意味が見出され、後に Merleau-Ponty が提起する〈語られたパロール〉から〈語るパロール〉への示唆が読みとられるのである。(31)

したがって、この限りではわれわれは、メルロ＝ポンティのこの中期の言語論に、ティリエットが主張するような意味での初期のそれとの決定的な違いを見いだすことはできないように思われる。ソシュール言語学についての知見によって、むしろそれが補強されたと考えるべきであろう。

それにしても、ソシュールに学んでかなり明確な記号概念を手に入れたことで、メルロ＝ポンティはその記号と意味の関係を、そしてさらには言語と思惟の関係をどのように考えるようになるのであろうか。たとえば、最初の音素対立の獲得とともに幼児は「記号と意味という最終的な関係の基盤となる記号と記号との側面的《ラテラル》な結びつき」〔S I 60〕を学び知るのだとか、「それぞれの記号を意味する《シニフィアン》ものたらしめるのは記号と記号との側面的《ラテラル》な関係である」〔S I 62〕とか、「記号が最初からおのれ自身と組み合わされ組織されているからこそ、記号はある内面をもち、ついにはある意味《サンス》を要求するにいたるのだ」〔S I 60〕といったような言い方がされるが、その際記号と意味の関係はどのように考えられているのか。特に、この時期に彼が記号の「弁別的《ディアクリティク》意味」〔S I 59〕とよんでいるものは、彼がかつて言葉の「所作的意味」とか「情感的意味」などとよんでいたものと、まったく重なり合うものであろうか。これらの点についてのメルロ＝ポンティの叙述が必ずしも明確とは言えないだけに、多少の検討が必要である。

この時期のメルロ＝ポンティの言語にふれた諸論文を読んでいてまず気づくのは、明らかにソシュールに由来する「意味するもの《シニフィアン》－意味されるもの《シニフィエ》」という対概念と並んで、しかもそれよりもはるかに頻繁に「記号《シーニュ》－意味《シニフィカシオン》」〔S I 60〕[32]という対概念がもち出されている、ということである。だが、もし彼が一方でソシュールの記号概念を忠実に受け容れているとすれば、これはおかしな話である。なぜなら、ソシュールにあって記号《シーニュ》とは意味する《シニフィアン》ものと意味される《シニフィエ》ものとが分かちがたく結びついた統一体であり、そこにはすでに意味がふくまれており、しかもそれ以外の記号外的意味を認めないところにソシュールの記号概念の独自性があるのである以上、「記号《シーニュ》－意　味《シニフィカシオン》」という対概念をもち出すということは、記号《シーニュ》を単なる意味する《シニフィアン》ものと同一視するという初歩的な誤りを犯していることになりかねないからである。とすれば、そうしたソシュールの記号概念を十分承知の上であえて「記号《シーニュ》－意　味《シニフィカシオン》」という対概念をもち出すとき、メルロ＝ポンティにはソシュールの記号概念や意味の概念を積極的に修正しようとする意図があったにちがいない。当面考えられることは、彼が記号というものを語彙のレベルを超えて音素のレベルにまで拡張して考えようとしていた、ということである。事実、彼は次のように述べている。

> 今日の言語学は言語体系《ラング》の統一性をもっと正確に考えており、語の起源に……〈対立的〉で〈相関的〉な諸原理〔音素〕を浮かび上らせているが、これらの原理に対しては、記号に関するソシュールの定義が語に対して以上に厳密に適用されるのである。
> 〔S I 59〕

言語行為《パロール》の真の土台をなす音素も、語られた言語体系《ラング》の分析によって見いだされるものであり、文法書や辞書のなかに公式の存在をもっていない以上、それだけでは、われ

> われがそれとして指示しうるような何ものをも意味するものではない。だが、まさにこのゆえに、音素は意味するということの原初的なかたちを示しているのであり、そして構成された言語の下にあるところの、さまざまな意味と非連続的な記号とを同時に可能にする先行的操作にわれわれを立ち合わせてくれるのである。〔PM 53〕

このように記号に音素までふくめて考えることになると、通常解されているような「聴覚映像－概念」という意味での「意味するもの《シニフィアン》－意味されるもの《シニフィエ》」という図式は適用しにくいことになろう。音素は「それだけでは、……何ものをも意味するものではない」〔PM 53〕からである。

だが、それだけではなく、メルロ＝ポンティには「意味」についての独自な考えがあり、たとえば「シニフィエ＝意味」というソシュールの考え方に批判的であるように思われる。もっとも、いまこれを論ずるにはいくつかの厄介な問題がある。第一に、この議論を展開するには、「意味するもの《シニフィアン》－意味されるもの《シニフィエ》」というわれわれのこれまで使ってきた訳語の不適切さがとがめられねばならない。この点は、いま大目に見ていただいて、今後必要に応じて「シニフィアン－シニフィエ」と仮名書きすることにしたい。第二に、「シニフィエ＝意味」というのが果してソシュール自身の考えであるかどうか、という問題がある。この点については、これまでもたびたび助けを借りた丸山圭三郎氏の綿密な考証にまたもや頼ることにしたい。第三の問題は、当のメルロ＝ポンティ自身の用語法である。この時期の彼は、

「意味」という言葉をかなり多義的に使っている。多義的にというよりは、むしろ弁証法的にというべきかも知れない。「私が記号と名づけ、生命のない外被ないし思考の外的顕現という地位に貶しめているものも、それを生きた言語のなかで作動しつつある姿で考察するやいなや、いくらでも意味に近づいてくる」〔PM 51〕といったように考えられているからである。あまり截然とはいかないにしても、この「近づき方」を適当に整理してみる必要があるだろう。

まず、その手がかりを、彼が記号の「弁別的意味」とよんでいるものにもとめよう。これは、一つの記号体系内のそれぞれの記号が他の記号に対してもつ弁別的、示差的意味であり、すべての記号に、拡張された意味での「シニフィアン－シニフィエ」という図式を適用しうるとしたら、そのシニフィエにあたる。ジェームズ・M・エディはこれを「音素論的意味（phonological meaning）」[33]と呼んでいるが、これは必ずしも音素に限られず、すべての記号に関して問題になりうる弁別的意味であろう。ところが、メルロ＝ポンティは、彼自身の用語法もつねに適切だとは言えないのだが、これを「意味」とではなく「価値」とよび、「意味」とは区別すべきだと考えているように思われる。先に紹介した「意識と言語の習得」においても、彼は次のように述べていた。「……言語に関しては、その〈意味〉よりもむしろ〈価値〉を論ずべきである。ちょうど貨幣が無数の対象と交換されうる価値をもつというのと同じような意味で、それぞれの語もある価値をもち、それが多くの可能な用法のうちで意味となってあらわれてくるのである」〔MS 257〕。

一方、ソシュールそのひとのもとでも、通常「意味」と解されている「シニフィエ」が実は「価値」とよばれるべきものであるということが、丸山氏によって綿密に論証されている。氏はソシュールの『一般言語学講義』において「シニフィエ＝意味」と解されうる箇所をすべて原資料（リードランジェ、デガリエ、コンスタンタンらのノート）と厳密に対照し、それらの箇所の「意味」という語がすべて編集者たちの加筆であり、原資料においては「価値」となっていることを確かめ、そこから読みとられるソシュールの主張を、氏自身の言葉で次のように要約している。

誤った考えによれば、《語》$_1$の《意義》$_1$は言語外の現実、普遍的純粋観念（＝主知主義）か、せいぜい聴覚映像の相対物としての概念（＝体系無視の視点）とみなされる。正しくは、《語》$_2$の《意義》$_2$は、その言語体系内に共存する他の語群との相関・対立関係からのみ生まれると言わねばならない（＝自立した恣意的価値体系の視点）。《語》$_2$を《辞項》と呼び、《意義》$_2$を《価値》と呼ぶことを提唱する。[34]（このばあいに限り、丸山氏の文中の「意義」とわれわれの言う「意味」とは、特に区別する必要はない）

したがって、氏によれば、「ソシュールの考えていたあるべき姿は signification $_2$ ＝ signifié ＝ valeur という等式である」。とすると、『一般言語学講義』に見られる「シニフィエ＝意味」という考え方に対するメルロ＝ポンティの批判は実はソシュールの真意にかなっていたことになり、「弁別的意味」は今後「弁別的価値」と呼ばれねばならない。

では、その「価値」と「意味」とはどのような関係にあるのか。丸山氏も、右のような確認の上に立って、次には価値と意味との関係を問題にするのであるが、それに際して氏は、この問題に関して『一般言語学講義』においてしばしば論議の種になる次の箇所に独自の訳を付している。

La valeur, prise dans son aspect conceptuel, est sans doute un élément de la signification, et il est très difficile de savoir comment celle-ci s'en distingue tout en étant sous sa dépendance. (*Cours de linguistique générale*, p. 158. 小林英夫訳『一般言語学講義』では一六〇ページにあたる。)

概念の面からみた価値というものは、おそらく意義を生み出す源であるが、意義がこのように価値に依存しながら、どうしてそれと別物であるかを知ることは、実に困難である。[35]

いま問題になっているのは、「価値が意義の un élément である」と言われるばあいの élément の解し方であるが、丸山氏はこれをその原義に即して「意義を生み出す源」と読むことによって、みごとに解決している。だが、「価値が意義を生み出す源」だというのはどういうことであろうか。メルロ＝ポンティが先ほどのように「その価値が多くの可能な用法のうちで意味となってあらわれてくる」とか、あるいは「それぞれの記号を意味するもの《シニフィアン》たらしめるのは記号と記号との側面的《ラテラル》な関係である」などという言い方をするばあいに考えているのも同じ事態であろうが、それはどのように解さるべきであろうか。また、メルロ＝ポンティにあって、「記号の弁別的価値」とか「記号と記号との側面的な関係」というのは、どの程度の内包をもつ概念なのであろうか。

　話が錯綜することになるが、この価値と意味との関係を考える一つの仮説をビュルジエが提供してくれている。むろんソシュールに関してのことであり、ここでも丸山氏の引用[36]に拠ることになるが、ビュルジエは価値を言語体系《ラング》の次元に、意味を言語行為《パロール》の次元に割当てようとしているという。つまり、言語体系《ラング》に属する価値は純粋に潜在的な実体であり、これが言語行為《パロール》における具体的な連辞関係のなかで不定数の意味となってあらわれるのだ、と言うのである。たとえば「〈tondre un mouton〔mouton（羊）の毛を刈る〕〉という文脈と〈manger du mouton〔mouton（羊肉）を食べる〕〉という文脈においては、同一のシーニュが〔英語においてはsheepとmuttonという二つのシーニュに割当てられる〕二つの意義となってあらわれる」。つまり「パロールの中に実現されるのは価値ではなく、複数の意義群なのだ」。

　丸山氏はビュルジエのこの見解に大筋においては同意しながらも、それに根本的修正をくわえる必要があると主張する。なぜなら、ソシュールの説く言語体系《ラング》は、単に記号の連合的共存をふくむだけではなく、文法性を規定する関係としてのその連辞的共存をもふくむものだからである。氏によれば、たとえばビュルジェの挙げている例、「tondre un mouton も manger du mouton も、ラングに属する連辞であって、パロールの次元に属するものではない」のである。丸山氏は、それを裏づけるために、ソシュールの第三回講義のコンスタタンのノートから次の箇所を引用している。(37)

連辞はパロールに属するのではないか、そして、〈連辞－連合（syntagme-association）〉という二つの領域を区別することで、〈ラング－パロール〉という二つの領域を分ける操作と同じことをしているのではなかろうか。ところが、ラング自身がこの連辞関係をもっているのである。語とか文法的形態を考えると、これらすべてはラングにおいて与えられた一つの状態にきちんと固定されている。だが、個人的要素が常に見出されるということも事実で、これは一つの文の中で自らの思想を表わすために各自の選択に任された結合である。この結合はパロールに属する。何故ならばそれは実行なのだから。

ソシュールのラングの概念はまことに多義的であるが、丸山氏はこれを仔細に検討し、純粋な「価値体系としてのラング」と「社会制度としてのラング」とを区別している。ラングそのものに「〈純粋な関係〉という潜在性とそれが〈文脈〉となって現われる顕在性の二重のプラン」が存するのである。したがって、氏によれば、純粋な価値体系の実現

(réalisation) といっても、社会制度としてのラングにおける「社会的実現」とパロールにおける「個人的実現」とは区別される必要がある。ということは、「意味」にもラングの次元に属するものとパロールの次元に属するものとがある、ということである。（丸山氏は、氏自身で前者を「意義《シニフィカシオン》」、後者を「意味《サンス》」と術語的に区別している。）

してみれば、ソシュールに関してさえも、ビュルジェのように価値は言語体系《ラング》、意味は言語行為《パロール》と単純に割り切ることはできないことになるし、ましてや言語体系《ラング》と言語行為《パロール》とを並置する考え方に批判的なメルロ＝ポンティにこうした考え方をそのままもちこむことはとうてい許されない。ただ、われわれはここから、「記号と記号との側面的《ラテラル》な関係」とか記号のもつ「弁別的価値」とよばれるものがそれほど単純な事態ではない、という示唆を得ることができよう。

たしかに記号体系というと、われわれは、すでに構成されてしまった記号の連合的体系を考えがちであるし、そうなれば記号の弁別的価値というのも連合関係のなかでの記号の弁別機能だけを意味することになる。しかし、メルロ＝ポンティは言語体系《ラング》というものをそうしたすでに構成されてしまった状態においてではなく、あくまでそれを創造し支えている言語行為《パロール》との連関のなかでとらえようとしているし、いわば記号を「生きた言語のなかで作動しつつある姿で」見ようとしているわけであるから、「記号と記号との側面的《ラテラル》な関係」とか「記号の弁別的価値」といったものももっとダイナミックな局面をふくんでいてよいはずである。それを裏づけるように、彼はたとえば次のように述べている。

幼児がおのれの言語体系《ラング》を学ぶさいにわがものとする語る能力というものは、形態論的・統辞論的・語彙論的な諸意味の総和などではない。こうした知識は一つの言語体系《ラング》を習得するのに必要なものでもなければ十分なものでもないのだ。語るという行為は、ひとたび習得されるや、私の表現したいと思うことと、私が用いる表現手段の概念的配置とのあいだの比較などを予想するものではないのである。私の意味的な志向を表現にまで導くのに必要な語や言い廻しが、語りつつある私に求めるのは、フンボルトがinnere Sprachform〔内的言語形式〕と呼んでいたもの（そして、現代の人たちがWortbegriff〔語詞概念〕と呼んでいるもの）、言いかえれば、それらの語や言い廻しが属している言語行為《パロール》のあるスタイル、私がそれらの語や言い廻しをあえて表象しなくとも、それらを組織してゆく言語行為《パロール》のあるスタイルだけなのである。言語《ランガージュ》にはある〈言語的〉意味（une signification《langagière》）というものがあって、それがまだ黙している私の志向と語とのあいだの媒介の役を果しているのであり、その結果、私の言語行為《パロール》が私自身を驚かしたり、私に私の考えを教えてくれたりすることにもなるのである。組織された諸記号はその内在的意味というものをもっているわけだが、これは〈われ思う〉にではなく〈われなし能う〉に属するものである。〔S I 139〕

してみれば、メルロ＝ポンティのいう「記号と記号との側面的《ラテラル》な関係」なるもののうちには、ここで「言語の言語的《ランガジェール》な意味」とか、組織された諸記号にひそむ「内在的意味」とよばれているもの、他の箇所で「言語がその内的配置によって分泌するある原初的意味」〔PM 51〕などともよばれているもの、もふくまれていると考えてよさそうである（これらの〈意味〉はすべて〈価値〉と読みかえられてよいことになる）。あるいは、すでに構成されてしまった記号体系を静態的に見るばあいには、それぞれの記号の「弁別的価値」と見えたものが、「その作動しつつある姿」においては、つまりその記号体系の生誕の場である言語行為《パロール》のうちでは、それら諸記号がダイナミックに自己組織化するその論理としての「言語的《ランガジェール》意味」となってあらわれるという、一種弁証法的な事態が想定されているのかも知れない。この「言語的意味」が時によっては「言語行為《パロール》の言語的意味（le sens linguistique de la parole)」〔S I 141〕とか「言語行為《パロール》の諸作用に内在する〈言語的価値〉(la《valeur linguistique》immanente aux actes de parole)」〔PM 51〕とか、結局は先ほど引用した箇所においてのように「語や言い廻しを組織してゆく言語行為《パロール》のあるスタイル」などと言いかえられていることが、それを裏づけている。そして、そうなればそれら記号の体系である言語《ラング》体系にしても、もはや語や文法的統辞的形態の静態的組織などではありえず、「そうした語や形態のすべてがその言語的《ランガジェール》な使用規則に従って描くゲシュタルト、それらが何を言わんとしているかをわれわれがいまだ知らず、ただ子供のようにそれらの上下運動や反覆運動に目をとめ、それらがたがいに交わり合い求め合い押しのけ合い、全体として一定のスタイルをもったメロディをかなでるその仕方を見さだめるだけでも、そこに鮮やかに立ち現われてくるゲシュタルト」〔PM 52〕にほかならないゆえんも納得できよう。

そして、メルロ＝ポンティは、諸記号のこうした自己組織化がおこなわれる言語行為《パロール》を、ここでも身体的所作の一つ、「身体的志向性（l'intentionalité corporelle）の顕著な一例」〔S I 139〕と見ている。だからこそ、組織された諸記号に内在する意味は「〈われ思う〉にではなく〈われなし能う〉に属する」〔S I 139〕とか、「意味の土台となるこの言語《ランガジュール》的な意味ないしこの使用価値……は〈思惟する主体〉によって把握されるのではなく、まず〈語る主体〔話者〕〉によって実践される」〔PM 57〕と言われるのである。「われなし能う」のこの「われ」、この「語る主体」は、自己意識にしか開かれていない意識主観ではなく、本質的に他者の身体に現前し、その他者の身体とのいわば間身体的（intercorporel）な関係のうちにある身体的自我なのであり、そうした身体の所作であるからこそ言語行為《パロール》は社会的行為たりうるのである。「記号の意味、それは何よりもまず記号が使用されるときに描くそれら記号のゲシュタルトであり、そのゲシュタルトから放射する対人関係のスタイルだ」〔PM 57〕というメルロ＝ポンティの言葉も、こう考えれば納得のゆくものである。

してみれば、メルロ＝ポンティがこの時期に言語の「言語的意味」とよんでいるものは、彼がかつて言葉の「所作的意味」とか「実存的意味」などとよんでいたものとそれほど違ったものではないことになろう。では、言語的意味とよばれる内的論理をそなえた「意味する装置」〔S I 140〕、つまり言語行為《パロール》と、それによって「表現される意味」〔S I 140〕とはどのような関係にあるのであろうか。言語と思惟の関係の問題や表現の問題とも関連するこの問題を次に考えてみよう。

これまで確かめてきたように、メルロ＝ポンティのいわゆる中期の言語論は、ソシュール言語学の諸成果を批判的に摂取することによって精緻さの度合いを著しく増したとはいうものの、その基本的発想は『知覚の現象学』に見られた初期のそれからそれほど大きく変っているわけではない。当然、言語とそれによって表現される意味の関係についても、その考え方に決定的な変化があるわけではないのだが、ただ、この時期に表現の問題がその思索の中心的課題となってきているのに応じて、その関係がいっそう具体的に、また綿密に考えられるようになった、とは言えそうである。そこで、先に述べたことと幾分重複することは承知の上で、もう一度、中期の論文や遺稿に拠って、この問題を考えておきたい。

たとえばわれわれは、「言葉によって思惟を表現する」という言い方をする。あるいは「記号は意味を表現する」と言ってもよい。このばあい、「表現する」というのはどのような事態を言うのであろうか。メルロ＝ポンティによれば、表現される思惟や意味は、その表現に先立って言語化されない観念としてあるわけではない。たしかに、言語行為《パロール》に先立って、何ごとかを意味しようとする志向はあるのであろうが、そうした「意味志向（intention significative)」〔S I 140〕とは「われわれが生きているところのもの、これまですでに言われたことに対する超過分」〔PM 153〕なのであり、それは「語によって充たさるべき限定された空虚」〔S I 140〕とか「無言の祈願」〔S I 142〕「明確な不安」〔S I 25〕といったものでしかない。あるいはそうしたかたちで考えられている「観念とは、われわれの言語行為《パロール》を支える秘密の軸、あるいはスタンダールが言ったようにその〈杭〉であり、われわれの重力がおもむく中心点であり、周囲に言語《ランガージュ》の穹窿を構築させ、石の重量と対重量とによってしか現実には存在しない、あの明確に限定された空虚なのである」〔S I 28〕。われわれは語ること、表現することによってはじめて、「そうでなければ無言のままでしかわれわれに現前しない意味」〔S I 141〕をわがものにし、獲得するのだ。「意味されるものの主題化」〔S I 141〕はけっして言語行為《パロール》に先行するものではなく、その結果でしかないのである。したがって、表現という行為は、われわれが自分の思惟を他人に伝達するためにおこなう単なる「二次的な操作」〔S I 141〕にすぎないものではなく、なによりもまず語る主体であるわれわれが、おのれの志向しているものを意識化するための操作なのである。

　では、「ある思惟なり意味なりが表現される」というのはどのような事態なのであろうか。メルロ＝ポンティは、たとえば次のように言う。

> ある思惟が表現されていると言えるのは、その思惟を目指してゆく発言《パロール》が十分に数多くなり、十分に雄弁となって、その結果、ついに著者たる私に、あるいは他人たちに、その思惟を曖昧さなく指示することができるように……なる、そのときである。たとえ主題的に与えられるのは意味のいくつかの Abschattungen（射映）だけだとしても、実際には、言述《ディスクール》のある時点を過ぎると、それらの Abschattungen がその言述《ディスクール》の運

動……のなかにひきこまれて、突然ただ一つの意味《シニフィカシオン》へと凝縮するのであり、そのときわれわれは何ごとかが語られたと感ずるのである。〔S I 143〕

表現される思惟とか意味といったものは、個々の語や言語的所作のうちにふくまれているものではなく、それはちょうど「カント的な意味での理念」〔S I 141〕のように、たがいに収斂し合う一定数の言語的所作の「共通の志向」〔RC 144〕として、その「極」〔S I 141〕として、あるいはそれら「言語的所作の交点にそれらが一致して示しているもの」〔S I 63〕として、「道しるべ的なもの」としてあらわれ、これが「特にそれとして与えられることもなしに言述《ディスクール》を磁化してゆく」〔S I 141〕のである。逆に言えば、このように「われわれをその意味するところのものに投げやり」〔PM 26〕「まさに私を記号から意味へと滑りゆかせる」〔PM 27〕ところに「言語の効能」があるのであり、だからこそ、「言語はその表現に成功したその分だけ忘れられてしまう」〔PM 25〕のだし、「誰かが自分の考えをうまく表現したときには、記号はたちまち忘れ去られ、意味だけが残る」のであって、完全な言語とは、まさしく「気づかれずに通過させる」ような言語だということになる〔PM 26〕。

してみれば、「表現する」ということは、普通考えられているように、言語に先立ってある、思惟とか意味とよばれる観念の「原テキスト」〔S I 64〕を、それに対応する記号によって翻訳するといったことではまったくない。そのように意味や思惟が言語をまじえない観念であるかに思われたり、言語がそれを翻訳する惰性的な記号のように思われたりすること自

体、実は、われわれを意味へと赴かせ、おのれ自身は姿を消してしまおうとする言語の効能によるのである。そして、「表現」とは、まさしくそうした言語の効能によって可能となる「意味されるもの《シニフィエ》による意味するもの《シニフィアン》の乗りこえ」〔S I 141〕――このばあいは、これらの概念はソシュールの定義に厳密に従うものではなく、そのまま「意味」と「記号」と読みかえてもよい――にほかならない。

表現ということが、このように観念の一つひとつに記号の一つひとつを組み合わせてゆくことではなく、言語がその総力を挙げて、つまり、たとえば個々の語だけではなく語と語とのあいだの空白や抑揚でさえもが協力して、われわれを意味へと赴かせることなのだとすれば、意味と記号との十全な対応を意味する「十全な表現」とか「完全な表現」という考え方は無意味であろう。たとえばl'homme *que* j'aimeというフランス語の表現の方が、関係詞の省略されたかに思えるthe man I loveという英語の表現よりもより十全だということはないのだ〔PM 48-49, S I 141〕。むしろ、いかなる文法的規約に従うものであろうと、それが曖昧さなく理解されるかぎり、すべての表現が完全なのである。つまり、完全な表現とは「成功したコミュニケーション」〔PM 48〕ということにほかならない。

　だが、それにしても、意味による記号のそうした乗りこえはいかにして生起するのか。「有限な数の記号、言い回し、語が、無数の用法を引き起すというこの不思議、また言語的意味がわれわれを言語の彼方に向かわせるという……不思議、それは話すことの奇蹟そのものである」〔PM 62〕と言われるが、その奇蹟はいかにして生起するのか。メルロ＝ポンティはまた、「表現」を定義して、「言葉《パロール》の言語的意味《サンス》（sens linguistique）と言葉《パロール》の目指す意味《シニフィカシオン》との超越による接合」〔S I 141〕という言い方もするが、そうした「超越」は、いったいいかにして生起するのか。つまりは、それ自身に言語的意味《サンス》という内的論理をそなえた言語と、それによって表現される意味《シニフィカシオン》や思惟との関係はどのように考えられるべきなのであろうか。

　肝腎なこの点についてのメルロ＝ポンティの語り方は――事がらのしからしめるところではあろうが――多くのばあいメタフォリックで、必ずしも明確ではない。たとえば

> 言葉《モ》はたがいに働きかけ合いながらも、ちょうど潮の干満が月によってつきまとわれているように、遠くから思惟によってつきまとわれ、その喧噪のなかでいやおうなくおのれの意味を喚起するのだ。〔S I 66〕

　もしかりに、記号とは記号相互間のなにがしかの距たりでしかなく、意味《シニフィカシオン》とは意味相互間の同じような距たりでしかないとすれば、思惟と言葉《パロール》とは二つの起伏のように

おたがいに覆い合うのである。純粋な差異としては両者は区別することができないのだ。〔S I 25〕

思惟と言葉《パロール》とはおたがいに相手を当てこんでいるのである。両者は絶えず相手と入れかわる。おたがいに相手の身がわりとなり、相手を刺激するものとなるのだ。思惟はすべて言葉《パロール》からやってきて、言葉《パロール》へと帰る。言葉《パロール》はすべて思惟のなかに生まれ、思惟のなかに終る。人間同士のあいだには、また各人のうちにも、信じがたいほどの言葉の植物的な生長がみられ、その葉脈をなしているのが〈思惟〉なのだ。〔S I 23-24〕

……目の前に〈意味されたもの〉をもつためには、われわれはコードやメッセージをさえ心に思い描くことを止め、純粋に言語行為《パロール》を営むものとなりきる必要があるかのごとくなのだ。この言語行為《パロール》の営みが思惟することを促がし、生き生きとした思惟は魔術的におのれの言葉を発見する。〔S I 24〕

表現の活動は思惟する言葉《パロール》（parole pensante）と語る思惟（pensée parlante）とのあいだで営まれるのであり、軽率に言われているように、思惟と言語とのあいだで営まれるものではない。この両者が対応しているからわれわれが語るというのではなく、われわれが語るからこそ両者が対応するのである。〔S I 24-25〕

いったいこのようなメタファーによってメルロ＝ポンティはどのような事態を言い当てようとしているのであろうか。もう一度先ほどの、表現とは「言葉《パロール》の言語的意味《サンス》と言葉《パロール》の目指す意味との超越による接合」だという定義に立ちかえって考えてみよう。先に確かめたように、言葉《パロール》はいわゆる意味《シニフィカシオン》を担う以前に、その内的構造によって言語的《ランギスティク》意味ないし言語的《ランガジェール》な意味を分泌する。この言語的意味は、単に語や文法的・統辞的形態といった諸記号のもつ「弁別的価値」だけではなく、そうした記号体系の生誕の場である言語行為《パロール》のなかでそれら諸記号がダイナミックに自己組織化してゆく諸機能、「語や言い廻しを組織してゆく言語行為《パロール》のあるスタイル」をもふくんだものであった。「言語体系《ラング》は記号（語や文法的・統辞的形態）の総和であるよりも、むしろ記号を相互に区別し、そのようにして一つの言語世界（un univers de langage）を構成するための方法的手段なのである」〔PM 51〕。言ってみれば、言語体系《ラング》とは、将棋の駒の物理的集合のようなものではなく、それぞれに特有の機能値をもった駒の記号論的な潜在的価値体系のようなものである。その機能値に従って指し手が実際に将棋を指すとき、そこに特有な意味をもった駒組みが実現されるのと同じように、言語体系《ラング》を「方法的手段」として実際に個人的な言語行為《パロール》がおこなわれるとき、そこに意味《シニフィカシオン》が表現され、一つの固有の言語世界が構成される。

　同じ事態を、メルロ＝ポンティは次のようにも言っている。「言語は、所作相互のあいだにきわめて明瞭な差異を呈示するような所作のある音階をつくり出し、その結果、言語という行為が反覆され裁ち直され、それとして確固たるものにされてゆくにつれて、その行為がどうにもあらがいがたい仕方で、われわれに一つの意味世界（un univers de sens）の様相や輪郭を提供してくれるようになるのである」〔PM 52-53〕。これは、おそらく次のような意味であろう。言語行為《パロール》を織りなす個々の言語的所作は相互に差異化し合い、いわばドレミファソラシドとでもいったようなそれぞれに弁別的価値をもった所作の音階をつくり出す。そして、作曲家がおのれの音楽的志向を音階を使って分節させ、固有の音楽的意味をもったメロディを生み出すのと同じように、話者もその言語行為《パロール》のうちで、その「無言の祈願」であった意味志向を言語的所作の音階を使って分節させ、言語的所作のあるメロディを奏でるとき、彼はある意味を表現し、「一つの意味世界」を描き出すのである。言語行為《パロール》において生起する「言葉の言語学的意味《サンス》と言葉の目指す意味《シニフィカシオン》との超越による接合」とは、このような事態を言わんとするものであろう。

だが、こうした表現の作業は、いわば真空のうちでおこなわれるわけではない。無言の意味志向は、「私の語っている言語《ラング》や、私の継承している文書や文化の総体によって代表されるような、自由に使用しうる意味の体系のうちにおのれのための等価物をさがし出す」ことによって、「おのれに身体を与える」のである〔S I 142〕。われわれのまわりには、かつての表現作業の成果が沈澱し、「すでに意味しつつある用具、またはすでに語りつつある意味（形態論的・統辞論・語彙論的用具、文学上のジャンル、物語の類型、出来事の陳述の様式など）」〔S I 142〕がすでに言語体系《ラング》として「制度化」され、自由に使用しうるものとなっているが、真の表現作業はその諸要素を「脱中心化（décentrer）」し、「再中心化（recentrer）」〔S I 144〕することによって、つまりはそこに——アンドレ・マルローの言う——「首尾一貫した変形《デフォルマシオン》[38]」をくわえることによって、「再構造化のぶれ」〔PM 171〕を惹き起すことによって、「それらの諸要素をある新しい意味へと向けて秩序づけ」、「聴き手たちに、しかしまた語っている主体にも、決定的な一歩を踏み出させる」〔S I 144〕のである。

メルロ＝ポンティは、そうした「言語行為《パロール》のおこなう超越の運動」〔PM 38〕の特権的事例を、「言葉《パロール》の文学的用法」のうちに確かめている。われわれもそれを参照することによって、上の事態をいっそう明確にすることができよう。一般に本を読むとき、当初著者と読者は、両者が同意し合っている記号の力をかりて、「既定の意味からなる共通の地盤」〔PM 28〕にいる。だが、それを読み進むにつれて、知らず知らずのうちにその本はそれらの記号をその通常の意味から逸脱させ、それらの記号は別な意味へと向って、「旋風のように私を引きずってゆく」〔PM 28〕のである。その次第を具体的に述べているくだりを、少し長いがそのまま引用してみよう。

スタンダールを読む以前にも、私はろくでなしとは何かを知っており、したがってスタンダールが収税人ロッシーはろくでなしだと書くとき、私は彼の言わんとすることを了解することができる。だが、収税人ロッシーが生きはじめるときには、もはや彼がろくでなしだというのではなく、ろくでなしが収税人ロッシーになるのだ。私はスタンダールの使っている世間一般の語を通じてスタンダールのモラルのなかに入りこんだわけであるが、しかしその語は彼の手のなかで秘かに歪められているのである。言葉の裁ち直しが多角的になるにつれ、そして以前には私は行ったこともないし、おそらくスタンダールなしでは決して行くこともなかっただろうような思惟の場を示す矢印がより多く描かれるにつれて……それだけ私は彼に近づき、ついには彼の語を、彼が書いた意図そのもののなかで読むまでになる。……著者の声が、ついに私のうちに彼の思惟を導き入れてしまうのである。初めは私を万人共通の世界に差し向けていた共通の言葉や、決闘だの嫉妬だのという、要するに万人周知の出来事が、突如、スタンダールの世界の密使として働くようになり、ついには私を、彼の経験的存在そのもののなかにではないにしても、少なくとも彼が作品に両替えしながら五〇年間自分を相手にその話をしつづけてきた当の想像的自我のうちに住みこませてしまうことになる。読者ないし作者が、ポーランとともにこう言いうるのは、その時だけなのだ。〈少なくともこの閃きのなかでは、我は汝であった〉と。私はスタンダールを創造し、また彼を読むことにおいて私はスタンダールであるのだが、それは、まず彼が私を彼のうちに住みこませることに成功したからなのだ。〔PM 28-29〕

本を読むとき、最初その本は読者の世界に位置している。そこで語られている言葉は読者の知っている言葉だからである。だが、やがて「関係が逆転し、本が読者を所有する」〔PM 29〕ようになる。それが「表現の瞬間」なのである。

> 語られた言語（langage parlé）とは読者が携えていた言語であり、既定の記号と自分の所有に帰している意味との関係全体である。事実、そうした関係なしでは、読者は読みはじめることもできなかっただろうし、その関係の全体が言語体系《ラング》やその言語体系《ラング》で書かれた作品の総体をなすのである。したがって、スタンダールの作品も、ひとたび理解され、そして文化遺産につけ加えられようとするやいなや、語られた言語となる。だが、語る言語（langage parlant）とは、本が未知の読者に差し向ける訊問なのであり、それはまた、まずすでに読者の所有に帰していた記号や意味のある種の配置が変り、次にそれら記号の一つひとつが変質し、ついには新しい意味を分泌し、そのようにして読者の精神のなかに、以後彼の所有に帰すべき道具としてスタンダールの言語が確立されるにいたる、といった働きなのである。いったんこの言語が獲得されると、私はそれを自分の力で理解したのだという錯覚をもつことがあるが、それは、その言語が私を一変させ、それを解りうるようにさせてくれたからなのである。〔PM 29-30〕

作家の生きて働いている言語というものは、われわれ読者のうちに存する既成の意味にふれながら、「初めは偽りで耳障りとも思えるような未知の音をそれらに奏でさせ、次にわれわれをその音の和音系にぴったりと引き入れてしまい、以後われわれにそれをおのれ自身のものとみなすようにさせる術策」〔PM 30〕なのである。メルロ＝ポンティはこのような言語を「征服のための言語」〔PM 125, 186〕とよぶ。それは、「われわれがすでに知っていることを言表させるに止らずに、われわれを未知の経験や、われわれ自身の視角とはまったく違った視角に導いてくれ、そのようにしてついにはわれわれからさまざまな偏見を取り除いてくれるような言語」〔PM 125〕である。だが、言語のそうした「征服の機能」〔RC 14〕も、あくまで「見えるもの」に即して働くのである。作家は「ひたすら言語とのみかかわり」、「言語の赴くままに付き従う」〔S I 119〕のだ。作家の表現する意味は、つまり作品のもつ意味は、もっぱら「見えるものに押しつけられた首尾一貫した変形」として知覚されるものなのである。そのとき、見えるもののある諸要素が、「それに従って今後残りの一切が測られ、それとの関係で残りの一切が指示されるような〈次元〉としての価値をもつ」〔PM 87〕ことになり、それが「首尾一貫した変形の具体的指標」〔PM 87〕となる。

　ところで、事態がこのようなものであってみれば、著者と読者の関係は「精神と精神との純粋な関係」などではありえず、「言語行為《パロール》とそのこだまとの共犯関係」、つまりは「著者の言語行為《パロール》という見えざる身体」と「読者の言語行為《パロール》という見えざる身体」とのあいだに――フッサールの言う――「対《つい》化作用（Paarung）」によって生まれる関係だということになろう〔PM 30〕。表現機能をもふくめて言語行為《パロール》とは徹頭徹尾身体的所作なのである。というよりも、身体そのものが、徹頭徹尾表現的なものだと言うべきなのかも知れない。

　……われわれは、眼なざしとか手とか、また一般に身体という名のもとに、世界の視察に捧げられた諸体系の体系、さまざまの距たりを跨ぎ越し、知覚的未来を予見し、存在の途方もない平凡さのなかにさまざまのくぼみや浮き彫りやずれ、一つの意味……を描いていく力をもった体系を認めなければならない。……身体は、みずからのうちにその図式を携えている世界に身を捧げているというだけではない。世界に所有されているというよりも、むしろ世界を遠くから所有しているのである。ましてや、おのれが目指しているものを描き出し、外に出現させることをみずから引き受けた表現行為は、世界の真の回復をなしとげるものであり、世界を知らんがためにそれを造りかえるのである。……あらゆる知覚、知覚を予想するあらゆる作用、要するにわれわれの身体のあらゆる使用は、すでに第一次的表現なのである。言いかえれば、それは、表現されたものを、どこか別のところからその意味と使用規則とともに与えられた記号で置きかえるという、二次的派生的作業ではなく、まず記号を記号として構成し、そのうちに表現されたものを住まわせる働きなのであり、何らかの先行の規約を条件にしてではなく、記号の配置そのものとそれらの描くゲシュタルトの雄弁さによって、意味をもっていなかったものに意味を注ぎこむ働きであり、したがってその働きが生れた瞬間に力が尽きてしまうどころか、一つの領野を開き、一つの秩序を創始し、一つの制度ないし伝統の土台を据える……といった働きなのである。〔PM 109-110〕

メルロ＝ポンティは言語行為《パロール》の表現機能も、こうした知覚的身体の根源的な表現機能の顕著な一例、あるいはその延長線上にあるものと考える。たしかに、言語には、所作や絵画といった他の表現形式とは違った独自性がある。「言語は後者のように、単に世界の表面にさまざまのヴェクトルや方位を描き、〈首尾一貫した変形《デフォルマシオン》〉、無言の意味を描くことに満足しない」〔PM 142-143〕。たしかに、木の枝を使ってエサを手に入れることを知っているチンパンジーも、木の枝に棒という新しい意味を与えることができる。しかし、それはその木の枝がエサと「視覚的に接触」しているとき、つまり両者が一目で見渡せるときに限られる。ということは、「棒という枝のもつにいたった新しい意味が、……実践的志向の束であり、動作の切迫、操作の指針だ」〔PM 143〕ということである。「こうした行為に住みついている意味は、いわば粘着性をもち、物の偶然的な配置に癒着しており、……或る瞬間の身体にとっての意味でしかない」〔PM 143〕。ところが、「言語の意味は、われわれがそれをつかまえるときには、どんな仕事からも解放されているように思われる」〔PM 143〕。たとえばわれわれが平行四辺形の面積を求めるために、それを可能的長方形として扱い、底辺と高さとの積によってそれを得るとき、「われわれは単に両者の意味をたがいに置きかえるというだけではなく、等価な意味の置きかえをおこなっているのであり、古い構造のなかにも新しい構造があった、あるいは新しい構造のなかにもまだ古い構造があったと思えるのであって、過去は単純に乗りこえられているのではなく、それは理解されているのである」〔PM 143-144〕。つまりそこでは「変化を蓄積していく時間から、それを理解していく時間への移行」〔PM 144〕がおこなわれ、そのとき、「真理が存在する」とか「精神が出現する」と言われるのではあるが、注意すべきことは、だからといってわれわれが「時間から脱出してしまう」わけではない、ということである。そうした意味も真理もけっして「事実の背後にある」わけではなく、「事実と接触している」ことによってのみ、それらは意味であり真理たりうるのである〔PM 145〕。「われわれの現前野や知覚対象の現実的存在に結びつけることなしに、われわれが実際的・現実的に考えうるようなものは何もないのであって、その意味では知覚されているものが一切をふくんでいることになる」〔PM 146〕のである。してみれば、言語行為《パロール》の表現機能も、それがどれほど「顕著な」ものであっても、あくまで知覚的身体のもつ表現機能の一例にほかならないのである。

　そして、先にも述べたように、「語る主体」がこのように自己自身にのみ開かれた意識主観ではなく、本質的に他者に現前し、他者の身体との間身体的な関係のうちに生きるものであるからこそ、言語行為《パロール》は社会的行為たりうるのだし、その意味が「対人関係のスタイル」〔PM 57〕だということになるのでもあり、たとえば言語行為《パロール》の障害が対人関係の障害と密接に結びつく〔PM 36〕ことにもなるわけであろう。

　メルロ＝ポンティは遺稿となった『世界の散文』[40]のうちで、一方に純粋言語ともいうべき算式《アルゴリズム》[39]を置き、他方に間接的言語としての絵画を置き、それらとの対比のなかで「言語の秘儀」を解き明かそうという壮大な言語論を構想していた。われわれに遺されたのはその素描でしかないのであるが、それにしても、この時期の言語論については、まだ論ずべきことが多く残されている。われわれとしては、初期の言語論と対比させながら、その概略を辿りえたことに満足するほかはない。

3　言語と沈黙——後期の言語論

メルロ＝ポンティの言語論についてのこの考察の最後に、われわれは遺稿『見えるものと見えないもの』、特にそこに収録された「研究ノート」から読みとられる彼の後期の言語論を垣間見ておくことにしたい。「垣間見る」というのは、この独特の深化を見せる彼の新たな思想圏についてはのちにまとめてふれなければならないからであり、また、そのうちの言語についての省察だけを採り出してきて、これを言語論として扱うことにも問題がありそうだからである。

メルロ＝ポンティは一九五九年の年頭から新しい著作『真理の起源』の準備を積極的に推し進めている。それは、すでに一九四七年の論文「人間のうちなる形而上学的なるもの」の脚注〔SN 138〕や、一九五二年にマルシャル・ゲルーに提出した覚え書〔RC 145〕のなかで予告されていたものであり、その後その標題が『存在と意味（Être et Sens）』、『真なるものの系譜（Généalogie du Vrai）』と変えられたが〔VI 9〕、この時期にふたたび『真理の起源（L'origine de la vérité）』という標題にもどされ、一九五九年にも当初はその標題のもとに構想が立てられた。この標題は、この年の三月に最終的に『見えるものと見えないもの』に変えられ、それに落着くことになる。そのために作られた「研究ノート」の日付は、一九五九年一月にはじまり、死の直前の一九六一年三月にまで及んでいる。この頃、彼の思想がいわば自然の存在論とでも呼べそうなものに強く傾斜しはじめていたことは、同じ一九五九年にフッサールの生誕百年記念論文集のために書かれた「哲学者とその影」〔S II 1 ff〕や、同じ年のコレージュ・ドゥ・フランスでの講義、特に「現象学の限界に立つフッサール」の要録《レジュメ》〔RC 117〕などからもうかがわれるところであるが、この「研究ノート」にはそれが荒々しいほどあらわにあらわれている。だが、いまは言語の問題に話を限らなければならない。

ここでのメルロ＝ポンティの言語についての省察は、もっぱら言葉と沈黙の関係をめぐっている。むろん沈黙の問題は「無言のコギトー」というかたちで、『知覚の現象学』においても、「対自存在と世界内存在」を論じた第三部の「コギトー」の章で採りあげられていた。「研究ノート」のなかで彼はまず、当時のおのれのこの考えに厳しい自己批判をくわえる。

デカルトのコギトー（反省）は意味《シニフィカシオン》に向けられた作業であり、それらの意味……のあいだに存する関係についての言表である。したがって、それは自己と自己との前反省的な接触（サルトルの言うところの、自己〈についての〉非定立的意識）、あるいは無言のコギトーを前提にしている――私は『知覚の現象学』においてこんなふうな論じ方をした。

それは正しいだろうか。私が無言のコギトーと呼ぶものはありえないものである。（〈見ているという、また感じているという思惟〉という意味で）〈思惟している〉という観念をもつためには、〈還元〉をおこなうためには、内在や〈……についての意識〉に立ちかえるためには、言葉《モ》をもつことが必要である。私が超越論的態度を形成し、構成的意識を構成するのは……言葉《モ》の組み合わせによってなのである。〔VI 224-225〕

たしかに『知覚の現象学』においては、言語行為《パロール》は知覚経験を前提にすると考えられていた。というのも、言語行為《パロール》は身体的所作の一つであり、したがって、それぞれの語は「世界内存在としての私の身体の一つの転調」〔PP II 295〕にほかならず、それらの語の意味は、この所作によって生起する「世界のスタイルのある屈折」〔PP II 296〕なのであってみれば、語るということは世界への無言の知覚的現前を前提にしていることになろうからである。だからこそ、「言語は……語る世界を包みこむ意識の沈黙を前提にし」、「語られたコギトー、言葉と本質的真理とに転換されたコギトー」の彼方に、「無言のコギトー、私による私の体験」〔PP II 296〕「自己の自己への現前」〔PP II 297〕がある、と言われるのである。「沈黙せる意識」「無言のコギトー」とは「〈思惟するべき〉混沌とした世界をまえにしての〈われ思う〉一般」〔PP II 297〕、つまり知覚経験にともなう前反省的・非定立的なコギトーだと言ってよい。

だが、こうした無言のコギトーは、たしかに「いかにして言語が不可能ではないか」を理解させてくれるにはちがいないが、「いかにして言語《パロール》が可能であるか」を理解させてはくれないであろう〔VI 229〕。「コギトーに関する章は言葉に関する章に結びつけられていなかった」〔VI 229〕のである。そこでは、「知覚的意味《サンス》から言語的意味への、行動から主題化作用への移行の問題」〔VI 229〕が残されたままであった。

こうして、『知覚の現象学』の「コギトー」の章においては、「Wesen（本質）のコギトーのしただに無言のコギトーを見ないデカルトの素朴さ」〔VI 232〕が批判されたが、いまや「研究ノート」においては、今度は、「沈黙についての記述そのものが全面的に言語の力に基づいているというのに、おのれが沈黙せる意識に合致していると信じている沈黙せるコギトーの素朴さ」〔VI 232〕が批判されることになる。

もっとも、「研究ノート」に見られる無言のコギトーに対するメルロ＝ポンティの自己批判は必ずしも一貫しておらず、二つの視点に分裂しているように思われる。一つは、今も見たような、無言のコギトーを露呈する超越論的態度の形成そのものが「語の組合せ」によっているのだし、「沈黙についての記述そのもの」、「人間的身体の記述が遂行するようなかたちでの沈黙せる世界の獲得」そのものが「全面的に言語の力によっている」〔VI 232〕と見る視点である。もう一つは、無言の知覚経験そのものが、「知覚的ロゴス」、つまり「ロゴス・エンディアテトス（暗黙のロゴス）」〔VI 224〕、「言葉《パロール》に先立つ言葉《パロール》」〔VI 255〕を有している、と見る視点である。今はいっそう本質的なものと思われるこの後の視点について、彼の言うところをもう少し聞いてみたい。

たしかに「沈黙の世界はある。少なくとも、知覚される世界は非言語的な意味《シニフィカシオン》が存在する次元である」。だが、「だからといって、それらの意味が事実的〔＝既定的〕なものだというわけではない」〔VI 225〕のだ。つまり、知覚経験といえども、名づけようもない「独自な体験の絶対的流れ」〔VI 225〕などではない。知覚も「弁別的・相関的・対立的な体系」〔VI 267〕なのであるし、それら非言語的な意味の意味しているものも、「意味の差異」〔VI 224〕でしかないのだ。してみれば、そこにあるのもやはり、「あるスタイルとある類型をもった諸領野、それら諸領野の領野」〔VI 224〕なのであり、こうした「超越論的領野の骨組みをなしている――行為者（われなし能う《イッヒ・カン》）と感覚的領野……とのある関係である――実存的範疇を記述すること」〔VI 224〕は可能なのである。

たしかにここでは、ジェームズ・M・エディが言うように(41)、もはや言語行為《パロール》を非言語的行動の特殊な一様態と見るのではなく、むしろ「言葉が心理学的一致といういわゆる沈黙を包みこんでいる」ことに気づかされ、言語が知覚意識を理解するための「本質的パラダイム」とみなされるにいたっている。事実、メルロ＝ポンティは次のように述べている。「ソシュールがなした意味するもの《シニフィアン》の相互間の関係の分析、および意味するもの《シニフィアン》と意味されるもの《シニフィエ》との関係の分析、そして（意味《シニフィカシオン》の差異としての）意味《シニフィカシオン》の分析は、知覚をある水準に対する距たりと見る考え方、……言葉《パロール》に先立つ言葉《パロール》という考え方を裏づけ、発見している」〔VI 255〕。そして彼は、たとえば赤の知覚についてそのような意味論的分析を試みている。

屋根瓦や踏切番の旗や革命旗や、エクスやマダガスカルあたりの或る土地やといったものを包含する赤い事物の領野の区切り方は、女性の衣服とともに、教授や司教や次席検事らのガウンをも包含する赤い衣服の領野や装身具の領野、制服の領野の区切り方でもある。そして、その赤はそれがある布置のなかであらわれるかそれとも他の布置のなかであらわれるかに応じて、また、その赤のうちに沈澱しているものが一九一七年の革命の純粋な本質であるか、それとも永遠に女性的なるものの本質であるか、それともフランス革命時代の訴追官の本質であるか、それとも廿五年前に軽騎兵風の服を着てシャンゼリゼのカフェに君臨していたボヘミアンたちの本質であるかに応じて、文字通り同じ赤ではない。ある赤は、想像的世界の奥底から持ちかえられた化石でもあるのだ。もしこうしたすべての分与が考慮に入れられるなら、むき出しの色や、一般に可視的なものが、すべてを見るか何も見ないかそのいずれかでしかありえない視覚にさらされた絶対に堅固で分かちがたい存在の一断片などではなく、つねに大きく口を開いたもろもろの外的地平ともろもろの内的地平とのあいだの一種の海峡のようなものであり、色彩の世界や可視的世界のさまざまな部分に遠くからやさしく触れにきたり、そこに反響を起させたりする何かであり、この世界のある分化、ある束の間の転調であり、したがって、色や物であるよりも、色彩相互間の差異、物相互間の差異であり、色づいた存在や可視性の瞬間的な結晶体であることが気づかれよう。〔VI 174-175〕

だが、一方、メルロ＝ポンティは、「言葉が心理学的一致といういわゆる沈黙を包みこんでいることが気づかれたあとで、さらにその言葉を包みこむようなある沈黙が必要であろう」〔VI 233〕と考えている。「言語は沈黙を破ることによって、沈黙が欲して得なかったものを実現する。だが、依然として沈黙が言語を包囲しつづけるのである」〔VI 230〕。彼は「この沈黙はどういうことになるのだろうか」〔VI 233〕と自問し、言語と沈黙とのこの「弁証法的関係」〔VI 230〕を敷衍することを課題として掲げている。

　ところで、この言語を包みこむ沈黙とは、「生《な》まの、野生の存在」〔VI 223〕としての知覚的世界にほかならないのだが、それが「言語を包みこむ」ということで、どのような事態が考えられているのであろうか。「生《な》まの、野生の存在（＝知覚される世界）、および Gebilde〔形成されたもの〕としての *λόγος προφορικός*〔顕在的ロゴス〕……とのその関係」という標題をもつ次の覚え書〔VI 223-224〕がその答えになっていよう。

> 私が絵画に関して語った〈無定形《アモルフ》な〉知覚的世界——絵画をやりなおすための不断の資源——これはいかなる表現の様式もふくんでいないが、やはりそれこそがあらゆる表現の様式をもとめ要求するものであり、それぞれの画家にくりかえし新たな表現の努力を促がすものなのである——この知覚的世界こそ、結局のところハイデガーの言う意味での存在なのである。ハイデガーの言う存在も、あらゆる絵画以上のもの、あらゆる

言葉《パロール》以上のもの、あらゆる〈態度〉以上のものであり、これが哲学によって一般的なかたちでとらえられると、それはいつか語られることになるであろうすべてをふくんではいるが、やはりわれわれに、その語られるであろうことを創造する余地をのこしておいてくれるもの……のように見えるのである。*λόγος ἐνδιάθετος*〔無言のロゴス〕こそが*λόγος προφορικός*〔顕在的ロゴス〕を要求するのだ。

この沈黙はどういうことになるのであろうか。メルロ＝ポンティは、この問いに次のようにも答えている。「フッサールにとって、還元が結局は超越論的内在ではなく、Weltthesis〔世界定立〕の露呈であるのと同様に、この沈黙も言語の対立物になることはあるまい」〔VI 233〕。こうして、沈黙を言葉に還元し、言葉をさらに沈黙に還元するという一連の還元——「*Σίγη*〔沈黙〕、深淵への還帰」〔VI 233〕——を経て目指される存在論を、彼は「間接的」〔VI 233〕存在論とよび、また「否定神学」との類比において「否定哲学」〔VI 233〕とよぶのであるが、いまはそれを論ずる場合ではない。われわれとしては、メルロ＝ポンティの後期の思索において、言語がどのような視角から問題にされることになるかだけを、文字通り垣間見たことで、この章を終りたい。

VI

メルロ゠ポンティの社会理論

1　間身体性としての間主観性

メルロ＝ポンティのもう一つの大きな貢献は、間主観性の問題にまったく新しい解決の糸口をつけたことであろう。

私が他人とともに生き、他人とのかかわり合いのうちに生きているということ、これくらい自明なことはない。しかもその他人は、私によって他の事物と同じような単なる一個の対象として経験されるとは限らず——こうしたこともないではないが、これはむしろ例外的なばあいであり——、たいていは私が私にとってそうであるような一個の我れとして、一個の主観として経験されている。つまり、主観としての私がやはり主観である他人と共存し、協同したり反撥したりし合いながら、「われわれ」という言い方で表現されるような間主観性として、間主観的な意味形成体の構成や維持に従事しているということ、これはきわめて自明なことである。ところが、こうした間主観性の問題や、さらにはその前提となる他人経験の問題は、近代哲学はむろんのこと、現代哲学においてもまだ十分に解決されていないアポリアなのである。

それというのも、いったん〈我れ思う《コギトー》〉から出発し、おのれ自身にしか近づきえない〈意識〉であるというところに——つまりは純粋な対自存在に——人間の人間たるゆえんを見てしまえば、そのようなかたちでは私に与えられることのない他人は、私にとって他の対象と並ぶ一個の対象でしかなく、他の人間、つまり他我ではありえないことになるし、もしその〈我れ〉を、経験的存在としての自他の区別を越えたいわゆる超越論的な主観と考えるとすれば、そうした主観にとってはすべてが透明なはずであるから、このばあいも他人は他我ではありえないことになろう。

こうした他人の存在の問題、他人経験の問題の解決には、フッサールやハイデガーもそれぞれに努力したのではあるが、彼らの試みが必ずしも成功しなかったことは、[1]『存在と無』の第三部[2]におけるサルトルの批判がかなり的確に言いあてている。もっとも、その批判を踏まえて展開されたはずのサルトルの他人経験の理論が、主観を純粋な対自存在と見たため、これもまた結局は主観相互のあいだにたがいに対象化し合う〈相剋〉の関係しか認めることができず、間主観性の基礎づけに失敗してしまったということ、これもすでによく知られているところであろう。[3]

これに対してメルロ＝ポンティは、人間存在を純粋な対自存在とか超越論的な構成主観としてではなく、あくまで身体によって世界に内属している身体的実存として、行動の主体として、つまりは世界内存在としてとらえることによって、この他人経験の問題に新たな解決を与えようとする。その究明の次第を、主として一九五〇―五一年度のソルボンヌ講義「幼児の対人関係」〔OE 97 f〕に拠って辿りなおしてみよう。

メルロ＝ポンティはこの講義の本論を、他人経験についての古典心理学の考え方の批判的検討からはじめている。この批判は、必要な修正をくわえれば意識の哲学一般に通ずるものであろうから、簡単にでも見ておく必要がある。

この問題に関連して、古典心理学には決定的な二つの先入見がある。一つは、心理作用とか心的過程といったものは、当人にしか与えられないものだ、という考え方である。当然、他人の心理作用は私には近づきえないものであり、近づきうるのはその身体だけである。とすると、私は他人経験において、おのれの目撃する身体の一連の動きから、その背後で私のそれと同じような心理作用が営まれているということを推測しているわけであり、他人経験の問題とはその推測のメカニズムを明らかにすることにほかならないことになる。そのばあい、事態の解決を困難にするもう一つの先入見があり、それは、自己の身体は「体感」を通じて意識されるという考え方である。この体感とは、体内の諸状態をわれわれに伝えてくれる諸感覚の全体を言い、これもまた当人にしか与えられないものだと考えられているのである。

こうして、古典心理学においては、他人経験とは次の四項からなる一つの系だと考えられることになる。㈠私の心理作用、㈡私が触覚や体感によっていだく私の身体像、通常私自身の身体の「内受容的イメージ」とよばれるもの、㈢他人の可視的身体、㈣その可視的身体を通して私が仮定したり推測したりする他人の心理作用。つまり、古典心理学においては、他人経験とは、㈡と㈢の類比関係を頼りに、㈢と㈣とのあいだにも㈠と㈡のあいだにあるのと同じ関係を推定すること、ないしは他人の身体の所作や表情を手がかりに一種の記号解読をおこなうこと、ないしは他の身体のうちにおのれの内的経験を投影することだと考えられているのである。

　それに対してメルロ＝ポンティは、このような考え方には多くの難点がつきまとうことを指摘する。第一の難点は、他人知覚の発生がかなり早いという事実である。幼児はかなり早い時期から、たとえその意味を正確に認識しているわけではないにしても、他人の顔のさまざまな表情、たとえば笑顔を知覚する。もし、他人経験が、古典心理学の考えるように知的な推論や他人のうちに自己の内的経験を投影するといったような複雑な操作であるとしたら、生後数カ月の幼児にそうしたことができるわけはないであろう。

　第二の難点は、どういう仕方であれ前記の比例式を解くためには、㈡と㈢との類比関係が頼りにされていることになるが、幼児に目に見える他人の笑顔（可視的笑顔）と幼児が自分で感じている笑顔（運動感覚的笑顔）とを比較する手段があるとは思われないという点である。生後間もない幼児は自分の顔についての視覚的経験などまったくもっていないわけであるが、その幼児がどのようにして、視覚的に経験される他人の笑顔と、運動感覚的に経験される自分の笑顔とのあいだに類比関係を設定しうるのであろうか。こうした難点は、模倣の現象を説明しようとする際にきわ立ってくる。というのも、たとえば幼児が他人に笑いかけられたのに笑いかえすといった模倣行為をおこないうるためには、古典心理学の原理からすると、その幼児は他人の笑顔の視覚像を運動感覚の言語に翻訳するという複雑な操作をなしえなければならないことになるからである。

　メルロ＝ポンティは、こうした難点からしても、他人経験の問題を解決するためには先のような古典的先入見は放棄されねばならない、と主張する。まず放棄されねばならないのは、心理作用というものは当人にしか近づきえないという先入見である。心理作用とか意識というものは、他人には近づきえない自己閉鎖的な内的諸状態と考えられるべきではなく、それは世界へ向かう行動の構造契機と見られるべきなのである。私の意識はまず世界に向かい、物に向かっているのであり、それは「世界に対する態度」「世界の扱い方」なのである。他人の意識もまたそうしたものであるからこそ、私は「他人の動作や彼の世界の扱い方」のうちに他人を見いだすことができるのである。メルロ＝ポンティは、今後心理作用という概念は「行為」という概念に置きかえられるべきだという〔OE 134〕。

排除さるべきもう一つの先入見は、われわれが自己の身体についてもつ観念にかかわる。つまり、私の身体が、視覚像のかたちで与えられている他人の所作を再演しうるということになれば、もはや私の身体は私に、体感、つまりまったく私だけに属している一まとまりの感覚によってではなく、「体位図式」とか「身体図式」[4]といったものを通して与えられているのでなければならないことになる。これらの概念はヘンリー・ヘッドによって提唱され、アンリ・ワロンやパウル・シルダー、レールミットといった人びとによって展開されたものであるが、彼らの考えでは、「自己の身体」というものは、単に視覚・触覚・筋緊張感覚・体感といった諸感覚の寄せ集めではなく、何よりもそれは、「そこでさまざまの内受容的側面と外受容的側面とが相互に表出し合っている一つの系」〔OE 135〕なのであり、そこには「少なくとも萌芽としては周囲の空間やその主な諸方位とのいろいろな関係」がふくまれている。つまり、「私が自己の身体についてもつ意識は、孤立した或る一塊りのものの意識ではなく、それは〈体位図式〉であり、垂直線とか水平線とか、あるいは自分がいる環境のしかるべき主要な座標軸などに対する私の身体位置の知覚なのである」〔OE 135〕し、さらに、私が自己の身体を知覚する際に介入してくるさまざまな感覚領野、たとえば視覚や触覚の領野、関節感覚の与件などにしても、けっして相互に無関係なかたちで私に与えられるわけではなく、それらは相互に翻訳可能なものであり、たとえ生後一、二年間はそれらの翻訳が正確におこなわれないとしても、そのばあいもそれらは「或る働き方とスタイル」を共有し、「それらすべてを〈すでに組織化された全体〉たらしめるような或る行為的意味」〔OE 135〕をもっているものであり、したがって、それらの諸領野も、世界へ向かう私の行動のうちに統合され、間感覚的統一性を実現し、相互に表出し合う一つの系をなしており、その系を通して私に与えられるのである。このような図式とか系といったものであれば、私自身の身体のある感覚領野の与件から他の感覚領野の与件にも比較的容易に移されうるものであるから、まったく個人的な体感などとは違って、他人にも移すことができることになろう。ワロンは、私自身の身体がその目撃している他の身体の動作から「体位を受胎する」〔OE 135〕ことがある、と述べている。

こうしてメルロ＝ポンティは他人経験の問題について、次のような理論的結論を抽き出す。

ここで〔他人経験において〕われわれに与えられているのは、今日の心理学の用語で言うなら、〈私の行動〉と〈他人の行動〉という二つの項をもちながら、しかも一つの全体として働くような〈一つの系〉である。私が私の身体図式を作り上げたり組み立てたりするにつれ、また私自身の身体についてだんだん組織立った経験をするようになるにつれて、私が自分自身の身体についてもつ意識は、私がそこに埋没している混沌の状態から脱して、他人の名儀に書きかえられうる状態になる。それと同時に、知覚されようとしている〈他人〉なるものも、もはや自己のうちに閉じこもった一つの心理作用ではなく、一つの行為、世界に対する行動となってくる。したがって、他人は彼自身のところから私の身体の運動的志向の圏内に入りこみ、かの〈志向の越境〉（フッサール）に身を投ずることになり、そのおかげで私は他人にも心理作用を認めたり、また私自身を他人のなかに運びこんだりすることになるのである。フッサールは、他人知覚は〈対《つい》の現象〉のようなものだと言っていた。この言い方はけっして単なる比喩ではない。他人知覚においては、私の身体と他人の身体とは対《つい》にされ、いわばその二つで一つの行為をなし遂げることになるのである。つまり私は、自分がただ見ているにすぎないその行為を、いわば離れたところから生き、それを私の行為とし、それを自分でおこない、また理解するのだ。こうして私の志向が他人の身体に移され、他人の志向も私の身体に移されるということ、このように他人が私によって彼自身から疎外され、私もまた他人によって私自身から疎外されるということこそ、他人知覚を可能にするものなのである。

〔OE 135-136〕

メルロ＝ポンティは、いったん自己や他人を絶対の自己意識として定義してしまえば他人経験を説明する途はなくなるが、幼児がまだ自己自身と他人との区別を知らない段階においてさえすでに精神の発生がはじまっていると見れば他人経験も理解可能になる、と考えるのである。精神とか意識というものは、最初からおのれ自身を明白に意識していたり、おのれ自身のうちに閉じこもったりしているものではなく、最初の自我はギヨームの言うように「可能的ないし潜在的自我」にすぎないし、ピアジェの言う幼児の「自己中心性」なるものも明白に自己を把握している自我の態度などではまったくなく、自他の区別を知らず、当然他人を他人として明確には意識していない自我の態度なのである。メルロ＝ポンティはこうした自他の未分化な状態を、マックス・シェーラーにならって「前交通」〔OE 137〕、あるいはワロンにならって「癒合的社会性」〔OE 138〕とよぶ。幼児は、「他人の顔の表情のなかでおのれの志向を生きたり、おのれの行為のなかで他人の意志を生きたりする」こうした状態から出発し、徐々に自他の区別を身につけてゆくのである。特に、鏡の助けを借りて獲得するおのれ自身の身体の視覚像によって自分の身体と他人の身体とが分離されており、おのれが他人とは異なるものであり、他人もまたそうだということに気がつくようになるのである。

こうして見ると、自己の身体の意識と他人知覚とのあいだには明らかに対応関係がある。

「自分が身体をもっているということを意識することと他人の身体が自分のとは別な心理作用によって生気づけられていると意識することとは、論理的に言って対称的な二つの操作であるばかりか、現実に一つの系をなしている操作なのであり」〔OE 140〕、「ゲシュタルト的現象」〔OE 141〕なのである。ただ、この二つの操作が系をなし、ゲシュタルトだと言っても、メルロ＝ポンティによれば、それは時間的分節をもった系であり、時間のうちで展開される〈動的ゲシュタルト〉なのである。つまり、これら二つの現象は平行して進行するというのではなく、自己の知覚がある段階に達すると、そこにある不均衡が生じ、それが次の発達段階に影響を及ぼし、その段階では他人知覚が優位を占め、さらにそこに生ずる不均衡がある閾に達すると、それが自己の身体についての新たな経験を促すといったぐあいに、ある内的平衡の法則に従って展開される全体的現象なのである。メルロ＝ポンティはこの展開の過程を発達心理学――主としてワロンの『児童における性格の起源』(5)――や精神分析学――ラカンの論文「〈私〉機能の形成者として鏡が作用する段階」(6)――の諸成果によって着実に辿ってみせている。「間身体性」という概念を理解するにはぜひとも必要と思われるので、その筋道だけを簡単に辿りなおしてみよう。

I　誕生から六カ月まで

(1)　この時期における〈自己の身体〉――誕生直後の幼児にあっては、身体はもっぱら内受容的なものであり、聴覚などの外受容性は、たとえそれが働いていても、内受容性と協力しえず、たとえば眼筋の調節がおこなえないため、外的知覚は不可能である。この段階での幼児の身体は「口腔的」（シュテルン）ないし「呼吸的」（ワロン）なものでしかなく、身体の他の領域は関与しない。内受容系と外受容系の接合が生ずるのは三カ月から六カ月にかけてのことであるし、それにもう一つ、知覚には最低限の体位の平衡、つまり体位図式の活動が必要だという理由からしても、この時期までは知覚は不可能である。当然、幼児が自分自身の身体やその部分に関心を示すのも四―六カ月頃からであり、この頃から、最初は断片的な自己の身体の意識が生じ、これが次第に完全になってゆき、身体図式も整備されてゆく。

(2)　この時期における〈他人〉――こうして身体図式が整備されることは、そのまま他人知覚が可能になることでもある。もっとも、他人に対する反応はきわめて早期に、つまり生後十数日目からはじまるものであり、それはむろん視覚的な他人知覚に結びつくものではなく、内受容的与件に対応している。つまり、母親に抱かれているか父親に抱かれているかで態度の変わるのが確かめられるのであるが、これは抱き方によって異ってくる心地よさの違いによるものである。生後二、三カ月たつと、他人の外受容的刺戟、最初は声、次いで他人の眼なざしに対して反応するようになる。三カ月を過ぎる頃から他人観察らしいものがはじまるが、それはまず他人の身体の部分への注視から出発する。これは、幼児が自分自身の身体についてもちうる知覚をいちじるしく増大させることになろう。六カ月以後になると、幼児は視覚によって他人の身体から学びえた認識を、系統的な仕方で自分自身に移してくる。

この時期になると、幼児が鏡に映っている自分の身体像を理解するようになるので〈自己の身体の知覚〉が顕著になる。他方、この時期には他人との接触もきわめて急速に発達してくる。

Ⅱ　六カ月以後——自他の癒合系

(1)　この時期における自己の身体についての意識——この時期に幼児は鏡像の経験をすることになるが、それはまず他人の身体についてなされる。つまり、幼児は〈他人の鏡像〉と〈他人の実際の身体〉を区別し、像と実物との関係を意識するようになる。たとえば、生後五、六カ月頃の幼児が鏡のなかの父親の像に笑いかけているとき、父親が話しかけると、幼児は驚いて本物の父親の方を振りかえり、その時何かを「学ぶ」ように思われるのである。といっても、むろんここで幼児が像と実物との関係を知的に認識するわけではない。この段階においては幼児は鏡像を単に見えているだけの像と見きわめているわけではなく、像にも実物にも比較的独立した存在を与えているのであり、鏡像にも準実在性ないし一種の欄外的存在が認められているのである。

　八カ月目くらいになると、幼児は今度は〈自己の身体の鏡像〉を習得するようになる。自己の身体の鏡像の習得が他人の身体の鏡像のそれよりも遅いのは、そこでは解決されるべき問題がはるかに困難だからである。というのも、他人のばあいには、直接の視覚像と鏡像という二つの視覚的経験を処理すればよいのであるが、自己の身体のばあい、視覚的に完全なかたちで与えられるのは鏡像だけであり、自分の身体は部分的にしか見ることができず、したがって、幼児は自分の鏡像に関しては次のような複雑な事態を理解しなければならないからである。「ここで幼児は〈鏡のなかのあそこに見える自分の身体の視覚像は自分ではない、なぜなら自分は鏡のなかにいるのではなく、自分を感じているここにいるのだから〉ということを理解しなければならず、また第二に、〈確かに自分は鏡のなかのあそこにいるのではなく、内受容性によって感じられるここにいるのではあるが、それでも第三者には、自分を感じているこの地点に、鏡が見せてくれている通りの視覚的姿をとって見えるものだ〉ということを理解する必要がある。要するに幼児は、鏡の像を移して、それを鏡の底に占めている見かけの潜在的な場所から、自分自身のところまで運んでこなければならず、また自分は鏡の像から離れたところにいながらも、その像と自分の内受容的身体とは同じものなのだと考えることが必要なのである」〔OE 152〕。したがって幼児は、自己の身体の鏡像のばあいには、他人のそれにもまして、その鏡像を本当の身体の一種の分身と見、自己の一種の遍在性を信じていることになる。

では、いかにして幼児はこのような見方を脱して、鏡像を単なる見かけとして扱うようになるのであろうか。ワロンはそれを知的作業と考えている。つまり、幼児が鏡像をおのれの分身と見るとき、その鏡像にも、成人の空間性とはまったく異なった一種の空間性が内属しているのであるが、知能が発達するにつれて、空間値の再配分がおこなわれ、異った場所にあるかに見えるものが実は同じ場所にあるのだということを理解させてくれるような理念的空間が構成され、像に内属していたあの空間性はそれとは比べものにならない一種の見かけとして扱われるようになる、と言うのである。そしてワロンは、この理念的空間の構成にも多くの段階があるとして、それを仔細に追っているのであるが、メルロ＝ポンティは鏡像の還元を知的作業に帰するワロンのこうした考え方に批判的であり、ワロン自身の呈示する事実がすでにそうした見方を裏切っていると主張する。

メルロ＝ポンティがワロンの見解を批判する根拠は、鏡像意識の発達が漸進的なものであり、知的理解のように「一切か無か」の法則に従って一挙に達成されるものではないというところにある。幼児は、生後三年近くたってさえ、鏡のなかの自分の像と戯れる。のみならず、鏡像や一般に像に対するそうしたアニミズム的信念は、成人のうちにさえ生き残っているものであり、だからこそある種の文化においては像に特殊な意味を結びつけ、たとえば人間の像を造ることを禁じたりもするわけであろうし、われわれにしても肖像画や写真を踏みつけて歩くのをためらうのであろう。像の意識というものは習得されにくく、時には逆もどりもするし、原初の経験が成人のうちにも根強く存続しつづけるものなのである。メルロ＝ポンティは、像の還元が知的作業のような一般性をもたないのも、そのためだと見ている。鏡像の還元をいちおう達成した幼児も、類似の他の現象、たとえば影に対しては、その還元の作業を改めてやりなおさなければならない。このことは、鏡像に与えられていた参与主義的信念が知的理解によって還元されたのではないということを教えている。知的理解というものは同じレベルに属するあらゆる現象に一挙に適用されうるはずだし、また理解したかしないかのどちらかであって、二と三の和が何になるかを少しわかるとか、少しずつわかってゆくといったことはありえないのである。

こうしてメルロ＝ポンティは、鏡像の意識の発達を知的現象としてではなく、他の現象との連関で解釈しなおす必要があると見、ワロン自身の著書からその示唆を引き出してくる。というのも、ワロンは一方では、いわゆる「体感」の概念に批判をくわえ、そうした体感は、よしんばそれが存在するにしても、それは長い発達の結果生じる成人の心理の出来事であって、幼児のその身体に対する関係をあらわすものではなく、幼児は内受容性によって与えられるものと外的知覚、たとえば視覚によって与えられるものとを絶対的に区別することはせず、したがって、幼児にあっては、自分の身体に当てはまることは他人の身体にも当てはまるし、おのれの視覚像のうちに自分を感ずるように、他人の身体のうちにも自分を感ずるものだということを教えているからである。ワロンは、病的事例を検討しながら、〈「体感」の障害は対人関係の障害と密接に結びついている〉ということを指摘しているが、メルロ＝ポンティによれば、これはまさしく、〈自己の身体の経験の進歩が他人知覚にもかかわる全体的発達の一契機だ〉ということを示唆するものなのである。

ワロンが検討しているのは、自分に話しかける声が、自分のみぞおちとか腹とか、胸、頭などから聞こえてくると訴える症例であるが、これは、対人関係のうちに介入してくる一種の癒合性によって、他人の声が自分の身体のうちに住みついたものだと解される。つまり、この種の患者には自他の区別がつかず、自分が話しているのに他人が話していると信じるのである。これは、精神分析学において「とり入れ」とか「投影」とよばれる現象にきわめて近いものであろう。というのも、これらの機制は、他人によってなされている行為を自分のものとして引きうけたり、自分のおこなっている行為を他人のうちにあるものと考えることだからである。

メルロ＝ポンティはここから、この時期の幼児には〈外から見える私の身体〉と〈私の内受容的身体〉と〈他人〉とが一つの系をなして与えられているのであり、それも、これら三者が規則的に対応し合うからというよりも、むしろそれらが未分化だからだと考えようとする。つまり、この時期の幼児には、鏡のなかの自分の視覚像をそのまま自分と同一視する傾向があるのと同じように、自分と他人をも同一視する傾向があるのである。ましてや、六カ月以前の幼児にはまだ自分の身体が視覚的空間のある地点に閉じこめられているという、自己の身体についての視覚的概念がないのであるから、自分自身の生活を自分にだけ限定することはできず、自分が体験していることと、他人が体験していること、あるいは彼の眼に他人が体験していると見えるものとを分けることはできないのであり、こうした自他のあいだの仕切りの欠如が六カ月以後に爆発する癒合的社会性の基礎となるのである。

メルロ＝ポンティはワロン自身に見られるこうしたもう一つの思考動機を拠りどころに、鏡像経験についてのワロンの解釈を検討しなおそうと試みる。いったいにワロンにあっては、鏡像そのものにはあまり積極的な意味は与えられず、いかにして幼児が鏡像を還元するかという問題に関心が集中している。しかしメルロ＝ポンティは、「なぜ幼児が鏡像に関心を抱くのか」、また「幼児にとって自分が可視的像をもっているとわかることが何を意味するのか」といった問題をもっとよく考えてみることの方が重要だと主張し、精神分析学者、殊にジャック・ラカンの「鏡像の段階」についての研究を採りあげる。

ラカンによれば、幼児が鏡像を了解し、鏡の中に自分の像を認めるとき、彼は精神分析で言う「同一視」をおこなっているのであり、そこでパーソナリティのある「変容」が生ずるのである。つまり、幼児は鏡像の習得によって、自分が自己自身にも他人にも見えるものだということに気がつき、自分自身の観客となりうるようになるのであるが、こうした内受容的自我から「鏡のなかの私」つまり可視的自我へ移行することによって、精神分析で言う自我《エゴ》、つまり漠然と感じられる衝動の全体に対して、超自我、つまり自己自身の理想像が出現してくる可能性が生ずる。ラカンの言い方を借りるなら、以後幼児はおのれの空間像によって「詐取され」、おのれの生きている直接的現実性から引き離されて、理想的・虚構的・想像的自我にかかわり続けることになる。鏡像は一種の非現実化機能を果し、それによって、自己認識を可能にすると同様に一種の自己疎外をも惹き起すのである。しかも、それだけではなく、鏡像の経験はさらに、他人による疎外というもっと重大な疎外をも準備することになる。というのも、他人は私に関して、鏡像と似た外的視覚像しかもっていないのであり、したがって他人は鏡よりももっと確実に、私を直接的内面性から引き離すからである。その意味では、鏡像はいわば他人の領分への侵出の最初の機会でもあるのだが、それとともに自己のうちに一種の分裂が生じ、自己に対する関係の新しい様式が出現することにもなる。このように考えるなら、鏡像の習得が世界や他人に対する認識関係の問題であるにとどまらず、存在関係の問題だということも理解しえよう。

メルロ＝ポンティは、精神分析学者たちが鏡像意識の発達における「先取」や「退行」、つまり幼児がその手持ちの手段を越えて成人の生活を先取したり、成人の意識生活のうちに幼児期の鏡像意識が根強く残っており、しばしばその意識への退行が生ずるということを強調しているというところからも、鏡像意識の発達がけっして直線的な認識の進歩などではなく、「つねに情動的経験の偶然性にさらされている〈われわれの存在の仕方全体〉の構造的変化」〔OE 166〕であることが見てとれるはずだと主張する。たとえば、鏡像の体験に際して幼児に難しいのは、自己の身体の視覚像とその内受容的な像とが、空間の二点に位置していながら実は一つなのだということを理解することではなく、むしろ鏡のなかの像が自分の像であり、しかもそれは他人が見る自分、つまり他の主観に呈示されている自分の姿なのだということを理解することなのであり、そうだとしてみれば、ここで達成される綜合は、ワロンの言うような知的綜合ではなく、「他人との共存に関する綜合」だと考えられるべきであろう。鏡像意識の発達は、われわれの世界や他人に対する感情的関係の発達の一面にすぎないのである。

⑵　癒合的社会性――こうした幼児のパーソナリティの構造は、具体的な対人関係の場面にも具体化され、この時期には他人を目指す行動が量的にも質的にも爆発的に増大する。ワロンはそれをこの時期の幼児たちのあいだに見られる「見せびらかし」とか「ねたみ」「残酷さ」「共感」「模倣」「転嫁」といった現象について分析してみせる。その分析を一々追う

ことはしないが、ワロンの考えでは、これらの関係には「同一の感情的状況のなかでの自己と他人との混乱」、他人との密接な結合といったことがふくまれており、これがこの時期の幼児の感情的状況の特質なのである。これをワロンは「無節操な社会性」あるいは自他の未分化な「癒合的社会性」とよんでいる。

右に挙げた諸現象のうち、たとえば「模倣」は、「他人による詐取」であり、「自己への他人の侵入」であり、自分が面前にいる人の身ぶりや所作、気に入った言葉や仕ぐさを自分に引き受けようとする態度であるが、ワロンはこれを、われわれが自分の身体を操るときの「体位決定機能」と結びつけて論じている。たとえばある幼児は長いあいだ小鳥がさえずるのをじっと見つめ、その「体位を受胎し」たのち、小鳥の声や挙動らしいものを再現しはじめたという。幼児にとって自分の身体は、そうした「体位の受胎」を通して、他人や、さらには他の動物の身体をさえとらえる手段となる。模倣とは、まさしく〈私〉と〈私の身体〉と〈他人の身体〉と〈他人そのもの〉とが未分化なかたちで一つの系をなしていることの具体的なあらわれなのである。

Ⅲ　三歳の危機

幼児がこうした自他の癒合的状況を脱して、自他を区別するようになり、自他のあいだに「生きられる距たり」（ミンコフスキー）ができるのは、ようやく三歳になってからである。この時期になると幼児は、自分固有の視点やパースペクティヴを自覚しはじめ、「私」という代名詞を使えるようになる。三歳の危機とよばれるこの時期には、何でもひとりでやろうとする決意とか、他人のまなざしによる制止、ひとから物を巻き上げようとする取り引き的態度といった、明らかに自他の癒合性の乗り越えを特徴づけるような態度が認められる。たとえば、他人のまなざしによって制止されるというのは、自分が自分自身の感じているとおりのものではなく、他人が見ているところのものであると感じるようになったからであり、前に見た鏡像の現象が一般化されてきているのである。

だが、われわれにとって当面必要なのは、幼児がそのように自己を意識するに先立って、すでに深く他人との関係を生きているということの確認である。自己の身体の意識の成立にさえ、深く他人が介入しているのであり、そうした自他の癒合系から出発し、その後にようやく自他を区別するようになるのである。したがって、問題は、自己がいかにして他人を他人として認め、関係をとり結ぶようになるかというかたちでではなく、むしろ、いかにして自己が他人と区別される自己として意識されるにいたるかというかたちで立てられるべきであろう。われわれはその存在のもっとも根源的な層において間主観的なのであり、社会的なのである。メルロ＝ポンティは、こうした根源的な間主観性をやがて「身体的間主観性(intersubjectivité charnelle)」〔S II 24〕とか「間身体性 (intercorporéité)」〔S II 18〕という概念でとらえることになる。

「幼児の対人関係」においてメルロ＝ポンティは、幼児が自己の身体を自己のものとして意識する以前に、まさしく「根源的脱自態」〔S II 27〕とよぶにふさわしい、自他の未分化な前人称的生活を送っているということ、しかもこの時期のパーソナリティのそうした構造は決定的に乗り越えられることのないままに成人の意識生活の底にも存続しており、これこそが他人経験を可能にし、成人のレベルでの間主観性を可能にするものだということを、発達心理学や精神分析学の諸成果を踏まえて仔細に論証していた。この論証が、間主観性に関する彼の以後の理論を支えることになる。たとえば、最後期に属する「哲学者とその影」〔S II 1 f〕において、彼はふたたび間主観性の問題を採り上げるが、その論旨も上の所説を念頭において読めば明快である。彼がそこで提示している「間身体性」〔S II 18〕[7]とか「身体的間主観性」〔S II 24〕という概念についてしばらく考えてみたい。

「哲学者とその影」は、一九五九年のフッサール生誕百年を記念してファン・ブレダとJ・タミニオによって編まれた論文集『エドムント・フッサール一八五九―一九五九年』のために執筆されたものであり、主として『イデーン』第二巻に依拠してフッサールのうちに感性的存在の復権の企てを読みとり、それによって自分自身の最後期の思想の所在を指標しようとする、まことに読みごたえのある論文であるが、今は話を間主観性の問題に限らねばならない。

フッサールは『イデーン』第二巻のうち、「生命的自然の構成」を論じた第二編で、私と私の身体の関係、といっても、「われ思う（cogito; Ich denke）」というレベルでの精神としての私ではなく、「私は（眼筋を調節して対象に焦点を合わせ、それを見ることが）できる」「私は（耳を傾けて、それを聴くことが）できる」」、つまりは「われなし能う（Ich kann)」というレベルでの知覚能力としての私と私の身体の関係を論じ、そこには単なる「客観的な共変関係」や「規則的な対応関係」〔S II 14〕[8]以上のものがあるはずだと考える。それは、たとえば「ある意識が、機関車の貯水タンクに水がたまるそのつど飽満を感じ、ボイラーに火が点じられるたびに熱を感じたとしても、だからといってその機関車がこの意識の身体だということにはならない」[9]であろうからである。では、そこにはそれ以上のいかなる関係があるのか。そこにあるのは、「私の身体のそれ自身に対する関係」〔S II 14〕であり、この関係こそが私の身体をして私と物とのあいだの絆たらしめているものなのである。たとえば私の右手が私の左手に触れるとき、まず私は左手を対象として、物として感ずるが、しかしその気になりさえすれば、私の左手の方も私の右手を感じはじめる。フッサールが強調体《ゲシュペルト》で es wird Leib, es empfindet〔それは身体になり、それは感じる〕と書いている「異様な出来事」[10]〔S II 14〕がそのとき起きるのである。物であったものが生気を帯び、そこに知覚能力が住みつきにやってくる。「私は触わりつつある私に触わり、私の身体が〈一種の反省〉をおこなう。私の身体のうちに、また私の身体を介して存在するのは、単に触わるものの触わられるものへの一方的な関係だけではない。そこでは関係が逆転し、触わられている手が触わる手になるのである」〔S II 14-15〕。身体とは「感ずる物（empfindendes Ding)」であり、「主体的客体（das subjektive Objekt)」[11]〔S II 15〕なのである。

たしかにフッサールは、メルロ＝ポンティの言うとおり、他人の開示も自己の身体の開示と同じタイプの出来事だと考えているようである。先ほど私の右手は私の左手に能動的触覚が到来するのに立ち合ったわけであるが、私が他人の手を握るときその他人の身体が私の前で生気を帯びてくるのも、それと違った事態ではないのであり、それは、「他人の手が私の左手と入れかわるからであり、私の身体が、逆説的にも私の身体にその座がある〈一種の反省〉によって他人の身体を併合してしまうからなのである」〔S II 18〕。私の二本の手が「共現前（Kopräsenz）」「共存（Koexistenz）」〔S II 18〕[12]の関係にあるのは、それがただ一つの身体の手だからであるが、他人もこの「共現前の延長」——フッサールは übertragene Kopräsenz〔繰り越された共現前〕[13]という言い方をしている——によって現われてくるのであり、私とその他人とが同じ一つの「間身体性（intercorporéité）」の器官だからなのだ、とメルロ＝ポンティは説いている。この一見意味のはっきりしない「間身体性」という概念や、同じような意味で使われる「身体性一般（corporéité en générale）」〔S II 28〕といった概念も、前回見た幼児の自他未分化な身体経験を思い出してみれば、それほど理解しにくいものではあるまい。メルロ＝ポンティは幼児期のパーソナリティのこうした構造は私でもなければ他者でもない無人称的な「ひと」——言うまでもなく、ハイデガーの説く中性的な「ひと《ダス・マン》」が念頭に置かれている——というかたちで、ただし、やはりそれなりの本来性をもった「根源的なひと（On primordial）」〔S II 29〕として成人の生活のうちにも存続しており、そのつどの知覚や情感的経験において甦えってくるのだ、と言う。彼はすでに『知覚の現象学』においても、こう述べていた。

……知覚の主体はけっして絶対的な主観性になることはない……。知覚というものはつねに〈ひと〉というあり方のうちにとどまっている。つまりそれは、私自身が私の生活に或る新たな意味をあたえる手段となるような人格的行為ではない。感覚的探査のなかで現在に過去をあたえ、それを未来へと方向づけるものは、自律的な主体としての私ではなく、ひとつの身体をもち、また〈まなざす〉すべを心得ているかぎりの私なのだ。知覚は真の歴史であるというよりは、われわれのうちに或る〈前史〉の存することを証言し、それを更新するものだと言えよう。〔PP II 56〕

この「前史」こそが、あの自他未分化な前人称的生活であることは言うまでもない。メルロ＝ポンティはこの生活の「超越論的孤独性」〔S II 27〕ということを言う。つまり、真の孤独というものは、他人などというものが思いつかれもしないというばあいにしかありえないものであろうし、そうなれば孤独を主張する私もまた存在するわけにはいかないことになろう。真の孤独が可能なのは、自分が、孤独だなどということを知らないという条件のもとにおいてのみであり、真の孤独とはこの無知のことにほかならない。幼児のあの前人称的な生活を「独我論的」とよんでも「自己中心的」とよんでもよいが、メルロ＝ポンティに言わせれば、そこには我れもいなければ自己もいないのであって、そこでわれわれを存在から分け隔てているのは「無人称的《アノニム》な生の濃霧」〔S II 27〕でしかなく、われわれと他人とのあいだにある障壁も「触知しえない」ものなのである。したがって、そこで経験される身体は、私の身体でも他人の身体でもなく「身体性一般」とでもいうほかないものなのであろう。

　あえて逆説的な言い方をしてみれば、われわれは歴史のこの段階で、自分の身体が「感ずる物（empfindendes Ding）」だということを学び知ったとき、同時に他の「感受性（Empfindlichkeit）」つまり他の生命体（animalia）があるということを理解する準備をもととのえていたのである〔S II 17-18〕。そして、実際上私がまず知覚するのもそうした他の感受性なのであり、そこから出発してのみ、私は他の人間を経験することにもなるのだ。他人経験はまず「知覚論的」〔S II 21〕なレベルで生起するのである。

　だが、たしかに身体どうしはそうした共現前の関係にありうるとしても、ではそれをどうやって精神相互の関係にまで押し拡げうるのであろうか。こうした疑問に対してメルロ＝ポンティは、フッサールを代弁して、「精神にとっての精神の構成というものはありはしないのであって、あるのは人間にとっての人間の構成だけだ」〔S II 19〕と答える。つまり、私が他人の思考をそっくりそのまま考えるといったことは、およそありえないことであって、私にできることと言えば、他人が考えているということを考えるという程度のことであり、この人体模型の背後に、私の意識をモデルにして一つの意識を思い描いてみるという程度のことであるが、そのばあい、そこに思い描かれ、そこに投入されているのは結局は私自身の意識でしかないのである。ところが、他人が見ているということなら、私には紛れようもなくわかる。それは、他人が見ているのをそのまま私が見ることができるからである。「私は彼が見ているのを見る、と言うときには、もはや、私は彼が考えていると考えるというときのように、二つの命題の一方が他方のなかにそのまま嵌めこまれるという関係はなく、〈主文〉的視覚と〈従属文〉的視覚とがたがいに相手を脱中心化し合うのである」〔S II 19-20〕。先にふれたような最初の「志向的越境」によって他の身体や他の行動が私に現われるとき、そこで与えられているのは、あくまで全体としての人間であり、他の精神や意識などではない。そして、他の人間のその存在の明証を、私は私の受肉した存在のうちに私自身のものとして有している、というわけである。

意識というものは相互に他を対象化し合い、他が意識であることを否定し合う死闘を演ずるが、おのれを脱け出て感性的世界のうちに立ちいでている「脱自」としての身体は、他の脱自と共存可能なのであり、この可能性は、共に物に開かれる知覚において現実化される。こうしてメルロ＝ポンティは次のように結論する。「他の人間を〈定立〉するのは知覚する主体であり、他者の身体は知覚される物であり、そして他者そのものは〈知覚するもの〉として〈定立〉される。問題になるのは、まさしく共知覚（co-perception）なのである。私が自分の右手に触わっている私の左手に触わるのと同じように、私はそこにいる人が見ているのを見るのである」〔S II 21〕。こうした共存（co-）があの自他未分化な前史に根ざしていることは繰りかえすまでもない。

メルロ＝ポンティも引いているように〔S II 25, n 1〕、フッサールは『イデーン』第二巻のこの箇所で、ついには論理的客観性をさえも身体的間主観性によって基づけ

(fundieren) ようとしている。

論理的客観性はおのずから間主観性という意味での客観性でもある。ある認識者が論理的客観性において認識する事柄は……、そのような対象の認識者が充たさねばならぬ諸条件を充たしているかぎりでのすべての認識者が認識しうるものなのである。ということは、この場合次のことを意味する。つまり、彼は物を、それも同じ物を経験しなければならないわけであり、したがって彼は、その同一性そのものを認め得べく、他の認識者と自己投入 (Einfühlung) の関係に立っていなければならないし、またそのためには、身体性を有し、同一の世界に所属していなければならない……ということである。(14)

おのずから間主観的なものである身体的経験こそが、一切を基づけるもっとも根源的な存在の位層なのである。

こうして、われわれがその存在のもっとも根源的な次元において間主観的であり、いわば社会的であるからこそ、われわれにとって〈社会的なもの〉が存在しうるのである。われわれが知覚する対象からしてすでに他者と共有し合う間主観的な物であった。してみれば、デュルケームのように社会的な事象を「物」として、即自的な客体として扱うことの不当さは明らかであろう。といって、それを「われ思う《コギトー》」の主体である意識としての私の構成物と見ることもまた誤りである。身体を有し、同じ一つの感性的世界に所属することによっておのずから間主観的であるわれわれと社会的存在との関係こそが解き明かされなければならないものなのである。たしかに「社会的総体のもつ深いダイナミックス」〔S I 162〕はわれわれ幾人かの狭い生活経験に照らして説き明かしうるものではないであろうが、それにしても、われわれ自身のこの間主観的な生活経験を「脱中心化し再中心化する」〔S I 162〕ことによる以外、そのダイナミックスに近づく手段はないのである。こうしてメルロ゠ポンティは、おのずから間主観的であり社会的である人間身体のおこなう構造化作用、つまりその「自然的シンボル過程」〔RC 131〕から出発して社会的事象や歴史の解明に向かう。われわれのうちにあってはシンボル過程として、われわれの外にあって社会組織として現存する「構造」こそが、われわれと社会的歴史的世界とのあいだに存する一種の回路を解き明かしてくれるのであるし、「いかにして人間がおのれ自身の中心から外にはずれ、社会的事象が人間のうちにのみその中心を見いだすか」〔S I 198〕を理解させてくれるからである。そうした視点からする彼の社会理論や歴史理論について、次に考えてみたい。

2　構造の概念――メルロ゠ポンティとレヴィ゠ストロース

前節で述べたように、たしかにメルロ゠ポンティは、われわれの間主観的な生活経験を

「脱中心化し再中心化する」以外に「社会的総体のもつ深いダイナミックス」に近づく手段はないと考えている。だが、他方で彼は「他人の構成がそのまま社会の構成を解明してくれはしない」〔PP II 211〕ということも心得ている。「社会とは二人や三人にまたがる存在ではなく、不特定多数の意識との共存である」〔PP II 211〕からであり、しかも〈ひと〉という無記名性のベールにおおわれたそうした不特定多数の他人との関係は物——社会的・文化的対象——によって媒介されているからである。言いかえれば、人称をもった志向が物によって媒介されることによって〈ひと〉というかたちに「一般化され減弱される」〔S I 184〕ことになり、そのように物によって媒介され物のうちに沈澱し、物に似た一種の惰性を帯びるにいたった〈ひと〉と〈ひと〉との関係——制度化された交換の組織——こそが社会を構成する「社会的事象」〔S I 184〕なのである。社会的事象は、一方では「意味するもの」であり、われわれはそれを「内がわから理解しうる」が、他方ではそれは物に似た「過程」となり、その意味作用は「鈍重」になる、と言われる〔S I 184-186〕のもこのゆえであろう。メルロ＝ポンティは、この「物でもなければ観念でもない」社会的事象を「構造」としてとらえる〔S I 188〕。そこで、彼の社会理論について考えてみるためには、まず彼のこの構造の概念をもう一度検討しておく必要があろう。構造主義がこれほどにも論じつくされたあとで、今さら構造概念の検討でもないのだが、構造主義的な——たとえばレヴィ＝ストロースの——構造概念とメルロ＝ポンティのそれとのあいだには微妙な違いがあり、そしてそこにこそ彼の哲学の独自性が読みとれるようにも思われるので、この検討を省くわけにはいかない。

言うまでもなく、構造という概念は処女作の『行動の構造』以来メルロ＝ポンティにとってその思索を支えるもっとも基本的な概念の一つであり、われわれも以前に彼の初期のいわゆる「構造の哲学」に検討をくわえる機会をもったが[15]、一九四〇年代末から五〇年代にかけてソシュールにはじまる構造言語学の諸成果を摂取するに及んでこの概念はいっそうの彫琢を受け、最後期にいたるまで彼の思索のうちにあって重要な役割を果しつづけることになる。当然彼は、やはり同じ構造言語学から「構造」という概念を学び構造人類学を提唱したレヴィ＝ストロースの仕事には強い共感を示している。「モースからクロード・レヴィ＝ストロースへ」（〔S I 183 f〕一九五九年）はその共感の表明であり、レヴィ＝ストロースの業績を人類学以外の広い知的世界に最初に紹介するという功績を果した。だが、この論文のなかでメルロ＝ポンティは、レヴィ＝ストロースの構造概念への幾分批判的な見解も洩らしている。そして、その批判に対するレヴィ＝ストロースの応答も残されているので、その対話の検討からはじめたい。

構造という概念が心理学や言語学に端を発するものであることは言うまでもない。メルロ＝ポンティもこの指摘からはじめる〔S I 188〕。この言葉は心理学においては「知覚野の布置《コンフィギュレーション》、つまりある種の力線によって分節され、すべての現象がそこからその局所値を得てくるような全体」、つまりはゲシュタルトを指すために使われたのであり、言語学においてもまた、それは「具体的な肉化された組織」、「顕在的な意味の底にある一言語体系《ラング》の統一といったもの、つまり、その言語体系の理念的原理が知られる以前からそこですでになされていたはずの体系的組織化といったもの」を指していた。構造という概念をここから学んだ社会人類学にあっても、当然「構造」とは社会を構成している親族組織、言語的交換の組織つまり言語体系《ラング》、経済的交換の組織、芸術や神話や儀礼の組織を指すはずだと、メルロ＝ポンティは主張する。社会とは「こうした組織の相互にからみ合った全体」〔S I 188-189〕、つまり「諸構造の構造」〔S I 190〕にほかならないのである。もっとも、そのばあい、それらの構造が対応し合っているとは限らない。拮抗関係にあるばあいも、相互補完的関係にあるばあいもある。そして、ちょうど話者が自分の話している言語体系《ラング》の構造についての言語学的知識をもっている必要がないのと同様に、ある社会に生きている成員が、おのれを支配している交換の原理を知っているには及ばないのである。彼らは構造を自明なものとして使いこなす。構造とは、「そう言ってよければ、彼らが構造を手に入れるというよりはむしろ、構造の方が〈彼らを手に入れる〉」〔S I 189〕といったようなものなのである。

こうして、メルロ＝ポンティによれば「構造はヤヌスのように二つの顔をもっている。一方でそれは、そこに入りこんでくる諸要素をある内的原理によって組織するものであり、それは意味《サンス》である。だが、構造が担っているこの意味は、いわば鈍重な意味なのである」〔S I 189〕。したがって、科学者は「この構造を概念的に定式化し固定してモデルを構成し」、そのモデルの助けを借りて現実の社会を理解しようとするが、科学者がこの「モデル」と、現

レヴィ＝ストロース

実の社会を構成している「構造」とを取りちがえるおそれはないのであり、「構造としての社会」はさまざまなモデルによる「多くの解釈を容れうる」「多面的実在」なのだ、というのがメルロ＝ポンティの受取り方なのである〔S I 189-190〕。

だが、こうした言い方は、それがレヴィ＝ストロースの構造概念の解説を意図するものだとしたら、穏当を欠くものと言わざるをえない。というのも、レヴィ＝ストロース自身は、彼の説く構造があくまで分析のための方法的な操作概念にすぎないということを、繰りかえし強調しているからである。たとえば、今は『構造人類学』[16]に収録されている「民族学における構造の概念」という論文のなかで、レヴィ＝ストロースは、「構造という概念は、経験的実在にではなく、経験的実在にもとづいて構成されたモデルにかかわるものである[17]」という基本原則を立てて、そこから「社会構造（structure sociale）」と「社会関係(relations sociales)」という、しばしば混同されてきた二つの概念を明確に区別しようとしている。彼の考えでは、「社会関係とは、社会構造をつくりあげるさまざまなモデルが構成されるのに使われる初次的素材から成っており、一方社会構造は与えられた社会において記述されうるさまざまな社会関係の総体にはけっして還元されえないものである」[18]。したがって、社会構造とはモデルとしてもかなり抽象度の高いものであり、上記の論文においても「構造の名に価するモデル」の具えるべき条件の一つとして、そうしたモデルには「一群の同じタイプのモデルを結果として生み出すような一連の変換を整序する可能性がそなわっているべきだ[19]」という条件が挙げられている。社会構造とは、レヴィ＝ストロースによっては、初次的な素材である社会関係を材料にして構成されるさまざまなモデル――たとえば多様な交叉イトコ婚の在り方――を整序しうるような基本モデルと考えられているわけである。

してみれば、メルロ＝ポンティが「構造」と呼んでいるものは、むしろレヴィ＝ストロースの言う社会関係に当ると見るべきであって、メルロ＝ポンティの解説には意図的な歪曲が認められるように思われる。メルロ＝ポンティも、社会科学が「規則的な変換操作によって諸構造が相互に導出し合えるような構造の一般的コード表の作成を企てること」、「諸構造の底にそれらが従属するようなメタ構造を見いだそうとすること」は「健全な」試みであることは認める〔S I 191〕。だが、そうした純粋なモデル、つまり純粋に客観的方法によって描かれる図表――つまりはレヴィ＝ストロースの言う意味での構造――はあくまで「認識の手段」〔S I 192〕にすぎない、と彼は考える。そして、社会科学者がこうして描いてみせる「形式的構造」は驚くべき論理的操作を証示してくれるが、そうした操作はその親族組織を生きている住民たちによってなんらかの仕方でたしかに遂行されているにちがいなく、この操作の一種の「生きられている等価物」――つまりメルロ＝ポンティの考える意味での構造――があるにちがいないのであって、これこそ人類学者が「単に知的とは言えない作業」によって探究すべき当のものだ、「構造は社会から厚みや重みをいささかも奪い去るものではない」、と言うのである〔S I 192, 190〕。したがって、上のような認識の手段、つまりモデルを使って「社会人類学がもとめている要素的なものとは、やはり要素的な諸構造なのであり、言いかえれば、おのれ自身から出発してふたたびわれわれを構造の他の局面やおのれ自身の受肉した姿へと送りかえすようなもつれた思考〔その社会の成員によっておこなわれている思考〕のもろもろの結節なのであり」〔S I 192〕、「客観的分析を生きられているものに結びつけること、おそらくはこれこそが人類学のもっとも固有な仕事なのである」〔S I 192〕。

自分自身の「構造」の概念をその意味を歪曲してまで懇切に解説し、人類学にこうしてその課題までを指定してくれるメルロ＝ポンティのいわば有難迷惑なこの提言に対して、レヴィ＝ストロースは、メルロ＝ポンティの歿後かなり時を経てからのことではあるが、メルロ＝ポンティの追悼に捧げられた「いくたびかの出会い[20]」と題される珠玉のような――と言ってよいであろう――小文のなかで、その意図を十分に汲み取った上で穏やかに抗議している。レヴィ＝ストロースの解するところでは、メルロ＝ポンティが構造主義に関心と共感を示したのは、そこに「存在を見る新たな仕方」、つまり「主体と客体との古典的な対立を超えて、そうした対立が消え去ってしまうようなある隠れた次元を明るみに出すことに寄与する」[21]新たな見方を認めたからにほかならない。それに対して、人類学者や言語学者は新たな客体を限定し定義することを可能にしてくれるような概念を探し求めているのである。そして、メルロ＝ポンティの考えでは、科学はその段階で立ち止まってもかまわないのであり、それに助けられながら一つの新しい地平を切り拓き、構造主義的な科学者が暗黙のうちに抱く存在論を改革したり、その旧態依然たる客体への執着を断絶させてやったりするのは哲学の仕事なのである。つまり、「科学の構成的な歩みがふたたび活性化されるならば、それによってさえメタ科学的なものは開示される」〔VI 236〕のである。これもまたレヴィ＝ストロースが実に適切に引用している次のノートも、哲学と科学とのこの役割分担にふれるものであろう。「心理学・論理学・民族学などは、敵対し合う独断論であり、たがいに破壊し合うことになる。哲学だけが、まさしく存在の全領域を目指すがゆえに、それら諸科学を相対化することによってそれらを両立しうるようにするのである」〔VI 258〕[22]。

　レヴィ＝ストロースは、また次のような言い方で彼ら二人の立場の違いを言い当てようとしている。メルロ＝ポンティが『眼と精神』において画家に託して語る野生のヴィジョン——

　そのようなヴィジョンは……私自身が野生の思考と呼んだものと同じものでもあれば、同時にまったく別のものでもある。双方とも「能動主義《アクティヴィスム》がおよそ知ろうとは望まない生《な》まな意味の層」からすべてを汲みとるという点では、私はメルロ＝ポンティと一致するが、私がこの生《な》まな意味の論理を求めているのに対し、彼にとってはこの生《な》まな意味が一切の論理に先行するのである。要するに、メルロ＝ポンティにとっては説明になりえているものが、私にとっては、ただ問題にふくまれている既知項を告げているにすぎず、そこから出発してはじめて説明することが可能になる――また、説明することが必要にもなる――現象の次元を画定しているにすぎないのである。(23)

もっとも、レヴィ＝ストロースは、メルロ＝ポンティの晩年の著作に「ある種の両義性」があらわれていると見て、それを彼の思索のなかで音楽が占めている位置に即して鋭く指摘している。(24) われわれの当面の問題からは離れてしまうことになるが、実に興味ある指摘であり、これがひいてはメルロ＝ポンティの構造の概念のもつ両義性の指摘を準備することにもなるので、手短かに紹介しておきたい。

レヴィ＝ストロースの指摘するように、たしかに『眼と精神』においては、絵画をもちあげるために、音楽には低い地位しか与えられていない。つまり、メルロ＝ポンティは一方に作家や哲学者を置き、彼らに対しては「人は忠告や意見を求める」と述べ、他方には画家を配して、「画家だけが、いかなる評価の義務をも負わされずに、あらゆるものを見つめる権利をもつ」と述べている〔OE 255〕。ところが、音楽に関しては、――レヴィ＝ストロースによれば「それを拒むために」――手短かに次のように言及しているだけである。音楽は

「およそ名指しうるもののあまりにも手前にいるため、〈存在〉の投影図は描き出すが、それ以外のもの、つまり〈存在〉の干満、その増大、その破砕、その渦動を描き出すことはできない」〔OE 255〕。そしてレヴィ＝ストロースは、音楽についてのメルロ＝ポンティのこの考え方が別なところでは奇妙なことに科学に移し変えられていると指摘する。そこでは「演繹的科学は、構造、主軸（ピボ）、つまり世界の骨組のうちのいくつかの線を浮かびあがらせる」〔VI 279〕と述べられているのである。

だが、レヴィ＝ストロースの言うように、メルロ＝ポンティは『見えるものと見えないもの』の草稿の最後の部分では、音楽にもっと高い地位を認めている。そこでメルロ＝ポンティはヴァントゥイユのソナタがプルーストに喚起した瞑想に端を発する省察を試みているのであるが、そこでは音楽は〈存在〉の手前でその投影図を描いたりするのではなく、われわれに一つの「官能的〔肉的〕経験」〔VI 197〕をもたらすものと見られている。

レヴィ＝ストロースは、こうしてメルロ＝ポンティのほとんど同じ時期に書かれた二つの文章のうちに、一方は音楽に〈存在〉への権利を拒否し、他方は音楽に〈存在〉のもっとも確かな表出を見るという、音楽についての二つの見方が共存していることを指摘する。[25] 彼の考えでは、これら二つの見方はいずれも同じ一つの問題に接近しようとしているのではあるが、その問題が、一方では現象学的用語で、他方では存在論的用語で立てられているのである。つまり、『眼と精神』においては、〈存在〉についてわれわれに教えてくれるようなある知覚のレベルが問題なのであり、そこで視覚が選ばれるのは、明らかに人びとが、無言の対象、しかもその大部分がつねに触覚を免れるような対象を評価するのに本質的に視覚に頼るからである。それに、視覚というこの恒常的でありふれた知覚の身近な性質については画家がわれわれに教えてくれるが、音楽家が聴覚について教えてくれることはない。それは、音楽が分節言語と無縁だからであり、この視角から見るならば、音楽の音やその組合わせは光や色と違って前客体的な〈存在〉についての素朴な経験とは手を切った文化の所産だからである。ところが、『見えるものと見えないもの』においては、目標とみなされた知覚の真理は〈存在〉の真理に従属し、その近似値でしかないと言われる。「作図、筆のタッチ、そして眼に見える作品はまったき〈存在〉へ向かう〈言語行為《パロール》〉の総体的運動の痕跡でしかなく、……この運動は色彩による表現と同じように線による表現をも包みこむのだ」〔VI 265〕。メルロ゠ポンティの思索にひそむ両義性をみごとに剔抉したレヴィ゠ストロースは、この事態を次のように言い当てる。

こうして、『眼と精神』において明確に〈投影図〉という言葉が帰せられていた音楽が〈存在〉のただなかにその座を見いだすことになり、投影図の方が（今度は文字通りの意味で受けとられて）、〈存在〉に向かう一つの運動を構成する〔ものでしかない〕絵画のただなかにふたたびその座を見いだすことになったとしても、さして驚くにはあたらないのである。(26)

そして、レヴィ＝ストロースは、この同じ視角から構造主義に対するメルロ＝ポンティのアンビヴァレントな態度をも分析してみせる。「音楽と同様に、構造の概念も彼の思索のなかで交互にまったく異った資格をもつことになる[27]」。つまり、あるときは構造は〈存在〉の「投影図」ないし「主軸《ピボ》」でしかなく、この抽象的形式は主観性を克服しようとするいわゆる科学的目的のために利用される危険をともなう。メルロ＝ポンティにとってこうした構造の概念は幻想でしかなく、彼はこの幻想を払拭するために全力をそそぐのである。彼にあって、「構造」の概念がもつもう一つの意味は、「主観と客観という作為的対立を乗り越えるために提供された道、主観と客観の連接点に位置するもっと現実的な構造[28]」というところにあり、彼は「構造」という概念をもっぱらこの意味で使うようにうながす。この道は、つまりは「肉的経験」の道であり、構造分析も、かつてそれがその超越に寄与した主観－客観の二元論を再建しようなどとさえ意図しなければ、それに近づいているとみなされるのである。メルロ＝ポンティは、この道を通って、体験が知からはみ出しているその辺縁で絶えず豊かになってゆくこの主客不分明の境界に身を遊ばせることを好んでいたが、レヴィ＝ストロースは、それはメルロ＝ポンティが「絹のような文体の比類ない優美さのゆえに予感することができ、おそらくその組成《きめ》となりそのニュアンスとなっているものを誰よりもすぐれて見分けることのできたような境界なのだ[29]」と述べている。読みようによっては、こうした境界はメルロ＝ポンティのレトリークの紡ぎ出したものだとでも言わんばかりの言い方であるが、彼はそうは言わない。「たとえわれわれがもっと控え目な任務にたずさわり、些細な規定を一つずつ確かめてゆくことに甘んじ、そうした規定が脆い暫定的な性格のものでしかないということを明らかにする心配は哲学者にまかせたとしても」、こうした境界が存し、それが豊かになってゆくことは認めなければならないであろう、と述べている。[30]

だが、彼にせよわれわれにせよ、いずれもおのれが優位に立っていると誇りうるようなものではないのだが、彼の労苦は少くともわれわれから、彼の仕事がそうであったように、われわれの仕事はいつの日か終りがくるといったようなものではないということの承認をかちとりはしたのである。[31]

あまり目立たないかたちで発表されたレヴィ＝ストロースのこの文章は、メルロ＝ポンティの音楽についての一見矛盾した二つの見方に照明を当て、そこからその思索にひそむ二重の視角を剔抉することによって、「構造」概念に対するそのアンビヴァレントな態度を浮かびあがらせるという、しゃれていながらも実に辛辣な分析を深いいたわりで包んだ、心憎いまでにみごとなエセーであるが、このおかげで、彼ら二人の構造概念の違いが明確になっただけではなく、メルロ＝ポンティがレヴィ＝ストロースのそれに意図的な歪曲をくわえながら、この概念に何を託そうとしていたかを明らかにする手がかりもえられたように思う。

先ほどもふれたように、メルロ＝ポンティによれば、人類学の仕事は「客観的分析を生きられているものに結びつける」ところにある。一般に有効な思考とは「経験と知的構成ないし再構成とのあいだの往復運動」〔S I 192〕なのであるが、人類学においてはそれがいっそう強調された意味で問題になるのである。では、人類学における「経験」とは何か。それは「われわれの知性が苦心して探しもとめている綜合がすでに果されているような全体のうちに、社会的主体としてのわれわれが挿入されてあること」〔S I 192〕だと言われる。事実われわれは、自分一個の生の統一のうちで、われわれの文化を構成しているさまざまな構造を生きているわけである。そして、われわれのこの「社会的存在の装置」〔S I 193〕は、たとえば外国旅行をするといった程度のことによってもこわされたりつくり直されたりするもの、つまり「脱中心化され再中心化され」〔S I 162〕うるものなのであるが、人類学者はフィールドでの「民族学的経験」〔S I 193〕によって、つまり「たえず他人によって自己を吟味し、自己によって他人を吟味する」〔S I 193〕ことによって方法的にこれを果すわけであろう。こうして人類学者のうちに、原住民の観点も文明人であるおのれ自身の観点も、さらには両者のあいだにおこりうるさまざまな誤解といったものでさえもが座を占めることのできるようなある「一般的な基準系」〔S I 193〕がつくりあげられ、原理的には他国の人や他の時代の人びとに対しても有効に働きうるような「拡張された経験」〔S I 193〕が構成されることになる。人類学の使命は「未開人を打ち負かしたり、あるいはわれわれに対して彼らを擁護したりすることにあるのではなく、われわれ両者が相互に理解し合える地盤に、還元も無謀な転移もおこなわずに身を据えることにある」〔S I 197〕のである。

こうして理性と非理性とを共に理解しようとする試みにあっては、むろん理性の視角から構成された諸概念、特に主観‐客観といった概念は用をなさない。ここで有効になるのが「シンボル機能」とか「構造」といった概念である。なぜなら、シンボル機能とは「いっさいの理性といっさいの非理性の源泉」〔S I 197〕であり、それはその数や豊かさにおいて、意味されるものの名に価するような明確な対象の範囲をいつも越えているから、それを想像のうちで働かせてみることによって、理性に先立つものや理性を越えたものを理解しうることになるであろうからである。また、「構造とは、われわれの外にあっては自然や社会の組織のうちに、われわれのうちにあってはシンボル機能として現存するものであり」、これこそ「われわれがいかにして社会的歴史的世界と一種の回路をかたちづくるのか、つまり人間が自分自身の中心から外にはずれ、社会的事象が人間のうちにのみおのれの中心を見いだすといったことがどうして起るのか」〔S I 198〕を分からせてくれ、いわゆる未開人の社会性も文明社会に生きる人間の社会性をもともにとらえることを可能にしてくれるからである。メルロ＝ポンティがレヴィ＝ストロースの構造人類学に強い共感を寄せるのも、それがわれわれ自身とその社会的歴史的世界との関係を新たな視角から見ることを可能にしてくれることの「構造」の概念を、つまりは主観‐客観関係を越えた「存在の新しい見方」を、そのきわめて具体的な例証とともに提供してくれ、実は彼自身が早くから持っていた社会や歴史の見方を力強く裏づけてくれると思ったからに相違ないのであるが、われわれは次にそれを確かめてみたい。

3　メルロ＝ポンティとマルクス主義――サルトルとの訣別

前節で、メルロ＝ポンティがレヴィ＝ストロースの構造人類学に強い共感を寄せるのは、それが彼自身の早くからいだいていた社会や歴史の見方を力強く裏づけてくれるように思われたからにちがいないと書いたが、これはあまり正確な言い方ではなかったかも知れない。というのも、彼にあっては、言語論に関して、一九五〇年あたりを境に実存主義から彼なりの意味での構造主義への展開ないし転回が見られるのと平行して、社会理論の場面でも、それほど目立たないにしても似たような思索の展開ないし転回が認められるようにも思われるからである。事実、『知覚の現象学』や一九四六年の「マルクス主義と哲学」（『意味と無意味』所収）において展開された歴史理論においては「実存」という概念が中心に据えられており、彼自身それを「実存的歴史理論」〔PP I 284〕と呼んでいたが、『弁証法の冒険』（一九五五年）や『シーニュ』に収められた五〇年代の諸論文では、彼は「構造」という概念を軸にして社会や歴史の問題を考えようとしている。彼のこの歴史理論の展開をここで跡づけてみたい。

『知覚の現象学』の第一部第V章の末尾に付された補論とも言うべき長い注〔PP 282-285, n 5〕[32]で、メルロ＝ポンティは史的唯物論を科学主義的な「因果的定式化」から解きはなち、「実存」の概念を軸にしてとらえなおそうと試みている。彼の考えでは、史的唯物論とはけっして歴史を経済的な下部構造に還元して、その経済的因果連関を追おうとするものではなく、むしろ「歴史を経済化すると同時に、逆にまた経済を歴史化する」ものなのだ。なぜなら、史的唯物論において歴史の土台とみなされている経済とはけっして古典科学において考えられていたような客観的諸現象の閉じた体系ではなく、それは「生産力と生産関係の対決」であり、しかも「その対決が終局に達するのは生産力がその無記名性を脱しておのれ自身を自覚し、かくして未来を形態化することができるようになったときだけだ」と考えられているのであるが、「こうした自覚化はあきらかに一個の文化現象であって、これを通じて歴史の横糸のなかにあらゆる心理的動機づけが入りこみうる」わけだからである。とすれば、そこでは「歴史が経済に還元されるというより、経済の方が歴史に統合しなおされる」と見るべきであろう。歴史の現実の主体は、「単に経済的な主体、生産要因としての人間」ではなく、もっと一般的に「生きた主体、生産性としての人間、つまり自分の生活を形態化しようとし、愛し憎み、芸術作品を創ったり創らなかったり、子供をもったりもたなかったりするかぎりでの人間」と考えられるべきなのであり、そうした具体的生活のうちに確立されている相互人間的諸関係こそが「歴史の潜在的内容」なのである。メルロ＝ポンティは、史的唯物論にしても、実は歴史や思考様式を生産様式や労働様式の上に基づけようとするわけではなく、それらをも包摂するそうした具体的な相互人間的諸関係、つまり共存の様式の上に基づけようとするものだと見る。言いかえれば、思想史を経済史に還元するのではなく、これら二つの歴史がともども表現している単一の歴史、つまり「社会的実存の歴史」のうちにそれら二つの歴史を置きなおそうとするものにほかならない、と見るのである。

だが、こんなふうに考えると、経済という言葉にもはや固有な意味を認めえなくなるのではなかろうか。つまり、共存のドラマの全体が経済的な意味をもっていると見るか、それとも経済的ドラマはより一般的ドラマのなかに解消され、もはや実存的意味しかもたないと見るか、このいずれかを選ぶしかなくなるのではなかろうか。こうしたありうる異論に対して、メルロ＝ポンティはそのような二者択一の乗り越えを可能にするものこそ「実存」の概念なのだと主張する。実存とは「人間がある事実的状況を自分なりに捉えなおし引き受ける不断の運動」であり、言いかえれば、与えられた下位の諸構造を統合しつつ世界の構成へ向かう運動なのであり、したがって、それはその与えられた事実的状況からまったく切り離されることはありえないが、だからといって、それに還元されるわけでもない。メルロ＝ポンティによれば、「実存的歴史理論」が先の二つの見方のいずれをも許すかのような両義性をそなえているとしても、それは実存そのもののもつこの両義性の表われにほかならないのである。たとえば歴史が経済に接近し、生産諸関係が決定的な役割を果すことはたしかにあるが、それは革命が切迫したようなときだけであって、ちょうど個人の生活にあって、病気の際人がその身体的リズムに従属するのと同じように、革命的状況にあっては生産諸関係が透けて見え、決定的なものと認められるようになるのだ。だが、そのばあいでさえも、その結末のいかんは、対立する諸勢力がたがいに相手をどう見るかその見方にかかっているのである。それに対して、革命の退潮期には、経済的諸関係はイデオロギーにくるまれて、曖昧なかたちでしか効力を発揮しない。だが、そのばあいでも、経済的状況は実存の分力の一つとして、その動機づけの力を失うわけではない。それはちょうど、個人の生活にあって、性が実存の一般的ドラマのうちに統合されながらも、その実存を支える一つの分力として、けっして乗り越えられてしまうわけではなく、むしろ実存の一般的ドラマにつねに性的意味を与えつづけるのと同様である。歴史にあっても、一切の文化現象は一つの「経済的意味」をもっている。「なるほど歴史は経済に還元されてしまいはしないが、それと逆に歴史の方も、けっして原理的に経済を乗り越えるものではない」。身体の諸部分が、あるいは生理的・心理的・道徳的諸動機が、一つの所作、一つの行動という統一体のうちでたがいに結びつき、たがいに意味し合っているのと同様に、法律観、道徳、宗教、経済構造は社会的事象という統一体のうちでたがいに結びつき意味し合っているのであるが、いずれのばあいにもそうしたさまざまな意味作用のうちの一つが優勢になるということは可能なのである。

大体のところ、これが「唯心論とも唯物論とも異なる」彼のいわゆる「実存的歴史理論」である。彼は一九四六年の「マルクス主義と哲学」〔SN 183 f〕において、主として若きマルクスの『経済学哲学草稿』や『ドイツ・イデオロギー』に即してこの理論をいっそう具体的に展開してみせる。この論文は、『知覚の現象学』のこの注とまったく同じ立場で書かれているので、続いて、この論文に見られる彼のマルクス主義理解を検討しておこう。

この論文はP・ナヴィルに代表されるような科学主義的実証主義的な解釈からマルクス主義を救い、おそらくはルカーチの『歴史と階級意識』の強い影響のもとに若きマルクスの思想を読み解き、「マルクスが思弁的哲学と区別するために批判的と呼んだ具体的思考こそ、他の人びとが実存哲学という名のもとに提唱しているものにほかならない」〔SN 196〕ことを論証してみせようとする。当時としてはまったく大胆であったにちがいない試みである。

彼の考えでは、マルクス主義はけっして科学的でなどありえない。なぜなら、マルクス主義は、人間社会、特に経済社会を古典物理学の諸法則のような不変の法則に服せしめようとするものではなく、この社会を、もはや古典経済学の法則など当てはまらないような新たな配置へ向かう運動のうちにあるものと見ようとしているからである。「『資本論』におけるマルクスの努力の全幅は、しばしば〈社会的自然〉の不変の特性として呈示されるこの有名な諸法則なるものが、実はある〈社会構造〉、つまりそれ自身おのれの解体へ向かって進みつつある資本主義という社会構造の諸属性（あるいはその仮面）なのだということを示すところにこそ向けられているのである」〔SN 184〕。つまり、マルクス主義経済学が法則を論じうるとしても、それはあくまで「それぞれ質的に異なり、歴史の用語で記述されねばならない諸構造」〔SN 184〕の内部においてでしかないのだ。当然、歴史の全体的意味がわれわれに開示されるのもなにか物理－数学的なタイプの法則などによってではなく、「疎外という中心的現象」によってである。つまり、「歴史の運動のなかで、おのれの物神のために疎外され、おのれ自身の実体を抜きとられた人間がおのれ自身と世界とをふたたびとりもどす」〔SN 187〕ことによってはじめて、歴史の全体的意味が明らかにされるのだ。してみれば、「構造」とか「全体性」という非科学的だとされる概念こそ、マルクス主義の基本的なカテゴリーに属するはずなのである〔SN 184〕。こうして、メルロ＝ポンティは、束の間のものでしかないそのような諸法則を永遠のものであるかに思わせようとする科学主義は、「人間からその人間的現実を奪い、人間がおのれを事物と混同するように仕向ける疎外ないし物象化の一特殊例」〔SN 184〕であり、こうした科学の物神化はつねに革命的意識の衰えた時期に、また衰えたがわにあらわれるのだと断定する。

もっとも、マルクス主義を実証主義化する動機はマルクス自身のうちにもないわけではない。マルクスはつねに二正面作戦をとり、一方であらゆる形式の機械論的思考に反対しながら、他方ではヘーゲルの観念論と戦いを交えているのであるが、この後の戦線での発言があたかも実証主義に利するかに思われるからである。だが、観念論に対するマルクスのこの戦いは、人間を実証主義的に客体化することとはまったく無関係であり、彼はあくまで個人そのものを「社会的存在」、つまり社会をその存在の一つの次元として有し、社会を生産する存在と見るのである。メルロ＝ポンティは「人間は自分自身と他の人間とを生産する」とか、「社会がみずから人間を人間として生産するのと同じように、社会は人間によって生産される」といった言葉を『経済学哲学草稿』から引用している〔SN 188〕[33]。マルクスは、社会を個人から切り離して、いかなるかたちでであれ「抽象体として固定する」ことには反対するのである。

マルクスにとって「歴史の担い手」であり、「弁証法の動力」となるのは、したがって「社会的自然」の諸法則でもないが、といって「世界精神」でもない。メルロ＝ポンティの見るところ、「それは自然をわがものにする一定の様式――人間の他の人間との関係の様式もそこに描きこまれている――に組みこまれている人間であり、具体的な人間たちの間主観性であり、彼が耐え忍びもすれば変えてしまうこともある所有のある形式のなかで、各自が他人によってつくり出されもすれば、また他人をつくり出しもしながら、自己を実現しつつある人間たちの継時的かつ同時的な共同体なのである」〔SN 189〕。唯物論が弁証法的でありうるのも、つまり「物質が弁証法とよばれる生産性と新しさの原理を内蔵しうる」のも、マルクス主義にあっては、「物質」が、もう一方の「意識」と同様に、それだけ切り離されて考えられることはなく、つねにこうした「人間の共存の体系のうちに組みこまれ、……諸個人にとってのある共通の状況を基礎づけ、彼らの企ての一般性を保証し、発展が一つの方向をとり、歴史が一つの意味をもつことを可能にする」からなのであるが、この状況の論理にしても、それが「発動され展開され成就される」にはやはり人間の生産力を必要とするのである〔SN 189〕。逆に、弁証法が唯物論的でなければならないのも、歴史の担い手である人間が、事物やおのれの身体から切り離された意識などではなく、「道具や対象との関係、しかも単なる思考の上での関係ではなく、人間が外面をもち外部をもち、〈主体的〉であると同時に〈客体的〉でもあるようなぐあいに世界のうちに人間を出現せしめる関係」〔SN 190〕であるからであり、「〈感性的〉存在として、自然的および社会的な一定の状況のうちに位置せしめられながら、しかし開在的でも能動的でもあり、おのれの依属性を基盤としておのれの自律性を樹立しうるような存在」〔SN 190〕だからである。こうして、メルロ＝ポンティにとって「マルクス主義は主体の哲学ではないが、ましてや客体の哲学ではなく、歴史の哲学なのである」〔SN 190〕。

このような視角から彼は、マルクスがしばしばおのれの唯物論をそう呼んでいた「実践的唯物論」(34)なるものをも、「物質が実践の支点、実践の身体として人間生活のうちに介入してくる」という意味に解する〔SN 191〕。だからこそ、マルクスにとっては一社会のすべてのイデオロギー的形成物は、その社会が自然との基本的関係を設定してきたその様式と同義的か、それともそれを補足し代償するものかであり、歴史の全体のなかでイデオロギーと経済、その社会の「精神」と生産様式とは内的に結びついているのである。当然、そこでは物質はすべて人間的意味を帯びている。メルロ＝ポンティは、「人間的対象」という、のちに現象学によって採りあげなおされ展開される概念を導入する仕事をマルクスが引き受けたのは当然であったと見る〔SN 191〕(35)。この概念は、「一社会の精神は、それがおのれに与え、おのれがそのただなかで生きている文化的諸対象によって現実化され、伝達され、知覚される」るものであり、当然「その精神の実践的諸カテゴリーがそれらの対象のうちに沈澱することになるが、「その見返りに、それらの対象が人間たちに存在の仕方や考え方を示唆する」〔SN 192〕ことになる、ということを教えているのである。マルクス主義的唯物論とは、こうした「歴史の具体的な場としての社会的実存に関する理論」〔SN 193〕であり、「他の人びとが実存哲学という名のもとに提唱しているもの」〔SN 196〕にほかならないのである。

メルロ＝ポンティによれば、実存哲学もまた、「まったき自律性のうちで内在的で透明な諸対象を定立する活動とみなされる認識や意識」を主題にするものではなく、まさしく「実存、つまり一定の自然的歴史的状況のうちにあるおのれ自身に与えられ、この状況に還元されることもこの状況から引き離されることもできない活動」を主題にするものであり、そこで問題になる「主体」にしても、単なる認識論的主観ではなく、「不断の弁証法によって、おのれの状況に即して思考し、おのれの経験と接触しながらそのカテゴリーを形成し、この状況やこの経験を、おのれがそこに見いだす意味によって変様してゆく人間的主体」であり、「同じように状況のうちに置かれた多くの他の意識のただなかにあって、対他的に存在し、そうすることによって対象化を受け、類的主体となる」ような間主観的な人間的主体なのである〔SN 196〕。

こうしてメルロ＝ポンティは、ここで、マルクス主義と実存哲学とをまったく等置してしまうような――当時としては――まことに驚くべきマルクス主義解釈を展開する。のちに『弁証法の冒険』において彼自身、「若きマルクスにも、一九二三年の〈西欧〉マルクス主義〔ルカーチの『歴史と階級意識』〕にも欠けていたのは、下部構造の惰性とか、経済的諸条件やさらには自然的諸条件の抵抗とか、〈人間的諸関係〉の〈物〉への埋没とか、こういったものを表現する手段である。彼らが記述した歴史には厚みが欠けていて、歴史の意味があまりにも早く透けて見えすぎる。彼らは媒介作用の緩慢さをこそ学ぶべきだったのである」〔AD 88〕と述べることになるが、この批判は、この時期の彼のこの「実存的歴史理論」、実存主義的なマルクス主義理解にもそっくり当てはまるものであろう。

だが、彼のために、この論文の書かれた状況を考慮してやる必要もあるように思う。同じ一九四六年、メルロ＝ポンティのこの論文に先立って、『現代《レ・タン・モデルヌ》』誌の共同編集者であるサルトルが同誌に『唯物論と革命』を書き、唯物論を「実証主義の装いに隠れた決定論的な形而上学」だとして批判し去っていた。メルロ＝ポンティはこの「マルクス主義と哲学」において、彼は唯物論に革命に役立つ神話としての価値しか認めようとしていないのである。メルロ＝ポンティはこの論文にいかにもさりげなく言及しているが、明らかに彼はサルトルのこの論文によって『現代《レ・タン・モデルヌ》』の編集方針が決定されることをおそれ、マルクス主義をP・ナヴィル流の実証主義から救い出すことによって、それが必ずしもサルトルの実存主義と背馳するものではないことをサルトルに納得させたかったにちがいない。彼がこの論文の発表場所として『現代《レ・タン・モデルヌ》』を選ばなかったところに、サルトルへの気遣いがうかがわれるのではあるが、気を遣いながらも彼の意志は断固たるものであったらしい。『生けるメルロ＝ポンティ』においてサルトルが回想しているところによれば、当時メルロ＝ポンティは、「とりあえず、プロレタリアートの復活をさまたげるおそれのあることは一切やらないよう心に課すること。プロレタリアートが自己再建を果すための手助けとなるべく全力を尽すこと。要するに、共産党の政策をおこなうこと」[36]という基本方針を、サルトルに文書にして確認するように要求さえしたということである。とすれば、マルクス主義と実存主義とを等置するという乱暴を犯すこの論文には、かなりの程度まで戦術的意図がこめられていたようにも思われるのである。もっとも、それはそれとして、これが「実存」という概念を軸とする当時の彼の歴史の読み方であったことに変わりはない。

一九五〇年代になると、メルロ＝ポンティは、先ほど引いた若きマルクスや『歴史と階級意識』のルカーチに対する批判からもうかがえるように、彼らの影響下に形成された彼自身のこの歴史観、歴史の不透明さやその厚みを表現するにはあまりにも軽快にすぎる弁証法に批判的になり、その社会理論や歴史理論は、もはや「実存」の概念をではなく、「構造」の概念を軸にして形成されるようになる。それはあたかも、彼の言語論に関しても同じような転回が見られる時期であるから、彼の思索の一般的な転回の一環であるにはちがいないのだが、結局はサルトルとの交友の破綻となってあらわれるこの時期の彼の政治的経験も、まったくそれに無関係ではなかったであろう。とは言っても、歴史理論の展開とこの政治的経験の相関関係をそう的確に指摘しえない以上、当面の論題からずれてしまうおそれのあることは承知の上で、『弁証法の冒険』に立ち入るに先立ち、以前も手短かに言及したことではあるが、戦後の世界情勢を背景としてのサルトルとメルロ＝ポンティの交友と訣別について――いずれは、どこかで採りあげなければならない問題なので――ここでふれておきたい。一種の間奏曲として読んでいただいて結構であ

サルトル

る。

第二次大戦の終結した一九四五年、彼が、サルトルと協力して『現代《レ・タン・モデルヌ》』誌を創刊し、それを舞台に、当初は手をたずさえて戦後のフランス思想界を指導したことについては、前にふれたことがある。(37) もっとも、彼ら二人の政治的立場には、かなりの開きがあり、先ほどもふれたように、一九四六年の時点ではメルロ＝ポンティの方がずっと左寄りにいたわけであり、サルトルの言うところによれば、彼のこの路線が『現代《レ・タン・モデルヌ》』誌の政治的論調を規定していたのである。必ずしも党の路線に妥協しない彼の知的方法の厳しさには、クールタードやエルヴェ、ドサンティといった共産党員たちも一目置いていたという。

先ほどもふれたように、メルロ＝ポンティはサルトルにも「共産党の政策をおこなうこと」を要求したというが、彼のそうした姿勢がもっとも露骨にあらわれたのは、四七年に論文集『ヒューマニズムとテロル』に集められた諸論文においてであった。そこで彼が問題にしたのは、モスクワ裁判、ことに一九三八年に処刑されたブハーリンの裁判記録である。この裁判は、米ソ二大陣営が緊張の度をくわえはじめた当時の情勢のなかで、アーサー・ケストラーたちによって反共宣伝の絶好の材料にされていた（たとえばケストラーの『真昼の暗黒』）のだが、メルロ＝ポンティはその裁判記録を冷静に検討して、この裁判は普通法によっておこなわれてはいるが実質的には革命裁判なのであり、検察官も被告もともにそれを認めている以上、その判決は是認さるべきだと主張した。スチュアート・ヒューズは『ヒューマニズムとテロル』を評して、「一九四〇年代の末にあらわれた、ソヴィエト共産主義に対するもっとも洗練された護教論[38]」だと言っている。もっとも、結果的にはこの論文は、右翼のみならず左翼からも激しい非難を買うことになったのであるが、しかし、これはサルトルには一種の回心を経験させた。後になってからのことであるが、サルトルはこう書いている。「私は読み、教えられ、しまいには夢中になって読んだ。彼は私のガイドであった。私に思いきって踏みきらせたのは『ヒューマニズムとテロル』であった[39]」。五二年に公刊した『聖ジュネ』の末尾で、サルトルはジュネの運命をブハーリンのそれに比定しているが、そのブハーリンの運命とは、ほかならぬメルロ＝ポンティが取り出してみせてくれたものであった。こうして、サルトルの政治的見解は次第にメルロ＝ポンティのそれに近づいてゆく。

そして一九五〇年には、彼らはその意思の完全な一致を見る。彼らは四八年に非共産党員の極左を結集して「革命的民主連合」（R・D・R）を組織しようとして失敗したが、その時の協力者の一人であったトロツキストのダヴィッド・ルーセが、四九年『フィガロ』紙に「われらの死の日」という題でソ連の強制収容所の存在を暴露した記事を発表したのに対して、彼らは『現代《レ・タン・モデルヌ》』に連名で「われらの生きる日々」という論説を書き（実際にはメルロ＝ポンティの執筆したもので、のちに「ソ連と強制収容所」と改題して『シーニュ』に収録）、「強制収容所の恐怖のごとき絶対の体験でさえ一つの政策の決め手にはならない」〔S II 195〕のであり、資本主義世界における植民地の存在に目を閉ざして、このように批判をロシアに局限する政策はすべて、資本主義世界に対し罪障消滅を宣言するものだとして、ルーセと訣別したのである。

しかし、この蜜月はそう長くは続かなかった。この年の夏、朝鮮に戦争がはじまり、そのニュースがフランスに伝えられると、今度は彼らが袂を分かつことになる。メルロ＝ポンティは、北朝鮮軍が南朝鮮に侵入したのだと思いこみ、「ソ連は戦略拠点を確保することによって、その戦力の埋め合わせをつけようとしているのだ」と考えた(40)。戦争が不可避であるとしても、せめて資本主義世界が最初に攻撃をしかけたというなら、たとえ結果がどうなれ、まだしも人間の運命はある意味をもったであろうが、予防的攻撃が社会主義諸国から生じきたったという以上、歴史は人類の屍衣と化してしまった、勝負は終った――と彼は考えて、いっさいの共犯を拒否し、深い沈黙に陥る。ところが、この時サルトルの方はむしろ逆方向の「回心」をしていた。彼はそれを一〇年後に、次のように回想している（一九六一年三月、「ビュルニエとの対話(41)」）。「朝鮮戦争は共産主義者の戦術ではなかった。反対だった。北鮮軍が陥った罠だったのだ。われわれは当時、冷たい戦争がきわめて熱い戦争に変わりうることを発見したのだった」。彼にとって、これは観念論の終りを意味した。つまり、「一九五〇年を境に、自分が愛しうるものを選ぶことではなく、はるかに一般的な視点に従って選ぶことが問題だということがわかった。危険を冒す人びとと、利害上どうしても平和を欲する人びと、したがって、ソヴィエトの人たちのがわにつかねばならなかった」。こうしたサルトルの一種の自己否定の経験が、一九五二年以降の明確な態度決定を準備することになる。

一九五二年五月、アイゼンハウァーの後を受けてリッジウェイが欧州軍統合司令官としてパリに赴任するや、五月二八日フランス共産党の指令にもとづいてリッジウェイ反対の非合法デモがおこなわれた。デモは政府の弾圧を受け、共産党書記長代理のデュクロが国会議員の特権を無視して不法に逮捕された。そこで、六月四日、この不法逮捕に対する抗議のゼネ・ストがふたたび共産党系の労働組合C・G・Tによって指令される。しかし、そのデモやストに参加したのは全労働者階級の二パーセントにすぎず、いずれもみじめな失敗に終った。この事実を見て、保守系反共紙『フィガロ』や社会党系反共紙『フラン・ティルール』は小躍りしてよろこび、この不参加こそフランスの労働者がフランス共産党やソ連の手先となることを拒絶しようとする意志の表明であり、この拒絶こそ労働者の自覚の勝利を示すものだとして、反共宣伝に利用した。こうした事態を理解するには、当時のフランスにおいて「スターリン主義」を遵奉する共産党と他の左翼勢力とのあいだに、どこにも見られないほどの烈しい反目があったという事情を考慮に入れておく必要がある。

この事件の当時、サルトルはイタリアに旅行中であったが、知らせを聞いて急遽パリにとってかえし、このような反共宣伝、ことに左翼反共主義者たちのそれを烈しく弾劾するとともに、共産主義者との連帯を宣言するための論文『共産主義者と平和』の執筆にとりかかる。この論文は結局、第一論文が一九五二年七月（『現代《レ・タン・モデルヌ》』第八一号）、第二論文が同年一〇—一一月（第八四—八五号）、第三論文がずっと遅れて五四年四月（第一〇一号）と三年にわたって書き継がれ、しかもその間の一九五三年には、主として第二論文をめぐって、『現代《レ・タン・モデルヌ》』（四月および七月号）誌上でクロード・ルフォールと論争をまじえている。[42]『共産主義者と平和』におけるサルトルの目的は、「明確な限定された若干の主題について、私が共産主義者と意見を同じくしていることを表明すること」にあり、しかも「それは、私の原理から出発して推論することによってであって、彼らの原理から出発してではない」のであるから、当然そこでは、イデオロギーを介在させずに、共産主義的実践の直接の分析が試みられることになる。

こうして、サルトルはその「第一論文」においては、五月二八日のデモが、はじめから敗北を覚悟しながらも、プロレタリアートの平和主義を示す悲劇的意志から企てられたものであって、無効であることがかえってその証しとなるようなデモであるということを解明してみせる。しかし、彼もこのデモが時宜に適していなかったし、現実に失敗したことは認める。そこで、失敗が明らかであるにもかかわらず止むをえずデモを指令した党と、士気沮喪のために六月四日のストライキに不参加を表明した労働者階級との事実的な状態の確認から出発して、労働者階級と党との本来的な関係が問われることになり、これが「第二論文」の主題となる。サルトルの主張は簡単に言えばこういうことである。つまり、労働者の統一は利害や条件の同一性によって機械的・受動的に生まれるものではなく、自己の客体としての条件を拒絶し、自分自身のためだけではなく、自分のあらゆる仲間のためにも自己の生活条件を変革しようとする闘争、つまり運動のなかで、運動として実現される。かくて、階級とは運動しつつある体系のことであるが、そのように方向づけられ、志向性をもった実践的運動は組織化を要求する。つまり、そうした集合的実践としての階級にとって行動があらゆる時に可能であるためには「実践の純粋で単純な肉化であるような組織体」が必要であるが、それが〈党〉なのである。労働者はたえず分解し大衆化する危険にさらされているが、組合と党を生み出すことによって、階級へと統一される。マルクスが、「プロレタリアートは明白な政治的党派として構成されてはじめて階級として行動しうる」と言うのも、この意味にほかならない。したがって、〈党〉と労働者階級とは分離不可能であり、前者を攻撃することは、そのまま後者を攻撃することになる。

サルトルのこうした主張は、フランス共産党やソ連共産党のスターリン主義を擁護ないし容認するものと受けとられ、まず『反抗的人間』のアルベール・カミュが、次いでトロツキストのクロード・ルフォールがこれに異議をとなえた。問題のルフォールの批判の要点は、マルクス主義にあっては、階級の観念が基本であり、党の観念はあくまで二次的であって、生産者としてのプロレタリアートの自律的革命性を肯定するべきだというところにある。この観点からすれば、スターリン主義は、組織化の名のもとにプロレタリアートを犠牲にして、労働者官僚という新しい支配階級の出現を可能にするものであり、徹底的に否定さるべきものであった。こうしたルフォールの経済主義的立場からの攻撃に対して、さらにサルトルは次のように答えた。つまり、プロレタリア階級は条件の悪化を受動的に耐え忍ぶと同時に、それからの解放に向かって不断に努力するという両義的経験をしている。一方では生産の受動的生産物としての階級であり、他方では能動性としての、あるいは歴史的企投としての階級であるという、この受動性と能動性とを一つの革命的綜合に転ずるためには、一つの媒介が必要である。つまり、プロレタリア階級をその土台から引っぱる重力を上昇力に転化させ、その苦悩を人間的な権利要求に転化させるためには、誰かしらの媒介がなければならないが、この媒介としてプロレタリアの選んだものが〈党〉なのだ——と、こうした答えである。

その当否はともかく、『共産主義者と平和』やルフォールとの論争の全体を通じて、次のことは認めてよさそうである。つまり、共産党やコミンフォルムやソ連を擁護することが世界平和のための緊急事だとするサルトルの認識は、たしかに、それらのものの現実の姿をそのまま肯定しようということではなく、むしろそのあるべきあり方を要請しようということであったのだが、しばしばその二つの観点が混同されて、現実のスターリン主義を免罪するかに見えた、ということである。

メルロ＝ポンティの方は、一九五〇年以来政治的には完全に沈黙を守っていたが、一九五二年に、前にもふれたように、「あるマルクス主義者のきわめてつまらない論文」を『現代《レ・タン・モデルヌ》』に掲載するにあたり、その処遇をめぐってサルトルと衝突し、この雑誌の実質上の「編集長」を辞任して、サルトルとの交友を断ってしまった。そのメルロ＝ポンティが一九五五年に、突然書きおろしのかたちで発表したのが『弁証法の冒険』である。右のようなサルトルの主張を弁証法を失ったウルトラ・ボルシェヴィズムと批判し去るその第Ⅴ章は、こうした経緯を踏まえた上で、メルロ＝ポンティが投げつけたサルトルへの公的な絶縁状であった。この第Ⅴ章は全体のバランスを失してまで長く、その批判は実に執拗で、彼のような冷静な哲学者でさえも、パーソナルな感情をそれほどうまくは処理できないものなのかと、一種異様な感慨をおぼえさせられるほどのものである。ついでにふれておくと、メルロ＝ポンティのこの背信に対してサルトル自身は終始沈黙を守ったが、かわってシモーヌ・ドゥ・ボーヴォワールが『現代《レ・タン・モデルヌ》』（五五年六―七月号）に「メルロ＝ポンティとえせサルトル主義」という論文を発表して猛烈な批判を展開した。

　スターリン批判前夜の実に複雑なヨーロッパの政治情勢を顧慮しなければ、とうてい理解しえない彼ら二人の関係についてはもうこれ以上立入るのをやめ、とにかくこのような事情の介在したことを念頭においた上で、次にわれわれは、『弁証法の冒険』にうかがわれる彼の歴史理論について考えてみよう。

4　歴史の読み方――『弁証法の冒険』をめぐって

『弁証法の冒険』はメルロ＝ポンティが一九五三年七月と一九五四年四―一二月の間に執筆し、一九五五年に公刊した政治哲学論集である。彼はここで、マルクス主義的政治がこの半世紀間にとげた経験を、「政治そのものの領域において」ではなく、「政治哲学の領域において」標定しようとする。こうした政治哲学の領域に定位することは、「たしかに政治的な歴史の上空を舞うことにはなるのだが、しかしそのおかげで、進展の一つの方向が比類ない明晰さで見えてくる」からである。

このような目論見のもとに彼は、第I章「悟性の危機」でマックス・ウェーバーの歴史哲学を考察し、次いで第II章「〈西欧〉マルクス主義」では、そのウェーバーの弟子ルカーチの一九二三年の論文集『歴史と階級意識』において、ウェーバーの歴史哲学がどのように批判的に継承されるのかを確かめ、第III章「『プラウダ』」において、そうした西欧マルクス主義に対する正統派のレーニン主義のがわからの攻撃の次第を検討し、第IV章「行動としての弁証法」では、そのような弁証法と唯物論（実在論）の相剋が実践のうちにどのような矛盾となってあらわれてくるかをトロツキーの政治行動に即して明らかにする。おそらく一九五三年七月に執筆されたここまでの部分は、いかにも冷静な透徹した歴史的分析である。だが、かなり時を隔てて（一九五四年四―一二月）書かれたと思われる、これに続く第V章「サルトルとウルトラ・ボルシェヴィズム」は、その分量もバランスを失してまで長く（第V章と終章とで全体の約三分の二を占める）、きわめて時務的な問題に応えようとするものであり、サルトルの『共産主義者と平和』に実に執拗な批判をくわえた上で、非共産主義的左翼の提唱におわっている。このように、前半と後半との筆致がまったく異なっているため、この本全体の性格がひどく不明確なものになってしまっているのだが[43]、いまはこの本の内容の検討をするのが本意ではないので、その点に立ち入ることはやめ、主としてこの本の前半部に即して、この時期のメルロ＝ポンティの歴史についての考え方を確かめてみたい。

メルロ＝ポンティが、その社会認識や歴史認識に関して早くからルカーチの『歴史と階級意識』から強い影響を受けていたことはこれまでの検討からも明らかであるが[44]、ここでも当然ルカーチ論がその重要な部分を占めている。ところで、彼は、『歴史と階級意識』におけるルカーチのマルクス主義を「ウェーバー的マルクス主義」〔AD 40〕とよび、ルカーチをウェーバーの歴史哲学の批判的継承者と見ている。彼が、今世紀前半に弁証法的思考が経た試練の跡を辿りなおそうとするこの『弁証法の冒険』を――いかにも奇異な感じがするであろうが――ウェーバーの歴史哲学の検討からはじめるのは、このゆえなのである。つまり、彼によれば、「もろもろの事件がマルクス主義的弁証法を議事に上せようとしていたまさしくその時にあたって、ウェーバーの試みは、歴史の弁証法が重大になるのはいかなる条件下においてであるかを教えた」〔AD 40〕のであり、そのウェーバーの試みを理解しえた「ウェーバー的マルクス主義」から出発してこそはじめて、その後の『弁証法の冒険』も理解可能になる、というのである。したがって、われわれも彼のウェーバー論から見てゆくことにしよう。

メルロ＝ポンティは、ウェーバーの歴史哲学の根本の狙いは、真理と暴力、認識と実践、悟性的客観性と道徳的情熱との二元論を乗りこえ、そのかなたに、「歴史内存在」とでもいうべきものの独自の定式化を求めようとするところにある、と見る。たとえば、ウェーバーは歴史認識の「客観性」を主張するが、しかしそれは、歴史家の悟性がカントの主観と同様に「構成的」に働き、一個の首尾一貫した「表象」の一要素としての歴史的客観を構成しうる、という意味においてなのであり〔AD 12〕、この表象がどれほど訂正され明確化されうるにしても、それが物自体と混同されることはないのである。歴史家というものは過去に一定の意味を見いだすという仕方でしか過去に目を向けえないのだし、歴史のほうもまた、「われわれが過去に与えるイメージに先立っては、体系はおろか遠近法的に配置さえされていない真偽未定の一連の出来事があるだけ」〔AD 15〕であって、後代の手を借りなければ完全に存在するにいたらないものなのであるから、歴史のなかに歴史家が侵入するのは避けられない。それはけっして歴史認識の欠陥ではないのである。なるほどそれは歴史認識を主観性によっておびやかしもしようが、同時にそれこそが歴史認識に高度の客観性を約束してくれるものでもあるのだ。ただ、そのためには、歴史家は自分が事実のうちにもちこんだ「意味」、つまりウェーバーのいわゆる「理想型《イデアールティープス》」を歴史を解く鍵だなどと思いこんではならないのであって、それはあくまで「われわれが考えていることと実際にあったこととのずれを測定するための目安にすぎない」〔AD 12〕ことを心得ていなければならない。言ってみれば、歴史認識とは歴史への一つの問いかけなのであり、したがってその答えが、別にその答えを待って存在したわけではない過去の歴史的現実をことごとく汲みつくすといったことは原理的に言ってありえないのである。

　ところが、同じ歴史とのかかわりと言っても、話が現在ということになると、事情はかなり違ってくる。というのも、現在とは、それが存在するためにわれわれの同意や拒否を必要とするものであるし、それに関しては判断中止は許されないからである。現在にあっては、何ごとも決定しないということは、事態の推移にまかせると決定することである。しかし、現在がこのようにわれわれに身近かだということは、それだけわれわれが事象に近づきうるということではない。というのも、今度は距離が欠けているために、われわれには事象の一面しか目に入らないということになるからである。こう考えてくると、知識も実践もともに歴史的現実の同じ汲みつくしがたさに直面しているわけであって、ただそれに応える仕方が対立的なだけだということになる。つまり「知識のほうは観点を多元化し、暫定的であって修正の余地のある、しかもそれぞれがある一定の理由にもとづく、つまり条件づきの結論によって応えるのだが、実践のほうは、絶対的でもあれば偏ってもおり、それとして理由を挙げることもできない決意によって応える」〔AD 13〕というだけのことなのである。してみれば、知識と実践との二元論は結局のところ過去と現在の二元論に帰着するわけであり、その対立は絶対的なものではありえない。なぜなら、われわれは自分が今生きているそのことについて、明日になればあるイメージを組み立てなければならないであろうし、他方今眺めている過去も、かつては生きられていたのであり、その発生にまで遡って問題にしようとすれば、その過去が一つの現在であったことを無視することはできないからである。「歴史の全体はなお依然として行動であり、行動はすでにして歴史なのである」〔AD 13〕し、歴史とはわれわれ自身がそれであるような奇妙な対象なのであってみれば、われわれと歴史との関係は、観客と見世物のような悟性的関係ではありえないことになる。ウェーバーが求めたのも、実は、われわれがその演技者でもあれば観客でもあるようなわれわれと歴史とのこの独自な関係の定式化だったのであるが、メルロ＝ポンティによれば、ウェーバーはそうした定式をその方法論上の著作においてはどこにも与えてくれてはおらず、われわれとしてはそれを彼の歴史家としての仕事のうちに求めるほかはないのである。

こうしてメルロ＝ポンティは、『プロテスタンティズムの倫理と資本主義の精神』に仔細な検討をくわえ、ウェーバーがそこで宗教と経済の複雑な錯綜のうちに、相互に強化し合う選択の親縁性（Wahlverwandtschaften）を認め、かくして「合理化」という歴史の理解可能な核を取り出してくる手法を分析し、そこからウェーバーのいわば「歴史哲学」を読みとってくる。それにしたがえば、歴史はたしかに意味をもってはいるが、だからといって歴史は理念の純粋な展開ではないのであり、「歴史は、人間の発意がばらばらに散乱した所与を捉えなおすことによって或る生活組織を築き上げるとき、偶然との接触のなかでその意味をつくり出す」のであるし、それに応じて「歴史の了解というものも、なるほど歴史の内面を開き示してくれるにしても、やはりわれわれを、その厚みと偶然とをともなった経験的歴史の前に置き去りにするものであって、なんらかの隠れた理性に歴史を従属させるようなものではない」〔AD 21-22〕のである。こうしてウェーバーは、二つの歴史、つまり「過去のうちに現在の関心や問題の反映しか見なくなるという危険をおかしても、裁き、位置づけ、組織する歴史」と、「諸文明を比較を絶した個体としてただ一列に並べてゆく、公平無私で不可知論的な歴史」〔AD 26〕とのいずれにも組せず、そのはざまを縫って進むのであるが、ウェーバーにそうした態度をとることを可能にしたものこそ、まさしく上述の現在と過去との弁証法なのである。つまり、「過去はわれわれのものであり、われわれはその過去のものなのであって、過去に生きられたドラマがわれわれに向かってわれわれのドラマやわれわれ自身について語りかけたり、したがってまた、われわれがその過去のドラマをわれわれのドラマと同じ一つの展望のうちに配置したりするのを妨げるものは何もない」〔AD 26-27〕からである。そうだとしてみれば、われわれには現在を裁くのと同じくらい過去を裁く権利があることになるし、他方過去は、われわれの判決に先んじてすでにおのれ自身を裁いてしまっており、その判決を追認するか破棄するかしないでは、われわれには過去を記述することはできないことになる。「客観性」なるものが要求するのも、過去を見るのに過去そのものの基準に照らすべしというだけのことであろうから、こうしてウェーバーは「裁く歴史」と「客観的歴史」とを和解させえたわけである。

たしかに、ここには循環がある。しかし、ウェーバーはそれを欠陥としてではなく、むしろ歴史的思考の要請とみて、意識的にその循環のうちに入りこむのである。彼にとって歴史の了解とは、恣意的に選ばれたカテゴリーの体系を歴史のうちにもちこむことではなく、メルロ＝ポンティの言い方を借りれば「われわれがわれわれ自身のものである一つの過去をもち、多数の他者の自由の所業をわれわれの自由のなかでとりあげなおし、われわれの選択によってかれらの選択を、またかれらの選択によってわれわれの選択を照らし出し、相互にその選択を修正し合い、ついには真理のうちに生きるといったそうした可能性を想定するというだけのこと」〔AD 29〕でしかないのである。ウェーバーは、学問としての歴史学もそれ自身現実としての歴史の一産物、つまり資本主義的合理化の一産物であることを十分にわきまえていた。ということは、われわれがそのつど歴史に与える意味、つまり歴史家の構成する理想型《イデアールティープス》はあくまでその時代に相対的なものであり、それ自身時代の所産にすぎないのであるが、だからこそかえってそれはそれ自身のうちに一つの内具的真理を有しており、われわれがそれをその文脈のうちに位置づけ、うまく了解することができさえするならば、それはわれわれにその真理を明かしてくれ、過去とわれわれが与えるその意味とのひらきを測定させてもくれるのである。歴史的認識においては、認識の主体とその客体とは截然たる関係を保ちえない。というのも、「歴史においては客体というものも他の主体たちの残した痕跡であるし、主体つまり歴史的悟性も歴史の網目にとりこまれており、まさしくそのおかげで自己批判をなしうるからである。主体と客体とのあいだに或る往復運動があり、その運動によって知と歴史とのひらきは思いのままに縮められる」〔AD 42〕のである。

メルロ゠ポンティによれば、このように相対主義を徹底することによって相対的なもののうちに一つの絶対――つまり、歴史こそがわれわれの誤謬や真理検証の唯一の場であるということとの無制限な承認――を見いだそうとする努力、真の歴史哲学は知識と現実の循環を断ち切るものではなく、むしろこの循環の省察だとする洞察、そこに歴史家としてのウェーバーの決定的な教示があるのだが、理論家としてのウェーバーはそこまで踏みきることができず、「現在と過去との循環、われわれの表象と現実的歴史との循環をいつになっても悪循環とみなしつづけ、依然として観点なき無条件の真理という観念に支配されていた」〔AD 42〕のである。

ところで、メルロ＝ポンティによれば、ウェーバーのこの積極的な歴史哲学に学び、当時マルクス主義が当面していた相対主義の乗りこえという課題に一つの決定的な解決をもたらしたのが、ルカーチの『歴史と階級意識』に代表される西欧マルクス主義である。つまり、ルカーチは、ウェーバーが途中で止めてしまった「主体と客体の概念の相対化」をもっと徹底しておこなうならば、そこに一種の全体性が見いだされ、相対主義は乗りこえられると考えたわけである。もっとも全体性といっても、それは完成された全体性ではなく全体化の作業というべきなのかも知れない。それというのも、主体が歴史のうちにおのれを認め、おのれのうちに歴史を認めるということであるならば、すべての歴史的事実は他の主体によるなんらかの選択を指標し、またそのかぎりで主体にとって意味をもちうる理解もされうるわけであるが、そうなれば当然それは他の選択と対比されることを要求し、こうしてすべての歴史的事実が相互に結びつき合って一つの歴史を構成することを要求することにもなるからである。ルカーチにとって弁証法とは、「こうした連続的な直観のことであり、実際の歴史の筋の通った読み方、主体と客体とのあいだの波瀾にみちた関係や果てしない交替を復原することと」〔AD 43〕にほかならない。言いかえれば、弁証法とは生成しつつある歴史についての知であるが、この知はそれ自身歴史のうちに包みこまれながら、さらにそうして包みこまれてあることについての知でもあるような知なのである。したがって、「その知が自己の起源をふりかえり、おのれ自身の発生をとらえなおし、知としての自己をかつて出来事としてあった自己と同列に置き、寄り集って自己を全体化し、自己についての意識たらんと目指す瞬間がある」のであり、「この同じ総体が、前の連関から見れば歴史であり、後の連関から見れば哲学なのである」〔AD 44〕。これを言いかえれば、前にも述べたように、歴史認識の主体がおのれをその客体としての歴史のうちに位置づけることによって、そうした歴史的客体を他の主体の選択の結果として捉えなおすことが可能になり、自己の選択とかつて他の主体によってなされた選択とを対照することによってそこに一つの基本的選択を読みとり、意識的に歴史に方向を規定する瞬間があるが、このように主体が客体に移行し（歴史）、客体が主体に移行する（哲学）その運動が弁証法だということであろう。かくて「哲学は形式化された歴史であり、その内的分節、その可知的構造に還元された歴史であるが、それと同じく歴史は現実化された哲学である」ことになる〔AD 44〕。

ルカーチにとって、マルクス主義とは、まさしくこのような統合的な哲学たるべきものなのだが、そのマルクス主義的弁証法が「唯物論的」と言われるのは、ほかでもない、そこでは人間関係が単なる個々人の行為や決意の総和としてではなく、「物を経由し」物によって媒介されたものとして捉えられるからなのである。つまり、個々人がみずからをある階級的役割や制度へと企投することによって、彼らの行為は必然的に「物象化され（sich versachlichen）」「疎外され（sich entfremden）」〔AD 45〕るが、それと同時に、それらの役割や制度が一個の独立した力として、個人なしにも存続することになる。人間関係は必然的にそれらの役割や制度を経由せざるをえなくなるし、その結果、個々人の運命も彼らの手をはなれてそこで決せられることになる、というわけである。ことに一九世紀には、生産の発展によって「物質的諸力は精神的生命によって満たされ、人間生活は鈍磨されて一つの物質的な力になってしまう」〔AD 45〕というのがマルクスの洞察であった。前にもふれたように「物が人となり、人が物となるこの交換こそが歴史と哲学との統一を基礎づける」ものなのであるが、まさしく史的唯物論こそ、「主体の客体への疎外の基礎をなしてもいるが、その運動を逆転するならば、もう一度世界を人間に統合しなおす基礎ともなるであろうような、人間と外界、主体と客体とのこの親縁関係の表明」〔AD 45〕にほかならないのである。

ところで、ルカーチによれば、弁証法がこのように唯物論的にとらえなおされることによって、当然「歴史の合理性」についての考え方も決定的な変更を蒙ることになる。つまり、マルクスが自分はヘーゲルの弁証法を逆転して足で立たせたと言うとき、それは、ヘーゲルが精神に請負わせた合理性の実現という役割をそっくり物質が引き継ぎ、その作業が物質的過程のなかでそのまま遂行されることになった、という意味ではないはずである。「物質的なものになることによって、弁証法は鈍重になるにちがいない」のであるし、マルクスにあっては「物が精神になる間に、精神も物になってしまう」のであってみれば、歴史を織り上げる横糸になるのは精神でも物質でもなく、「人間的物質」つまり「もろもろの力ないし制度となった意味の生成」〔AD 46〕なのである。したがって、マルクスにおいては一方では歴史の惰性ということが問題になるし、他方では弁証法を完成するための人間の発意が問題になる。ここでは合理性の実現は、物質のうちに隠れている理性によって必然的におこなわれる、というわけにはいかない。史的唯物論はそうした独断論的な決定論ではありえないのである。なるほど、われわれは過去をふりかえって遡行的に、その過去の意味を合理性の到来ということに見いだすことはできるが、それはあくまでわれわれのもとで現在確立された合理性が先行する過去を自己の準備段階として理解するまさしくその範囲内においてでしかなく、われわれの発意の及ぶそのかぎりにおいてでしかないのである。たしかに、物質的過程のうちにも「弁証法的力学」といったふうなものがあり、それによって矛盾が拡大再生産されるということはあるであろうが、その解決が見いだされるのはやはり「人間社会がおのれの歴史とその矛盾の意味を意識する」〔AD 47〕ことによって、つまり主体が介入する全体的弁証法によってのみである。こうしてルカーチのマルクス主義は、歴史の合理性というものを必然性のあらゆる観念から解き放つ。そこでは「歴史の合理性は、先行条件が結果を決定するという物理的因果性の意味においても、さらには全体が個々の出来事に先行し、それを存在すべくうながすという体系の必然性の意味においてさえも必然的ではない」〔AD 47〕のである。このようにいっさいの決定論を放棄することによって、マルクス主義はまさしく「革命の哲学」〔AD 48〕たらざるをえないことになる。メルロ゠ポンティによれば、マルクス主義的弁証法は、一方では「歴史の哲学的意味を浮かび上らせるような歴史の解読」と、他方では「哲学を歴史として出現せしめるような現在への回帰」という二つの契機からなっており、「それらが水準を高めながらたがいに継起してゆく螺旋運動」〔AD 48〕なのである。これがいかなる意味かを彼の分析に従って考えてみよう。

資本主義のもとで「社会の社会化（Vergesellschaftung der Gesellschaft）」、つまり社会の社会への生成が実現される、と言われるばあい、それは、資本主義的な生産の流れが前資本主義社会につきまとっていた血縁関係や性的関係、神話的親縁関係といったさまざまな伝統的隔壁を取りはらい、「そこに生活するすべての人びとを労働という公分母の上におき」〔AD 49〕、すべての人びとを単一の市場に組み入れ、社会全体の貸借対照表をさえ考えることのできるような等質的社会を実現する、という意味である。なるほど、こうした言い方はすべて資本主義社会の記述的特性を言明しているだけであって、さまざまな前資本主義社会が資本主義社会を準備してきたとか、資本主義社会への移行が必然的であったなどという意味にはならない。「前資本主義社会」という概念そのものが、資本主義がみずからに先行した社会に対してとる観点でしかなく、それが全体的真理ではないことを示している。しかし、たとえそれがどれほどかたよった相対的なものでしかないにしても、やはりこのように指標された生成の方向づけには根拠がある。というのも、われわれは、やはり資本主義的構造が前資本主義的構造を押しのけ、生産の流れが伝統的な隔壁を取りはらい、打ちこわす歴史的事業に立ち合っているにはちがいないからである。したがって、弁証法的に考えるならば、「資本主義が現存しているここでの資本主義とそれに先行する社会との関係は、統合された社会と統合度のより低い社会との関係だ」〔AD 50〕というだけのことであり、「社会の社会化」という定式もそれ以上のことを言っているわけではないのである。

ところで、メルロ＝ポンティによれば、「社会の社会化」というこの定式は、同時に社会的生成のもつ一つの哲学的意味をも表明している。というのも、「社会は社会へと生成するものだ」ということは、「人間というものは互いに他に対して存在しはじめるものであり、社会の全体もおのれを全体化せんがために当初の分散状態に還帰し、透明さに向かってさまざまな隔壁やタブーを乗りこえるものであり、したがって社会全体を考えうるための中心ないし内部のようなものをみずからのうちに装備し、そのようにしてさまざまな試行や誤謬や進歩といったもの、つまりは歴史がそれとの連関で可能になるようなある無記名の企投のまわりに結集してゆくものだ」と、要するに「野生の存在がその真理に転化し、意味へと向かうものだ」〔AD 50-51〕と主張することだからである。歴史はそのある段階において、人間的意識を社会的なものの認識たらしめるようなある構造化を実現するのであり、そのとき社会は自己意識に達し、おのれ自身とある決定的な関係をとり結ぶことになるのであるが、資本主義こそがその場面なのである。その意味で「資本主義を生み出した歴史は主観性の出現を象徴している」〔AD 51〕と言うことができる。

ただこのばあい、歴史に一つの意味が見いだされると言っても、それは歴史がある終局に向かって決定的に方向づけられているということではなく、それはただ、「歴史のうちに一つの問いかけ——人間とは何であり、人間の社会とは何であるか、という問いかけ——が内在していて、その時どきに起ることが、それとの関係で分類され、位置づけられ、進歩ないし退行として評価され、他の時点で起ることと比較され、同一の言語で表現され、同一の試みに対する寄与と考えられ、……要するに、その時どきの出来事が過去の他の諸成果とともに蓄積されて、意味をもったただ一つの全体を構成するにいたる」〔AD 52〕というだけのことなのである。したがって「社会の社会への生成」ということも、歴史が社会というものの永遠の本質を実現しつつあるということではなく、ただこの生成の諸契機が相互に連関し合って、次第に全体化して一つの出来事を構成してゆくというだけのことでしかない。当然そこではある解決の否定的諸条件が連関し合うということも起りうるわけであり、後代の社会によって達成される進歩が絶対的な意味での進歩だとは限らない。「事物のうちに進歩を定着させてゆく歴史の刻印作用、その同じ刻印作用が頽廃の可能性を日程に上せもする」〔AD 53〕という意味で、すべての進歩は両義的なのである。したがって、「歴史の意味は一歩ごとに逸脱の危険にさらされているわけで、たえず解釈しなおす必要がある」〔AD 54〕ことになる。本流は、逆流や渦動をともなわずにはいないのであるし、その本流にしてからが、一個の事実として与えられているわけではなく、つねに「不均整や残像や逸脱や退行を通して」、しかも後からふりかえってはじめてあらわになるのであってみれば、「歴史に一つの意味があるというよりは、むしろあるのは無意味の排除だ」〔AD 54〕と考えたほうがよいくらいなのである。

そうであってみれば、事物のうちに素描される生成はほとんど成就されていないわけであり、それを成就するのは意識の仕事だということになる。「意識が歴史の産物であるという関係と、歴史が意識の産物であるという関係と、この二つの関係がともに保持されねばならない」のだが、マルクスは意識というものを、「そこではすべてが偽であるとともにすべてが真であり、偽なるものが偽であるかぎりにおいて真であり、真なるものが真であるかぎりにおいて偽であるような奇異な場」〔AD 55〕とみなすことによって、上の二つの関係を統一し、主観性を随伴現象にしてしまうことなしに歴史に合体させえたのである。

ところで、前述のように、こうした歴史の意味の哲学的解読には、そうした哲学を出現せしめる歴史的運動がその対錘となっている。いまルカーチ自身に即して言えば、彼が果した右のような哲学的視角からの歴史の展望の仕事は、すでに歴史そのもののなかでプロレタリアートによって達成されているのである。「資本主義は、所有権を奪われた階級、商品であるような人間たちをつくり出すことによって、彼らに人間関係に則して商品を評価するように強いるものであるが、そうすることによってかえって、資本主義の現実——ただし、みずからの配慮で、しかも自分自身の眼にさえも隠されている現実——であるところの〈人間相互の諸関係〉を明白にするのだ」〔AD 61〕。資本主義そのものが、「自分たちの負わされた商品という身分概念に訴える哲学者ではない。資本主義を裁くのは、「自由の王国」という身分を否定することなしには生きてゆけない人間たちの階級」を産み出し、みずからを裁くのである。「プロレタリアートは商品ではあるが、自分が商品であることに気がついており、気づくと同時に自己を商品から区別して、経済学の〈永遠の〉諸法則を拒否し、いわゆる〈物象〉の底に、その物象がおおいかくしている〈過程〉、つまり生産の力学、〈自己自身の生産と再生産〉としての社会的全体を発見する商品なのである」〔AD 61〕。その意味でプロレタリアートとは、「全体性の志向」ないし「志向としての全体性」〔AD 61〕なのであり、資本主義が下図を描きながら途中で放り出し、ついには妨害さえするようになった「社会の実現」という仕事をその手で再開するのである。こうして、「プロレタリアートは、哲学者によってもちこまれたようにも思えたあの歴史の哲学的意味として存在する」〔AD 61〕ことになるのだが、それというのも、プロレタリアートは「対象の自己意識（das Selbstbewußtsein des Gegenstandes）」であり、哲学的意識が真理の条件と認める「主体と客体の同一性」を実現するからである。「この階級にとっては、自己の認識が同時に社会全体の正しい認識を意味し、……したがって、……この階級は認識の主体であると同時にその客体でもあるのだ」〔AD 61〕[47]。したがって、諸階級の絶対的否定として階級なき社会を打ち樹てるというプロレタリアートの「歴史的使命」が、そのまま、真理を到来せしめるという「哲学的使命」にもなるわけである。

だが、それにしても、プロレタリアートが歴史全体の真理だというのはどういう意味であろうか。メルロ＝ポンティに言わせれば〔AD 63〕、それは、プロレタリアが歴史の全体的な認識に到達しているという意味か、それともプロレタリアートが即自的に――つまりプロレタリアート自身にとってではなく、哲学者ないし理論家の眼から見て――真の社会に向かう一つの力だという意味か、そのどちらかでなければならない。しかし、前者ではありえない。ルカーチにとって、プロレタリアートは「志向」における全体性でしかないのであり、歴史の全体的認識が明白な思考とか意志としてそこにあるわけではないからである。だが、後者だとすると、プロレタリアートの存在に意味を与えることによって――そのプロレタリアートを仲介者としてではあれ——歴史に意味を与えているのは、やはり哲学者であり理論家だということになる。つまり、プロレタリアートは歴史の主体であるどころか、その歴史的使命を受けとるために「客体」ないし「商品」になるしかないのであって、歴史の真の主体は、ヘーゲルにあってと同様、哲学者ないし理論家でなければならないわけである。しかも、真理の実現という哲学的使命を負ったそのプロレタリアートは「普遍的階級」ないし「最後の階級」たることを歴史的使命としており、したがってそれは、「自己を止揚するとき、つまりその階級闘争を最後までたたかいぬくことによって階級なき社会を生み出すとき、はじめて自己を完成する」〔AD 64〕(48)のであるから、階級社会においてはたえざる否定の力であり、まさしく無限否定性をその本質としているのであってみれば、プロレタリアートとは歴史的にはほとんど非現実的なものであり、哲学者の思考のうちにしか存在しないことになる。そうだとしてみれば、ルカーチは歴史のうちに哲学を現実化するのに失敗したということになりはしないであろうか。

ところが、ルカーチによれば、プロレタリアートは歴史の主体なのか、それとも理論家にとっての客体でしかないのかというのは、みせかけのディレンマにすぎず、このディレンマをまさしく「階級意識」という一つの「実践」によって乗りこえるところにこそ、マルクス主義の本領があるのである。「階級意識」が「実践」だというのはいかにも奇異に聞えようが、それは次のような意味である。つまり、ルカーチによれば、階級意識とは「生産過程のなかの一定の類型的状態に基礎をもち、それに合理的に適応する反応」(49)のことであって、決して階級を構成する個々人の意識状態とか認識の総和やその平均ではない。それはむしろ、「自分の社会的・歴史的な経済状態についての、階級的に規定された無意識」[50]でさえある。が、だからといってそれは理論家が考案した概念ではない。階級意識とは、「主体よりは少ないが、客体よりは多いもの」、「プロレタリアの状況のなかで物とプロレタリアの生活の接点にあらわれてくる一つの可能性」〔AD 65〕、ウェーバーのいわゆる「客観的可能性」なのである。ところで、この階級意識が一つの実践だということを理解するためには、「実践」のほうも、エンゲルスの言うような「実践、すなわち実験と産業」といった卑俗な意味においてではなく、マルクスが『フォイエルバッハに関するテーゼ』で規定しているような「革命的な、批判的・実践的活動」という意味で、つまり「弁証法的・哲学的意味」〔AD 66〕[51]でとらえねばならない。メルロ＝ポンティによればその意味での実践とは、「活動の内的原理、つまり、ある階級の生産活動と行動とを支え、生気づけ、その階級のために、世界と世界のなかでその階級の任務の像を描いてみせ、外的諸条件を考慮に入れながらその階級に一つの歴史を指定するような全体的企投といったもの」〔AD 66〕である。この企投は、ある一人のプロレタリアの企投でも、一群のプロレタリアの企投でもなく、すべてのプロレタリアの企投でさえもない。それはまた、プロレタリアの隠された意志を再構成してみせると自負する理論家の企投でもない。それは、「われわれの思考の意味のように閉じた明確な統一性ではなく、イデオロギーや技術や生産力の運動のあいだにある親縁関係のことなのであり、それらは、それぞれが他のものをひき起したり他のものに支えられたりしながら、時がくればそのどれかが指導的な役割を果すことになるが、それもけっして排他的なものではなく、それらがすべて一緒になって社会的生成の特質ある一段階をつくり出す、といったもの」〔AD 66〕なのである。「実践はこうした相互交換の場として、個々のプロレタリアの思想や感情を完全に越えてはいるが、それでも……〈単なる虚構〉でもなければ、理論家が歴史に関するおのれの観念に着せるために考案する仮装でもなく、それはプロレタリアに共通な状況であり、彼らがあらゆる行動の次元においてなしていることの体系なのである。この体系は柔軟で変形可能であり、あらゆる種類の個人的逸脱や、さらには集団的過誤をさえも許すものであるが、結局はいつもおのれの重みを印象づけ、したがって、あるヴェクトル、ある誘い、ある可能的状態、ある歴史的淘汰の原理、ある生存の図式を感じさせるものなのである」〔AD 66〕。こうした意味での実践によって、われわれは「われ思う」という生来の内在のうちに閉じこめられた意識から引き出され、たがいに意見を交換し合い理解し合うことのできる次元に移されることになる。プロレタリアが歴史の主体か、それとも理論家にとっての客体にすぎぬかという、理論的には乗りこえ不可能に思えるディレンマが実践によって乗りこえられるというのも、このゆえである。つまり、そこでは「ある者は抑圧機構との接触点にある自分の生活を報告し、ある者は同じ生活について別の源からえられた情報や、そしてまた全体的闘争についての、つまり闘争の政治的形態についての見方を提供することによってたがいに理解し合い」、「こうしたつき合わせによって、その理論はプロレタリアによって生きられるものの厳密な表現であることが確認され、それと同時にプロレタリアの生活が政治闘争の音域に移調される」〔AD 68〕からである。理論家とプロレタリアとは、自分たちがそこに存在しているその歴史をつくらねばならないのであり、したがって彼らは「自分たちの企ての主体であると同時に客体でもある」のであり、それゆえ彼らには、「歴史を理解し、そこに真理を見いだすこともできるが、同時にその生成しつつある意味について思いちがいをすることもあるという同時的可能性」〔AD 71〕が存するのである。

もっとも、ここで「真理」といっても、それは観念と外的事象との合致といった実在論的意味の真理ではありえない。階級なき社会とはつくらるべきものであって、出来上って現存しているものではないのだし、革命政治とは、創出さるべきものであって、現存するプロレタリアートのうちに潜在的に存在しているものではないからである。「ここでは、理論家とプロレタリアとの不一致が存在しないとき、つまり政治理念が既知の事実によって否認されないときには真理が存在する、と言われることになろうが、だからといって、その政治理念が将来あらわれるであろう他の諸事実によっても否認されることはないなどとはけっして主張しえないのである。したがって、真理とはそれ自身無限の検証過程と考えられる……」〔AD 71-72〕。つまり、真理とはたえざる自己批判によって達せられる暫定的全体性であり、それは存在するものではなくつくられるべきものなのであって、その真理の生成こそが歴史の核をなすのである。ルカーチは次のように主張する。「思考を補正する規準は、たしかに現実である。しかし、現実は存在するものではなく、生成するものであり、それも、やはり、思考の助けをかりずにはいないものなのである」〔AD 77〕[52]。「真理の基準は、どれだけ現実を把握しているかという点にある。しかし、この現実なるものは、けっして事実的に存在する経験的存在と混同されてはならない。この現実は存在するものではなく、生成するものなのである。……実現さるべき未来、まだ生まれていない未来、われわれの意識的な助力をまって自己を実現してゆく歴史的趨勢のうちにひそむある新しいもの、もしこうしたものにこそ生成する真理があるのだとすれば、思考とは反映であるという考えはまったく意味のないものに思われる」〔AD 77〕[53]。ルカーチにとっては、こうした現実と思考、出来事と意味との交錯こそがマルクス主義的弁証法の本質をなすものであり、したがってそれは、歴史の意味を解き明かしてくれたり、経験的歴史の背後に隠されている真理を手渡してくれたりするものではなく、われわれの歴史への問いかけを深めるべく教え、われわれに歴史に対する連帯責任を負わせようとするものなのである。

マルクス主義的弁証法をいっさいの独断論から解放し発展させようとするルカーチのこの試みは、一九二四年七月二五日付の『プラウダ』紙によって、コルシュ、フォガラシ、レヴァイらとひとまとめにして非難され、同紙のいわゆる「マルクス主義のABCなるもの」、すなわち真理とは「表象と表象の外にある諸対象との一致」であるという定義、つまりはレーニンの『唯物論と経験批判論』と対置されることになる。レーニンのこの書物は、弁証法的唯物論も一個の唯物論であり、当然認識についての唯物論的図式を予想するということを再認識するために、思考とは脳髄の所産であり、その脳髄を介して外的実在の所産であることを縷説する。そうすることによってレーニンは、弁証法を物のうちにしっかり据えつけようと考えたわけであるが、その結果、認識とはふたたび存在と思考との無時間的な関係ということになり、歴史の網の目の外にある認識主観に、それ自身超歴史的な絶対的存在への接近が認められることになった。かくて認識主観は自己批判の義務をまぬがれ、マルクス主義ももはやそれ自身の原理を自己に適用する必要はなく、一個の独断論に陥ることになる。

しかし、メルロ＝ポンティによれば、一九二〇年代のロシア・マルクス主義と西欧マルクス主義とのあいだに見られたこうした「素朴実在論と弁証法的発想の違和」〔AD 84〕は、実はマルクス自身のうちにも認められたものである。マルクスのばあいは弁証法的思考から出発するわけであるが、メルロ＝ポンティ自身は、マルクスのその弁証法的発想は、「哲学を実現することなしには哲学を破壊することはできない」というあの有名なテーゼにまるまるふくまれていると言う。というのも、「哲学を実現する」ということは、デカルトやカントをもふくめた「哲学的急進主義の全遺産をマルクス主義的実践に合体させ、そこに形式主義と抽象性から解放されたその全遺産を再発見すること」〔AD 84〕なのであり、したがって、「主体的なものが客体的なものに移行し、〈客体〉が主体的なものをつかみとり、それを具象化し、それらが合して唯一の総体を形成するのを望むこと」〔AD 84-85〕にほかならないからである。してみれば、主体と客体との相対化、社会の自己意識へ向かう運動、たえざる自己批判によって達せられるべき暫定的全体性としての真理といったルカーチの諸テーゼは、すでにそこにふくまれていることになる。しかし、マルクス自身のもとでも、哲学を統合しようとするこのマルクス主義に次いで、「科学的」社会主義があらわれてくる。『ドイツ・イデオロギー』からしてすでに、哲学を実現することよりも破壊することについて多くを論じ、「哲学を抛りだして」現実世界の研究に向かっているし、『資本論』の第二版への序文においては、弁証法は「現存する事象の実証的理解」と定義されている。エンゲルスにおいても、哲学は思考法則を研究する一特殊科学以上のものとしては認められず、弁証法もまた、歴史やさらには自然のうちに「相互作用」とか「質的飛躍」とか「矛盾」といったものがあるというだけの、ある種の記述的特性の確認でしかないことになる〔AD 85〕。

だが、もしそうであってみれば、一九二〇年代にレーニン主義の正統派がルカーチの試みを排除しようとしたのは、マルクス自身がその初期の哲学的時代を清算しようとしたのに等しいわけであり、マルクス主義のうちにひそむ弁証法から自然主義に逆もどりしようとするこの回路もそれなりに一つの哲学的経験を表現しているにちがいない、とメルロ＝ポンティは見る〔AD 87〕。つまりそれは、マルクス主義的思考が理論的にであれ実践的にであれ社会的存在を支配しようと試みるにつれて、その思考と社会的存在との関係が変わってくるということを示しているのである。「コルシュも指摘しているように、哲学的かつ弁証法的マルクス主義は、革命が間近に見えている飛躍の時期に応ずるものであり、それに対して、一九世紀末葉のように資本主義機構が安定している時期だの、ソ連においてのように計画経済の諸難点が運用面で明らかになってくるばあいだの、実際の歴史とその論理とのひらきが目立ち、下部構造の重みが感じられるようになる沈滞期には、科学主義が優勢になる。こういった時には、〈主体〉と〈客体〉とが分離してしまい、革命的楽観主義が非情な主意主義に場所をゆずり、転覆さるべきものであるにせよ建設さるべきものであるにせよ、いずれにしても経済機構が――マルクスに従えば〈物によって媒介された人と人との関係〉であったはずのあの経済機構が――人と人との関係としてあらわれるのをほとんどやめてしまい、ほとんど完全に一つの物になってしまうのである」〔AD 87-88〕。

こうしてメルロ＝ポンティは、以前にもふれたように、若きマルクスや『歴史と階級意識』のマルクス主義には、下部構造の惰性とか、経済的諸条件やさらには自然的諸条件の抵抗とか、「人間的諸関係」の「物」への埋没とか、こういったものを表現する手段が欠けており、要するに「彼らが記述した歴史には厚みが欠けていて、歴史の意味があまりにも早く透けて見えすぎる」のであり、「彼らは媒介作用の緩慢さをこそ学ぶべきだったのだ」〔AD 88〕、と批判するのである。ルカーチ自身『歴史と階級意識』の序文で、ここに収録されたある論文には、「当時われわれの多くの者が革命の持続とテンポについて、あまりに楽観的な希望をもっていたこと……がはっきり表われている」と書き、その後コミンテルンの判定を容れて、この本を再版させようとしなかったが、それも彼が、彼の「あまりにも軽快な……弁証法」が「歴史の不透明さ、あるいは少なくともその厚み」〔AD 90〕を表現しえないことに気がついたからであろう。

前にも述べたように、若きマルクスや『歴史と階級意識』のルカーチに対するこの批判は、彼らの影響下に形成されたメルロ＝ポンティ自身のかつての実存主義的な歴史理論に対する自己批判でもあるはずである。では、歴史のこの「厚み」をとらえるには何が必要なのか。そのためには、「歴史の論理」と「その迂路」とを、「歴史の意味」と「歴史のうちにあってその意味に抵抗するもの」とを同時に理解させてくれるようなもの、を把握しなければならないのであるが、彼はそれを「制度」という概念でとらえている〔AD 88〕。かなり唐突にもち出されてくるこの「制度」とはいったい何であろうか。彼はこれを次のように規定している。

制度というものは、もう一つの自然〔第二の自然とみなされた社会〕のように因果法則に従ってではなく、つねにそれが有している意味に従って発展するものであり、また永遠の観念に従ってではなく、おのれにとって偶然的な出来事を、程度の多少はあるにせよおのれの法則に従わせながら、しかもそれらの出来事の示唆によってみずから変わるがままになるといった仕方で発展するものである。……〈人と人との関係〉を告げ知らせるこの〈物〉の秩序は、ふたたびそれを自然の秩序に結びつけるすべての重苦しい条件に服しやすいが、それと同時に人間生活が発意するすべてのものに開かれてもいるのだ。

すでにお気づきであろうが、彼がここで「制度」という概念に与えている規定はそのまま、やがて彼が「構造」という概念に与えることになる規定なのである。以前にも見たように、彼は「構造はヤヌスのように二つの顔をもっている。一方でそれは、そこに入りこんでくる諸要素をある内的原理によって組織するものであり、それは意味《サンス》である。だが、構造が担っているこの意味は、いわば鈍重な意味なのである」〔S I 189〕と言う。「構造」とはまさしく物によって媒介された意味、つまり、物によって媒介され一般化され減弱され、鈍重になり惰性的になった人と人との関係にほかならないのである。してみれば、彼がここで「制度」とよんでいるものは、そのまま「構造」と読みかえてもよいものであろう。それについてさらに彼は、「あらゆる偶発事によって引き裂かれはするが、その制度のうちにとりこまれながら生きようと望む人間たちの無意識のふるまいによってつくろいなおされるこの横糸には、精神という名も物質という名もふさわしくないのであり、それにふさわしいのはまさしく歴史という名である」〔AD 88〕と言うが、「人間たちの無意識のふるまい」つまり「シンボル機能」〔AD 88〕によってつくろわれるこの「歴史」とは、やがて彼が「構造的歴史（histoire structurale）」〔S I 198〕とよぶことになるものにちがいない。彼は、「マルクスの思考もここにこそその活路を見いだすべきだった」〔AD 88〕と見るのである。

こうしてメルロ＝ポンティにとって真の弁証法とは、まさしく彼が「構造」という概念のもとに見とどけようとしている事態以外のなにものでもない。弁証法的諸関係とは、相互作用とか質的飛躍とか対立物の乗り越えといった客観的に記述されうる存在の諸特性などではけっしてなく、それは「構造」と同様に「われわれの経験において、つまり主観と存在と他のもろもろの主観との接合点においてとらえられるかぎりでしか、光を放たないもの」〔AD

281〕なのである。われわれが以前に、メルロ＝ポンティはレヴィ＝ストロースの「構造」

の概念のうちに、彼自身のすでにいだいていた歴史理論の強力な裏付けを認めたにちがいないと述べたのは、このような意味においてである。

われわれは『弁証法の冒険』の論旨をすべて追ったわけではないし、殊にそこでの彼のサルトル批判にはまったく関説しなかったのであるから、その結論だけを紹介するのも妙なものであるが、いわば話の行きがかり上、最後に、メルロ＝ポンティが「ここ三十五年間の弁証法の冒険」についての考察から引き出してくる結論に簡単にふれておきたい。

彼はそれを「弁証法が当然経験しなければならなかった自己誤認」〔AD 282〕の歴史だと見る。「当然」というのは、弁証法とは「原理的に多くの中心と入り口をもった思想であり、そのすべてを究めるには時間が必要だから」なのである。では、こうした弁証法の繰りかえされる自己誤認、挫折から、それは一つの神話にすぎないと結論すべきであろうか。メルロ＝ポンティによれば、「錯覚はただ、プロレタリアートの生誕と成長、つまり歴史というものの全体的意味を一個の歴史的事実へと貶しめ、そして歴史がみずからおのれ自身の回復を組み立てあげているのだと信じ、プロレタリアートの権力は、プロレタリアート自身の止揚、否定の否定となるだろうと信ずるところ」〔AD 284〕、言いかえれば「歴史の終りとか永続革命などにおいて弁証法を完結させるという主張、自己自身に対する異議申し立てである以上もはや外部から異議を申し立てられる必要がなく、要するにもはや外部というものをもたないような一つの政体において弁証法を完結させるという主張」〔AD 284〕、つまりはきわめて非弁証法的な「革命的思考」にあったのであり、弁証法が老衰したわけではないのである。

彼は、革命的思考は弁証法的なのではなく、曖昧なのだと見る。それは、革命的思考がつねに歴史を見る二重の視角——つまり、一方では革命を歴史的展開の「果実」、その成熟点と見る視角と、他方では歴史を永続的な革命と見る視角と——を蔵していて、それを適当にすりかえ、運動としてしか真でありえぬ革命を政体としても真であるかのように主張するからである〔AD 287〕。メルロ＝ポンティは、この本の終章で、マルクス主義の革命的思考のもつこうした曖昧さと、それを逃れるために用いる暴力とを、マルクス主義者でもあればすぐれた歴史家でもあるダニエル・ゲランのフランス革命についての分析『第一共和制下の階級闘争』のうちにあばき出して見せたあと、最後に、もはやそうした革命的幻想をいだかず、資本主義体制とソヴィエト体制のいずれに関しても「方法的懐疑」の状態に身をおき、「対立している両者の敵意をうまく回避し、両者がたがいに仕掛け合った罠から餌をはずし、彼らのペシミズムの共犯関係の裏をかくこと」〔AD 309〕を任務とする新たな自由主義としての非共産主義的左翼の立場を提唱する。スチュアート・ヒューズに言わせれば、「かつてひとたびはあれほど鋭いイデオロジストであった哲学者、あの迷妄をひらくすぐれた感覚で注目された哲学者としては、精彩を欠いた結末であった」[55]ということになる。だが、これはありきたりの反共主義のたぐいではない。彼は、自分の提起する自由主義はまだどこにおいても実践されていないし、もしそれが実践されるならば、それはウェーバーの自由主義のように、おのれのイデオロギー上の敵手を尊敬し、それを理解しようとつとめるものになるはずだと言明する〔AD 309-310〕。しかも、『弁証法の冒険』の刊行（一九五五年）が第二〇回党大会とスターリン批判の前夜であり、やがて翌一九五六年にはスターリン主義の矛盾がハンガリーの悲劇的な反ソ暴動となって爆発することを思えば、むしろ彼の予見の的確さに驚くべきかも知れない。むろん、彼の政治的見解が今日どれほどの有効性をもちうるかといったことは問題にならない。世界の政治情勢が一九五五年と今日ではまったく変わってしまっているからである。われわれが学ぶべきなのは、メルロ＝ポンティが歴史や現実政治に執拗に問いかけてゆくその姿勢であろう。

Ⅶ　後期思想の検討

1　現象学から存在論へ

メルロ＝ポンティの思索の展開において一九五九年は大きな転機になっている。というのもこの年の一月早々から彼は、一九四七年以来予告しつづけてきた、そして最終的には『見えるものと見えないもの』という標題に落ちつくことになった大著の準備にとりかかっているのであるが、一九六一年の彼の死によって結局は未完に終ったこの著作によって切り拓かれようとしていた思索の地平は、確かにこれまでのそれとはかなり違ったものであるように思われるからである。われわれはそれを彼の「後期」の思想とよんでおこう。

もっとも、一般にひとりの思想家の思索の展開の時期を画定するにはいろいろ厄介な問題がある。というのも、それには後世の研究者たちがいわば整理の都合からかなり便宜的におこなう画定もあろうし、当の思想そのものに根拠をもつ本質的なものもあるであろうからである。後のばあいにしても、思想家自身によって十分意識的におこなわれた思索の転回もあるであろうし、当人にはおのずからなる展開と思われたものが他人の眼には非連続な階梯と映るということもあるであろう。メルロ＝ポンティについて「後期」といわれるばあいはどうであろうか。

通常おこなわれているところに従ってかなり便宜的に整理してみるつもりなら、メルロ＝ポンティの思想の展開は、『行動の構造』と『知覚の現象学』に代表される前期、一九四〇年代末から五〇年代にかけての論文や講義に見られる中期、そして一九五九年にはじまる後期と分けて考えることができそうである。そして、ひとによっては前期から中期への移行を〈実存主義から構造主義へ〉と特徴づけ、さらに後期への移行を〈現象学から存在論へ〉と特徴づけたりもする。こうすれば、その思想の展開をかなりきれいに整理できるような気もするが、これにはぐあいの悪いところがある。というのも、前期と中期を分ける原理と、いわゆる後期を画定する原理とが違っているからであるし、もう一つ、メルロ＝ポンティ自身がわれわれのいわゆる中期に特にその思想の転回があったとは考えておらず、せいぜい『知覚の現象学』で展開された思想の多少の手直しないしその敷衍がおこなわれたと見ているらしいからである。つまり、前期と中期とを分けるのはあくまでわれわれの視点なのであるが、いわゆる後期には、彼自身かつての――われわれの言う前期と中期の――思想を検討しなおし、自覚的にその思索の転回を遂行しようとしているのである。いずれにせよ、思想の生きた展開をそううまく整理することなどできそうにもないし、してみてもそれほど意味のあることではあるまいが、ここではメルロ＝ポンティの「後期」思想と言われるとき、それがどういう意味で言われているのかということだけを確認しておきたかったのである。

この時期、つまり一九五九年年頭から一九六一年五月のその死にいたる間にメルロ＝ポンティがこの大著の準備と平行しておこなった仕事をもう一度確かめておくと、彼はコレージュ・ドゥ・フランスにおいては一九五九―六〇年度に「現象学の限界に立つフッサール」および「自然とロゴス――人間の身体」という二つの講義を、一九六〇―六一年度には「デカルトの存在論と現代の存在論」および「ヘーゲル以後の哲学と非哲学」という二つの講義をおこなっており、前二者についてはその要録が『コレージュ・ドゥ・フランス年報』に発表されている。[1] 論文としては、フッサール生誕百年記念論文集『エドムント・フッサール一八五九—一九五九年』のための「哲学者とその影」（一九五九年）、「モースからクロード・レヴィ＝ストロースへ」（一九五九年）、「生成するベルクソン像」（一九五九年）、それにこれらの論文を収めた論文集『シーニュ』のための長い「序文」（一九六〇年）、以前にもふれたA・エスナールの『フロイトの業績と現代世界におけるその重要性』のための「序文」（一九六〇年）[2]、そして死去の年の一月に『アール・ドゥ・フランス』誌に発表された「眼と精神」（一九六一年）がこの間に書かれている。これらの要録や論文からも、彼の思索の「新しい屈折」がすでにうかがわれはするものの、ティリエットによれば[3]、メルロ＝ポンティは「教育と研究とを厳密に区別し、……自分のひそかな準備作業に他人を巻き込むのを好まなかった」ために、「公表された哲学と生成しつつある哲学とのあいだに時間的ずれが生じ」ていたということであるから、その後期の思想の所在をさぐるには、やはり遺稿として残された『見えるものと見えないもの』、殊にそのための「研究ノート」に拠らねばなるまい。われわれは、この著作の構想の輪郭を、まず外がわからなぞることからはじめてみたい。

計画されていたこの大著は、先にもふれたように、まず最初一九四七年の論文「人間のうちなる形而上学的なるもの」の脚注〔SN 138〕で、次いで一九五二年、コレージュ・ドゥ・フランスの教授に立候補するに際してマルシャル・ゲルーに提出した自己紹介の文書[4]のなかで『真理の起源（Origine de la vérité）』という標題のもとに予告されていたものであり、遺稿の編集者クロード・ルフォールによれば〔VI 9〕、その標題がその後『存在と意味（Être et sens）』、『真なるものの系譜（Généalogie du vrai）』、そしてふたたび『真理の起源（L'origine de la vérité）』と変更され、一九五九年三月になって最終的に『見えるものと見えないもの（Le visible et l'invisible）』に決められたものらしい。

彼がこの大著で何を企てようとしていたかを知る外面的な手がかりとして、彼の立てたいくつかのプログラムが残されており、クロード・ルフォールによって遺稿『見えるものと見えないもの』の編集者の「はしがき」にそのうちの六つが年代順に紹介されている〔VI 10-11〕。ルフォールも、そこからこの著作の最終的な構成についての正確な観念をうることはできないであろうと付言しているが、数少い手がかりの一つであるから、それをいくらか簡略化して引いておきたい。いずれも標題が『見えるものと見えないもの』に決定されてからのものである。

Ａ　一九五九年三月

第一部　存在と世界

第一章　反省と問いかけ

第二章　前客体的存在：独我論的世界

第三章　前客体的存在：間身体性

第四章　前客体的存在：間世界
第五章　古典的存在論と現代の存在論
第二部　自然
第三部　ロゴス

B　一九六〇年五月

（最初のページに）
存在と世界
第一部：
垂直的／無言の　世界　あるいは　問いかける／生まの／野生の　存在
第二部　野生の存在と古典的存在論
（次のページに）
第一章　現前するものの肉　あるいは《がある《イ・リ・ア》》こと
第二章　時間の道程、個体発生の運動
第三章　身体、自然の光、言葉
第四章　交叉配列

第二部　垂直的世界と野生の存在
第三部　野生の存在と古典的存在論

E　一九六〇年一一月
Ⅰ　見えるものと自然
1　哲学的問いかけ
2　見えるもの
3　沈黙の世界
4　見えるものと存在論（野生の存在）
Ⅱ　言葉《パロール》と見えないもの

F　日付はないが、一九六〇年一一月ないし一二月と推定される
Ⅰ　見えるものと自然
哲学的問いかけ‥
問いかけと反省
問いかけと弁証法
問いかけと直観（私がいま書きつつあるもの）
見えるもの

自然
古典的存在論と現代の存在論

Ⅱ　見えないものとロゴス

以上が一九五九年三月から一九六〇年末までの間に繰りかえし練り直された著作全体のプランである（メルロ＝ポンティは「研究ノート」のなかで、さらにその部分的プランをさまざまに構想している）が、これと平行してメルロ＝ポンティは本文の執筆にもとりかかり、表裏びっしりかきこまれ、さんざん訂正された一五〇枚の原稿が遺されている。その原稿の最初のページに一九五九年三月、八三枚目に一九五九年六月一日という日付が入れられているので、一九五九年の春から夏にかけて序論の役割を果す一一〇枚分が右記プランAに従って書きあげられたものと思われる。翌一九六〇年秋になって彼は、この草稿の一〇二ページまでを、今度は右記プランFに従って編集しなおす。この時プランAの第二章の冒頭部となるはずだった一〇三―一一〇ページの八枚分が捨てられ、（この部分もルフォール編纂の『見えるものと見えないもの』に、「附録」として収録されている）、新たにプランFに従って「問いかけと直観」の章が書かれたものらしい。一〇三枚目の裏ページの「問いかけと直観」という標題の上に一九六〇年一一月という日付が入れられているとのことである。さらに、この章に続けて、プランFでは言及されていない「絡み合い――交叉配列」という標題をもつ草稿群が置かれているが、ルフォールもこれが第一編「哲学的問いかけ」の最終章をなすものか、それとも第二編「見えるもの」の冒頭の章となるものか決しかね、いちおう前記の諸章に続くものとして編集している。こうしてプランFを参照しながら遺された草稿の構成を考えてみると次のようになる（括弧内の篇、章、節は便宜上筆者が付けたもので、原書にはない）。

『見えるものと見えないもの』

Ⅰ　見えるものと自然

〔第一篇〕　哲学的問いかけ

〔第一章〕　反省と問いかけ

〔第一節〕　知覚的信念とその不明瞭さ

〔第二節〕　科学は知覚的信念を前提にしているのであって、それを解明するものではない。

〔第三節〕　知覚的信念と反省

〔第二章〕　問いかけと弁証法

〔第一節〕　知覚的信念と否定性

〔第二節〕　知覚的信念と問いかけ

〔第三章〕　問いかけと直観

〔？〕　絡み合い——交叉配列

このうち第一章「反省と問いかけ」の三つの節では、それぞれ知覚的信念、科学主義、反省的哲学の批判が展開され、第二章「問いかけと弁証法」の第一節「知覚的信念と否定性」では、否定性の哲学とも言うべきサルトルの『存在と無』への批判が、第二節「知覚的信念と問いかけ」では弁証法と問いかけの関係が論じられている。そして第三章「問いかけと直観」においては、フッサールの本質直観の理論とベルクソンの直観主義に批判がくわえられる。内容から考えてみて、おそらく以上の三章からなる「哲学的問いかけ」は、プランFにおいてのように第Ⅰ部「見えるものと自然」の第一篇ではなく、ティリエットも推測しているように、(5)この著作全体への「序論」であり、方法論的導入部となるはずのものであろう。そして、「絡み合い――交叉配列」の章は、ルフォールがためらいながら推測しているように、プランFの〔第二篇〕、しかし実際には第一篇になるはずの「見えるもの」の第一章の冒頭部に当るのではなかろうか。

もっとも、ルフォールも、これらの草稿はその修正の状態や、またたとえばクローデルの同じ文章が二度重複して引用されているといったところから、けっして決定稿ではありえず、まだまだ彫琢を受けねばならなかったものであろうと見ている。

ところで、われわれがメルロ＝ポンティの後期の思想の境位を見さだめるのに、これらの草稿よりももっと重要なのが、ルフォールによって編纂された『見えるものと見えないもの』の後半部に収録されている「研究ノート」であるが、これは日付の上で一九五九年一月から一九六一年三月にまで及び、そして長短もさまざまなら、文章の体をなしているものも、まったくの断章におわっているものもある――テキストにして一一〇ページにわたる――数多くの覚え書からなっている。その一々についてはこれから検討してゆかねばならないが、それにしてもこれらの覚え書からまとまった一つの思想を再編成するのは至難の作業である。われわれにしても、その大まかな輪郭をとらえる程度のことしかできないであろう。が、その混沌とした「研究ノート」の荒野に踏みこむ前に、もうしばらく、それを外がわから標定することにしたい。

上に挙げたいくつかのプランを一瞥すれば、「見えるものと見えないもの」と言われるときのその「見えるもの」が「自然」を、そして「見えないもの」が「ロゴス」を指すことは容易に見てとれよう。メルロ＝ポンティのここでの新しい課題は、「自然とロゴス」の関係の把握にある。では、この課題は、かつて『行動の構造』や『知覚の現象学』で展開された問題とどう関連するのであろうか。いま、「自然」とよばれているもの、あるいは前客体的な「野生の存在」とか「沈黙の世界」とよばれているものが、かつての「知覚される世界」に対応するということも、推測するのにそう難しいことではない。してみれば、右の「自然とロゴス」はそのまま「知覚と言語」と言いかえてもよいであろう。メルロ＝ポンティは『知覚の現象学』における「知覚と言語」の関係についての解決に不満を感じ、ここでふたたびその関係を考えなおそうとしているのである。なぜであろうか。ここではあまり深入りせずに、問題点を簡単に示唆するだけにとどめたいが、すでに見たとおり、『知覚の現象学』においては、言語行為《パロール》は身体的所作の、つまり広い意味での知覚の増幅されたものと考えられていた。だが、その知覚意識がすでに言語によって媒介されているということはないであろうか。こうした反省が彼をとらえたことを、次のノートが示している。

デカルトのコギトー（反省）は意味《シニフィカシオン》に向けられた作業であり、それらの意味（と表現行為のうちに沈澱した意味そのもの）のあいだに存する関係についての言表である。したがって、それは自己と自己との前反省的な接触（サルトルの言うところの自己〈についての〉非定立的意識）、あるいは無言のコギトー（自己のもとにあること）を前提にしている――私は『知覚の現象学』においてこんなふうな論じ方をした。

それは正しいだろうか。私が無言のコギトーと呼ぶものはありえないものである。（〈見ているという、また感じているという思惟〉という意味で）〈思惟している〉という観念をもつためには、〈還元〉をおこなうためには、内在や〈……についての意識〉に立ちかえるためには、言葉《モ》をもつことが必要である。私が超越論的態度を形成し、構成的意識を構成するのは、（沈澱した意味《シニフィカシオン》、つまり、それらを形成するのに役立った関係とは別の関係に入りこむことも原理的には可能な意味、というその含蓄をもった）言葉《モ》の組合せによってなのである……。（「無言のコギトー」一九五九年一月）〔VI 224-225〕

いささかニュアンスは違うが、似たような反省は「無言のコギトーと語る主体」という標題をもつノートにも見られる。

むろん無言のコギトーはこれら〔弁証法〕の諸問題を解決するものではない。『知覚の現象学』においてなしたように無言のコギトーを開示してみても、私は解決には到達しなかった（コギトーに関する章は言葉《パロール》に関する章に結びつけられていない）。それどころか、私は一つの問題を提起したのである。無言のコギトーはいかにして言語が不可能でないかを理解させてくれるにはちがいないが、しかし、いかにして言語が可能であるかを理解させてくれるわけにはゆかない。知覚的意味《サンス》から言語的意味《サンス》への……移行という問題が残るのである。……言語は沈黙を破ることによって、沈黙が手に入れようと望みながら果さなかったものを手に入れる。〔だが、〕沈黙は言語を包囲しつづける。絶対的言語の、思考する言語の沈黙……。（一九五九年一月）〔VI 224-230〕

右の引用のうち、『知覚の現象学』において「コギトーに関する章は言葉《パロール》に関する章に結びつけられていない」というメルロ＝ポンティのおのれに対する中傷は、ティリエットが指摘しているように(6)メルロ＝ポンティの一種の回顧的錯覚であって、そこでも彼は「ひとが言葉を基づけようとするところの私と私との、また私と他者との一致を、まさに言葉それ自身が作り出すのである」〔PP II 278〕と述べていたのであるが、それはともかく、今引用したノートにおいて問題になっているのが、無言のコギトー、つまり沈黙せる知覚意識と言語との包み包まれる弁証法的関係であることは、明らかであろう。「知覚と言語」のこの関係を――ということは知覚と言語のそれぞれをも――捉え直そうというのが――その途上で彼はどこまでも存在の深みへと降ってゆくことになるのだが――少くとも当初、彼をこの新しい著作の準備に促がした主要な動機であるにちがいない。のちに見るように、彼はそれを「自然とロゴス」の相互に干渉し合い、転換し合い、相互に基づけ合う関係として、あるいはティリエットの巧みな言い方を借りるなら「自然の無言のロゴスと言語の顕在的ロゴス、自然の言語と言語の自然(7)」の循環し合う関係としてとらえることになる。

では、彼はこの問題をどのような視角から捉え直そうとするのであろうか。それについてメルロ＝ポンティは、一九五九年一月、この仕事――この時はまだ『真理の起源』という標題のもとに構想されていたのだが――にとりかかって間もない頃、次のように述べている。『真理の起源』第一巻第三章で採りあげるべき課題――「人間の身体、制度化としての自然というデカルト的概念の等価物、知覚論、時間、フッサールの言う意味での〈心〉、自然的なものであるかぎりでの間身体性」――を数えあげた上で――

しかし、これらはすべて――それは私の最初の二つの著作を捉え直し、掘り下げ、修正することになるわけだが――全面的に存在論的視角からなされねばならない――この

第一巻の結びになる知覚される世界の記述は非常に深く掘り下げられる……。（一九五九年一月）〔VI 222〕

同じような発言はその後も繰りかえされる。

『知覚の現象学』の諸成果――それらを存在論的解明にもたらす必要性
物――世界――存在
否定的なもの――コギト――他者――言語
この最初の記述のあとに残る諸問題、それらは私が〈意識〉の哲学を部分的に保持したというところから生じている。（一九五九年二月）〔VI 237〕
『知覚の現象学』において提起された諸問題は、私がそこで〈意識〉－〈対象〉という区別から出発しているために解決されえないのである――（一九五九年七月）〔VI 253〕

こうしてメルロ＝ポンティは繰りかえし「存在論への還帰の必要性」〔VI 119〕を説く。ティリエットがメルロ＝ポンティのここでの思索の転回を「現象学から存在論へ」[8]と特徴づけるのは、その意味ではきわめて適切であろう。もっとも、この時期の彼の思索のうちで現象学的視角と存在論的視角とが一種両義的なかたちで共存しており、それが彼の用語法を曖昧にしているということ、これは先にも見たようにレヴィ＝ストロースが鋭く指摘している

ハイデガー

とおりであって、この転回がそれほどすっきりとおこなわれているとは思えないが、メルロ＝ポンティ自身が意識的に存在論への還帰を目指していることには間違いがない。そして、ここで存在論ということが言われるとき、そこにはハイデガーの、殊に後期の思索への接近を思わせるものがある。事実、「研究ノート」には、ハイデガーへの直接間接の言及が多く見られるし、明らかにハイデガーのSeinを連想させる大文字のÊtreや、これまたハイデガーからそのまま借用した動詞的な意味でのWesenといった言葉が、この時期のメルロ＝ポンティの思索の要になっているというところからも、ハイデガーとの関係はサルトルのように「たまたま両者の道が交錯しただけのこと[9]」と言ってすますことのできるようなものではなさそうである。目につくままに拾い出してみても、「言葉《ランガージュ》がその住まいである存在（Être）」〔VI 267〕とか「われわれが住みついている存在（Être）」、「われわれが所有しているのではなく、われわれを所有している言葉（Parole）や思惟（Penser）」〔S I 26〕と言った語り方には、ハイデガーの強い影響が認められよう。

では、フッサールはどうなったのか。いま問題になっている「現象学から存在論へ」というメルロ＝ポンティの思索の転回は、そのままフッサールからハイデガーへ」と読みかえることのできるものなのであろうか。[10] どうもそうではないらしい。「研究ノート」にはハイデガーへの言及と同じくらいフッサールへの言及も——たしかに批判的言及も多くなるが、それに劣らず肯定的な言及も——見られるし、たとえば「フッサールが辿った道を通って野生の、ないし生《な》まの存在を開示し、われわれが開かれている Lebenswelt を開示すること」〔VI 237〕とか、「フッサールに関する私の論文（「哲学者とその影」）を延長して野生の存在を描写すること」〔VI 219〕という言い方からも、けっして彼がフッサールに背を向けてハイデガーに近づいたわけではないことは明らかである。

もっとも、そのフッサールの読み方は変わってきているにちがいない。つまり、ここでメルロ＝ポンティは、「哲学者とその影」でおこなったような仕方でフッサールを読み直し、フッサールのうちに独自の存在論を読みとろうとするのである。そう考えれば、コレージュ・ドゥ・フランスで一九五九—六〇年度におこなった講義の「現象学の限界に立つフッサール」〔RC 117〕という標題にも、おそらく、みずからの現象学の限界を越えて（メルロ＝ポンティが考えているような意味での）存在論の領域に足を踏み入れようとしているフッサールという意味が托されているように思われてくる。メルロ＝ポンティにとっては、後期のフッサールに見られるそうした存在論的思索と、ハイデガーの後期の存在論とはけっして異質なものではないらしい。それぞれがそれぞれの道を歩みぬいて同じ境域にゆきついた、そこを彼もまた垣間見ようとしているように思われたのではなかろうか。メルロ＝ポンティのこの見方は、われわれがフッサールとハイデガーの思想の謎めいた関係を考えるにあたって、まことに示唆するところが多いのであるが、それはまた他日の話であろう。いちおうこうした見当をつけた上で、彼の後期の思想の具体的な検討に入りたいと思う。

2　身体論の新たな展開

前節でわれわれは、メルロ＝ポンティの後期思想の展開を〈現象学から存在論へ〉という定式でとらえた。この展開を促がした動機についてはのちに改めて考えてみなければならないが、少なくともこの存在論への通路を準備したのが身体の問題の見なおしであったことは確かなように思われる。とりあえず、身体論のこの新たな展開から見てゆくことにしよう。

『知覚の現象学』の課題が、対象的にとらえられた身体、つまり「客観的身体」の根底に、われわれによっていわば内がわから主体的に生きられている身体、つまり「現象的身体」を掘り起し、この身体に開示される知覚的世界を記述しようというところにあったことは、その構成から見ても明らかである。知覚的世界とは受肉した主体、身体的主観性によって生きられるかぎりでの世界であり、この世界の統一性と身体の統一性とは完全に相関的である。だからこそ、身体とは世界に関する「一般的なモンタージュ」、つまり「すべての知覚的展開とすべての相互感覚的照応の基本型」〔PP II 180-181〕だと言われるのである。

もっとも、このばあい客観的身体という概念は曖昧である。それは一方では、機械論的生理学にとっての「対象としての身体（le corps comme objet)」をも意味するが、それには限られない。脳損傷患者の症例が教えていたように、正常者はおのれの身体を現象的身体として生きることも、それを「対象として扱い」〔PP II 181〕、「客観的身体（le corps objectif）」として生きることもできるのである。メルロ＝ポンティは、「対象としての身体」と「客観的身体」という用語をそれぞれ右のような意味で使い分けようとしているが、必ずしも一貫していない。[11] むしろ、正常者がおのれの身体を対象として扱うこともできるからこそ、その一方的な増幅として機械論的生理学も可能になると考えるべきであろう。いずれにせよ『知覚の現象学』においては、この客観的身体の存在意味は問われないし、それは現象的身体に利するために切り捨てられていたと言ってよい。そこでは身体は、あくまで世界を生きる主観性としてのみ問題にされていたのである。

ところが、『見えるものと見えないもの』の草稿では奇妙なことが言い出される。「客観的身体と現象的身体とはたがいにたがいのまわりをめぐり、たがいに侵蝕し合う」〔VI 157〕とか、「私の身体は一挙にして現象的身体でもあれば客観的身体でもあるのだ」〔VI 179〕といったぐあいにである。たしかに、『知覚の現象学』においても両者の関係はまったく問題にされなかったわけではない。メルロ＝ポンティはある注で次のように述べていた。

いまや問題は私および私の身体について、私の対私的身体と私の対他的身体という二つの見方がなぜ存在するのか、この二つの系はどのようにして両立可能なのか、ということである。実際、客観的身体は〈対他〉に属し、私の現象的身体は〈対私〉に属すると言うだけでは十分でなく、やはり両者の関係の問題を提起することを拒むわけにはゆかないのだ。なぜなら、〈対私〉も〈対他〉もともに同一世界のなかに共存しているからである……。〔PP I 185, n 6〕

『知覚の現象学』においては示唆されただけで十分に展開されないでしまったこの問題が、いまや真正面から問われることになったと言ってよいであろう。事実、右の引用文で、たとえば「〈対私〉と〈対他〉が共存する」と言われる「同一世界」なるものの存在論的規定はまったく不十分であり、これは『知覚の現象学』の立場からすれば不用意に過ぎる発言である。

もっとも、メルロ＝ポンティは、後期には現象的身体を「感じる身体」「見る身体」、客観的身体を「感じられる身体」「見られる身体」とよぶようになる。したがって、「身体は一挙にして現象的身体でもあれば客観的身体でもある」と言うのは、身体が、「感じられる感じるもの」〔VI 179〕、見える見るものだという意味である。だが、見る身体と見える身体のその関係はそれほど単純なものではない。

謎は、私の身体が見るものであると同時に見えるものだという点にある。すべてのものに眼なざしを向ける私の身体は、自分にも眼なざしを向けることができるし、またその時自分が見ているものを、おのれの見る能力の〈裏面〉なのだと認めることができる。私の身体は見ている自分を見、触れている自分に触れる。私の身体は自分にとっても見えるものであり、感じうるものなのだ。〔OE 258〕

それは「一つの自己」ではある。だが、思惟のように「透明さによって一つの自己である」のではなく、「それは混在やナルシシスムによって、つまり見るものの見られるものへの、触れるものの触れられるものへの、感じるものの感じられるものへの内属によって一つなのであり、――それゆえ、物のあいだに取りこまれ、表と裏、過去と未来……とをもつ一つの自己なのである」〔OE 258-259〕。

いまや身体に対する関心はその現象学的機能からその存在論的規定へと向けなおされることになる。見る身体と見える身体、感じる身体と感じられる身体との関係は、さらに次のようにも言われる。つまり、私の身体は一種の「裂開（déhiscence）」〔VI 157, 165〕「分裂（fission）」〔VI 309〕によって二つに開かれ、その両者が「相互包摂（Ineinander）」〔VI 257〕「重なり合い（redoublement）」〔VI 165, OE 258〕あるいは「侵蝕（empiétement）」〔VI 165, 302〕「侵犯（transgression）」〔VI 257, 302〕「交叉（recroisement）」〔VI 176, OE 260〕「交叉配列（chiasme）」〔VI 172, 316〕「転換可能性（réversibilité）」〔VI 204, 316〕「巻きつき（enroulement）」〔VI 151, 191〕の関係にある。そして、見る身体は、このようにそれが見えるもののうちに位置しているからこそ、見ることができるのである。

見えるものを見るその私が無の奥底からではなく、見えるものそのもののただなかからそれを見、見るものである私が見えるものでもある、というただそのことによってのみ、見えるものは私を満たし、私を占有することができるのである。〔VI 152-153〕

見る身体が見える身体へと侵蝕し、見える物のなかに移るとき、「見える物が私のうちに移ってくる」ことも可能になるのである。同じことは触覚についても言われる。メルロ＝ポンティは、「私の右手が私の左手に触れるとき、私は左手を〈物理的な物〉として感ずるが、しかし同時に、私がその気になれば、まさしく私の左手もまた私の右手を感じはじめ」、「私は触れつつある私に触れ、私の身体が〈一種の反省〉を遂行する」〔S II 14-15〕というフッサールが『イデーン』第二巻でおこなった分析⑫を好んで引照するが、遺稿のなかでその分析はさらに深められている。

……私の手は、内部から感じられると同時に外部からも近づきうるものであり、それ自体、たとえば私のもう一方の手にとって触れうるものであって、それはおのれが触れている物のうちに座を占め、ある意味ではそれらの一つになり、ついにはおのれもまたその一部をなしている触れられる存在に開かれることになる。私の手のうちで触れるものと触れられるものとがこのように交叉することによって、手の固有の運動は、おのれが問いかけている世界に合体し、その世界と同じ地図の上に転写されるのだ。〔VI 176〕

……私の右手が物に触れつつある私の左手に触れ、そうすることによって〈触れる主体〉は触れられるものの身分に移行し、物のなかに降り下ってゆくのであり、したがって触覚は世界のただなかから、いわば物のなかで生起するのである。〔VI 176〕

こうして、見る身体と見える身体、触れる身体と触れられる身体との逆説に満ちた関係は、見る身体と見える物、触れる身体と触れられる物との関係に拡張されてゆくことになる。見えるものであり触れられるものである私の身体は一つの物であり、物としての凝集力をもち、その意味では世界の織目のうちに編みこまれている。だが、他方、見える物、触れられる物は、私がそれに眼の焦点を合わせ、それに向かって手を伸ばし、その上で指を動かすことができるからこそ見えるのであり、触れられるのであって、そのかぎり私の運動能力、「われなし能う（Ich kann, je peux）」の相関項なのであるから、それらは私の見る身体、触れる身体の附属品ないし延長のようなものであり、言葉のまったき意味での身体の一部をなしていると言える。その意味では、「世界は、ほかならぬ身体という生地で仕立てられている」〔OE 259〕ということになろう。メルロ＝ポンティは、この事態を次のようにも言っている。

……私の身体は世界と同じ肉で仕立てられている（それは知覚されるものである）し、その上、私の身体のこの肉は世界によって分かちもたれている、つまり、世界は私の身体の肉を反映し、それを、侵蝕しているのであり、私の身体の肉は世界を侵蝕している、……私の身体と世界とはたがいに侵犯し合い、踏み越し合う関係にあるのだ。〔VI 302〕

メルロ＝ポンティの後期の思索の枢軸をなす「肉（chair）」という概念がすでに登場してきているが、それについてはもう少しあとでふれることにしよう。彼は私の身体と世界とのこの関係を次のような言い方で言い当てようともしている。

私の身体が内と外とに二重化し、物が（その内と外とに）二重化することによって実現される私の身体と物との交叉配列。世界が私の身体の二枚の花弁のあいだに挿入され、私の身体がそれぞれの物や世界の二枚の花弁のあいだに挿入されるということが可能なのも、こうした二つの二重化がおこなわれるからである。〔VI 317〕

メルロ＝ポンティは、こうしたさまざまな矛盾した論法によって、実は、見るということ、触れるということが「物のただなかから生起してくる」〔VI 176〕ということを、つまり「物のただなかで或る見えるものが見ることをはじめ、おのれ自身にとって見えるものになる。しかもあらゆる物を見るその視覚にとって見えるものになる」〔OE 259〕ということを、さまざまに言いかえようとしているにすぎないのだ、と述べている。そうなれば、「私の視覚がその部分をなしているような存在（Être）」とか、物のうちにひそんでいる、私の見る働きよりも「もっと古い可視性」〔VI 164-165〕といったものを考えても、さしておかしなことではあるまい。

知覚するのはわれわれではない。あそこでおのれを知覚しているのは物なのである……。〔VI 239〕

私が物を見ているのではなく、物が私を見守っているのだという言い方を多くの画家がしているのも、絵画というものが物にひそむこうした原初の可視性の顕現を目ざしているものだからなのであろう。それを裏づけようとして、メルロ＝ポンティはアンドレ・マルシャンの次のような言葉を引いている。

森のなかで、私は幾度も私が森を見ているのではないと感じた。樹が私を見つめ、私に語りかけているように感じた日もある……。私は、と言えば、私はそこにいた、耳を傾けながら……。画家は世界によって貫かれるべきなのであって、世界を貫こうなどと望むべきではないと思う……。私は内から浸され、すっぽり埋没されるのを待つのだ。おそらく私は、浮かび上ろうとして描くわけだろう。〔OE 266〕

メルロ＝ポンティの考えでは、絵画とは見る身体から見られる身体への回路の上に位置し、視覚のもつ形而上学的構造を形象化し増幅してみせるものなのであり、彼はこうした視点から『眼と精神』においてユニークな絵画論を展開してみせるのであるが、いまはそれに言及すべきときではない。話を返すと、メルロ＝ポンティは身体と世界とを共に仕立てあげているこうした原初の可視性、可感性を「肉」〔VI 313〕とよんでいる。その哲学にとってのこの「本質的概念」について、彼は次のようなさまざまな定義を与えている。

……それは客観的身体ではないし、心によっておのれのものとして思惟された身体（デカルト）でもなく、感じられるものと感じるものという二重の意味で感覚的なものである。感じられるもの＝感じられる物・感じられる世界＝私の能動的身体の相関者・私の能動的身体に〈応答する〉感じられる〉もの・〈感じるもの＝私の肉〉からもぎとられたものとして定立するのでなければ、ただ一つたりとも感覚的なものを定立することはできないし、私の肉それ自身が、そこに他のすべてのものが記入される一つの感覚的なものであり、他のすべてのものが分与する軸となる感覚的なもの、鍵となる感覚的なもの、次元となる感覚的なものなのである。〔VI 313〕

世界の肉（〈質〉）とは、私がそれであるところの感覚的存在と、私のうちでおのれを感じる他のすべてのものとの不可分性……のことである。〔VI 309〕

肉とは鏡の現象であり、鏡とは私が私の身体に対して有している関係の延長である。〔VI 309〕

メルロ＝ポンティが言わんとしているのは、見えるものが、私の見る働きの反映であるとともに、その見る働きが見えるもののうちに取りこまれているということ、見る身体と見える世界とが、先ほど挙げたようなさまざまな逆説的表現によって言い表わすしかないような関係で同質的なものだということであり、その両者を共に仕立てあげているその同じ〈質〉が肉とよばれているのである。

それぞれの色の、それぞれの音の、それぞれの触覚的肌理《きめ》の、現在の、そして世界の、重さ、厚み、肉をなしているのは、それらを捉える者が、一種の巻きつき（enroulement）ないし重複化（redoublement）によって、おのれがそれらと根本的に同質なものとしてそれらのうちから立ち現われるのだと感じるというそのことなのであり、その感じる者が自己に到来した感じられるものそのものであり、また逆に、感じられるものがその感じる者の眼から見て、いわばおのれの写しであり、あるいはおのれの肉の延長であるというそのことなのである。〔VI 153〕

メルロ＝ポンティは、この見定めにくい肉の概念を懸命になって言い当てようとしている。もう一つ、この概念にふれた次のような難解な断章がある。「研究ノート」に収録されている断章がどのようなものであるかを見る好例にもなろうから、少し長いが読んでみよう。「世界のうちにある身体。鏡像――類似」という見出しがつけられた一九六〇年一二月のノートである。

　私の身体は見えるもののうちにある。これが言わんとしているのは、単に、〈私の身体が見えるものの一片であり、あそこには見えるものがあり、（あそこの異文としての）ここには私の身体がある〉ということではない。そうではないのだ。私の身体は見えるものによってかしずかれているのである。こうしたことは、私の身体がその寄木細工になってしまうであろうような一平面上で起ることではない。私の身体は本当にかしずかれ、籠絡されているのだ。これは〈私の身体がおのれを見るものであり、一個の見えるものだということを――だが、それは見ているおのれを見るのであり、それをあそこに見いだす私の眼なざしは、それが自分と同じがわのここにあるということを知っている〉ということを、言わんとしているのである――こうして、身体は世界の面前に直立しており、世界は身体の面前に直立しているのであって、両者のあいだにはたがいに抱き合うという関係がある。したがって、これら二つの垂直的存在のあいだには、境界はなく、あるのは接触面である――

肉＝これこそが私の身体を受動的‐能動的（見える‐見るもの）であるように、即自的な塊りでありかつ所作であるようにしむけているのだ。

世界の肉＝その Horizonthaftigkeit〔地平的性格〕（内的地平と外的地平）が、これら二つの地平のあいだにあって厳密な意味で〈見えるもの〉である薄い皮膜にかしずいている――

肉＝私がそれであるところの見えるものが見るもの（眼なざし）であるという事実、あるいは、同じことなのだが、それがある内部を有しているという事実＋外に見えるものが見られもする、つまり、その外に見える存在の一部をなしているはずの私の身体という囲いのうちに或る延長部分を有しているという事実。

鏡像、記憶、類似、これらが基本的構造である（物と見られた物との類似）。というのも、これらは身体‐世界という関係から直接派生してくる構造だからである――反射像（reflet）は反射されるものに似ている＝見るということは物のなかではじまる、ある種の物ないしある種の一対の物は見るということを要求するのだ――精神に関してわれわれがなすすべての表現や概念形成はこれらの構造に借りがある、たとえば反省（réflexion）という言葉がそうである。〔VI 324-325〕

メルロ＝ポンティがこの肉という概念の着想を、フッサールが『イデーン』第二巻で多用している Leib（肉体）という概念や、物に関して言われる leibhaft（生《な》ま身の）という概念に得ていることは確かであって、彼は別のところで〔S II 15〕、物というものは私の身体の志向性の向かう極であり、その志向性、いわば私の身体の肉で仕立てあげられているわけだから、知覚された物が「生《な》ま身のままに（leibhaft）」とらえられるといった言い方は文字通りに受けとられるべきだと述べている。そうした感覚的な物の生ま身、つまりその肉は、私の受肉、私の身体の肉の反映であり、それと対《つい》をなすものなのである。しかも、今度はその私の身体がそれ自体一個の見えるものとして、感覚的な物のあいだにあり、それと同質の肉で仕立てあげられている。右の断章の最後のパラグラフは、見る身体と見える物とが物とその鏡像のように反映し合い、たがいの肉を共有し合う類似の関係にあるということを言わんとするものであろう。

　メルロ＝ポンティは、もう一つ別の断章で〔VI 255-256〕、私の見る身体と見られる物とのその関係に、『知覚の現象学』でおこなった立方体の分析〔PP II 3-6〕を採りあげなおしながら、もっと具体的な分析をくわえている。それによれば、六つの等しい面をもった立方体といったものは、位置をもたない反省的思考にとってしか存在しないものである。こうした浄化的思考によっては、「前批判的な、すでにそこにある存在」は見過されてしまう。では、そのような存在はいかに記述されるべきであろうか。それは、その立方体を距離をおいて私に与えてくれる私の視像を通って、立方体が何でないかをではなく、それが何であるかを記述するという様式によってであろう。ところで、「私がそれについての一つの視像をもっているということは、知覚する者であるところの私が、私のところからその立方体のところまで赴く……ということである」。ということは、「われわれ、つまり私と私の視像とは、立方体とともに同じ肉をそなえた世界にとりこまれている」ということである。実は、「私の視像と私の身体とはそれ自体、他のもののあいだにある立方体という同じ存在から現われ出てくるのである」。これはどういう意味であろうか。メルロ＝ポンティは次のように言う。

> 私の視像と私の身体とを見ること《ヴィジオン》の主体として性格づける反省は、私が触れている自分に触れることを可能にするところの、言いかえれば、私のうちにある同じものが見られるものでもあれば見るものでもあるように仕向けているところの同じ〈厚みをもった反省〉なのである。私は、まさに見つつある自分を見るわけではないにしても、しかし私は侵蝕によって、私の〈見える身体〉を完成するのであり、私は私の〈見られる‐存在〉を私の〈自分にとって見える‐存在〉より以上に延長するのだ。しかも、回路を閉じて私の〈見られる‐存在〉を完成するところの立方体そのものが存在しうるのは、私の肉、私の〈見るという働きをもった身体〉にとってなのである。〔VI 256〕

自分にとって見える私の身体には、いわば頭部が欠けている。しかし、見えるものである立方体を見ることによって、私は見える存在のうちに侵蝕し、私の〈見られる‐存在〉を完成する。まさしく私の見ている立方体こそが、見る身体と見られる身体との回路を閉じてくれるのであるが、その立方体そのものが、私の見る身体と同じ肉で仕立てられている、という意味であろう。メルロ＝ポンティは、これにさらに次のようにつけくわえる。

したがって、結局のところ、一個の立方体をあらしめているのは、私と立方体とを包みこむものとしての、どっしりした統一態であり、野生の、純化されていない、〈垂直の〉存在なのである。

メルロ＝ポンティが肉とよぶのは、こうしたいわば〈主体〉と〈客体〉とをおのれのうちに合わせもつ比類のない存在〔S II 15〕のことである。彼はそれを右のように、「野生の存在」、「垂直の存在」とよんでおり、ハイデガーにならって大文字ではじまる「存在(Être)」――「この知覚的世界こそ、結局のところハイデガーの言う意味での存在なのである」〔VI 223〕――とよんだり、「自然」――「感覚的なものである自然……この自然の精神分析をおこなうこと、それは肉であり、母である」〔VI 321〕――とよんだりするのである。

メルロ＝ポンティの後期思想とは、いわばこの肉の存在論なのであるが、われわれはもうしばらく、この時期の彼の論文や断章のあいだをさまよいながら、その輪郭をなぞってみたい。

3　構造と意味――問題の展開

「野生の存在」に問いかけ、それをいささかたりとも対象化することなく表現にもちきたそうとする「研究ノート」におけるメルロ＝ポンティの努力は、そこで持ち出されてくる奇異としか言いようのない用語からもうかがえるように、まことに苦難に満ちたものである。このばあいもまた「形而上学の用語の助け」[13]を借りることが原理的に許されないからであろう。その努力の跡をもう少し追ってみよう。

メルロ＝ポンティは、一九五九年の九月頃、またもや「ゲシュタルト」という概念を手がかりに、しきりにこの存在を模索している。しばしば「構造」という概念に置きかえられもしたが、この「ゲシュタルト」の概念が『行動の構造』以来の彼の思索の一つの大きな軸をなしてきたことは、すでにわれわれのよく知るとおりである。そして、その『行動の構造』の最終節は「構造と意味」と題され、ほとんど問題を抛り出すように提起しただけでそっけなく終えられていたが、おそらく当時は漠然と予想されただけでまったく展開されないでしまったこれらの概念の存在論的規定が、ようやく今問われようとしているように思われる。

彼の考えからすると〔VI 258〕、「ゲシュタルトは部分の総和に還元され*ない*全体である」といった定義は、要素的事実だけが実在だとする即自の領域にまず身を置き、それとの対比でゲシュタルトの現象を性格づけようとする否定的で外的な定義でしかなく、まったく不十分なものである。われわれはゲシュタルトを内がわから問わなければならない。もっとも、「内がわから」というのは内的観察によってという意味ではなく、「ゲシュタルトにできるだけ近づき、それと交流する」ことによってということであり、それは、おのれのいわゆる〈意識状態〉を考察することによるだけではなく、物や他人を見ることによっても十分に可能なのである。

そのようにして問われるとき、では、ゲシュタルトとは何であろうか。それが〈感覚〉のような空間‐時間的に一定の位置を占める心的個体やその寄せ集めでないことは言うまでもない。ゲシュタルトとは、ある意味で時間と空間とを跨ぎ越すような或る布置だからである。では、それは無時間的、非空間的な本質とか理念のようなものであろうか。だが、ゲシュタルトはけっして時間‐空間的な制約をもたないわけではない。それはただ、即自的な出来事の系列と考えられた客観的な時間や空間を免れているだけなのであって、それにはやはり、それが統治する或る「地帯」、或る「領野」にそれを固定するようなある「重さ」がそなわっているのであり、「それはここにあるのだ」と言うことはできないにしても、やはりそれはその地帯、その領野のいたるところに現前しているのである。ゲシュタルトは、このようなかたちで或る空間的‐時間的領野を支配し統治する「配分原理」であり、「ある等価体系の軸」であり、「細分化された諸現象がその現われであるような Etwas〔何ものか〕」〔VI 258-259〕なのである。メルロ＝ポンティがゲシュタルトを「超越」とか「距たった存在（être à distance）」と呼ぶのは、このような意味においてである。彼に言わせれば、人びとがゲシュタルトの「一般性」とか「移調可能性」という言葉で言い当てようとしているのも、実はゲシュタルトのこの超越的性格にほかならない。

メルロ＝ポンティは、同じ時期の別の断章〔VI 264〕では、ゲシュタルトのもつこうした超越的性格を位相空間との類比で考えようとしている。それによれば、「超越をふくまぬ事実的な空間であり、相互に平行な直線、ないしは三次元にわたってたがいに直交し合う直線の網であり、およそ可能なすべての位置を包含している」ユークリッド空間が、古典的存在論によって考えられてきた遠近法的に展望される存在のモデルであるのに対して、「近傍とか包摂といったような関係によって限定された場」である位相空間こそ彼の思い描いている存在のモデルなのである。この位相空間について、彼は次のように述べている。位相空間は

――

クレーの色斑のように、すべてのものよりももっと古いと同時に〈最初の日に〉（ヘーゲル）あるものでもあるような存在、遡行的思考が突き当たりはするが、それを自己による存在から（〈よりよきものの選択〉によって）直接にであれ間接にであれ引き出してくることのできないような存在、永遠の剰余であるような存在のイメージなのである。〔VI 264〕

けっして理解しやすい比喩ではないし、果してこれが位相空間についての数学的規定にうまく対応しているかどうかも私には判じかねるが、メルロ＝ポンティの言わんとしていることはわからないでもない。「クレーの色斑」についての言及は、クレーが色を「自然の色の似姿」としてではなく、次元として、つまり「おのれ自身のおのれ自身に対するさまざまな同一性や差異性を創造し、ある肌理《きめ》、ある有体性《マテリアリテ》、そしてついには何かある物……を創造す

るような次元」〔OE 287〕として考えようとしていた、という事態に対応するものであろう。画布に最初に置かれる色斑は、それとの関係で次々に他の色斑が置かれてゆくような次元として働く。だが、その最初の色斑の出現はまったくの偶然なのである。そうしたクレーの色斑のように、遡行的思考が最後に突きあたるものではあるが、けっして「それ自体による存在」つまり神のようなものから必然的に導出されたものでもなければ〔VI 264〕、ライプニッツの言うように、「論理的に可能という意味で優越的に可能であるものの自己実現」〔VI 260〕でもなく、「無動機に出現する」いわば原始偶然でありながら、以後次元として、場として、等価体系の軸として働くゲシュタルト、メルロ＝ポンティは「存在（Être）」をそうしたものとして考えようとしているのである。

メルロ＝ポンティは、それではそうしたゲシュタルトを経験するのは何者かと問う。それは、ゲシュタルトを理念とか意味としてとらえる精神ではありえない。ゲシュタルトを経験するのは身体なのである。いかなる意味においてであろうか、彼はある断章で次のように述べている。

私の身体は一つのゲシュタルトであり、それがあらゆるゲシュタルトのうちに共に現前している（co-présent）のである。私の身体も一つのゲシュタルトなのである。それもまた、そしてそれこそがすぐれた意味で鈍重な意味作用なのであり、肉なのである。それ私の身体が構成するシステムは、ある中心となる蝶つがい（charnière）のまわりに、あるいは……への開在性であるような、つまり、自由な可能性ではなく束縛された可能性であるようなある軸のまわりに秩序づけられている――そして同様に、私の身体があらゆるゲシュタルトの構成素なのだ。ゲシュタルトの肉（色の肌理《きめ》であるとか、輪郭……を生気づけている何か）は、私の身体のもつ惰性、〈世界〉へのその着生、場として働いている私の身体のもろもろの先入見に応答するものなのである。〔VI 259〕

これもけっしてわかりやすい断章ではない。しかし、前節でふれた『眼と精神』で展開されている彼の思想、つまり、見える物、触れられる物は私の見る身体、触れる身体の延長であり、その意味で世界は身体という生地で仕立てられているのだが、一方、その身体もそれ自体見える物、触れられる物であるかぎり世界の織地のうちに織りこまれているというあの思想を考えあわせれば、ある程度理解しやすくなろう。いま問題になっているのはゲシュタルトの経験であるが、このばあいも、われわれは肉としての身体によってゲシュタルトの肉的な意味に分かち与るのであり、身体によってゲシュタルトの意味するその仕方に応答するのである。こうして、「ゲシュタルトは知覚する身体と、ある感覚的な、つまり超越的な、つまり地平的な、つまり垂直的な世界――遠近法的に展望される世界ではなく――との関係をふくんでいる」〔VI 259〕ことになるが、では、そのゲシュタルトが「蝶つがい」とか「軸」とよばれるのはなぜであろうか。

メルロ＝ポンティによってここで考えられているゲシュタルトとは、いわば知覚的身体と世界との原始偶然的な出会いによって生起するもの、その意味では事実的なものでありながら、以後「場」として、「配分原理」として働くことになるようなものだと考えてよさそうである。彼はこのゲシュタルトを「弁別的、対立的、相関的システム」〔VI 259〕とよぶが、しかしそれに加えて、「その軸がけっして観念ではなく、Etwas〔何ものか〕であり、物であり、世界であるような」という但し書きを付ける。これも右のような事態を念頭に置いてのことであろう。そのようなゲシュタルト、そのような場のなかではじめて、存在者についての（ハイデガーのいわゆるオンティッシュな）経験が可能になるのであり、だからこそゲシュタルトが超越とよばれたわけなのだが、メルロ＝ポンティはこれと同じような意味で「体験の二重底」〔VI 259〕とか「われわれの意識生活の二重底」〔VI 227〕という言い方もする。ゲシュタルトの経験を、意識的なレベルでの個々の対象に向かう作用志向性のさらにその底で働いている志向性――「存在の内なる志向性である作動しつつある、あるいは潜在的な志向性」〔VI 297-298〕――として考えているからであろう。

　こうしてゲシュタルトは「純粋な〈……がある《イ・リ・ア》〉」〔VI 259〕、いわば事実的存在でありながら、同時に次元であり、水準であり、地平であり、知覚の骨組、構造でもあるのであり、したがって、Gestaltung〔VI 260〕、つまりゲシュタルトの出現は、ハイデガーが言うような動詞的な意味での Wesen〔現成〕〔VI 260〕なのである。この動詞としての wesen についてメルロ＝ポンティは次のように言う。

〈動詞的な〉Wesen の発見：対象－存在でもなければ主体－存在でもなく、本質存在でもなければ事実存在でもない存在の最初の表現：wesen するもの……は Was〈何であるか〉の問いにも Daß〈……があるかないか〉の問いにも応えるのだ。

ゲシュタルトはこのような意味で現成《ウェーゼン》するものなのである。ゲシュタルトがよく〈前経験的〉だとか〈生得的〉だと言われるのも、それが経験の次元として働くものであり、その意味でア・プリオリなものだからであるが〔VI 262〕、それにもかかわらずその Urstiftung〔根源的設定〕〔VI 262〕はあくまで事実的な出来事なのである。そしてゲシュタルトが「蝶つがい」とか「回転軸」、「軸」などとよばれたのも、それがこのように原始偶然的な事実存在《イ・リ・ア》と意味・本質、Daß と Was との分化以前のものであり、いわばそれらを結びつけているものだからである。

すでに明らかなように、ゲシュタルトとしてあらわれてくるものは感覚的なものそのものである。

感覚的なものそのものが見えないものであるということ、黄色が水準として、あるいは地平として設定されるということが理解されるときには、概念とか一般性とか観念についての問題はもはや存しない。〔VI 290〕

本質とか意味とか概念といったものは、まずこうした「黙せるロゴス（λόγος ἐνδιαθέτος）」〔VI 262〕として、つまり知覚野の構造として、あるいは「地平としての、スタイルとしての一般性」〔VI 290〕としてあらわれてくるのである。

　概念や意味は次元化された個別者であり、定式化された構造なのであって、こうした見えない蝶つがいについての視覚は存しない。唯名論は正しいのだ：意味とは定義された距たりにすぎない。〔VI 291〕

　フッサールの形相的変様やその不変項にしても、存在のこの蝶つがい、量を通じてと同様に質を通じても近づきうるこうした構造を指示しているにすぎないのだ。〔VI 289〕

　ところで、先ほどもふれたように、メルロ＝ポンティによればゲシュタルトの出現は「自己原因的存在者の自己実現」でもなければ、ライプニッツの言うような「優越的に可能なものの自己現実化」でもなく〔VI 260〕、「純粋な〈がある《イ・リ・ア》〉としての存在との接触」〔VI 259〕であり、事実的なものの不意の到来なのである。それは、「無ではなくむしろ何ものかが、そして他のものではなくこのものが存在することになる」〔VI 259〕事実的な出来事にほかならない。では、「なぜあれではなくむしろこれが〈よい〉ゲシュタルトないし強ゲシュタルト……なのであろうか」〔VI 260〕。この問いに答えるためにメルロ＝ポンティは、心理学者のエゴン・ブランズウィックから「経験的プレグナンツ」という概念を借りてくる。

ブランズウィックがあるところで、[14]単なる幾何学的平衡によって生ずる「幾何学的プレグナンツ」と区別される「経験的プレグナンツ」を問題にしているらしいが、メルロ＝ポンティはこれを――ここでもおそらくかなり強引なやり方で――「ある内具的な調整によって、つまり……ある Seinsgeschick〔存在の歴史的運命〕によって特権的であるようなゲシュタルトのプレグナンツ」〔VI 262〕ととらえなおす。言うまでもなく Seinsgeschick とは、存在がわれわれ人間におのれを贈る《ジッヒ・シッケン》その贈り方の歴史、それによってわれわれ人間のそのつどの在り方が決定されることになる、したがってわれわれとしては運命として甘受するしかないような存在そのものの自己開示の歴史を名指すハイデガーの概念である。[15]むろんメルロ＝ポンティはそうしたハイデガー流のいくらか神秘主義的な存在の歴史的運命といったものを考えているわけではなく、彼の言う意味でのゲシュタルト、つまり存在の特定の布置が身体と世界との原始偶然的な出会いによって生起するという事態を、この概念に託して言い当てようとしているのであろう。彼はこの経験的プレグナンツをさまざまな言い方で定義しようとする。たとえば――

それは、おのれに到来したゲシュタルト、おのれであるところのゲシュタルト、おのれ自身の手段によっておのれを定立するゲシュタルトであり、自己原因の等価物、それは現成するがゆえに存在している Wesen〔本質〕、自己制御、自己の自己への凝集、奥行をもった同一性（動的同一性）、距たった存在としての超越、……がある《イ・リ・ア》、である

——。〔VI 262〕

こうした定義は、ゲシュタルトが自己原因的存在の自己実現ではないという先ほどの規定と矛盾するように見えるが、そうではなく、先ほどの規定がゲシュタルトの出現の原始偶然性を言わんとしたものであるのに対して、これはそのように原始偶然的に実現された経験的プレグナンツをそなえたゲシュタルトの有する次元としての性格を規定しようとするものであろう。

ところで、こうしたゲシュタルトを想定してよいとすれば、それぞれの知覚される存在者は、それが配置されている「ある構造、ある等価体系によって定義される」〔VI 261〕ことになろう。つまり、物は物でありながら、同時に「構造、骨組」〔VI 273〕でもあるのだ。だからこそ、画家の筆の一掃きが「そうした構造や等価体系の断固とした喚起」〔VI 261〕となりうるのである。メルロ＝ポンティは「ランボーの有名な見者《ル・ヴォワイヤン》の手紙以来、詩人の役割は、彼のうちでおのれを思惟し、おのれを言葉たらしめるものの口授するがままに書くことであるようになったが、それと同様に、画家の役割も、彼のうちでおのれを見るものを図取りし、カンヴァスに投ずることにあるのだ」〔VI 261, n **, OE 265〕というマックス・エルンストの言葉を好んで引用しながら、画家の引く線、その筆致《タッチ》が経験的視覚の「起源にある視覚《ヴィジョン》」〔VI 261〕、「われわれのうちでおのれを見ているもの」、つまり物そのもの、存在そのものの視覚《ヴィジョン》とでも言えそうなもの、いま見たような意味での「構造、骨組」の喚起を目指すものだと言うのである。

彼は同じ頃書いた他の断章で〔VI 264-265〕、ゴッホがミレーの模写をしながら絵を学んだように、「一人の画家が他の画家から学びうるのはいかにしてか」というマルローの疑問を採りあげなおし、さらに、なぜ色をうまく扱える者がデッサンや彫刻にもすぐれているかを問うている。彼に言わせると、もしデッサンをしたりタブローを描いたりすることが無から出発して事実的なものを産出することだとしたら、デッサンをすることと描くこと、自己として描く行為と他者として描く行為はそれぞれ孤立したもので、右のような関係が生ずるはずはない。だが、線とか筆のタッチとか目に見える作品といったものが「存在全体に向かうパロールの総体的運動の痕跡」にすぎず、「線による表現も色による表現も、私の表現も他者の表現もこの運動のうちに包みこまれている」〔VI 265〕と考えてよいとしたら、つまり、それらがすべて、右のような原初の視覚《ヴィジョン》の喚起を目指すものだとしたら、いま指摘されたような関係がありえても、なんの不思議もないことになろう。

われわれは、さまざまな等価体系を夢みているのであり、それらの等価体系が実際に働いているのである。だが、これらの体系の論理は音素体系の論理と同様に、ただ一つの束、ただ一つの音階に要約されるのであり、これらの体系はすべてただ一つの運動によって生気づけられ、これらの体系のそれぞれが、そしてまたすべてが、存在のただ一つの渦動であり、ただ一つの収縮なのである。〔VI 262〕

こうして、「すべての絵画、すべての行為、つまりすべての人間的企ては……超越の一つの暗号である」〔VI 262〕ということになるのであるが、われわれは少し先を急ぎすぎたらしい。話を返そう。

先ほどわれわれは、メルロ＝ポンティが彼のいわゆるゲシュタルトのうちに、事実存在と本質存在とを結びつけるもの、というより、そうした分化に先立つ「存在の最初の表現」を見ようとしているということを確かめた。これは、ハイデガーが『ヒューマニズムについて』のなかで[16]、「実存が本質に先立つ」というサルトルの実存主義の根本命題にふれて、必要なのはサルトルのように本質存在の事実存在に対する優位を逆転することではなく、むしろなぜ存在のこのような分化が生じたのかを思索し、存在に原初の単純性を回復することだ、と主張していたのを思い出させる。メルロ＝ポンティもゲシュタルトないし構造の〈がある《イ・リ・ア》〉のうちに事実存在と本質存在とに分裂する以前の存在の原初の単純性を認め、そこからすべての問題を考えなおそうとするのである。では、その〈がある〉のうちで、本質や意味はいったいどのような生活を営んでいるのであろうか。

意味は見えないものであるが、しかしこの見えないものとは見えるものと矛盾するものではない。見えるものそれ自体が見えない骨組をもっているのであり、見えることの－ないもの（l'in-visible）は見えるもののひそやかな裏面なのであり……それは見えるものの虚焦点であり、それは見えるもののうちに（透し模様で）描きこまれているのである――。〔VI 269〕

意味とは見えないもの、「根源的に現前することのありえないもの（le Nichturpräsentierbare）」〔VI 269〕であるが、それは、その原初の姿においては、あくまで見えるものの見えない骨組であり、見えるもののうちに透し模様として描きこまれているもの、したがって見えるもの、感覚的なものの「背後に透けて見える」〔VI 197〕ものなのである。したがって、見えないものでありながら、やはり「意味は〈知覚される〉」〔VI 243〕のである。ゲシュタルトの知覚、意味の知覚はどのようなかたちでおこなわれるのであろうか。メルロ＝ポンティはある断章〔VI 242-244〕のなかで、ひどく回りくどい仕方でそれを説明している。彼はマンチェスターのタバコ売場で売子がShall I wrap them together？〔みんな一緒にお包みしてよろしいでしょうか〕と言ったその言葉の意味を数秒してからやっと、しかし一挙に理解したときの経験を反省し、その理解がどのようにおこなわれたかを次のように解明する。

ひとたび意味が与えられると記号は〈記号〉としての全面的価値をもつようになる。だが、まず意味が与えられねばならないのだ。それにしても、そのとき、意味はどのようにして与えられるのか。おそらく語詞連鎖の一断片が同定され、それが意味を投げかけ、この意味が記号に跳ねかえるのであろう。(ベルクソンの言うように) 行ったり来たりと言うだけでは十分ではない。何かと何かのあいだで理解し、そして両者の間隙そのもの (l'entre deux) を理解する必要があるのだ。それは一連の帰納操作ではない――それは Gestaltung〔ゲシュタルト化〕および Rückgestaltung〔遡行的ゲシュタルト化〕なのである。〔ベルクソンの言う〕〈真なるものの遡行運動〉とは、われわれがひとたび思考されたものからもはや身を解きはなつことができなくなり、それを素材そのもののうちに再発見する……ということの現象のことにほかならない。

その瞬間には理解されなかった一つづきの音の連鎖からある漠然としたゲシュタルトが浮かび上がり、それが今度は遡行的にそれらの音を明確に分節し構造化し、一挙にその概念的意味が理解されることになるというわけであろう。しかし、それに先立って「知覚される」意味、構造・ゲシュタルトがあったにちがいない。

意味は〈知覚される〉ものであり、Rückgestaltung〔遡行的ゲシュタルト化〕こそがその〈知覚〉なのである。これが言わんとしているのは、わかっていたんだということになるであろうものの芽生えがあるということである。(Insight〔見通し〕と Aha Erlebnis〔ああ、そうか体験〕)――そして、これが言わんとしているのは、知覚 (最初の知覚）とはおのずからさまざまな Gestaltungen〔ゲシュタルト化〕のおこなわれる一つの領野を開くことだ、ということである。そして、これが言わんとしているのは、知覚とは無意識的なものだ、ということである。無意識とは何か。主軸《ピボ》、実存疇として働いているもの、そしてこの意味で知覚されるとともに知覚されないもののことである。なぜなら、われわれはさまざまな水準での図をしか知覚しないものだからである。——そして、われわれはそれを水準との関係においてしか知覚しないのであり、この水準は知覚されないものである。——水準の知覚、水準はつねに対象のあいだにあって、そのまわりに……〔がある〕といったものなのである。〔VI 243〕

メルロ＝ポンティの表現そのものがひどく混乱してはいるが、彼はさまざまに言いかえながら、意味の本原的な在り方をなんとか言い当てようとしているのである。彼の考えでは、最初の知覚とともに一つの領野が開かれ一つの水準が設定され、その領野、その水準を地にして、いわば図としての対象が通常の意味で知覚されるのであって、その領野、その水準そのものはそれと同じ意味では知覚されることはない。その意味ではそれは「無意識的なもの」なのであるが、それこそがその知覚対象の意味をなしているものなのであるから、やはり知覚対象の背後に透けて見られてはいるのである。つまり、それは「地の上の図」としては見られていないが、「地としては」見られているのである〔VI 243〕。本質や意味は、その原初的な相においては、けっして「肉と無関係なものではなく、肉にその軸、その奥行、その諸次元を与えるようなある理念性」〔VI 199〕として肉そのもの、〈がある〉《イ・リ・ア》そのものに内属しているものである。彼はこの事態をもう少し整理して次のように述べている。

> 最初の視覚、最初の接触、最初の快楽とともに秘儀への加盟《イニシアシオン》がおこなわれるのであるが、それはある内容の定立ではなく、もはや閉じられることのありえないある次元の開設であり、以後他のすべての経験が標定されることになるある水準の設定なのである。理念とはこの水準、この次元のことであり、したがってそれは、他の対象の背後にある対象がそうであるように、事実上見えないものなのでもなければ、見えるものとまったくかかわりのない絶対に見えないものなのでもなく、この世界に属する見えないもの（l'invisible *de* ce monde）なのであり、この世界に住み、それを支え、それを見えるものたらしめている見えないもの、この世界の固有な内的可能性、この存在者の存在なのである。〔VI 198〕

メルロ＝ポンティは別の断章〔VI 233〕では、今言われたような意味での理念、つまり経験の水準・次元として働くものを「無意識的な実存疇」と呼び、それを「われわれのすべての有意的および無意的経験の沈澱した意味」と考えている。これは先ほど見た「経験的プレグナンツ」という概念に通ずるものであろう。

この無意識的なものは、われわれの根底や、われわれの〈意識〉の背後にではなく、われわれの前に、われわれの領野の分節として求められるべきものなのである。それが〈無意識的〉であるのは、それが対象ではなく、それによって対象が可能となるものであるということによってであり、それはわれわれの未来がそこに読みとられる布置なのである――それは樹と樹の間隔のように、あるいは樹々の共通の水準のように対象のあいだにあるのである。……

これらの実存疇、これこそわれわれが語っていることとわれわれが聴いていることとの（置換可能な）意味をなしているものである。これらの実存疇はパロールによってわれわれが見ているすべての物に浸透しはじめるこの〈見えない世界〉の骨組なのである。〔VI 233-234〕

メルロ＝ポンティが理念や本質や意味をこのような見えるものの見えない骨組、われわれの経験の無意識的な実存疇、「対象－存在のうちの非－存在」〔VI 233〕、ハイデガーの言うような意味での存在者の「存在」〔VI 233〕と考えていることは、すでに十分に明らかであろう。ところで彼は、このような肉とそこに内属する理念の関係、「見えるものとそれが表わしもすれば隠しもするその骨組の関係」〔VI 195〕、さらに言いかえれば「感覚的なものと、それに対立するものではなくその裏地をなし奥行をなしている理念的なものとの関係」〔VI 195〕、つまり見えるものと見えないものとの関係を、プルーストにならって、楽句とそこにひそむ音楽的理念の関係をモデルに説き明かそうともする。

文学も音楽も情念も、だが目に見える世界についての経験もまた、ラヴォワジェやアンペールの科学に劣らず見えないものの探索であり、彼らの科学と同じ程度に理念の世界の開示なのである。ただ、そこに存するこの見えないもの、そこにあるこの理念は、彼らの理念のように感覚的なものから引き離され、第二の事実性《ポジティヴィテ》に昇格させられるわけにはいかないのだ。音楽的理念や文学的理念や愛の弁証法や、それに光の分節、音や触覚の呈示の仕方もまた、われわれに語りかけ、それなりの論理、それなりの整合性、それなりの合致、それなりの符合を有するものであり、ここでもまた現われは未知の〈力〉や〈法則〉の変装なのである。〔VI 196〕

意味や本質や理念が、その原初的な相においては、見えるもの、感覚的なものの見えないゲシュタルト、構造、骨組、地平、水準、領野としてそこに内属しているというメルロ＝ポンティの主張はいちおう分ったことにしよう。では、いったいどのようにして、そうした感覚的理念から知的理念への移行、「地平的理念性から〈純粋な〉理念性への移行」〔VI 200〕がおこなわれるのか。これは、いわば肉の地平にあって精神とか思惟がいかなる位置を占めているのかという問いに通じるであろう。メルロ＝ポンティは、あるところで、この問いに答えるかのようにこう書いている。

われわれの主張は、このような内属的な〈がある〉(IL Y A d'inhérence) がなくてはならないということである。そして、われわれの問題は、制限された意味での思惟(純粋な意味作用、見ているという、あるいは感じているという思惟)は、〈がある〉の祈願の他の手段による成就、〈がある〉の昇華による成就、まさしく見えるものの裏面であり、見えるものの可能態であるところの見えないものの現実化としてしか理解されない、ということを示すところにある。〔VI 190, n〕

メルロ゠ポンティにとって、精神とか思惟はあくまで「〈がある〉の昇華」、「肉の昇華」〔VI 191〕であり、「見えるものの可能態であるところの見えないものの現実化」なのであるが、では、この昇華、この現実化はどのようなかたちでおこなわれるのであろうか。彼はこの問いを次のように言いかえもする。

……いったいいかなる奇蹟によって、私の身体と世界との自然的一般性 (généralité naturelle) に、それを採りあげなおし修正する創られた一般性 (généralité créée)、つまり文化や認識がつけくわわるにいたるのか。〔VI 200〕

もっとも彼は、「こうした〈その場での乗り越え (dépassement sur place)〉を解明するには、いまはまだ早すぎる」〔VI 200〕と言って、その追求を中断しているので、その十分な解答は望めそうもないが、ただ、この問題を考えるためのいくつかの示唆は残されているので、それを手がかりにこの問題をもう少し考えてみたい。

この問題を考えるに際して、メルロ＝ポンティがもっとも気づかうのは、ふたたび感性的世界と可知的世界とを分離してしまうことである。彼の考えでは、「可知的世界などというものはなく、あるのは感性的世界だけなのである」〔VI 267〕から、「創られた一般性」にしても、たとえそれがどのように考えられることになろうと、それは「知覚論的身体の諸分節や感覚的な物の輪郭に滲み出ている」〔VI 200〕一般性の延長以外のものではありえないのである。

……たとえそれ〔創られた一般性〕がどれほど新しいものであろうと、それはおのれが切り拓いたわけではない道を通って忍びこんでくるのだし、おのれが開いたわけではない諸地平を変形するのである。〔VI 200〕

創られた一般性、つまり純粋な理念性は、自然的一般性、地平的理念性を足場にして設立されるのであり、したがって、肉や地平と無縁ではありえないのである。

……純粋な理念性もそれ自体肉のないものではないし、地平的諸構造から解き放たれているわけではない。たとえ問題になっているのが別の肉、別の地平であるにせよ、純粋の理念性も肉や地平によって身を養っているのである。それはあたかも、感覚的世界を生気づけている可視性が、あらゆる身体の外にではなく、それほど鈍重ではなくもっと透明な他の身体のうちに移住するとでもいわんばかりなのであり、あたかもその可視性が肉を変え、言語の肉のために身体の肉を捨てる……とでもいわんばかりなのである。〔VI 200〕

「創られた一般性」、「純粋な理念性」の成立に言語が介在すると考えられていることは確かなようである。正確には「言語の肉」と言うべきであろうか。彼は言語を「単に自然的なものではないような一つの身体」〔VI 257〕と呼んだりもする。いずれにしても奇妙な概念であるが、彼はそこで次のような事態を考えているらしい。つまり、言語も音楽と同じように、「おのれ自身の配列によってある意味を支え、おのれ自身の編目のうちにある意味をとらえる」〔VI 201〕のであり、もし言語が「征服的、能動的、創造的な言語」でありさえすれば、例外なしにそうしたことが生起する。そして、「楽譜というものが音楽的存在(l'entité musicale)の後からの複製であり抽象的肖像であるのと同じように、記号と意味されるもの、音と意味とのあいだの明確な関係のシステムであるような言語も作動しつつある言語(langage opérant)の結果であり所産なのである」〔VI 201〕。この「作動しつつある言語」という概念が、フッサールの fungierende Intentionalität〔作動しつつある志向性〕——知覚とか記憶といった個々の作用としての志向性（Aktintentionalität）を一つの作用として成立たしめる、潜在的にすでに作動しつつある志向性——を念頭において造語されたものであることは明らかであるが、「言語の肉」とはこうした作動しつつある言語、つまり『知覚の現象学』で言われた「語りつつある言葉《パロール》（parole parlante）」を——しかし、ここでは視覚に関して考えられたのと同じような意味で、いわば存在そのもののパロールとして考えられたそれ——を名指そうとする概念であろう。言語と意味についてのこうした考え方は、これまで見てきたところから、われわれにもある程度は見当がつく。われわれの目下の関心は、むしろこうした言語の言語的《ランガジェール》な意味からの純粋な意味の湧出についてのメルロ＝ポンティの積極的な発言に向けられる。それについて彼は次のように述べている。

このことが言わんとしているのは、楽譜や文法や言語学や〈知性の諸理念〉——既得の、随意に使用しうる、名誉職的な理念——が無用だといったことではなく、客観的諸関係のシステムや既得の諸理念もそれ自体、いわば第二の生活や第二の知覚のうちにとりこまれており、だからこそ数学者は誰もまだ見たことのない存在へまっすぐ赴くことができるのだということ、そして、作動しつつある言語や作動しつつある算式は第二の可視性を利用しているのだということ、理念とは言語活動や計算活動の裏面なのだということである。〔VI 201〕

ここで言われている「第二の生活や第二の知覚」というのは、われわれが以前に見た「水準の知覚」、ゲシュタルトの知覚と考えてよいと思う。また「第二の可視性」についても、メルロ＝ポンティが別のところで、「第一の可視性、つまり質や物の可視性」は、「第二の可視性、つまり力線や次元の可視性」なしではすまないと言っている〔VI 195〕ところから、ある程度の推測がつこう。だが、理念や理念の誕生の座である作動しつつある言語が第二の知覚、第二の可視性を利用するというのは、どういう意味であろうか。彼は「見る者としてのわれわれの実存（notre existence de voyants）」と類比的に「音響的存在としてのわれわれの実存（notre existence d'êtres sonores）」〔VI 203〕というものを考えているらしい。そうした音響的場面での第二の知覚がいま考えられているのであろう。彼の考えでは、「それらの理念は語の彼方にありつづける」〔VI 201〕のだが、それはこの理念が感覚的世界と異った可知的世界に属するということではなく、理念の知覚がいわば語音の知覚とは異ったレベルに属する知覚だということである。理念とは、視覚的場面でのゲシュタルトと同じような「距たり」であり、けっして完成されることのない「差異化」であり、「不断につくりなおされねばならない記号と記号との間隙」〔VI 201〕だと言われる。こうした考え方で、果して純粋な理念性の湧出が解き明かされうるものかどうか疑問であるが、もう少し彼の言うところを聞いてみよう。

彼は、「肉が見るものの見えるものへの、また見えるものの見るものへの裂開であるのと同じように」〔VI 201〕、言語の肉も裂開し、そこに理念が湧出してくると考えようとしているようであるが、このばあい、言語の肉の裂開とは語るものの聴くものへの、聴くものの語るものへの転換ということであろう。彼は次のように言う。

言語学者にとっての言語体系《ラング》は、一個の理念的体系であり、可知的世界の一断片である。しかし、私が見るためには、私の眼なざしがXにとって見えるというだけでは不十分であり、……一種のねじれ、逆転、ないしは鏡の現象によって、私の眼なざしがおのれ自身にとっても見えるものでなければならないのと同様に、私のパロールがある意味をもつのも、それが言語学者によって開示されることになるであろうような体系的組織を呈示するからではなく、眼なざしと同様にこの組織がおのれ自身に関係するからである。作動しつつあるパロール（la Parole opérante）こそ、制度化された光が生じてくる暗い領域なのであり、それは、身体のおのれ自身に対する声なき反省こそ、われわれが自然の光と呼ぶものであるのと同様である。〔VI 201-202〕

彼は言語と意味の関係を、あくまで見るものと見えるものの関係と平行させて考えようとしているらしい。

見るものと見えるものとのあいだに転換性があるように、また、二つの変身が交叉する地点に知覚とよばれるものが生まれるように、パロールとそれが意味するものとのあいだにも転換性があるのだ。見ることが知覚論的身体を完成するように、意味とは発声のための多数の物理的、生理学的、言語学的手段に刻印し、それらを囲い、まとめあげることになるものである。そして、見えるものが、それを開示もすればその一部をなしてもいる眼なざしをとらえるように、意味もその手段にはねかえり、パロールを独占してしまう――そのときパロールが科学の対象になってしまうのである……。〔VI 202〕

だが、一方で彼は、視覚と言語とのあいだにも転換性を認める。

> 沈黙せる視覚がパロールのうちに入りこむのは、そしてその見かえりに、パロールが、名指しうるものや言い表わしうるものの領野を開きながら、そこのそれなりの位置に、それなりの真理に従っておのれを描き入れるのは、要するに、パロールが見える世界の諸構造を変形し、精神の眼なざし、intuitus mentis〔精神の洞察〕が生じるのは、無言の知覚とパロールとを共に支えている転換性という同じ基本的現象によってなのであり、この現象は肉の昇華としてと同様、理念のほとんど肉《シャルネール》的な存在としても現われてくるのだ。〔VI 202-203〕

メルロ＝ポンティが感覚的なものと理念性、構造と意味、知覚と言語、自然と文化〔制度〕とをあくまで連続的にとらえ、後者を前者に根づかせようと懸命の努力をしていることは分るのだが、果してこれで彼のいわゆる「創られた一般性」、「純粋な理念性」、つまりは意味の領野が基礎づけられうるものかどうか、まことに心もとないところがある。おそらくこの問題は、彼の「沈澱」の理論を検討することによって、もう少し明確な見通しがえられることと思うが、その検討は次節にゆずりたい。

4　野生の存在

前節で最後にわれわれは、メルロ゠ポンティが感覚的なものと理念性、構造と意味、知覚と言語、自然と文化の関係をどのように考えようとしていたかをさぐってみたのだが、その考察をもう少し続けよう。彼の努力は主としてこれら両項の連続性を獲得し、これらの対概念の後者を前者に根づかせようとするところに向けられているのだが、やはり彼もそこにいわば「その場での乗り越え」〔VI 200〕が起り、後者がそれなりの自律性を有することを認めないわけではない。しかも、彼はその乗り越えが前者によって要求されているとさえ考えているのである。たとえば、彼は「生《なま》の、あるいは野生の存在（＝知覚される世界）と、それがGebilde〔形成体〕としての *λόγος προφορικός*〔顕在的ロゴス〕に対して、われわれが生み出す〈論理学〉に対してもつ関係――」という見出しをもつノート（一九五九年一月）〔VI 223-224〕において次のように述べている。

私が絵画に関して語った〈無定形な〉知覚的世界——絵画をやりなおすための不断の資源——、これはいかなる表現の様式もふくんではいないが、やはりあらゆる表現の様式を呼びもとめ要求するものであり、それぞれの画家に新たな表現の努力を促すものである——この知覚的世界こそ、結局のところハイデガーの言う意味での存在なのである。ハイデガーの言う存在も、あらゆる言葉《パロール》以上の、あらゆる〈態度〉以上のものであり、これは、哲学によってその包括性《ユニヴェルサリテ》においてとらえられてみると、いつか語られることになるであろうすべてをふくんではいるが、やはりわれわれにその語られるであろうことを創造する余地をのこしてくれる（プルースト）もののように思えるものなのである。*λόγος ἐνδιαθέτος*〔無言のロゴス〕こそが *λόγος προφορικός*〔発語されたロゴス・顕在的ロゴス〕を要求するのである。

そして、顕在的ロゴスがはじめて無言のロゴスをそれとして開示する、と彼はつけくわえたいのであろう。このような視角からする彼の絵画論はやがて『眼と精神』においてみごとに展開されることになるのだが、それはともかく、こうした無言のロゴスと顕在的ロゴスの関係はもっと一般化されうるものであり、事実メルロ＝ポンティもこのノートの後半〔VI 224〕では、Lebenswelt〔生活世界〕と哲学とのあいだにこの関係を確めている。それによれば、「（〈論理学〉という様式での）われわれの構築作業」がはじめて生活世界というこの「沈黙の世界」を「再発見」させるのではあるが、それはあくまで「再発見」なのであり、それは主題化されないままに「すでにそこにあった」のである。というのも、それを記述する言表があらゆる自明性を言外にふくんでいる以上、それはこの沈黙の世界を前提にしているのだし、そしてまた、その言表は「それはそれで沈澱させられ、Lebenswelt によって〈とりもどされる〉」のであるから、「それらの言表が Lebenswelt を包含するというよりもむしろ、それらの言表が Lebenswelt のうちに包含されることになる」からである。だが、一方、こうした事態はけっして哲学を無価値にするわけではない。つまり、それは「哲学が Lebenswelt の単なる部分的所産、われわれを導くある言語のうちに閉じこめられた単なる所産以外のものであり、それ以上のものであることを妨げるものではない」のである。「包括的存在としての Lebenswelt と世界の極限の所産である哲学とのあいだには拮抗関係も背反の関係もない。哲学こそが Lebenswelt を露呈する」からである。

もっとも、メルロ＝ポンティは、こうした野生的なものと文化的なものとの関係を知覚そのもののレベルにも認めている。「野生の知覚――直接的なもの――文化的知覚――learning〔学習〕」という見出しを付けられたノート（一九五九年一〇月二二日）〔VI 265-267〕のなかで、その問題が論じられている。彼は、知覚そのものが「多型的」であり、したがって文化による知覚の「形態化作用〔information〕」が可能なのであって、たとえばユークリッド的知覚とかルネサンスの遠近法などはその種の「文化的知覚」だと見る。ところで、こうした文化による知覚の形態化とは、言ってみれば「見えないものの見えるもののうちへの下降」であり、これによって、「文化は知覚される」という言い方も可能になるし、「知覚の拡張」ということも考えられることになる。

——知覚の拡張、たとえば〈自然的〉知覚においておこるAha Erlebnis〔ああ、そうか－体験〕の道具関係（チンパンジー）への繰り越しといったものがあるのであって、だからこそ、世界への知覚的開在性（λόγος ἐνδιαθέτος〔無言のロゴス〕）と文化的世界への開在性（道具使用の習得）とを連続性のうちにおかねばならないのである。〔VI 265-266〕

ここで念頭におかれているのがヴォルフガング・ケーラーの『類人猿の知恵試験』であることは言うまでもあるまい。この本のなかでケーラーは、学習、つまり新しくしかも適応した行動の習得が試行錯誤のなかでの偶然的成功や成功した反応の頻度によってのみ説明されるとはかぎらず、チンパンジーのばあいなどは、むしろ知性の萌芽と言ってもよいような、状況の全体的布置へのある見通し（insight）によって課題が解決され（たとえば、そばにあった箱を踏台にして高いところにあるバナナを手に入れる）、その新しい行動が定着するものであることを明らかにした。そうした場合、課題に直面して思考しているときに見通しがつくと、カール・ビューラーの言う「ああ、そうか－体験」が生ずるのであるが、それは一定の志向に応じて知覚野が再構造化されたということであろう。知覚野のこの再構造化によって、チンパンジーが道具使用に習熟してゆくという事態をメルロ＝ポンティはここで考えているのであり、だからこそ、「世界の知覚的開在性……と文化的世界への開在性……とを連続性のうちにおく」ことが要求されるのである。

メルロ＝ポンティは、このように自然的なものが文化的なものを、無言のロゴスが顕在的ロゴスを要求するという事態を、のちに見るように「〈自然の光〉の目的論」〔VI 254〕と呼んでいる。そして彼は、この目的論が往々にして理念性へ変えられてしまうということをも指摘している。今採りあげている一九五九年一〇月二二日のノートにおいても、「知覚がおのれ自身に対しておのれを隠し、おのれをユークリッド的なものにしてしまう」ことのあることを指摘し、「その仕方」を精細に記述するという課題を立てている。彼の考えでは、そうしたことが起るのは、「幾何学的ゲシュタルト」においては、たとえばピアジェの「拙劣な表現」によれば、「もろもろの〈変形〉が相殺されるので、そのプレグナンツが他の何ものにも増して個体発生を可能にする」ためである。しかし、それはあくまで「内具的」な問題であって「文化的」な問題ではない。したがって、「この内具的プレグナンツは、それがそのすべての意味を保存しておくためには、超越の地帯に、前‐存在〔pré-Être〕の文脈に、Umwelt〔環境世界〕の Offenheit〔開在性〕の文脈のうちに、保持されていなければならない」のであって、「独断的に自明なものだとみなされてはならない」のである。「ユークリッド的知覚はある特権を有してはいるが、しかしそれは絶対的特権ではないし、絶対的ということは超越によって否認されている」のであり、「超越はユークリッド的世界が世界の諸局面のうちの一つであることを要求する」のである。つまり、「ユークリッド的世界」

は世界への知覚的開在性が要求する顕在的ロゴスの一つではあっても、けっしてそれでしかありえないといった特権性をもつものではないのである。彼はこのノートを次のように締めくくっている。

> 生とともに、自然的知覚とともに（野生の精神とともに）、たえずわれわれには内在の世界をしかるべき場所に据える手段が与えられている——けれども、この世界にはおのずから自律化しようとする傾向があり、それはおのずから超越の抑圧を実現する——鍵は、知覚がおのずから野生の知覚として、不知覚としてのおのれについての無知であり、おのずから作用としてのおのれに眼を向け、潜在的志向性としての、……に内属してある（être à）こととしてのおのれを忘れる傾向をもつ、という思想にひそんでいる——
>
> 同じ問題、すべての哲学が言語でありながら、それにもかかわらずその本領が沈黙を見いだすところにあるのはいかにしてか。〔VI 266〕

ここで「内在の世界」とよばれているのは、人間がそこに閉じこもる文化的世界と考えてよいであろう。そうした文化的世界を設立する手段は、自然的知覚そのものにそなわっているのだが、そうした世界はいったん設立されると、おのれ自身の出自を隠蔽し、忘れようとする、といった弁証法的な事態が考えられているのである。

しかし、なんと言っても、理念的な意味の生成、顕在的ロゴスの生成には言語の媒介が必要であること、これはすでに見たとおりである。となると、目下の問題は、人間存在のがわで考えるなら、「知覚する主体」と「語る主体」、そして「思惟する主体」の関係に帰着する。メルロ＝ポンティは、一九五九年九月のあるノート〔VI 254-255〕に、まさしくこのとおりの「知覚する主体、語る主体、思惟する主体」という標題を付している。それによれば、まず「知覚する主体」とは次のようなものである。

> それ自体盲滅法に同定された物から脱し、物に対する距たりでしかない、無言の、沈黙せる内‐存在〔Être-à〕としての知覚する主体、――ユリシーズの言うような意味での〈誰でもない者〉としての――世界のうちに埋もれ、まだ世界にその航跡を残してはいない、名も無き者としての知覚の自己。不知覚としての知覚、非所有の明証性。問題になっているものについてあまりにも知り過ぎているからこそ、それを対象として立てる必要がないのである。無記名性と一般性。これが言わんとしているのは、それが nichtiges Nichts〔空虚な無〕ではなく、〈非存在の湖〉、特定の地点と時点を占める開在性のうちに埋めこまれたある無であるということ――事実上の視覚であり感覚であって、見ているという思惟や感じているという思惟ではない、ということである。〔VI 254〕

してみれば、「知覚する主体」という訳語も適切ではなく、このばあいの sujet は「当事者」とでも解すべきところであろう。「不知覚としての知覚」というのも、一般に知覚には知覚しているという自己意識、知覚しているという思いがともなうものだとすれば、知覚とさえ言えず不知覚（imperception）とでも言うしかない知覚という意味であろう。デカルトは、何かを見ているとか何かを感じているということは疑わしいにしても、見ているという思惟、感じているという思惟（pensée de voir, pensée de sentir）は疑いえないと言っているが、そうした思惟のともなわない単なる見ること、感じることであるような知覚のレベルが問題になっているのである。続けて次のように言われている。

——もし見ているという思惟、感じているという思惟こそがこの視覚や感覚を支えているのだと言われるとしたら、世界と存在とは一つの被思念体〔idéat〕でしかなく、垂直の、あるいは野生の存在はけっして見いだされえないであろうし、〈自然の光〉の目的論が理念性へ変えられてしまおう。〔VI 254-255〕

ここで「〈自然の光〉の目的論」とよばれているものが、自然的知覚の文化的知覚への生成の可能性であることは、先ほど見たとおりである。これに対して「語る主体」とは——

語る主体、これは実践の主体である。この主体は、語られ聴き分けられる言葉《パロール》を思惟の対象ないし被思念体としておのれの前に有しているわけではない。それが言葉《パロール》を所有しているのは、私の身体がその赴かんとする場所をVorhabe〔予持〕しているというのと同じタイプのあるVorhabeによってでしかない。言いかえれば、語る主体とはしかじかの意味するもの《シニフィアン》……のある欠如であるが、それはおのれに欠けているもののBild〔像〕を構築するわけではない。したがって、ここにあるのは新しい目的論であり、これも知覚の目的論と同様に、……の意識によっても、ある脱自、ある構築的企投によってもとうてい支えられるものではない。ソシュールがおこなった意味するもの《シニフィアン》の相互の関係の分析、および意味するもの《シニフィアン》の意味されるもの《シニフィエ》に対する関係の分析、そして（意味《シニフィカシオン》相互の差異としての）もろもろの意味の分析は、知覚をある水準からの距たりと見る考え方、つまり始元的存在という、諸慣習の慣習という、言葉《パロール》に先立つ言葉《パロール》という考え方を裏づけ、再発見している。〔VI 255〕

ここで注目されるべきことは、言語経験もまたコギトーによって支えられているわけではないが、ここで知覚経験とは違った新たな目的論（néo-téléologie）が発動しはじめるということであろう。先に見たように、メルロ＝ポンティは、言語をもあくまで肉的な経験として肉の地平に属するものと考える。彼はソシュールの分析をも、こうした「言語の肉」〔VI 200〕の発見と見るのである。知覚と言語の関係についてのメルロ＝ポンティの考えには、もう一つはっきりしないところがあるが、もう少し先を読んでみよう。

解明しなければならないもの、それは言語以前の存在のうちに言葉《パロール》が引き入れる変動である。この言葉《パロール》は、はじめから言語以前のその存在を変様させるわけではない。それはまずそれ自身〈自己中心的言語〉なのである。だが、やはりそれは、変形の酵母をふくんでおり、これが操作的意味を与えることになる。その際問題なのは、この酵母とは、この実践的思惟とは何か、ということである。知覚する存在と語る存在とは同じ存在なのであろうか。それが同じものでないということはありえない。だが、それが同じものだとすれば、それは〈見ているという、また感じているという思惟〉、コギトー、〈……の意識〉を再興することになりはしないだろうか。〔VI 255〕

標題にあった「思惟する主体」にはふれられることなしに、このノートは右のような疑問で閉じられている。先の引用部分で考えられていたように、言語が肉の地平に属するものであり、始元的存在に属するものなのだとしたら、たとえ知覚する存在と語る存在とが同じものであっても、この場合も「新たな目的論」が「理念性」に変えられてしまわないかぎり、それがコギトーの再興につながることはないように思われるのであるが、右のような疑問が生じてくるということは、やはり、知覚経験と言語のあいだには明確な一線が引かれるということを意味しよう。以前に見たように、彼にとっては、なんと言っても、「知覚的意味《サンス》から言語的意味への移行」〔VI 229-230〕が問題なのである。彼は、これを「行動から主題化作用への移行」と言いかえ（この主題化作用そのものを「もっと高次の行動」として理解する必要があるのではあるが）、その関係を次のような「弁証法的関係」としてとらえている。

言語は沈黙を破ることによって、沈黙が手に入れようとして果さなかったものを手に入れる。〔だが、〕沈黙が言語を包囲しつづけるのである。絶対的言語の、思惟する言語の沈黙が。〔VI 230〕

そして、これに次のように付けくわえる。

だが、この弁証法的関係についてのこうした敷衍は、もしそれが Weltanschauung〔世界観〕の哲学になるまいとしたら、つまり不幸なる意識ではあるまいとしたら、実践の精神とも言うべき野生の精神についての一つの理説にゆきつくにちがいない。〔VI 230〕

だが、結局のところ、知覚と言語のこの弁証法的関係、彼が「その場での乗り越え」とよんでいた事態は、時が「まだ早すぎ」〔VI 220〕、最終的に解明されないでしまったようである。

文字通り断片的な覚え書の集積であり、しかも、その覚え書が一定のプランに従って書かれたとは限らず、その時どきに読んだ本や聴いた講演（たとえばコレージュ・ドゥ・フランスでの）などが機縁になって書かれたものもそこにふくまれているような「研究ノート」からメルロ＝ポンティ最晩年の思想の境位を見きわめることはまったくの難業であり、私のこの文章も、これまたそれについての覚え書でしかなく、もう一度全面的に考えなおさなくてはならないと思っているのだが、もう一つだけ、時間の問題にふれたひどく気になる断章があるので、それを検討しておきたい。「（ベルクソン）超越――忘却――時間」（一九五九年五月二〇日）という見出しをもつ、比較的長いノート〔VI 247-250〕である。

メルロ＝ポンティはここで、「われわれがおのれのうちに見いだすような世界の開在性と、われわれが〔われわれの〕生の内部にあると思っている知覚（おのずからなる存在〈物〉であると同時に自己‐存在〈主体〉であるところの知覚……）とはたがいに絡み合い、たがいに蚕食し合い、たがいに結びついている」という彼自身の主張の意味を明確にしようと企てている。彼は、この主張が対象の観点をも主観の観点をも超えて、ダ・ヴィンチが言っているような「蛇行」、メルロ＝ポンティが言っている「世界内存在の転調」といったものに存在の基層を見ようとする立場に立っていると言う。ダ・ヴィンチの言う「蛇行」とは、その『絵画論』のなかの次のようなくだりに由来する。「デッサンの芸術の秘訣は、一つの中心波がいくつもの表面波となって展開するように、その発生軸ともいうべき一本のうねうねした線が、その拡がりの全体を貫いて拡がってゆくその独自な拡がり方を、各々の対象のうちに発見することである」。ベルクソンが、『思想と動くもの』のなかの「ラヴェッソンの生涯と業績」のなかで、ラヴェッソンが好んで引用したというこのくだりにふれ、「生物というものは波の型のような、または蛇の型のような線によって特徴づけられること、各々の生物はそれぞれ固有の仕方で蛇行すること、そして芸術の目的はこの個々の蛇行を表現することにある[17]」というふうに、それを要約しているのである。メルロ＝ポンティは『眼と精神』においてもこのくだりにふれているが〔OE 290〕、彼はそうした蛇行を生物のうちにだけではなく、物そのもの、世界そのもののうちに見ようとするのである。

どうしてこれ〔蛇行〕が（あるいはすべてのゲシュタルトが）〈物のうちで生ずる〉知覚であるのかを理解させねばならない。〈物のうちで生ずる〉というこの言い方は、語られねばならないことの、主観‐客観言語……によるよくよく近似的な表現でしかない。つまりは、物がわれわれをもつのであって、われわれが物をもつのではない、ということだ。また、あったものはあったことをやめることはできない、ということなのだ。〔だから〕〈世界の記憶〉〔という言い方がされることにもなるのだ〕。言語がわれわれをもつのであって、われわれが言語をもつのではない、ということだ。存在がわれわれのうちで語るのであって、われわれが存在について語るのではない、ということである。〔VI 247〕

これは、メルロ゠ポンティのこの時期の基本的な考え方であるから、あらためて説明するまでもないであろう。「だが、そうなると、主観性をどのように考えればよいのか」〔VI 247〕。――この問いに対してメルロ゠ポンティは、「すべてを保存する心」というベルクソン流の考え方では、知覚されたものと想像されたものとの本性上の差異が理解されえなくなるから不十分であるし、「万物を神のうちに見る」というマールブランシュのような考え方も、結局は超越論的意識のようにすべてを「意味」として「保存」するだけのことになるから不十分だと言う。

解決は見ることとそのことのうちにもとめられねばならない。われわれは記憶をも見るということによってのみ理解することになろう。記憶というものがありえ、忘却をふくみうるためには、見るということがすでに一者のなかでの転調ないし蛇行であり、世界の知覚的組織の異文なのでなければならない。〔VI 248〕

見るということが、物のなかで生起するのだという例の考え方である。だが、そのように考えられた〈見ること〉にとって、記憶とか忘却というのはどのようなことなのか。そもそも、そうした物のなかで生起する〈見ること〉であるような主観性にあって時間性はどうなるのか。メルロ゠ポンティの考えでは、フッサールの時間論――時間としての主観性とか絶対流といった考え方や前志向的な過去把持の記述――は、たしかに解決の「端緒」ではあるが、問題を未解決なままに放置しているがゆえに、十分なものではない。そこでは忘却の問題が十分に考えられていないのである。

忘却の問題は、従来次のように考えられてきた。つまり、時間というものが流れゆくものであり、そのそれぞれの局面で過去の一部分が忘却のうちに沈んでゆくのだ、と。そのばあい、われわれは現在野をカメラのしぼりのようなものと考えていることになり、忘却とは、そこから有効な刺戟が引き去られることによって隠蔽されること、とみなされる。だが、忘却とは、実はそういったものではない。なぜなら、どれほど遠ざかっても忘却されない過去把持もあるし、ほんの少し前に知覚されたにもかかわらず消えさってしまうものもあるからである。それに、未来から降《くだ》ってくる現在の客観的部分だとか、現在から過去に降ってゆく客観的部分などというものがあるわけではないのである。フッサールの有名な図表も線上の点で今の系列をあらわそうとする従来の慣習に従っている。たしかにそこでは、過去把持の過去把持といった手なおしがつけくわえられ、時間は点的な出来事の直線状の系列と考えられてはいないのだが、どれほど複雑なものになったからといって経過現象をこのように表示するのは誤りだとメルロ＝ポンティは主張する。もっとも、それは、それが空間的な表示の仕方だから誤りだというのではない。というのも、空間にしても時間と同様に点や線などをふくんでいるわけではないからである。物のうちにあるとされるような絶対的な点や線などといったものはないのである。これはすでに、ゲシュタルトが超越であるというあの考え方がわれわれに教えてくれたところである。この視点からすれば、一本の線は一つのヴェクトルであり、一つの点は諸力の中心なのである。メルロ＝ポンティは、したがってベルクソンのように空間を告発するのは間違いだと言う。それに対応して、解決をうるのに、ベルクソンのなしたように融合としての時間に移行するというのでは不十分である。ここには誤ったアンチ・テーゼがある。

必要なのは、同一性としての（空間的ないし時間的な）物から、差異としての、つまり超越としての、つまりつねに〈背後にあり〉、彼方にあり、遠くにあるものとしての（空間的ないし時間的な）物へ移行することである。現在そのものも超越をふくまない絶対的一致ではないし、Urerlebnis〔原体験〕でさえもふくんでいるのは全面的一致ではなく、部分的一致なのである。なぜなら、それはもろもろの地平をもっており、そうした地平なしには存在しないものであろうからである――現在もまた注意のピンセットではさんで間近に捉えることはできないものであり、それは包括者なのである。〔VI 249〕

メルロ＝ポンティは、こういった視点からサルトルやベルクソンを批判する。サルトルのように、未来を無として、過去を想像的なものとして考えてはならないのだ。「たしかに、あるのは現在である。だが、その現在の超越によってこそ、現在が或る過去や或る未来に連絡しうることになるのであり、逆に言えば、過去や未来も無化ではないことになるのである」〔VI 249〕。

　要するに、無（あるいは非存在）は、くぼみであって孔ではないのだ。開在性を孔という意味に解するのはサルトルでありベルクソンであって、それはたがいに見分けがたい否定主義《ネガティヴィスム》か極端な肯定主義《ウルトラポジティヴィスム》か、そのいずれかである。nichtiges Nichts〔空虚な無〕などというものはありはしないのだ。ベルクソンの無についての考えに関する私の議論を明確にすること。ベルクソンがあまりに多く証明しすぎると言う点では私は正しいのだが、そこからサルトルが正しいと結論するように見える点で私は誤っている。無についての負的《マイナスの》直観〔négintuition〕は放棄さるべきである。なぜなら無もまたつねによそにあるのだから。真の解決は、Umwelt〔環境世界〕のOffenheit〔開在性〕であり、Horizonthaftigkeit〔地平構造〕である。

　忘却の問題から話がそれてしまったように思われようが、いずれ話はそこにもどされるのでそれまで待っていただくことにして、今の引用箇所にいくらかの注釈をくわえておきたい。「無はくぼみであって孔ではない」という主張の背後には次のような事態がある。『行動の構造』〔SC 189〕においてメルロ＝ポンティは、チンパンジーの実存、いわばその「世界内存在」を論じながら、「意識は存在にあけられた孔だ」というヘーゲルの考え方からすれば、チンパンジーのそれはまだ存在の「くぼみ」でしかないと述べていた。しかし、その後サルトルの『存在と無』の哲学と対決するなかで、サルトルにとっては意識がまさしく存在の減圧によって生じた裂け目、まさしく存在のうちに生じた「孔」であるのに対して、彼自身の考える身体的実存は存在のくぼみでしかないと考えるようになったのである。ベルクソンもまた、空虚とか虚無とか無秩序といったものはけっして物のなかにあるわけではなく、われわれ人間のいないところには現在しかなく、未来も過去もないと主張するわけであるが〔OE 213〕、メルロ＝ポンティはこうした考え方を「極端な肯定主義《ウルトラポジティヴィスム》」とよぶ。「ベルクソンの無についての考え方に関する私の議論」というのは『哲学をたたえて』〔OE 193 f〕のなかでのベルクソン論を指すものと思われる。

メルロ＝ポンティは、サルトルやベルクソンのこのような考え方に対して、主観性というものを存在のくぼみとして、つまり環境世界の開在性としてとらえ、そしてその現在を先に見たような意味での超越としてとらえるときには、忘却という現象ももっと違ったように見えてくると主張する。忘却とは、隠蔽（ベルクソン）でも無への移行でも消滅でもなければ、「おのれが隠しているものについての認識をふくんでいるような積極的な機能（フロイト、サルトル）」でもなく、知覚が分化であるのに対応して忘却とは脱分化なのである。つまり、意識するということがある地の上の図をもつことなのだとすれば、その分節が失われ、もはや距たりや起伏がなくなってしまうこと、脱分化、脱分節が忘却という現象なのである〔VI 250〕。

だが、問題は忘却の現象にあるのではない。そうした脱分化としての忘却が起る場面とされている地平をもった現在、超越としての現在というメルロ＝ポンティの考え方をもう少し検討してみたいのである。この現在が「Umwelt〔環境世界〕の Offenheit〔開在性〕」としてとらえられているのであるが、それは何を意味しているのか。彼はこれに先立つあるノート（一九五九年三月）〔VI 238-239〕のなかで、地平構造というものは即自的な存在のうちでは何の意味ももたず、それが意味をもつのは「受肉した主体の Umwelt——Offenheit〔開在性〕としての、存在の Verborgenheit〔包蔵態〕としての——のうちにおいてのみだ」と述べ、この存在論的レベルに身を据えることを要求している。彼の考えでは、世界は有限でも無限でもなく無限定なのだというカントやデカルトの考え方、言いかえれば、世界は人間的経験として——無限な存在に直面した有限な悟性の経験として——考えられるべきだという彼らの考え方は、こうした存在論的レベルに立ちえなかったがゆえに生まれた不安定な思想なのである。

フッサールの Offenheit あるいはハイデガーの Verborgenheit が言わんとするのはこういうこと〔上述のカントやデカルトの思想〕ではまったくない。存在論の場は、即自の秩序と対照される〈人間的表象〉の秩序として考えられているわけではない——重要なことは、超越の関係の外では、地平へ向かう Überstieg〔超出〕の外では、真理そのものがいかなる意味ももたないということ——〈主観性〉と〈対象〉はただ一つの全体だということ、主観的〈諸体験〉は世界のうちに数え入れられ、〈精神〉の

Weltlichkeit〔世界性〕の一部をなし、存在の帳簿に書きこまれているということ、対象とはこの Abschattungen〔もろもろの射映〕の束以外の何ものでもないということ、を理解することである。われわれが知覚するのではなく、物があそこでおのれを知覚するのである――われわれが語るのではなく、言葉《パロール》の底で真理がおのれを語るのである――人間が自然になるということ、それはそのまま自然が人間になることである――世界は領野であり、だからこそ世界はつねに開けているのである。〔VI 239〕

ここで「フッサールの Offenheit」と言われているのは、フッサールが一九三四年に書いた遺稿の一つ「自然の空間性の現象学的起源に関する基礎研究――コペルニクス説の転覆」[18]のなかで、「思惟のなかで定立された無限性においてある世界」に対して、「環境世界の開在性のうちにある世界」を対比させたときに持ち出してきた概念であり、メルロ＝ポンティは一九五九―六〇年度のソルボンヌ講義「現象学の限界に立つフッサール」〔RC 123 f〕においても、この概念を検討したらしい。フッサールはこの覚え書のなかで、これを Boden〔基盤〕とか Erde〔大地〕などとも言いかえている。先ほどの Horizonthaftigkeit〔地平構造〕という概念も、この覚え書のなかで世界概念との連関で提出されたものである。Umwelt の Offenheit とは、いわば世界がそこに成立する場面、といっても即自的な場所のようなものではなく、われわれの作用志向性が発動されるに先立ち、潜在的にすでに作動しつつある志向性によってそこに開かれてくる場面、感じるものと感じられるものとがまだ未分化であるような知覚経験の場、メルロ＝ポンティの言う感覚的なもののレベルに当るものであろう。

「ハイデガーのVerborgenheit」と言われているのも、このままの形で、あるいはVerbergenという形でハイデガーの後期の著作、たとえば『芸術作品の根源』[19]や『ロゴス（ヘラクレイトス、断片五〇）』[20]などにおいて重要な役割を果している概念である。これも、そこにおいて真理（ἀ-λήθεια＝Un-verborgenheit＝非‐包蔵態、非‐隠蔽態）の場面としての世界が闘いとられ開かれることになる場であり、ハイデガーによってもまた「大地」と言いかえられるものである。フッサールのOffenheitの概念とハイデガーのVerborgenheitとを、またこの両者の「大地」の概念をそのまま等置しうるかどうかについては十分な検討が必要なところであろうが、メルロ＝ポンティは少なくとも目下の文脈では、これを同一視し、それに自分の「感覚的なものの次元」「肉の地平」「存在（Être）」ないしは「前‐存在（pré-Être）」「垂直の存在」「野生の存在」といった概念を重ね合わせて考えているようである。

メルロ＝ポンティは、このノートでは、原体験（Urerlebnis）である知覚の生起する現在を、線上の一点であるような今としてではなく、超越としてとらえ、知覚するものとされるものとの未分化なこの現在に、以後の経験が繰り拡げられる根源的な場面、つまりUmweltのOffenheitやVerborgenheitに当るものを見ようとしているのであろう。

垂直の存在あるいは野生の存在を、それがなければ何ものも、精神でさえもが考えられず、それによってこそわれわれがおたがいに移行し合い、われわれ自身がわれわれ自身のうちに移行し、われわれの時間をもつことになるような精神以前の場として記述すること。哲学だけがそうした存在を問題にするのである。〔VI 257〕

5　内部存在論あるいは非哲学

よく言われることであるが、メルロ＝ポンティの「研究ノート」はまるで掘り出されたばかりの粗鉱がそのまま山積みにされているようなものであって、それを精錬し形ある思想にまで彫琢するのは容易なことではない。しかも、この研究ノートそのもののうちに発展もあるであろうし、試行錯誤が繰りかえされてもいるのだとしたら、それはいっそうのことである。目下われわれになしうることと言えば、そこからさまざまな示唆を抽き出す程度のことであろう。だが、それにしても、彼はここでのおのれ自身の企てにある方法論的自覚はもっていたはずであり、それを裏づける証言も残されている。われわれは最後に、それを確かめ、彼がおのれの企てを伝統的な哲学や同時代の哲学的企てにどのように対峙せしめ、どのように同期化しようとしていたかを考えておきたい。

　われわれがこれまで追跡してきたような「野生」「生《な》まの」「始元的な」「垂直の」存在、あるいは「不可分の存在（Être d'indivision)」〔VI 272〕、「前存在（pré-Être)」〔VI 266〕

についての考察を、メルロ＝ポンティ自身「内部の存在論（ontologie du dedans）」〔VI 290〕とか「内部存在論（endoontologie ; intraontologie）」〔VI 279-281, 283, 290〕と呼んでいる。それは、これまでにも見てきたような意味で、この存在論があくまで存在の内部からの存在への関係であり、存在の裂開に内部から立ち合うものだからである。「内部存在論」という標題をもつノート（一九六〇年一月二〇日）のなかで彼は次のような言い方をしている。

因果的思考を廃棄せねばならぬ。因果的思考とはつねに世界を外側から、世界観察者《コスモテオーロス》の視点から見ることであり、これには、そのアンチテーゼとして、それと敵対的でもあれば不可分でもあるような反省的採りあげなおしの運動がつきまとっている——もはや私はおのれを、客観的空間性という意味での世界のうちにいると考えてはいないのであり、そんなふうに考えることは、おのれを自己定立し、おのれをEgo uninteressiert〔無関与的なわれ〕のうちに据えることに逆もどりすることになろう——因果的思考にとって代わるのは超越という観念、つまりこの世界への内属性のうちで、この世界への内属性のおかげで見られる世界という観念、内部存在論という観念、包み‐包まれる存在という観念、垂直の、次元的な存在、次元性という観念である——そして、敵対的でもあり連帯的でもある反省の運動（〈もろもろの観念論者たち〉の内在）にとって代わるのは、原理的にある外部をもち、もろもろの布置の構築法をもった存在の襞ないしく

ぼみである。〔VI 280-281〕

メルロ＝ポンティが内部存在論と呼ぶものが、世界の外部に位置を占める世界観察者の立場で——おのれを「客観的空間性という意味での世界のうちにいる」と考えるのは、そのアンチテーゼとしてそれと補完的位置にあることになろう——世界を見るような因果的思考や、それと相互補完的関係にある反省的思考を廃棄し、世界に内属しつつなされる、そしてその内属性のゆえに可能となるような世界との関わり——これが、メルロ＝ポンティの言う「超越」でもあるのだが——であることはここから明らかである。

この関わりは、むろん反省ではないのだが、だからと言って、サルトルの言うような無化（néantisation）でもなければ、ベルクソンの言うような直接的なものとの合致という意味での直観でもない。メルロ＝ポンティは、『見えるものと見えないもの』の残された草稿第二章「問いかけと弁証法」の第一節、「知覚的信念と否定性」〔VI 75〕においてサルトルの否定性の哲学を、そして第三章「問いかけと直観」〔VI 142〕においてフッサールの本質直観の理論とベルクソンの直観主義に批判をくわえている。今、その批判の細部にふれているいとまはないが、彼の基本的主張は次のようなものである。サルトルの存在と無、即自と対自の弁証法は、「存在は存在する」「無はない」というテーゼによって、存在を全面的に肯定し、生きられている体験と合致するかのように見えるが、そうすることによってかえって、体験から「その厚みや重み」〔VI 120〕を奪い、存在を上空から俯瞰することになり、それを本質に、思惟されたものに還元してしまう。一方――フッサールについてはのちにふれるとして――ベルクソンの直接的なものとの事実的な融合としての直観もまた、それが融合することによって存在からその直接性を奪っていることに気づいていない。ベルクソンの哲学は失われた直接性を直観によって回復することを目指しているのであるが、もしそれに成功したとしても、その時その直接性はそこにいたるまでの批判的歩みの沈澱物をふくんでおり、したがって、もはや直接性ではないことになろうし、もしそれが直接性でなければならないとするならば、それは原理的にわれわれの近づきえないものでなければならないことになろう〔VI 162〕。「もし存在が隠蔽されるとしたら、そのこと自体が存在の一つの特質なのである」〔VI 162〕ということにこの哲学は気づいていないのである。メルロ＝ポンティは、サルトルの否定主義《ネガティヴィスム》とベルクソンの極端な肯定主義《ウルトラポジティヴィスム》とは見分けがたいものであり、両者の共通点は開在性を孔として、nichtiges Nichts〔空虚な無〕と解するところにある。しかし、メルロ＝ポンティの考えでは、開在性というこの無は実はくぼみであって孔ではないのである〔VI 249〕。

こうしてメルロ＝ポンティは、世界に内属しつつ、その内属性を利しておこなわれる世界との関わり、存在の内部で存在の裂開に立ち合うこと、これを反省でも、無化でも直観でもなく、「問いかけ（interrogation）」とよぶ。彼が、この「問いかけとしての哲学」という考えを後期のフッサールおよび後期のハイデガーから学んだことはほぼ確かである。一九五八―五九年度のコレージュ・ドゥ・フランスでの講義「哲学の可能性」〔RC 103 f〕において、彼は「フッサールが『厳密学としての哲学』から純粋な問いかけとしての哲学へと移行していった途」と「ハイデガーを否定主義的かつ人間学的主題……から、もはや彼が哲学とは呼ばない……存在の思索へと導いていった途」とを辿りなおすことによって、哲学の可能性を検討し、彼らの「問いかけとしての哲学」に哲学の究極的な可能性を見とどけようとしている〔RC 107-108〕。

彼の見るところでは、フッサールは世紀の初頭にはまず、想像変更によって「経験の全領域の不変項をなすもろもろの〈本質〉の財産目録」の作成を哲学の課題としていた。しかし、やがてその本質が「われわれによって体験される本質、われわれの志向的生活から現われ出てくる本質」であることに気づき、「その思想の中期」には、「われわれの経験の内在的意味への還帰としての還元の理論によって、また〈現象学的観念論〉によって」、この事態を解明しようとした。しかし、「この還元の歩みがわれわれに教えてくれるものを、われわれはすでに自然的態度において〈世界定立〉によって知っていた」ということが気づかれ、「還元の歩みそのものが吟味され、解明される」ことになり、「最後の著作」においては、「客観的世界からLebenswelt〔生活世界〕への還帰」が指示されることになる。というのも、「フッサールがIneinander〔相互包摂〕と呼んでいる、世界への自己の内属、もしくは自己への世界の内属、他者への自己の内属および自己への他者の内属」が生活世界における経験のうちに暗黙のうちに描きこまれているからであり、「哲学は与えられた論理や語彙を超えて、生き生きとした逆説からなるこの世界を記述せんとする試みになる」〔RC 110〕か

らである。この試みが「問いかけとしての哲学」にほかならない。したがって、

フッサールにあって純粋な問いかけは形而上学の残滓であったり、その最後の嘆息であったり、その失われた王国への郷愁であったりするわけではなく、われわれを生き生きと現前している世界や時間や自然や歴史に開いてくれ、哲学の不断の野心を実現してくれる適切な手段なのである。〔RC 108〕

ハイデガーの思想の展開についても、メルロ＝ポンティは次のような興味ある見方をしている。「ハイデガーの初期の諸著作においては、殊に無の概念の役割と、無の座であるという人間の定義が強調され、そのため彼の思想のうちに形而上学の人間主義的代理物が求められることになった」が、しかし、そこにおいても、「人間のある種の態度の分析が主題として採り上げられたのは、人間が存在への問いかけであるからでしかなかった」。やがて彼は、「彼にとって問題であったのが存在を時間に還元することではなく、時間を通じて存在へ接近することであった」ということや「絶対的な意味では無（〈空虚な〉無、nichtiges Nichts）は考察されえない」ということを明らかにすることによって、事態を明確にした〔RC 111〕。そして、後期のハイデガーにおいては――メルロ＝ポンティは、まるでハイデガーに托しておのれ自身の後期の思想を語ろうとでもするかのように、次のように述べる。興味ある叙述なので少し長いがそのまま引用しよう。

……実存は、お望みならたしかに非-存在《ノン・エートル》とみなされえようが、それは無や無化作用などではない。哲学がその出発点として選ぶのは――対象と〈空虚な〉無との――この相関関係を超えたところ、つまり〈……がある《イ・リ・ア》〉、〈何ものか〉への〈開在性〉、〈無ではないもの〉のもとにおいてである。哲学の固有な主題は、無力な本質ないし〈何であるかということ《クイディタス》〉と空間-時間の一点に定位される個体とのあいだに位置するこの前対象的存在なのである。この存在――アンゲールス・シレジウスが語っていたように、〈なぜということなしに〉存在し、咲くがゆえに咲く薔薇、光景《スペクタクル》としての薔薇、全体性としての薔薇――についてわれわれが言いうることといえば、それはおのれの外にも原因をもたなければ、ましてや自己原因でもなく、それは無底であり、一切の基底の原理的な不在、という程度のことであろう。この質をもった存在の放射、この能動的存在、ある翻訳者の綴った言葉を借りるなら現成〔ester〕の働き、これについてそれ以上の何が言えよう。存在するという言葉は、他の言葉のように、それにある表象なり対象なりが対応させられるような記号ではない。その意味はその働きと異なるものではないし、この働きとは、われわれが存在について語るというよりも、むしろ存在こそがわれわれのうちで語っているのだ、と言わしめるようなものなのである。存在へ向うおよそ考えうるただ一つの通路をわれわれに開いてくれるもろもろの存在者、つまり存在の諸形象が同様にその量によってわれわれにその通路を隠してしまうものだとすれば、つまり開示が隠蔽でもあるのだとすれば、どうしてわれわれが存在について語ることなどできようか。存在の〈神秘学〉――これはハイデガーがはっきりと拒否する言葉なのだが――と呼ばれてきたものは、われわれの誤謬の能力を真理に統合し、世界のいやおうのない現前に無尽蔵の豊かさと、したがってまたその豊かさが包蔵する不在をも統合し、存在の明証性に、この不断の遁走のただ一つの表現法である問いかけを統合しようとする努力なのである。〔RC 111-112〕

ハイデガーの後期の思想について語ろうとしているのか、おのれ自身の思想を述べようとしているのかほとんど見分けがたい叙述であるが、それだけにわれわれはここからメルロ＝ポンティの後期思想の系譜をかなりはっきり読みとることができるように思う。

メルロ＝ポンティは、先ほどもふれた『見えるものと見えないもの』の草稿の第二章「問いかけと弁証法」において、この「問いかけ」をさらに弁証法とも結びつけて考えている。彼の見るところ、弁証法こそ、殊に存在と思惟の関係に関して、上空から俯瞰するような思惟を拒否し、反省とともにあらゆる外在的存在をも拒否することによって、まさしく「存在(l'Être)のうちで働いており、存在と接触している思惟――その存在に現出の場を開いてやりもするが、しかしその発意のすべてがその存在のうちに刻みこまれ、記録され、沈澱し、したがってそこではそれらの発意がたとえ円環運動だろうとジグザグ行進であろうと、とにかくそれなりの向きをもった歴史の形をとることになるような、そうした思惟」〔VI 125〕

なのであり、「両価的、〈腹話術的〉な思惟ではなく、二重の向きを、さらにはもっと多くの向きをさえ分化させたり、ただ一つの世界へ統合したりしうる」〔VI 125〕ような思惟、「状況的思惟、存在と接触している思惟」〔VI 126〕なのである。しかし、弁証法にも「悪しき弁証法」と「良き弁証法」とが区別される。「悪しき弁証法」とは「その原理に反して、内容に外的な法則や枠組を押しつけ、おのれの利益のために前弁証法的思惟を再興するような弁証法」〔VI 128〕、「おのれの魂を救わんがためにそれを失うことを望まず、即座に弁証法たらんと欲し、自律化し、おのれに固有の二重の向きをうまく避けようとしてシニシズムに、形式主義にゆきつくような弁証法」、「定立的思惟によって、言表の寄せ集めによって、定立・反定立・綜合によって存在を再構築しうると信じているような弁証法」であり、こうした悪しき弁証法は「弁証法がはじまるとほとんど同時にはじまっていた」のである〔VI 129〕。これに対して、「良き弁証法」とは、「おのれ自身を批判し、個々の言表としてのおのれを乗り越えるような弁証法」、「関係の複数性と両義性と呼ばれてきたものを無制限に考慮に入れるがゆえに真理を受け容れる能力のある」弁証法、「すべての定立がイデア化であり、存在は古い論理学が信じてきたようにイデア化や語られたことからなっているのではなく、……結び合わされたもろもろのまとまりからなっているということを意識している弁証法」、「綜合なき弁証法」であり、メルロ＝ポンティはこれを「超弁証法(hyperdialectique)」とよぶ〔VI 129〕。彼が弁証法において否定しようとするのは、その乗り越えという考えではなく、それが新たな肯定に到達しうるとする考え方なのである。とすれば、彼の説く「良き弁証法」はけっして完結することはないわけであろうから、それは――ティリエットも言うように――「本質的に開在性であり、問いかけであり、さらに適切に言えば驚きである」[21]ことになろう。

こうして、問いかけとしての思惟とは、

存在者を所有しようとするのではなく、見ようとし、それをピンセットではさんだり、顕微鏡の対物レンズの下に固定したりしようとするのではなく、それを存在させ、そのやむことのない存在に立ち合い、したがって、存在者が返還を要求するくぼみや自由な空間をそれに返してやり、存在者が求める反響をそれに与え、存在者の固有な運動に従うような、したがってそれ自身も、充実した存在によって充たされる無などではなく、多孔性の存在者へのふさわしい問いかけであり、……それが手に入れるのは答えではなくおのれの驚きの確証である、といったような〔VI 138〕

知覚そのものだということになる。哲学とは、「おのれ自身に問いかける知覚的信念」〔VI 139〕にほかならないのである。

問いかけを本領とするこの内部存在論を、メルロ＝ポンティはまた「間接的」存在論とか「否定哲学」ともよぶが、その意味をも考えておこう。

> 直接的存在論を形成することなどできるものではない。私の〈間接的〉方法（もろもろの存在者のうちに存在すること）だけが存在に適合するのだ――〈否定神学〉というような意味での〈否定哲学〉。〔VI 233〕

メルロ＝ポンティは、ハイデガーにふれた例の講義で「ハイデガーはつねに基底的なものの直接の表現を、それもそんな表現は不可能だということを教えつつあるそのときにさえ、求めつづけ」、しかも、「存在を映す一切の鏡をおのれに禁じている」〔RC 113〕と述べているが、彼が「〈間接的〉方法」と言うとき、徹底して「問いかけ」に終始するハイデガーのこの思索が念頭におかれているのであろう。「否定哲学」という哲学の規定は、一九六〇―六一年度のコレージュ・ドゥ・フランスでの講義「ヘーゲル以後の哲学と非哲学」のためのノートにも見られるものである。そのノートの冒頭では次のように論じられている。

> 問題になるのは、哲学とその敵対者とのあいだの戦いではなく、非‐哲学であることによって哲学たらんとする哲学――つまり、〈彼岸〉としての、第二の肯定的《ポジティーヴ》次元としての絶対者にではなく、手前にあるもの（l'en-deçà）つまり写し（le double）を要求し、その写しを通じてのみ近づくことのできるようなもう一つの次元としての絶対者への通路を開く（〈否定神学〉というような意味合いでの）〈否定哲学〉である。〔PN 88〕

ここで「手前にあるもの」とか「写し」と呼ばれているのは身体としての肉であろうし、「それを通じてのみ近づくことのできるもう一つの次元としての絶対者」とは「世界の肉」ということになろうか。知覚というわれわれの前反省的な無言の生に身を向け、存在へ向けてのその知覚の問いかけを共にし、けっして肯定的な解答には達しない、そういった哲学を彼は「否定哲学」とよぶのであろう。

ちなみに、この時期メルロ＝ポンティはおのれ自身の哲学をふくめ、ヘーゲル以後の哲学的企てを「非－哲学（non-philosophie）」〔PN の各所、VI 237, S II 34〕「脱－哲学（a-philosophie）」〔PN 88 f〕「反－哲学（anti-philosophie）」〔PN 88〕とよぶようになる。たとえば、

ヘーゲルとともに何ごとかが終った。ヘーゲルののち哲学の空白が生じた。といっても、その言わんとするところは、そこに思想家や天才が欠けていたということではなく、マルクスやキルケゴールやニーチェがまず哲学の拒否から出発したということである。彼らとともに、われわれは非－哲学の時代に入ったと言わねばならないのではなかろうか。〔RC 103〕

真の哲学は哲学を意に介さない。それは脱－哲学なのである〔PN 88〕。

しかし、この〔キルケゴールの〕反－哲学は、なによりもまず反－体系なのであり――スコラ化したヘーゲルに反対なのであって――一八〇七年およびそれ以前のヘーゲ

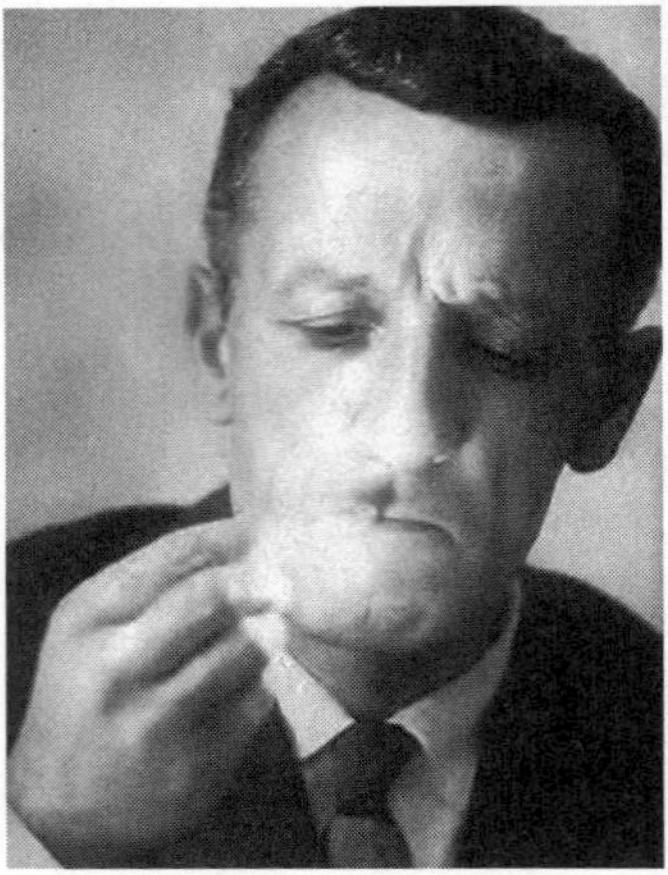

ルに反対なのではない。〔PN 88〕
　ハイデガー、彼が形而上学の超克へ、脱‐哲学としての哲学へ向かおうとするこの運動に、彼の Denken〔思索〕によって下そうと考えている結論。〔PN 91〕
　非‐哲学というわれわれの状態——かつて危機がこれほど徹底的であったためしはない——。〔VI 219〕

といったぐあいである。伝統的な存在論、形而上学的存在論からの脱却、それへの批判がヘーゲル以後本格的なかたちで日程にのぼったということであり、おのれ自身の試みをそこに定位していることは明らかである。もっとも、メルロ＝ポンティはマルクスやニーチェの試みを必ずしも全面的に評価しているわけではない。

　ヘーゲル以後の思想史を追求してみても、〔哲学はその灰のなかから蘇えるかという〕この問いへの答えは見いだされないであろう。その途上で出会う偉大な著作群は、あまりにもヘーゲルとの闘いや古典的形而上学との闘いに心を奪われすぎ、その限り古典的形而上学と深くかかわりすぎているので、それらの説く非‐哲学のうちにいったい哲学の何が残りうるのかを見てとらせてはくれないのだ。……彼らの答え、つまり彼らがこれほどにも確かに予料した歴史を解くために、彼らがわれわれに提供してくれるさまざまな鍵は――マルクスの実践であれ、ニーチェの力への意志であれ――われわれにはあまりにも単純すぎるように思われる。これらの鍵は形而上学に逆って考えられたものではあるが、やはり形而上学がその一部をなしているような堅固な世界の庇護のもとに考えられたものなのである。マルクスやニーチェが予感していた呪縛された世界にかかわりあっているわれわれにとっては、彼らの解決は危機の間尺に合っていないのだ。〔RC 104-105〕

といっても、メルロ＝ポンティのマルクスに対する態度は両義的である。かつて「マルクス主義と哲学」〔SN 183 f〕や『弁証法の冒険』においてさえ、彼は『経済学哲学草稿』のマルクスに密着してものを考えていたのだが、最後の時期には、「一八四四年のフォイエルバッハ＝マルクスに逆って」、『資本論』のマルクスに近づいていった形跡がある。文字通り絶筆となった一九六一年三月のノート〔VI 328〕で彼は次のように述べている。少し長いがそのまま訳出してみよう。

私の計画：Ⅰ　見えるもの

II　自然
III　ロゴス

一九六一年三月

これは、人間主義とも、他方自然主義とも、最後に神学ともいっさい妥協せずに提示されねばならない。必要なのは、ほかでもない、もはや哲学は神・人間・被造物という区分——これはスピノザの区分であった——に従って考えることはできないということを示すことにある。

したがって、われわれはデカルトのように ab homine〔人間から〕はじめはしないし（第一部〈反省〉ではない）、われわれは自然をスコラ哲学的意味では受けとらないし（第二部は即自的自然、自然の哲学ではなく、人間‐動物性の絡み合いの記述である）、われわれはロゴスと真理を言葉という意味では受けとらない（第三部は論理学でも、意識の目的論でもなく、人間を所有する言語の研究である）。

見えるものを、人間を通じて実現はされるがけっして人間学的なものではないようなものとして（したがって、一八四四年のフォイエルバッハ＝マルクスに逆って）記述しなければならない。

自然を人間の他の側面として（肉として——けっして〈物質〉としてではなく）記述しなければならない。

ロゴスもまた人間のうちで実現されるものとして、だがけっして人間の所有物としてではなく、記述しなければならない。

こうして到達する歴史についての考え方はサルトルの歴史観のように倫理的なものにはけっしてならないであろう。それははるかにマルクスの歴史観に近いものであろう。物としての（サルトルが提示するような経験的で部分的な調査の部分的対象としてではなく）、歴史の〈秘密〉としての、ヘーゲル論理学の〈思弁的秘密〉を表現するものとしての資本。（〈物神〉としての商品の〈Geheimnis〔秘密〕〉）（すべての歴史的対象は物神である）

加工された物質－人間＝交叉配列《キアスム》。

これ自体ひどく謎めかしい覚え書であるが、この時期のメルロ＝ポンティは、かつてのおのれ自身の人間学的「観念論的」なフロイト解釈を放棄し、精神分析を「われわれの考古学」として読み、フロイトのエネルギー論的ないし機械論的比喩にさえ、観念論的逸脱を防ぐための積極的意義を認めようとした〔RC 181 f〕のに対応するかのように、一八四四年の『経済学哲学草稿』に見られるような人間学的マルクス主義を放棄して、『資本論』――つまり、商品や資本の物神性の把握と加工された物質と人間の交叉し合う複合体の把握――にマルクスの原理的思想を見ようとしているようである。（メルロ＝ポンティのこうしたマルクス理解がアルチュセール以後のいわゆる構造主義的マルクス解釈を先取りしているということについては、今村仁司氏のすぐれた指摘がある。[22]）しかし、一方でハイデガーのSeinsgeschichte〔存在史〕という考え方を高く評価し――メルロ＝ポンティはそれについて「この存在史は人間の行為や感情からなる経験的歴史に対して、ちょうどパロールの哲学的把握が言語学的資料の分析に対するような位置に立つ」〔RC 112〕と述べている――、他方で「マルクスの歴史観に近い」という彼自身の歴史観――彼はそれを「有機的歴史（l'histoire organique）」〔VI 221〕とも呼ぶ――がどのようなものなのか、そしてそれが他の場面で彼によって「構造史（histoire structurale）」〔VI 241, S I 198〕と呼ばれているものとどのように結びつくのか、今の私にはうまく見透しがつけられない。だが、今話題になったハイデガーがマルクスにふれて、「マルクスはみずから疎外を経験することによって歴史のある本質的な次元にまでゆきついているがゆえに、マルクス主義的歴史観は他の史観に比して卓越しているのである[23]」と述べていることを考え合わせるなら、彼らによって洞察されているらしい歴史のその本質的な次元をさぐることこそ、われわれにとって今後の重要な課題となるにちがいないように思われる。

一方、メルロ＝ポンティは、彼のいわゆる「内部存在論」、あるいはそうした存在論を必然たらしめる存在の概念ないし自然の概念の萌芽が古典哲学のうちにもひそんでいることを指摘する。たとえばデカルトにあっても、彼の公教的な思想の陰にもっと秘教的な思想が隠されているのである。

たとえばデカルトにおいては、〈自然〉という言葉の二つの意味（〈自然の光〉という意味での自然と、〈自然的傾向性〉という意味での自然）が、二つの存在論（対象の存在論と現存するもの《レグジスタン》の存在論と）を素描している。〔RC 91〕

デカルトの公教的思想は、自然を徹頭徹尾「自然の光」つまり純粋悟性の視覚から見ようとする。しかし、彼は他方で、「われわれが自然の特権的部分であるおのれの身体とのあいだに有している関係によっても、言いかえれば、純粋悟性の教えと一致しないようなことを教えてくれる〈自然的傾向性〉によっても」〔RC 73-74〕自然と接していることを教えている。前者が「心身分離の立場」であるのに対して、後者は「自然によって設定され」、「生の行使」によってのみ理解されうる「心身合一の立場[24]」である。あるいは、前者の自然が身体から切り離された精神にとってのものであるとすれば、後者の自然は、デカルトが「身体に拡がっている」と言った精神にとっての自然だということになる。メルロ＝ポンティはデカルトのこの秘教的な自然の存在論の研究をおのれに課題として指定する。

『方法叙説』以前のデカルト、spontaneae fruges〔おのずからなる実り〕、〈つねに既得のものに先んじている〉この自然的思惟――および『方法叙説』以後のデカルト、世界を方法的に探査したあと世界のうちに生きている、第六省察に即して見られたデカルト——intuitus mentis〔精神の洞察〕のデカルトではなく、心身〔合一〕の〈垂直的〉デカルトを研究すること——そして、彼が（〈光〉等々の）彼のモデルを選び、結局はそれらのモデルを乗り越える際にとった方式、推論の秩序（l'ordre des raisons）以前および以後のデカルト、究極的なものでありもはや解明を必要としないような知によって、おのれが思惟しているのだということをいつも知ってしまっている、コギトー以前のコギトーを説くデカルトを研究すること。〔VI 326〕

ライプニッツのモナドロジーに関しても、メルロ＝ポンティはその着想のかなりの部分を肯定的に評価している。たとえば彼は、

> ライプニッツのある種の記述——つまり、世界についてのそれぞれの視像はそれぞれ別々な一つの世界であるとか、にもかかわらず〈ある者にとって特殊なものが全体にとっては公共のものである〉とか、モナドは相互のあいだで、また世界とのあいだで相互表出の関係にあるとか、モナドはさまざまなパースペクティヴとして相互に、また世界から区別されるといった記述——は全面的に保持されるべきであり、……

ライプニッツ自身がこれらの記述に与えた「実体論的かつ存在神学的な彫琢」と切り離して、「生《な》まな存在」のうちで採りあげなおされるべきだと主張し、「世界内存在」の概念をモナド

ロジーに結びつけて考えようとしている〔VI 276〕。
だが、古典的哲学者のうちで、メルロ゠ポンティがもっとも強い共感を寄せているのはシェリングであるように思われる〔RC 77 f〕。シェリングは神を自己原因的存在、必然的存在と見るデカルトの考え方を公然と問題視する。つまり、自己原因ということが言われるときには、たとえ想像の上でしかないにしても「結果としての神」というものが考えられなければならないであろうし、必然的存在というばあいにしても、それは、もしそれがおのれを問題視しうるのでなければ始元的なものではないことになろうし、もしそれがおのれを問題視し、おのれの由来を問うようなことになれば、それはおのれを始元的存在として認めていないことになろう。彼にとっても、神の観念は「人間理性の深淵」なのであるが、彼はこの深淵そのものを究極的実在と見る。したがって、彼のもとでは、絶対者ももはや無の絶対のアンチテーゼではなくなると同様に、自然もまた絶対的に現勢的なもの、欠如も隠された可能性もないような充実した存在ではないことになる。

つまり、la *erste Natur*〔第一の自然〕は両義的な原理、彼の言うところでは〈野生の〉原理なのであり、これは乗りこえられることはあっても、まるでそれが存在しなかったようになることはけっしてないであろうし、神そのものとの関係においてさえけっして二次的なものとみなされることはありえないであろう。ましてや、われわれの判断力やわれわれの人間的反省によって自然的産出の謎を解明することなど、問題にもなにもなりえないのである。〈カントがその控え目な話の末に、いわばある日夢みたもの〉、シェリングはこれを思考しようと試みるのであり、あるいはむしろそれを生き、体験しようと試みるのである。それが〈知的直観〉なのであるが、これは神秘的な能力などではなく、観念にまで切り縮められてしまう以前の知覚そのものであり、おのれのうちにまどろんでいる知覚なのであって、そこでは、私はまだ反省の主体ではないのだから、すべてのものが私なのである。このレベルにおいては、光も大気もフィヒテにおいてのように視覚や聴覚の場でもなければ、理性的存在者にとっての伝達の手段でもなく、〈自然のうちに刻みこまれている永遠の根源知（Urwissen）のシンボル〉なのである。この〔自然のうちに〕拘束された沈黙せる知は人間によってしか解放されないのではあるが、だが他方、これこそが、〈人間とは自然の産出性を意識化するものであり、人間は認識するために自然を遠ざけることによってみずから自然になるのだ〉と言わざるをえなくするものなのである。〔RC 78〕

メルロ＝ポンティの後期の思想の基本的構図がこのようにとらえかえされたシェリングの後期思想によって強く規定されていることは、この引用からも明らかであろう。ハイデガーがやはりまたライプニッツと後期シェリングの思想に大きな関心を示していることを考え合わせると、現代哲学の基軸の向かっている方向がかなりはっきり読みとれるように思われる。メルロ＝ポンティは、ベルクソンの自然哲学をもこの系譜に属するものと見、その

「肯定主義《ポジティヴィスム》」、つまり「現実的なものの明証に立ちかえれという彼の教えも、事実確認を素朴に弁護するものとしてではなく、自然哲学の問題そのものであるところの、いつもすでに存している自然的存在者の先存在《プレエグジスタンス》への暗示だと解すべき」〔RC 81〕だと考えるが、しかし、やはりベルクソンには「シェリングの思想のよりよい部分からはかなり遠ざかっている」〔RC 79〕ところがあると主張する。先にも見たように、思想の形成期に決定的な影響を受けただけに、メルロ＝ポンティのベルクソンに対する関係はきわめて両義的である。これは別の機会に論じてみなければならない問題であろう。

　メルロ＝ポンティのこの後期の存在論が、「絵のなかで考えている」〔OE 283〕画家たちから大きな示唆を得ていることも、最後の著作となった『眼と精神』を読めば瞭然たるものである。彼らこそ、存在のうちに深く包みこまれながら、不断にその存在を問いかけつつある人たちだからである。したがって、メルロ＝ポンティの芸術論は単なる芸術論にとどまるものではなく、ニーチェやハイデガーにおいてそうであるように、それ自体が存在論の核心部をなしているのであるが、その考察もいまは他日を期すほかなさそうである。

注

まえがき

（1） Theodore F. Geraets: *Vers une nouvelle philosophie transcendantale—La genèse de la philosophie de Maurice Merleau-Ponty jusqu'à la phénoménologie de la perception*, Martinus Nijhoff, 1971.

第Ⅰ章

（1） J.-P. Sartre: Merleau-Ponty vivant（*Les temps modernes* n° 184-185）p. 305.（サルトル全集『シチュアシオンⅣ』平井啓之訳、人文書院、一九六四年、一五九ページ。邦訳のページ数も付記するし、むろん参考にはさせていただいたが、訳文はこれに従っていない。）
（2） *Ibid.*, pp. 357-358.（邦訳、二二九—二三〇ページ）
（3） Theodore F. Geraets: *Vers une nouvelle philosophie transcendantale—La genèse de la philosophie de Maurice Merleau-Ponty jusqu'à la phénoménologie de la perception*, Martinus Nijhoff, 1971, p. 4.
（4） Sartre: *op. cit.*, p. 304.（邦訳、一五九ページ）
（5） *Ibid.*, pp. 305-306.（邦訳、一六〇—一六一ページ）
（6） *Ibid.*, p. 306.（邦訳、一六一ページ）
（7） *Ibid.*, p. 305.（邦訳、一五九ページ）
（8） Geraets: *op. cit.*, p. 6.

（9） Georges Gurvitch: *Les tendences actuelles de la philosophie allemande*, Vrin, Paris, 1930.

（10） Geraets: *op. cit.*, p. 7. この句は、『知覚の現象学』（全二巻、竹内芳郎・小木貞孝・木田元・宮本忠雄訳、みすず書房、一九六七、七四年）のI、一五ページおよびII、五二七ページ、一九五七年のロワヨモンでのアルフォンス・ドゥ・ヴァーレンとの討議（*Husserl, Cahiers de Royaumont*, Ed. de Minuit, 1959, p. 157）、さらに『見えるものと見えないもの』（Gallimard, 1964）一七一ページで引用されているし、少し形を変えて『眼と精神』（滝浦静雄・木田元訳、みすず書房、一九六六年）二九八ページにも見られる。

（11） レヴィ＝ストロース『野生の思考』（大橋保夫訳、みすず書房、一九七六年）iii—ivページ。およびレヴィ＝ストロース「いくたびかの出会い」（塙嘉彦訳、『現象学研究』特別号「モーリス・メルロ＝ポンティ」、せりか書房、一九七六年所収）参照。

（12） Sartre: *op. cit.*, p. 304.（邦訳、一五九ページ）

（13） *Ibid.*, pp. 304-305.（邦訳、一五九ページ）

（14） Geraets: *op. cit.*, p. 8.

（15） *Ibid.*, p. 8.

（16） *Ibid.*, pp. 9-10.

（17） *Ibid.*, p. 188 f.

（18） X・ティリエット『メルロ＝ポンティ——あるいは人間の尺度』（木田元・篠憲二訳、大修館書店、一九七三年）二四ページ。

（19） 同、二五〇ページ。

（20） Geraets: *op. cit.*, pp. 16-17.

（21） Sartre: *op. cit.*, p. 315.（邦訳、一七二ページ）

(22) シモーヌ・ドゥ・ボーヴォワール『娘時代』（朝吹登水子訳、紀伊國屋書店、一九六一年）二二八ページ。
(23) Geraets: *op. cit.*, p. 17, n 66.
(24) *Ibid.*, p. 24 f.
(25) スチュアート・ヒューズ『ふさがれた道――失意の時代のフランス社会思想 1930―1960』（荒川幾男・生松敬三訳、みすず書房、一九七〇年）二二九ページ。
(26) Sartre: *op. cit.*, p. 315.（邦訳、一七二ページ）
(27) *Ibid.*, p. 311.（邦訳、一六七ページ）
(28) この遺稿は、現在、*Husserliana* VI, S. 365 f. に収録されている。その邦訳がフッサール『ヨーロッパ諸学の危機と超越論的現象学』（細谷恒夫・木田元訳、中央公論社、一九七四年）三八六ページ以下に収録されている。
(29) この論文は、現在、Eugen Fink: *Studien zur Phänomenologie 1930-1939*, 1966, S. 179 f. に収録されている。
(30) この論文は現在、L. Landgrebe: *Der Weg der Phänomenologie*, 1963, S. 9 f.（『現象学の道――根源的経験の問題』山崎庸佑・甲斐博見・高橋正和訳、木鐸社、一九八〇年、九ページ以下）に収録されている。
(31) この論文は、現在、Gaston Berger: *Phénoménologie du temps et prospective*, 1964, p. 2 f. に収録されている。
(32) H. L. Van Breda: Maurice Merleau-Ponty et les Archives-Husserl à Louvain (*Revue de métaphysique et de morale*, 1962, n°4) p. 412.
(33) Sartre: *op. cit.*, p. 307.（邦訳、一六二ページ）

（34） E. Bergson: *Matière et mémoire*, 54e éd. p. 1.（『物質と記憶』田島節夫訳、白水社、一九六五年、五ページ）

（35） サルトル「フッサールの現象学の根本的理念——志向性」『シチュアシオンI』白井健三郎訳、人文書院、一九六五年、二六ページ以下。

（36） M. Merleau-Ponty: *L'union de l'âme et du corps*, Notes prises au cours de M. Merleau-Ponty à l'Ecole normale supérieur.（『心身の合一——マールブランシュとビランとベルクソンにおける』滝浦静雄ほか訳、朝日出版社、一九八一年）

第II章

（1） Paul Ricœur: Hommage à Merleau-Ponty (*Esprit*, 1961 (29)) pp. 1115-1120.

（2） X・ティリエット『メルロ＝ポンティ——あるいは人間の尺度』（木田元・篠憲二訳、大修館書店、一九七三年）。

（3） Un inédit de Maurice Merleau-Ponty (*Revue de métaphysique et de morale*, 1962, n° 4) pp. 401-409.（『言語と自然——コレージュ・ドゥ・フランス講義要録　１９５２—６０』滝浦静雄・木田元訳、みすず書房、一九七九年、付録一「メルロ＝ポンティの一未公刊文書」）。

（4） X・ティリエット、上掲書、三二ページ。

（5） X. Tilliette und A. Métraux: Maurice Merleau-Ponty—Das Problem des Sinnes (*Grundprobleme der großen Philosophen: Philosophie der Gegenwart* II) S. 198.

（6） PP I 101, n 5. ゲシュタルト学説についての同じような見解は「人間諸科学と現象学」(OE 所収) 六二ページ以下にも見られる。

（7） ゴールトシュタイン『生体の機能——心理学と生理学の間』（村上仁・黒丸正四郎訳、みすず書房、一九五七年)、殊に第九・一〇章を参照。

(8) V. F. von Weizsäcker: "Reflexgesetze", in *Handbuch der normalen und pathologischen Physiologie*, eds. by Bethe, et al., 一九四〇年に刊行される『ゲシュタルトクライス』は、むろんここではまだ使われていない。

(9) ゴールトシュタイン、上掲書。その他ゲルプとの共同執筆による雑誌論文が参照されている。

(10) F. Buytendijk: Le cerveau et l'intelligence, *Journal de Psychologie*, xxviii, 1931 その他の雑誌論文。

(11) F. Buytendijk und H. Plessner: Die physiologische Erklärung des Verhaltens, eine Kritik an der Theorie Pawlows, *Acta Biotheoretica*, Series A, I, 1935.

(12) ケーラー『類人猿の知恵試験』(宮孝一訳、岩波書店、一九六二年)二五八ページ。

(13) S・K・ランガー『シンボルの哲学』(矢野萬里ほか訳、岩波書店、一九六〇年)二三ページ。

(14) ベルタランフィ『人間とロボット——現代世界での心理学』(長野敬訳、みすず書房、一九七一年)二六—二七ページ。

(15) カッシーラー『人間——この象徴を操るもの』(宮城音弥訳、岩波書店、一九五三年)四三ページ。

(16) S・K・ランガー、上掲書、ivページ。

(17) Charles Morris: *Signs, Language and Behavior*, p. 251, n M.

(18) F. Buytendijk et W. Fischel: Über die Reaktionen des Hundes auf menschliche Wörter (*Arch. néerlandaises de Physiologie*, 19, 1934).

(19) ボイテンディク『人間と動物』(浜中淑彦訳、みすず書房、一九七〇年)二〇七ページ。

(20) Walter S. Hunter: The symbolic process (*Psychological Review*, Vol. 31, 1924).

(21) Morris, *op. cit.*, p. 25.

（22）ボイテンディク、上掲書、二〇七ページ。
（23）同、一五六ページ。
（24）本書一一二ページ参照。
（25）本書七七ページ参照。
（26）SC 241. ヘーゲルの『イェナ論理学』（ラッソン版）一一三ページからの引用。
（27）本書一一七―一一八ページ参照。
（28）本書七九ページ以下参照。
（29）ジェラーツはこう見ている。Theodore F. Geraets: *Vers une nouvelle philosophie transcendantale —La genèse de la philosophie de Maurice Merleau-Ponty jusqu'à la phénoménologie de la perception*, Martinus Nijhoff, 1971, p. 68 f.
（30）ティリエット、上掲書、三三ページ。
（31）Geraets, *op. cit.*, p. 111.

第Ⅲ章

（1）たとえばSC 327の、「フッサールの晩年の哲学が与えているような意味での〈現象学的還元〉」にふれた注（2）。
（2）SC 312, n 1参照。そこでメルロ＝ポンティは、フィンクの「自然的世界の〈全体性〉についての諸問題は、徹底的に考えぬかれるならば、それ自体で超越論的態度への移行のための一つの動機になるという次第を、われわれはすでに自然的態度において示すことができよう」（E. Fink: Vergegenwärtigung und Bild, *Studien zur Phänomenologie, 1930-1939*, 1966, S. 45-46）という言葉を引用している。
（3）『ヨーロッパ諸学の危機と超越論的現象学』（細谷恒夫・木田元訳、中央公論社、一九七四年――以下

『危機』と略記）二一八ページ。

(4) 同、二一三ページ。

(5) *Husserliana* IV, S. 180.

(6) 『経験と判断』（長谷川宏訳、河出書房新社、一九七五年）二〇ページ。

(7) *Husserliana* IV, S. 508.

(8) *Ibid.*, S. 82. S II 25 に引用されている。

(9) *Husserliana* IV, S. 81. S II 26 に引用されている。

(10) この「第六省察」の草稿は、実はE・フィンクの手になるものである。ファン・ブレダ神父が「モーリス・メルロ゠ポンティとルーヴァンのフッサール文庫」(*Revue de métaphysique et de morale*, 1962, nº 4, p. 421, n 2.) という文章のなかで、この草稿にふれて次のように述べている。「この『第六省察』なるものは、フィンク氏の手になる草稿にほかならないのだが、しかし氏はこれをフッサールの五篇の『デカルト的省察』の継続と考えていた。この草稿について氏はフッサールと立ち入った討議をおこなっている。もっとも、氏はそこで〈現象学の現象学〉というかたちで、フッサールの思想にきわめて精密な批判をくわえてもいるのだが。この草稿のコピーの一つをガストン・ベルジェがもっており、これが多くのフランスの若い現象学徒たちによって読まれていた。彼らのうちのある人びとは、誤ってこれをそのままフッサールそのひとの思想の表現として受取った」。メルロ゠ポンティも、そうした誤解をしたひとりだということになろうか。〈現象学の現象学〉という言い方は PP II 236 に見られる。

なお、この「第六省察」の草稿については、*Husserliana* XV, Zur Phänomenologie der Intersubjektivität III: 1929-1935 の編集者の序文 S. LXII f. にくわしい。それによれば、この草稿はフッサールの依頼によって書かれたものであるが、フッサールはその出来栄えに不満であったらしい。それを裏づけるドリオン・ケーンの証言が引かれている。しかし、その不満は、この草稿の全体に及ぶものであったわけではなさそうだし、いま問題になっている部分については、これをフッサールの考えとみなして差しつかえないと思う。

(11) この論文は、いまは論文集 *Der Weg der Phänomenologie*, 1963（『現象学の道』山崎庸佑・甲斐博見・高橋正和訳、木鐸社）に収録されている。

(12) *Revue de métaphysique et de morale*, 1962, n° 4, p. 413.

(13) ジェラーツも、何を根拠にしてかわからないが、メルロ＝ポンティが『存在と時間』を読んだのはかなり遅く、『知覚の現象学』の「時間性」の章執筆の前だろうと言っている。肯ける意見である。Theodore F. Geraets: *Vers une nouvelle philosophie transcendantale—La genèse de la philosophie de Maurice Merleau-Ponty jusqu'à la phénoménologie de la perception*, Martinus Nijhoff, 1971, p. 133.

(14)「現象学」の語義とその歴史については、拙稿「現象学とは何か」（『講座・現象学』第I巻、弘文堂、一九八〇年所収）を参照されたい。

(15) 本書八〇ページ以下参照。

(16) 拙稿「メルロ＝ポンティと〈制度化〉の概念」（『中央大学文学部紀要』第八九号、昭和五三年三月）参照。

(17) シュナイダーの症例については大橋博司『失語・失行・失認』（医学書院、一九六〇年）二二四ページに適切な要約が見られる。

(18) ゴールトシュタイン『人間――その精神病理学的考察』（西谷三四郎訳、誠信書房、一九六八年）四二ページ以下。

(19) A. Gelb und K. Goldstein: Zur Psychologie des optischen Wahrnehmungs und Erkennungsvorganges in *Psychologischen Analyse Hirnpathologischer Fälle*, I. (1920); Über den

Einfluß des vollständigen Verlustes des optischen Vorstellungsvermögens auf das taktile Erkennen, in *Ibid.*

(20) K. Goldstein: Über die Abhängigkeit der Bewegungen von optischen Vorgängen, in *Monatsschrift für Psychiatrie und Neurologie*, Festschrift Liebmann, 1923; *Über Zeigen und Greifen*, 1931.

(21) ゴールトシュタイン『人間』六九ページ以下。

(22) メルロ＝ポンティのソルボンヌでの一連の講義の内容は、聴講者のノートを整理し、メルロ＝ポンティ自身の承認を得て *Bulletin de Psychologie* という雑誌の特集号（n° 236, tome XVIII 3-6, November 1964）にまとめられた講義録によってほぼうかがい知ることができる。

(23) フロイト『精神分析学入門』（懸田克躬訳、『世界の名著』49、中央公論社、一九六六年）九三ページからの引用。

第Ⅳ章

(1) 本書六二ページ以下参照。

(2) シモーヌ・ドゥ・ボーヴォワール『或る戦後』（朝吹登水子・二宮フサ訳、紀伊國屋書店、一九六五年）上、二〇ページ。

(3) 同。

(4) 同、一〇三―一〇四ページ。

(5) J.-P. Sartre: Merleau-Ponty vivant (*Les temps modernes*, 17e année, n° 184-185) p. 319.（邦訳、一七六ページ）

(6) *Ibid.*, p. 319.（邦訳、一七七ページ）

(7) *Ibid.*, p. 322.（邦訳、一八〇ページ）
(8) *Ibid.*, p. 347.（邦訳、二〇九ページ）
(9) ボーヴォワール、上掲書、二四七ページ。
(10) Sartre: *op. cit.*, p. 351.（邦訳、二一二ページ）
(11) *Ibid.*, p. 352.（邦訳、二一三ページ）
(12) *Ibid.*, pp. 357-358.（邦訳、二二〇ページ）
(13) Un inédit de Maurice Merleau-Ponty (*Revue de métaphysique et de morale*, 1962, n° 4) pp. 401-409.『言語と自然――コレージュ・ドゥ・フランス講義要録 １９５２―６０』（滝浦静雄・木田元訳、みすず書房、一九七九年）に付録一として収録。
(14) G. W. F. Hegel: *Vorlesungen über die Philosophie der Geschichte*, Theorie Werkausgabe, Bd. 12, S. 350-351.
(15) 田島節夫氏ほかによるその前半部の邦訳が『理想』一九七七年三月号に発表されている。
(16) スチュアート・ヒューズ『ふさがれた道――失意の時代のフランス社会思想 １９３０―１９６０』（荒川幾男・生松敬三訳、みすず書房、一九七〇年）一三九ページ。

第V章

(1) ティリエット『メルロ＝ポンティ――あるいは人間の尺度』（木田元・篠憲二訳、大修館書店、一九七三年）二一二―二一三ページ。しかし、ティリエットは、アレクサンドル・メトロとの共著 Maurice Merleau-Ponty: Das Problem des Sinnes（*Grundprobleme der großen Philosophen*: Philosophie der Gegenwart II, 1973 所収）においては、「その展開の諸段階の相違を強調しすぎるのは不適当である」と述べている。

（2） James M. Edie: *Speaking and Meaning, The phenomenology of Language*, Indiana University Press, 1976, p. 89.（『ことばと意味――言語の現象学』滝浦静雄訳、岩波書店、一九八〇年）および、Foreword to Merleau-Ponty's *Consciousness and the Acquisition of Language*, translated by Hugh J. Silverman, Northwestern University Press, 1973, p. XIX.

（3） 丸山圭三郎「ソシュール研究ノート――シーニュの恣意性をめぐって」（『現代思想』一九七五年六月号）一三〇ページ。以下メルロ＝ポンティの言語論の考察にあたって、丸山圭三郎氏の以下のような諸論文からも実に多大な教示を得た。深く謝意を表したい。なお、これら一連のソシュール研究の成果は全面的に書き直されて一九八一年に『ソシュールの思想』（岩波書店）にまとめられたが、本稿連載中はこの書はまだ出されていなかったし、『ソシュールの思想』にまとめられるに際して、おそらく紙数の関係からであろう、筆者が引用した箇所がかなり捨てられているので、もとの論文からの引用をそのままにさせていただく。

「ソシュールにおけるパロールの概念――主体と構造の問題をめぐって」（『中央大学文学部紀要』第六二号（文学科第二九号）、一九七一年）

「言語における《意味》と《価値》の概念をめぐって」（『中央大学文学部紀要』第七八・七九号（文学科第三七・三八号）、一九七六年）

「メルロ＝ポンティとソシュール――語る主体への還帰」（『現代思想』一九七四年八・九月号）

「記号学的記号と言語記号」（『現代思想』一九七六年一〇月号）

（4） ソシュール『一般言語学講義』（小林英夫訳、岩波書店、一九七二年）九九ページ。ただし、訳文は丸山氏の引用を借用する。丸山圭三郎「ソシュール研究ノート」一二八ページ参照。

（5） ソシュール、上掲書、一五八ページ。訳文は丸山氏による。丸山、上掲論文、一三二ページ。

（6） 丸山、上掲論文、一三三ページ。

（7）丸山圭三郎「メルロ＝ポンティとソシュール」二〇一ページ。

（8）ロマン・ヤーコブソン『失語症と言語学』（服部四郎編・監訳、岩波書店、一九七六年）四八ページ以下。

（9）ゴールトシュタイン『生体の機能――心理学と生理学の間』（村上仁・黒丸正四郎訳、みすず書房）二四六ページ。

（10）本書二一七―二一八ページ参照。

（11）M. Merleau-Ponty: *Consciousness and the Acquisition of Language*, Northwestern University Press, 1973, Translator's Preface.

（12）ティリエット『メルロ＝ポンティ』二五一ページ。

（13）F. de Saussure: *Cours de Linguistique générale*, p. 139.（邦訳『一般言語学講義』、一三七ページ。）

（14）*Ibid.*, p. 197, note.（邦訳、二〇〇ページ脚注）

Langage {
- Langue {
  - Synchronie
  - Diachronie
- Parole

（15）『シーニュ』1、一五三―一五四ページ、訳注（3）。

（16）丸山圭三郎「ソシュールにおけるパロールの概念」一九―七〇ページ、および『ソシュールの思想』一九三ページ以下。

（17）丸山「ソシュールにおけるパロールの概念」四〇ページ。

（18）同、四一ページ。

（19）同、四二ページ。

(20) 同。
(21) 同、四三ページ以下。
(22) 同、四五―四六ページ。
(23) 同、四六ページ。
(24) 同、五〇ページ。
(25) 同。
(26) Saussure: *op. cit.*, p. 317.（邦訳、三二七ページ）。丸山、上掲論文、四九ページ。
(27) 丸山、上掲論文、四九ページ。
(28) 丸山圭三郎「ソシュールにおけるパロールの概念――主体と構造の問題をめぐって」副題の示すとおり、ここで氏はソシュールに即して「主体と構造の問題」を追求している。
(29) R・ヤーコブソン『失語症と言語学』二ページ。
(30) 同、二七―二八ページ。なお MS 232 を参照せよ。
(31) 丸山、上掲論文、六九ページ。
(32) 特に「意識と言語の習得」においては、この対概念が頻繁に用いられている。
(33) J・M・エディ『ことばと意味』一二二、一六六ページ。
(34) 丸山圭三郎「言語における《意味》と《価値》の概念をめぐって」一一四ページ。
(35) 同、一〇三ページ。
(36) 同、一一五ページ以下。
(37) 同、一二〇ページ。
(38) déformation cohérente――メルロ＝ポンティはアンドレ・マルローの絵画論から借用したこの概念を「間接的言語と沈黙の声」や「言語の現象学について」（いずれも『シーニュ』I所収）、『世界の散文』などで展開されたこの時期の言語論の中心に据えている。たとえばS I 119, 144, PM 87, 125, 143, 154, RC 7を参照せよ。

(39)『世界の散文』に収められている草稿「純粋言語の幻想」および「算式と言語の秘儀」において、純粋言語としての算式《アルゴリズム》の問題が論じられている。

(40)『シーニュ』I所収の「間接的言語と沈黙の声」、およびその準備的草稿と見られる『世界の散文』所収の「間接的言語」を参照せよ。

(41) J・M・エディ『ことばと意味』一五〇ページ。

第VI章

(1) もっとも、フッサールのばあい、間主観性の問題は公刊書においてよりも、遺稿のうちで、はるかに広く深く考察されており、その厖大な遺稿は『フッサリアーナ』の第XIII・XIV・XV巻の三巻を占めている。その検討はわれわれの今後の課題であるが、フッサールはそこですでに、のちにメルロ＝ポンティが問題にすることになる鏡像体験や自我の二重化の現象をも採りあげている。

(2) サルトル『存在と無』（全三巻、松浪信三郎訳、人文書院、一九五六―六〇年）第二分冊、三五ページ以下参照。

(3) 拙著『現代哲学――人間存在の探究』（日本放送出版協会、一九六九年）一三一ページ以下参照。

(4)「身体図式」については、『知覚の現象学』I（竹内芳郎・小木貞孝訳、みすず書房、一九六七年）、一七二ページ以下でくわしく論じられている。メルロ＝ポンティはそこで、身体図式の連合主義的定義を批判し、そのゲシュタルト主義的定義、さらにはその実存的定義を提出している。

(5) アンリ・ワロン『児童における性格の起源――人格意識が成立するまで』（久保田正人訳、明治図書出版、一九六五年）。

（6）ジャック・ラカン『エクリ』（全三巻、宮本忠雄ほか訳、弘文堂、一九七二―八一年）第一巻、一二三ページ以下に所収。

（7）この概念は『見えるものと見えないもの』の草稿および同書所収の「研究ノート」にも見られる。たとえばVI 185, 226参照。

（8）E. Husserl: *Ideen* III (Hua V), Beilage I, S. 117.（このBeilageは一九一二年の『イデーン』第二巻のための草案である）。

（9）*Ibid.*

（10）Husserl: *Ideen* II (Hua IV), S. 145.

（11）*Ideen* III, S. 119, 124.

（12）*Ideen* II, S. 165.

（13）*Ideen* II, S. 82.

（14）*Ibid.*

（15）本書八〇ページ以下参照。

（16）レヴィ゠ストロース『構造人類学』（荒川幾男ほか訳、みすず書房、一九七二年）。

（17）同、三〇三ページ。

（18）同、三〇三―三〇四ページ。ただし、この「民族学における構造の概念」は、最初一九五二年にカリフォルニア大学で開かれたシンポジウム「今日の人類学」への報告としてSocial Structureという標題のもとに英文で書かれたものであり、『構造人類学』に収められているものは、それに加筆修正してフランス語で書き直されたものである。この論文集の英訳版、*Structural Anthropology*, Basic Books, Inc., Publishers, New York, London, 1963には、英語の原文がそのまま収録されており、仏文のものとはかなり違った言い方がされているが、この英文の方が意味が明確に思われるので、それによって訳出した。

きわめて問題になる箇所なので、英語とフランス語の原文を引いておく。

......social relations consist of the raw materials out of which the models making up the social structure are built, while social structure can, by no means, be reduced to the ensemble of the social relations to be described in a given society.

Les *relations socials* sont la matière premiere employée pour la construction des modèles qui rendent manifeste la *structure sociale* elle-même. En aucun cas celle-ci ne saurait donc être ramenée à l'ensemble des relations sociales, observables dans une société donnée.

(19)　同、三〇四ページ。これも英文によって訳出した。やはり問題になるところなので、この箇所の英文、仏文それぞれを引いておく。

Second, for any given model there should be a possibility of ordering a series of transformations resulting in a group of models of the same type.

En second lieu, tout modèle appartient à un groupe de transformations dont chacune correspond à un modèle de même famille, si bien que l'ensemble de ces transformations constitue un groupe de modèles.

(20)　レヴィ＝ストロース「いくたびかの出会い」(塙嘉彦訳、『現象学研究』特別号「モーリス・メルロ＝ポンティ」、せりか書房、一〇―一七ページに所収)。

(21)　同、一二ページ。

(22)　同。

(23)　同、一四ページ。

(24)　同、一四ページ以下。

(25)　同、一五ページ。

(26) 同。
(27) 同、一五—一六ページ。
(28) 同、一六ページ。
(29) 同。
(30) 同。
(31) 同。
(32) 以下の引用はこの注からのものなので、一々引用箇所を指示しない。
(33) マルクス『経済学・哲学草稿』（城塚登・田中吉六訳、岩波文庫、一九六四年）一三三ページ参照。
(34) マルクス、エンゲルス『ドイツ・イデオロギー』（廣松渉訳、河出書房新社、一九七四年）一六ページ。
(35) マルクス『経済学・哲学草稿』一三七ページ参照。
(36) J.-P. Sartre: Merleau-Ponty vivant (*Les temps modernes*, n° 184-185) p. 313.（邦訳、一七〇ページ）
(37) 本書二一四ページ以下参照。
(38) スチュアート・ヒューズ『ふさがれた道——失意の時代のフランス社会思想　１９３０—１９６０』（荒川幾男・生松敬三訳、みすず書房、一九七〇年）一三五ページ。
(39) Sartre: *ibid.*, p. 322.（邦訳、一八一ページ）
(40) Sartre: *ibid.*, p. 338.（邦訳、一九八ページ）
(41) M＝A・ビュルニエ『実存主義と政治』（篠田浩一郎訳、紀伊國屋書店、一九六八年）八八—八九ページ。本書は『現代《レ・タン・モデルヌ》』発刊以後のサルトルとメルロ＝ポンティの関係を、その政治的立場の交錯に焦点を合わせながら仔細に追っている。

(42) この論争にからむルフォール「マルクス主義とサルトル」、サルトル「ルフォールに答える」、ルフォール「答えと質問」の三論文は、『マルクス主義論争』（白井健三郎訳、ダヴィッド社、一九五五年）に訳出収録されている。

(43) この点については『弁証法の冒険』（滝浦静雄・木田元ほか訳、みすず書房、一九七二年）の「訳者あとがき」を参照されたい。

(44) 本書五六ページ参照。

(45) K. Marx: Die Revolution von 1848 und das Proletariat, in *Karl Marx als Denker, Mensch und Revolutionär*, ed. by D. Rjazanov, Literatur und Politik, 1928, S. 42. からの引用。

(46) ルカーチ『歴史と階級意識』（城塚登・古田光訳、白水社、一九七五年）三一八ページ参照。

(47) 同、二四ページからの引用。

(48) 同、一五八ページからの引用。

(49) 同、一〇八ページ。

(50) 同、一〇九ページ。

(51) 同、二四三ページからの引用。

(52) 同、三五九ページからの引用。

(53) 同、三五八―三五九ページからの引用。

(54) 同、七ページ。

(55) スチュアート・ヒューズ『ふさがれた道』一三九ページ。

第VII章

(1) メルロ＝ポンティ『言語と自然――コレージュ・ド・フランス講義要録　１９５２―６０』（滝浦静

雄・木田元訳、みすず書房）所収。

（2）上掲『言語と自然』に付録三「精神分析と現象学」として所収。

（3）X・ティリエット『メルロ＝ポンティ――あるいは人間の尺度』（木田元・篠憲二訳、大修館書店、一九七三年）一一八ページ。

（4）「メルロ＝ポンティの一未公刊文書」、『言語と自然』に付録一として所収。

（5）ティリエット、上掲書、一一六ページ。

（6）同、一二一ページ。

（7）同、一一七ページ。

（8）同、一二七ページ。

（9）J.-P. Sartre: Merleau-Ponty vivant (*Les temps modernes*, 1961, n° 184-185) p. 367.（邦訳、二三〇ページ）

（10）この問題に関しては、ジャック・タミニオが下記の論文でかなり着実な検討をおこなっている。J. Taminiaux: La phénoménologie dans le dernière ouvrage de Merleau-Ponty (dans *Le regard et l'excédent*, 1977).

（11）たとえばPP I 144, n 4における「客観的身体」の用法を参照。

（12）*Husserliana* IV, S. 145.

（13）ハイデガー『ヒューマニズムについて』（佐々木一義訳、理想社、一九七四年）三八ページ。

（14）Egon Brunswik: *Experimentelle Psychologie in Demonstrationen*, Springer, Vienna, 1935.

（15）たとえば、ハイデガー『ヒューマニズムについて』三九、五四ページ。

（16）同書、三八ページ。

（17）『思想と動くもの』（『ベルグソン全集』第七巻、矢内原伊作訳、白水社、一九六五年）二九四―二九五ページ。

(18)『講座・現象学』（弘文堂、一九八〇年）第三巻にその邦訳が収録されている。

(19) *Holzwege*, S. 7 f. 特に S. 49 を参照せよ。

(20) *Vorträge und Aufsätze*, S. 207 f. 特に S. 220 を参照せよ。

(21) X・ティリエット『メルロ＝ポンティ』一三三ページ。

(22) 今村仁司『労働のオントロギー——フランス現代思想の底流』（勁草書房、一九八一年）一七ページ以下。

(23) ハイデガー『ヒューマニズムについて』六〇ページ。

(24) デカルトの一六四三年六月二八日付エリーザベト宛書簡。なお OE 278, 282 参照。

文献表

I　メルロ＝ポンティの著作

メルロ＝ポンティの著作に関する現時点でのもっとも完全な文献目録は、アレクサンドル・メトロ氏によって作成されたものである。もともとは Xavier Tilliette: *Merleau-Ponty ou la mesure de l'homme*, Paris, Éditions Seghers, 1970 のために作られたものであるが、この本の邦訳（X・ティリエット『メルロ＝ポンティ——あるいは人間の尺度』木田元・篠憲二訳、大修館書店、一九七三年）に際し、メトロ氏によってそのいっそう完全な改訂原稿が作られ、送られてきた。この邦訳の文献表もそれに拠って作られたわけであるが、それにいくらかの補足をくわえれば十分と思われるので、以下の文献表もほぼそれに拠った。

この文献表は以下のような五項に分類されている。

A＝現時点までに公刊されたメルロ＝ポンティの作品。

B＝メルロ＝ポンティの講義題目、およびメルロ＝ポンティ自身によって（n° 104-118, 123）あるいはその弟子の手で（n° 96, 121, 122）作成された講義の要約。

C＝未公刊の講演。

D＝メルロ＝ポンティが参加した討議と討論の題目、およびメルロ＝ポンティの対談。

年代順は、公刊されたものは出版年度によって、未公刊のものは執筆年度によって定められた。論文集のばあい、そこに原題のままで、あるいは題名を変えて収録されたテキストの番号が付けくわえられており、改題は指示番号の後の（　）のなかに入れられている。

使用されている省略記号は以下のとおり。

T. M. = *Les Temps Modernes*（『レ・タン・モデルヌ』）

B. S. F. P. = *Bulletin de la Société Française de Philosophie*（『フランス哲学会会報』）

P. H. C. = *Les Philosophes célèbres*（『著名な哲学者たち』）

A. C. F. = *Annuaire du Collège de France*（『コレージュ・ドゥ・フランス年報』）

A－I　著者の生前に公刊された著作

1　「キリスト教とルサンチマン（*Christianisme et Ressentiment*）」〈*La Vie Intellectuelle*〉7, 1935, pp. 278-306.（『ルサンチマンの人（*L'Homme du ressentiment*）』という表題で仏訳されたマックス・シェーラーの著書『道徳的なものの構築におけるルサンチマン（*Das Ressentiment im Aufbau der Moralen*）』の批評。）

2　「『存在と所有（*Être et Avoir*）』」〈*La Vie Intellectuelle*〉8, 1936, pp. 98-109.（ガブリエル・マルセルの著書『存在と所有』の批評。）

3　アロン・ギュルヴィッチ〔メルロ＝ポンティとの共著〕――「ゲシュタルト心理学のいくつかの局面といくつかの展開（*Quelques aspects et quelques développements de la psychologie de la Forme*)」〈*Journal de Psychologie Normale et Pathologique*〉33, 1936, pp. 413-470.（メルロ＝ポンティが協力したのは言語学的局面に関してだけである。この事実はラビルの後掲書 p. 259 によって伝えられており、またL・E・アンブレのメトロ氏宛ての書簡のなかで確証されている。）

4　「J＝P・サルトルの著書『想像力』の批評（*Compte rendu du livre de J.-P. Sartre: L'Imagination*)」〈*Journal de Psychologie Normale et Pathologique*〉33, 1936, pp. 756-761.

5　『行動の構造（*La Structure du comportement*)』Paris, P. U. F., 1942.

5 a　『行動の構造』、アルフォンス・ドゥ・ヴァーレンスによる序文「両義性の哲学（*Une Philosophie de l'ambiguïté*)」が付される、Paris, P. U. F., 1949.

6　「J＝P・サルトルの戯曲「蠅」の批評（*Compte rendu de la pièce de J.-P. Sartre: Les Mouches*)」〈*Confluences*〉3, 1943, pp. 514-516.

7　『知覚の現象学（*Phénoménologie de la perception*)』Paris, Gallimard, 1945.

8　「小説と形而上学（*Le Roman et la Métaphysique*)」〈*Cahiers du Sud*〉22, 1945, pp. 194-207.

9　「戦争が起った（*La Guerre a eu lieu*)」〈*T. M.*〉1: 1, 1945, pp. 48-66.

10　「実存主義をめぐる論争（*La Querelle de l'Existentialisme*)」〈*T. M.*〉1: 2, 1945, pp. 344-356.

11　「セザンヌの懐疑（*Le Doute de Cézanne*)」〈*Fontaine*〉6: 47, 1945, pp. 80-100.

12　「真理のために（*Pour la Vérité*)」〈*T. M.*〉1: 4, 1946, pp. 577-600.

13　「英雄崇拝（*Le Culte du Héros*)」〈*Action*〉74, 1946, pp. 12-13.

14 「マルクス主義をめぐって（*Autour du Marxisme*）」〈*Fontaine*〉7: 48-49, 1946, pp. 309-331.

15 「信仰と誠実（*Foi et bonne Foi*）」〈*T. M.*〉1: 5, 1946, pp. 769-782.

16 「ヘーゲルにおける実存主義（*L'Existentialisme chez Hegel*）」〈*T. M.*〉1: 7, 1946, pp. 1311-1319.

17 「マルクス主義と哲学（*Marxisme et Philosophie*）」〈*Revue Internationale*〉1: 6, 1946, pp. 518-526.

18 「ヨーギとプロレタリア（*Le Yogi et le prolétaire*）」〔第一部〕〈*T. M.*〉2: 13, 1946, pp. 1-29.（後に『ヒューマニズムとテロル』（n° 24）に収録される論文の三つの部分（n° 19, 20 参照）が、この表題のもとに発表された。）

19 「ヨーギとプロレタリア」〔第二部〕〈*T. M.*〉2: 14, 1946, pp. 253-287.

20 「ヨーギとプロレタリア」〔第三部〕〈*T. M.*〉2: 16, 1947, pp. 676-711.

21 「インドシナS・O・S（*Indochine S. O. S.*）」〈*T. M.*〉2: 18, 1947, pp. 1039-1052.（無署名社説）

22 「《国際間の出会い》のために（*Pour les《Rencontres internationales》*）」〈*T. M.*〉2: 19, 1947, pp. 1340-1344.

23 「読み方を学ぶべきである（*Apprendre à lire*）」〈*T. M.*〉2: 22, 1947, pp. 1-27.（『ヒューマニズムとテロル』（n° 24）の序文に再録される。）

24 『ヒューマニズムとテロル——共産主義の問題についての試論（*Humanisme et Terreur. Essai sur le problème communiste*）』Paris, Gallimard, 1947.（この著作ははじめ『暴力とヒューマ

ニズム（*Violence et Humanisme*）』という表題で予告されていた。）

25 「人間のうちなる形而上学的なるもの（*Le Métaphysique dans l'Homme*）」〈*Revue de Métaphysique et de Morale*〉52, 1947, pp.290-307.（この論文の内容は、リヨン大学の講義「言語と伝達」の最初の何度かの授業で利用された。n° 97 参照）

26 「映画と新しい心理学（*Le Cinéma et la nouvelle psychologie*）」〈*T. M.*〉3: 26, 1947, pp. 930-943.

27 「疑わしい戦いのなかで（*En un combat douteux*）」〈*T. M.*〉3: 27, 1947, pp. 961-964.（T・Mと署名された社説）

28 「モンテーニュを読む（*Lecture de Montaigne*）」〈*T. M.*〉3: 27, 1947, pp. 1044-1060.

29 「〈プレイアド手帖〉誌（*Les Cahiers de la Pléiade*）」〈*T. M.*〉3: 27, 1947, pp. 1151-1152.

30 「知覚の優位性とその哲学的諸帰結（*Le Primat de la perception et ses conséquences philosophiques*）」〈*B. S. F. P.*〉41, 1947, pp. 119-153.（メルロ＝ポンティの報告の後で行なわれた討論が、pp. 135-153 に転載されている。）

31 「J＝P・サルトル、スキャンダルを起す作家（*J.-P. Sartre, un auteur scandaleux*）」〈*Le Figaro littéraire*〉3 janvier 1948.

32 『意味と無意味（*Sens et non-sens*）』Paris, Nagel, 1948.〔n° 11, 8, 31（「スキャンダルを起す作家（*Un Auteur scandaleux*）」と改題）、26, 16, 10, 25, 14, 17, 9, 12, 15, 13（「英雄、人間（*Le Héros, l'Homme*）」と改題）を含む。〕

33 「『共産党宣言』は百歳である（*Le Manifeste communiste a cent ans*）」〈*Le Figaro*

littéraire〉 3 avril 1948.

34　「客観的共謀（*Complicité objective*）」〈*T. M.*〉 4: 34, 1948, pp. 1-11.（T・Mと署名された社説）

35　「共産主義と反共産主義（*Communisme et Anticommunisme*）」〈*T. M.*〉 4: 34, 1948, pp. 175-188.

36　「マキアヴェリに関する覚え書（*Note sur Machiavel*）」〈*T. M.*〉 5: 48, 1949, pp. 577-593.

37　「（ジェルジ・ルカーチに関する）注釈（*Commentaire* （*à propos de Georg Lukács*））」〈*T. M.*〉 5: 50, 1949, pp. 1119-1121.

38　「われらの生きる日々（*Les Jours de notre vie*）」〈*T. M.*〉 5: 51, 1950, pp. 1153-1168.（M・メルロ＝ポンティとJ＝P・サルトルによって署名された社説であるが、『シーニュ』（n° 83参照）に転載されている。したがって、メルロ＝ポンティが筆者であると推定される。）

39　「エマニュエル・ムーニエの死（*Mort d'Emmanuel Mounier*）」〈*T. M.*〉 5: 54, 1950, p. 1906.

40　「C・L・R・ジェームズへの回答（*Réponse à C. L. R. James*）」〈*T. M.*〉 5: 56, 1950, pp. 2292-2294.（T・Mと署名された社説）

41　「敵対者も共犯である（*L'Adversaire est complice*）」〈*T. M.*〉 5: 57, 1950, pp. 1-11.（T・Mと署名された社説）

42　「哲学者と社会学（*Le Philosophe et la Sociologie*）」〈*Cahiers Internationaux de Sociologie*〉 10, 1951, pp. 50-69.

43　「ミシェル・クロツィエのテキスト「人間工学」への序論（*Introduction au texte de Michel*

Crozier: Human Engineering)」〈*T. M.*〉6: 69, 1951, pp. 44-48.（この「序論」にはT・Mと署名されている。）

44 「人間と逆行性（*L'Homme et l'adversité*）」『二〇世紀における人間の認識（*La connaissance de l'homme au XX*ᵉ *siècle*）』, Neuchâtel, Éditions de la Baconnière, 1952, pp. 51-75に収録。（討論、pp. 182-183, p. 186, pp. 216-252, pp. 263-264, p. 286, p. 292, p. 294.）

45 「言語の現象学について（*Sur la phénoménologie du langage*）」『現象学の現代的諸問題（*Problèmes actuels de la phénoménologie*）』, éd. H. L. Van Breda, Paris/Bruxelles, Desclée de Brouwer, 1952, pp. 91-109に収録。

46 「間接的言語と沈黙の声（*Le Langage indirect et les voix du silence*）」〔第一部〕〈*T. M.*〉7: 80, 1952, pp. 2113-2144.

47 「間接的言語と沈黙の声」〔第二部〕〈*T. M.*〉8: 81, 1952, pp. 70-94.

48 『哲学をたたえて（*Éloge de la Philosophie*）』Paris, Gallimard, 1953.

49 「新しい指導者はどこにいるのか（*Où sont les nouveaux maîtres ?*）」〈*L'Express*〉2 octobre 1954, p. 3.

50 「哲学者は公務員か（*Le Philosophe est-il un fonctionnaire ?*）」〈*L'Express*〉9 octobre 1954, p. 3.

51 「放蕩者は哲学者か（*Le Libertin est-il un philosophe ?*）」〈*L'Express*〉16 octobre 1954, pp. 3-4.

52 「フランスは新しくなるだろうか（*La France va-t-elle se renouveler ?*）」〈*L'Express*〉23

octobre 1954, pp. 3-4.

53 「女たちは人間か（*Les Femmes sont-elles des hommes ?*）」〈*L'Express*〉6 novembre 1954, p. 4.

54 「諸国民は腹を立てているのか（*Les Peuples se fâchent-ils ?*）」〈*L'Express*〉4 décembre 1954, pp. 4-5.

55 「雑報を好むのは不健康か（*Le goût pour les faits divers est-il malsain ?*）」〈*L'Express*〉18 décembre 1954, pp. 3-4.

56 「まず共産主義者を理解すべきである（*D'abord comprendre les communistes*）」〈*L'Express*〉8 janvier 1955, pp. 8-9.

57 「客観性は何の役に立つのか（*À quoi sert l'objectivité ?*）」〈*L'Express*〉29 janvier 1955, p. 4.

58 「オッペンハイマーにいかに答えるべきか（*Comment répondre à Oppenheimer ?*）」〈*L'Express*〉19 février 1955, p. 3.

59 「クローデルは天才だったのだろうか（*Claudel était-il un génie ?*）」〈*L'Express*〉5 mars 1955, pp. 3-4.

60 「プジャド氏はちっぽけな脳みそをお持ちなのか（*M. Poujade a-t-il une petite cervelle ?*）」〈*L'Express*〉19 mars 1955, p. 3.

61 「マルクス主義はヤルタで死んでしまったのか（*Le Marxisme est-il mort à Yalta ?*）」〈*L'Express*〉9 avril 1955, pp. 3-4.

62 「アインシュタインと理性の危機（*Einstein et la crise de la Raison*）」〈*L'Express*〉14 mai 1955, p. 13.
63 「反共産主義はどこへ行くのか（*Où va l'anticommunisme ?*）」〈*L'Express*〉25 juin 1955, p. 12.
64 「多数意見は正しいか（*La Majorité a-t-elle raison ?*）」〈*L'Express*〉9 juillet 1955, pp. 3-4.
65 「革命の将来（*L'Avenir de la révolution*）」〈*L'Express*〉27 août 1955, pp. 7-10.
66 『弁証法の冒険（*Les Aventures de la dialectique*）』Paris, Gallimard, 1955.
67 モーリス・メルロ＝ポンティ編集『著名な哲学者たち（*Les Philosophes célèbres*）』Paris, Lucien Mazenod, 1956.
68 「序文（*Avant-propos*）」〈*P. H. C.*〉pp. 7-12.
69 「東洋と哲学（*L'Orient et la philosophie*）」〈*P. H. C.*〉pp. 14-18.
70 「創始者たち（*Les Fondateurs*）」〈*P. H. C.*〉pp. 44-45.
71 「キリスト教と哲学（*Christianisme et philosophie*）」〈*P. H. C.*〉pp. 104-109.
72 「大合理主義（*Le Grand Rationalisme*）」〈*P. H. C.*〉pp. 134-137.
73 「主観性の発見（*La Découverte de la subjectivité*）」〈*P. H. C.*〉pp. 186-187.
74 「歴史の発見（*La Découverte de l'histoire*）」〈*P. H. C.*〉pp. 250-251.
75 「実存と弁証法（*Existence et dialectique*）」〈*P. H. C.*〉pp. 288-291.
76 「共産主義の改革あるいは老人病（*Réforme ou maladie sénile du communisme*）」〈*L'Express*〉23 novembre 1956, pp. 13-17.

77「最小悪から神聖なる団結へ（*Du moindre mal à l'union sacrée*）」〈*Le Monde*〉5 juin 1958.

78「デモクラシーはフランスで再生しうるか（*La Démocratie peut-elle renaître en France ?*）」〔インタヴュー〕〈*L'Express*〉3 juillet 1958, pp. 15-17.

79「アフリカにおけるフランス――一九五七年一〇―一一月に行なわれた滞在の後に（*La France en Afrique, à la suite d'un séjour effectué en octobre-novembre 1957*）」〔一九五八年一月のインタヴュー〕〈*L'Express*〉21 août 1958, pp. 12-13.

80「哲学者とその影（*Le Philosophe et son ombre*）」、『エドムント・フッサール一八五九―一九五九年（*Edmund Husserl 1859-1959*）』éd. H. L. Van Breda et J. Taminiaux, Den Haag, Martinus Nijhoff, 1959, pp. 195-220に発表。

81「モースからクロード・レヴィ＝ストロースへ（*De Mauss à Claude Lévi-Strauss*）」〈*La Nouvelle Revue Française*〉7: 82, 1959, pp. 615-631.

82「生成するベルクソン像（*Bergson se faisant*）」〈*B. S. F. P.*〉54, 1960, pp. 35-45.

83『シーニュ（*Signes*）』Paris, Gallimard, 1960.〔以下の諸論文を収録。n° 84, 46, 47, 45, 42, 81, 68（「哲学と「外部」（*La Philosophie et le《dehors》*）」と改題）, 69, 71, 72, 73, 75, 80, 82, 62, 28, 44, 35（「パラノイア的政治（*La politique paranoïaque*）」と改題）, 37（「マルクス主義と迷信（*Marxisme et superstition*）」と改題）, 38（「ソ連と強制収容所（*L' U. R. S. S. et les camps*）」と改題）, 61（「ヤルタ文書（*Les Papiers de Yalta*）」と改題）, 65, 76（「非スターリン化について（*Sur la déstalinisation*）」と改題）, 51（「エロティスムについて（*Sur l'érotisme*）」と改題）, 59（「クローデルについて（*Sur Claudel*）」と改題）, 55（「雑報について（*Sur les faits divers*)」と改題), 64 (「棄権について (*Sur l'abstention*)」と改題), 21 (「インドシナについて (*Sur l'Indochine*)」と改題), 79 (「マダガスカルについて (*Sur Madagascar*)」と改題), 77 (「一九五八年五月一三日について (*Sur le 13 mai 1958*)」と改題), 78 (「明日は… (*Demain...*)」と改題)。」

84 「『シーニュ』への序文 (*Préface à Signes*)」Paris, Gallimard, 1960, pp. 7-47.

85 「A・エスナール著『フロイトの業績と現代世界におけるその重要性』のための序文 (*Préface à l'ouvrage de A. Hesnard: L'Œuvre de Freud et son importance pour le monde moderne*)」Paris, Payot, 1960, pp. 5-10.

86 「眼と精神 (*L'Œil et l'Esprit*)」〈*Art de France*〉1: 1, 1961, pp. 187-208.

A－Ⅱ　死後に公刊された著作

86a 「眼と精神」〈*T. M.*〉17: 184-185, 1961, pp. 193-227.

87 「クロード・シモンに関する五つのノート (*Cinq notes sur Claude Simon*)」〈*Médiations*〉n° 4, 1961-1962, pp. 5-9.

88 「モーリス・メルロ＝ポンティの一未公刊文書 (*Un inédit de Maurice Merleau-Ponty*)」〈*Revue de Métaphysique et de Morale*〉67: 4, 1962, pp. 401-409.

89 H・L・ファン・ブレダ――「モーリス・メルロ＝ポンティとルーヴァンのフッサール文庫 (*Maurice Merleau-Ponty et les Archives-Husserl à Louvain*)」〈*Revue de Métaphysique et de Morale*〉67: 4, 1962, pp. 410-430. (M・メルロ＝ポンティの書簡の抜萃が含まれている。p.

412, p. 420 suiv., pp. 429-430 参照。）

90 『見えるものと見えないもの――研究ノートを付す（*Le Visible et l'invisible, suivi de notes de travail*)』クロード・ルフォール編纂、Paris, Gallimard, 1964.

86 b 『眼と精神』Paris, Gallimard, 1964.

91 「実存の哲学（*La Philosophie de l'existence*)」（一九五九年にパリの大学区のカナダ館で話され、一九五九年一一月一七日にカナダのテレビで放送された談話。）〈*Dialogue*（*Revue canadienne de philosophie*)〉5: 3, 1966, pp. 307-322.

92 「『世界の散文』の序論の数ページ（*Pages d'《Introduction à la Prose du Monde》*)」、クロード・ルフォール校訂、〈*Revue de Métaphysique et de Morale*〉72: 2, 1967, pp. 139-153.（n° 93 からの抜萃。）

93 『世界の散文』、クロード・ルフォール校訂、Paris, Gallimard, 1969.

B－I　メルロ＝ポンティの講義

94 「ライプニッツにおける自由（*La Liberté chez Leibniz*)」、リヨン大学、一九四六―一九四七年度、〔未公刊〕。

95 「マールブランシュ、メーヌ・ドゥ・ビラン、ベルクソンにおける心と身体（*Âme et corps chez Malebranche, Maine de Biran et Bergson*)」、リヨン大学、一九四七―一九四八年度。(n° 96 の講義と平行して行なわれた講義。）

96 「マールブランシュ、ビラン、ベルクソンにおける心と身体の結合（*L'Union de l'âme et du*

corps chez Malebranche, Biran et Bergson)」、高等師範学校、一九四七―一九四八年度。

97 「言語と伝達（*Langage et communication*)」、リヨン大学、一九四七―一九四八年度、〔未公刊〕、(n° 25 参照)。

98 「ソシュール（*Saussure*)」、高等師範学校、一九四八―一九四九年度、〔未公刊〕。

99 「おとなから見た幼児（*L'Enfant vu par l'adulte*)」、ソルボンヌ〔パリ大学文学部〕、一九四九―一九五〇年度。

100 「幼児の意識の構造と葛藤（*Structure et conflits de la conscience enfantine*)」、ソルボンヌ、一九四九―一九五〇年度。

101 「児童心理学（*Psychologie de l'enfant*)」、ソルボンヌ、一九五〇―一九五一年度。

102 「意識と言語の習得（*La Conscience et l'acquisition du langage*)」、ソルボンヌ、一九四九―一九五〇年度。

103 「児童心理学の方法（*Méthode en psychologie de l'enfant*)」、ソルボンヌ、一九五一―一九五二年度。

104 「幼児の対人関係（*Les Relations avec autrui chez l'enfant*)」、ソルボンヌ、一九五〇―一九五一年度。

105 「人間諸科学と現象学（*Les Sciences de l'homme et la phénoménologie*)」、ソルボンヌ、一九五〇―一九五一年度。

48 「哲学をたたえて」、一九五三年一月一五日木曜日にコレージュ・ドゥ・フランスで行なわれた就任講義。

106　「感覚的世界と表現の世界（*Le Monde sensible et le monde de l'expression*）」、コレージュ・ドゥ・フランス、一九五二―一九五三年度。
107　「言語の文学的使用の研究（*Recherches sur l'usage littéraire du langage*）」、コレージュ・ドゥ・フランス、一九五二―一九五三年度。
108　「言語行為《パロール》の問題（*Le Problème de la parole*）」、コレージュ・ドゥ・フランス、一九五三―一九五四年度。
109　「歴史理論のための資料（*Matériaux pour une théorie de l'histoire*）」、コレージュ・ドゥ・フランス、一九五三―一九五四年度。
110　「個人および公共の歴史における〈制度化〉（*L'《Institution》 dans l'histoire personnelle et publique*）」、コレージュ・ドゥ・フランス、一九五四―一九五五年度。
111　「受動性の問題――眠り、無意識、記憶（*Le Problème de la passivité: Le sommeil, l'inconscient, la mémoire*）」、コレージュ・ドゥ・フランス、一九五四―一九五五年度。
112　「弁証法的哲学（*La Philosophie dialectique*）」、コレージュ・ドゥ・フランス、一九五五―一九五六年度。
113　「弁証法に関するテキストと注解（*Textes et commentaires sur la dialectique*）」、コレージュ・ドゥ・フランス、一九五五―一九五六年度。
114　「自然の概念（*Le Concept de Nature*）」、コレージュ・ドゥ・フランス、一九五六―一九五七年度。
115　「自然の概念（つづき）――動物性、人間の身体、文化への移行（*Le Concept de Nature*

(*suite*). *L'animalité, le corps humain, passage à la culture*)」、コレージュ・ドゥ・フランス、一九五七—一九五八年度。

116 〔「哲学の可能性（*Possibilité de la philosophie*）」〕、コレージュ・ドゥ・フランス、一九五八—一九五九年度。（クロード・ルフォールによってつけられた表題、n° 123, p. 141 参照。）

117 「現象学の限界に立つフッサール（*Husserl aux limites de la phénoménologie*）」、コレージュ・ドゥ・フランス、一九五九—一九六〇年度。

118 「自然とロゴス——人間の身体（*Nature et Logos: Le corps humain*）」、コレージュ・ドゥ・フランス、一九五九—一九六〇年度。

119 「デカルトの存在論と現代の存在論（*L'Ontologie cartésienne et l'ontologie d'aujourd'hui*）」、コレージュ・ドゥ・フランス、一九六〇—一九六一年度、〔未公刊〕。

120 「ヘーゲル以後の哲学と非哲学（*Philosophie et non-philosophie depuis Hegel*）」、コレージュ・ドゥ・フランス、一九六〇—一九六一年度。

B－Ⅱ　講義の要約

96 ジャン・ドゥプラン（Jean Deprun）編集——『マールブランシュ、ビラン、ベルクソンにおける心と身体の結合』、高等師範学校でのモーリス・メルロ＝ポンティの講義（一九四七—一九四八年度）において筆記されたノートを、ジャン・ドゥプランが収集、編纂したもの。Paris, Vrin, 1968.（リヨン大学の講義（n° 95）でとられたノートを参酌した第二版が準備中である。）

104 「幼児の対人関係」Paris, C. D. U.〔大学資料センター〕, 1953.〔メルロ＝ポンティ自身によっ

てまとめられたテキストであるが、第一部しか含んでいない。〕
105 「人間諸科学と現象学」Paris, C. D. U., 1953.〔メルロ＝ポンティ自身によってまとめられたテキストであるが、第一部しか含んでいない。〕
106 「感覚的世界と表現の世界」〈A. C. F.〉, 1953, pp. 145-150.
107 「言語の文学的使用の研究」〈A. C. F.〉, 1953, pp. 150-155.
108 「言語《パロール》行為の問題」〈A. C. F.〉, 1954, pp. 175-179.
109 「歴史理論のための資料」〈A. C. F.〉, 1954, pp. 180-187.
110 「個人および公共の歴史における〈制度化〉」〈A. C. F.〉, 1955, pp. 157-160.
111 「受動性の問題——眠り、無意識、記憶」〈A. C. F.〉, 1955, pp. 161-164.
112 「弁証法的哲学」〈A. C. F.〉, 1956, pp. 175-179.
113 「弁証法に関するテキストと注解」〈A. C. F.〉, 1956, pp. 179-180.
114 「自然の概念」〈A. C. F.〉, 1957, pp. 201-217.
115 「自然の概念（つづき）——動物性、人間の身体、文化への移行」〈A. C. F.〉, 1958, pp. 213-219.
116 〔「哲学の可能性」〕〈A. C. F.〉, 1959, pp. 229-237.
117 「現象学の限界に立つフッサール」〈A. C. F.〉, 1960, pp. 169-173.
118 「自然とロゴス——人間の身体」〈A. C. F.〉, 1960, pp. 173-176.
119 「デカルトの存在論と現代の存在論」〈A. C. F.〉, 1961, p. 163.（プログラムに題目が載っているだけである。）

120 「ヘーゲル以後の哲学と非哲学」〈*A. C. F.*〉, 1961, p. 163. *Philosophie et non-philosophie depuis Hegel——Note de cours, Texte établi et présenté par Claude Lefort* という標題のもとに、この講義の準備のためにつくられたノートがクロード・ルフォールによって校訂され、雑誌 *Textures,* Éditeur responsable, Marc Richir, n° 8-9, 1974, n° 10-11, 1975 に発表されている。

121 「ソルボンヌにおけるモーリス・メルロ＝ポンティ——学生たちが作成し、彼自身が承認した講義要録 (*Maurice Merleau-Ponty à la Sorbonne. Résumé de ses cours établi par des étudiants et approuvé par lui-même*)」〈*Bulletin de Psychologie*〉 18: 236, 1964, pp. 106-336.〔n° 103, 105, 100, 101, 102, 99, 104 の講義の要約を含んでいる。それらは以前、同じ会報の三、四、五巻（一九四九—一九五二年）に発表されたテクストである。〕

122 グザヴィエ・ティリエット (Xavier Tilliette) ——「フッサールと自然の概念——M・メルロ＝ポンティの講義でとられたノート (*Husserl et la notion de Nature. Notes prises au cours de Maurice Merleau-Ponty*)」〈*Revue de Métaphysique et de Morale*〉 70: 3, 1965, pp. 257-269.（X・ティリエットによってまとめられたテクストは、n° 114 の講義に拠っている。また n° 123, pp. 111-117 をも参照せよ。）

123 『講義要録——コレージュ・ドゥ・フランス、一九五二—一九六〇年 (*Résumés de Cours. Collège de France 1952-1960*)』、クロード・ルフォール編集、Paris, Gallimard, 1968.〔メルロ＝ポンティ自身によってまとめられ、〈*A. C. F.*〉に発表された要約の再録。n° 106-118 を参照。〕

C　未公刊の講演

124　ジャン・ヴァール――「実存主義の政治的、社会的諸局面に関するモーリス・メルロ＝ポンティの講演について（*À propos d'une conférence de Maurice Merleau-Ponty sur les aspects politiques et sociaux de l'existentialisme*）」〈*Fontaine*〉7: 51, 1946, pp. 678-679.（パリ大学の政治研究所において一九四六年三月二三日に行なわれた講演の批評。講演のテクストは未公刊のままである。）

125　〔「ベルギーでの講演（*Conférences de Belgique*）」〕、ルーヴァン、ブリュッセル、ガンで一九四六年の初頭に行なわれたもの。（一九四六年初頭に、とくにルーヴァンの高等哲学研究所およびブリュッセル大学でメルロ＝ポンティによって行なわれた諸講演にメトロ氏が付した表題。）

126　〔「哲学学院において一九四七年三月一四日になされた講演（*Conférence, fait le 14 mars 1947 au Collège philosophique*）」〕（R・カンベル（Campbell）が、彼の論文「両義性から英雄主義へ」（〈*Cahiers du Sud*〉53, 1966, p. 279, n 10）のなかでこの講演の事実に言及しているが、その題目をも一般的主題をも報告していない。）

127　J・L・デュマ――「諸講演（*Les conférences*）」〈*La Nef*〉5, 1948, pp. 150-151.（「人間と客体（*L'Homme et l'objet*）」という題で一九四八年になされた講演の批評。）

128　「今日の哲学――文学および生活とのその関係（*La Philosophie aujourd'hui. Ses rapports avec la littérature et la vie*）」、一九五九年五月一日にマンチェスターでなされた講演。（n° 90, p. 249 参照。しかし、メルロ＝ポンティはただ彼の「マンチェスターでの講演」と呼んでいるだけである。）

D　討議《デバ》と討論《コロク》

130 「哲学の教授資格（*L'Agrégation de philosophie*）」（G・フリートマン）、〈*B. S. F. P.*〉38: 4, 1938, pp. 130-133.〔参加発言のページ数、以下同様。〕

131 『ヨーロッパ精神――ジュネーヴでの国際間の出会い（*L'Esprit européen. Rencontres internationales de Genève*）』Neuchâtel, Éditions de la Baconnière, 1947, pp. 74-77, p. 133, pp. 252-256.（二つの注を付け加えておく。(a) pp. 74-77 の参加発言は、「ヨーロッパ的意識の危機（*Crise de conscience européenne*）」という題のもとに雑誌〈*La Nef*〉3: 24, 1946, pp. 66-73 に発表された。(b)それに対し、pp. 252-256 の参加発言は、「ヨーロッパにおける二つの哲学――マルクス主義と実存主義（*Deux Philosophies de l'Europe: Marxisme-Existentialisme*）」という題で、同じ雑誌の同じ巻 pp. 87-98 に発表された。）

132 「東西の出会い（*Rencontre Est-Ouest*）」〈*Comprendre*（*Revue de Politique de la Culture*）〉n° 16, 1956, pp. 210-221, pp. 226-230, p. 237, pp. 252-254, pp. 265-272, pp. 275-278, pp. 284-287, pp. 295-297.

133 「ヴェニスにおける東西の最初の対話（*Premier dialogue Est-Ouest à Venise*）」〈*L'Express*〉19 octobre 1956, pp. 21-24.（「レクスプレス」紙のこの論説は n° 132 に関係したものである。）

134 「精神分析とその教育（*La Psychanalyse et son enseignement*）」（J・ラカン）、〈*B. S. F. P.*〉51: 2, 1957, pp. 98-100.

135 「現象学の理念についての注解（*Commentaire sur l'idée de la phénoménologie*）」（A・ド・ヴァーレンス）、「フッサール（*Husserl*）」〈*Cahiers de Royaumont* (*Philosophie n° III*)〉

Paris, Éditions de Minuit, 1959 に所収、pp. 157-159.
136　「マールブランシュの哲学における意志（*La Volonté dans la philosophie de Malebranche*)」（ジネット・ドレフュス）〈*B. S. F. P.*〉54: 4, 1960, pp. 133-137.
137　「構造という語についての討論（*Colloque sur le mot structure*)」、『人間の科学および社会科学における構造という語の意味と用法（*Sens et usages du terme structure dans les sciences humaines et sociales*)』（R・バスティッド編集、's-Gravenhage, Mouton & Co., 1962）に所収、pp. 153-155, pp. 156-157.
138　「現象学対《精神の概念》（*La Phénoménologie contre《The Concept of Mind》*)」（ギルバート・ライル）、「分析哲学（*La philosophie analytique*)」〈*Cahiers de Royaumont (Philosophie n° IV)*〉Paris, Éditions de Minuit, 1962 に所収、pp. 93-96.
139　「言語と無意識（*Langage et inconscient*)」（コンラッド・シュタイン）、『無意識（*L'inconscient*)』〈第六回ボンヌヴァル討論〉Paris, Desclée de Brouwer, 1966 に所収、p. 143.
(n° 30, 44 をも参照せよ。)

E　対談

140　ジョルジュ・シャルボニエ――「モーリス・メルロ＝ポンティとの一二の対話（*Douze entretiens avec Maurice Merleau-Ponty*)」、フランス放送協会（R. T. F.）のために一九五九年五月二二日から八月七日までの間に録音されたもの。
1　「哲学者の職分（*La Vocation du Philosophe*)」

2 「高等師範学校 (*L'École Normale Supérieure*)」

3 「雑誌〈レ・タン・モデルヌ〉(*La Revue《Les Temps Modernes》*)」

4 「ヒューマニズムとテロル」

5 「弁証法の冒険」

6 「哲学者のイエスとノー (*Le oui et le non du Philosophe*)」

7 「無神論的実存主義 (*L'Existentialisme athée*)」

8 「宗教思想の危機 (*La Crise de la pensée religieuse*)」

9 「突き出ている人間 (*L'Homme en porte-à-faux*)」

10 「閉塞した思想 (*La Pensée bloquée*)」

11 12 「哲学者の旅 (*Les Voyages du Philosophe*)」

141 マドレーヌ・シャプサル——『生ま身の著作家たち (*Les Écrivains en Personne*)』Paris, Julliard, 1960,〔対談〕pp. 145-163.

142 ジャン・ポール・ウェーバー——「哲学と政治は連帯的である——M・メルロ=ポンティのインタヴュー (*La Philosophie et la politique sont solidaires. Interview de M. Merleau-Ponty*)」、〈*Le Monde*〉31 décembre 1960.

II メルロ=ポンティの著作の邦訳

5 『行動の構造』(滝浦静雄・木田元訳、みすず書房) 一九六四年。

24 『ヒューマニズムとテロル』（森本和夫訳、現代思潮社）一九六五年。
86 『眼と精神』（滝浦静雄・木田元訳、みすず書房）一九六六年――86「眼と精神」のほかに、二つのソルボンヌ講義105「人間諸科学と現象学」、104「幼児の対人関係」、コレージュ・ドゥ・フランス就任講義48『哲学をたたえて』を収録。
7 『知覚の現象学』（竹内芳郎・小木貞孝・木田元・宮本忠雄訳、みすず書房）、1、一九六七年、2、一九七四年、（中島盛夫訳、法政大学出版局、一九八二年）。
83 『シーニュ』（竹内芳郎・海老坂武・粟津則雄・木田元・滝浦静雄・佐々木宗雄・二宮敬・朝比奈誼訳、みすず書房）、1、一九六九年、2、一九七〇年。
66 『弁証法の冒険』（滝浦静雄・木田元・田島節夫・市川浩訳、みすず書房）一九七二年。
120 「ヘーゲル以後の哲学と非哲学」（田島節夫・実川敏夫・田島由美子訳、雑誌『理想』メルロ＝ポンティ特集号、一九七七年三月、所収）――著作リスト120の講義のための準備ノートの抄訳。
93 『世界の散文』（滝浦静雄・木田元訳、みすず書房）一九七九年。
123 『言語と自然――コレージュ・ドゥ・フランス講義要録　1952―60』（滝浦静雄・木田元訳、みすず書房）一九七九年――123『講義要録――コレージュ・ドゥ・フランス、一九五二―一九六〇年』のほか、88「モーリス・メルロ＝ポンティの一未公刊文書」、122「フッサールと自然の概念」、85「A・エスナール著『フロイトの業績と現代世界におけるその重要性』のための序文」（訳書では「精神分析と現象学」）を付録として収録。
96 『心身の合一――マールブランシュとビランとベルクソンにおける』（滝浦静雄・中村文郎・砂原陽一訳、朝日出版社）一九八一年――著作リスト96の講義ノート。

32 『意味と無意味』（滝浦静雄・粟津則雄・木田元・海老坂武訳、みすず書房）一九八三年。

90 『見えるものと見えないもの』（滝浦静雄・木田元訳、みすず書房）近刊。

Ⅲ　メルロ＝ポンティの著作に関する参考文献

メルロ＝ポンティに関する参考文献は、すでにおびただしい数にのぼっている。欧米の、それも一九七六年までに限られるが、そのほぼ完全な書誌がFrançois LapointeとClaire Lapointeによって作られているが（*Maurice Merleau-Ponty and His Critics. An International Bibliography (1942-1976)*, New York & London, Garland Publishing Inc., 1976）、そこには七五五の文献が挙げられている。手近なところでは、先にふれたX・ティリエット『メルロ＝ポンティ――あるいは人間の尺度』（木田元・篠憲二訳、大修館書店、一九七三年）に付せられた「書誌」もあるので、詳細はそれに譲り、ここでは筆者の手元にある研究書や雑誌の特集号に限ることにした（雑誌論文は除く）。年代順に配列し、邦訳のないものには若干のコメントをくわえた。（それ以外の参考文献は索引にゆずることにした。）

A. de Waelhens: *Une philosophie de l'ambiguïté, L'existentialisme de Maurice Merleau-Ponty*, Louvain, Nauwelaerts, 1951 et 1967.――メルロ＝ポンティの初期の思想についての古典的な研究書。『行動の構造』の再版に際してメルロ＝ポンティは、ヴァーレンのこの本の序論を、そのまま序文として採録している。

A. Podlech: *Der Leib als Weise des In-der-Welt-seins*, Bonn, H. Bouvier. u. co. Verlag, 1956.

――主としてサルトルとメルロ＝ポンティに拠った現象学的身体論。

J. Moreau: *L'horizon des esprits. Essai critique sur la Phénoménologie de la perception*, Paris, P. U. F., 1960.――これもメルロ＝ポンティの生前に出された、『知覚の現象学』についてのすぐれた研究書である。

Herbert Spiegelberg: *The phenomenological movement. A historical introduction*, 2 vols, Phaenomenologica 5-6, Den Haag, Martinus Nijhoff, 1960.――現象学運動についての詳細な歴史的研究。第2巻でメルロ＝ポンティが扱われている。

Les Temps Modernes, numéro spécial, octobre 1961.――メルロ＝ポンティの歿年に出された『現代《レ・タン・モデルヌ》』の特集号。サルトルの『生けるメルロ＝ポンティ』（邦訳が『シチュアシオンⅣ』人文書院、一九六四年、に収録されている）のほか、イポリット、ラカン、ルフォール、ポンタリス、ドゥ・ヴァーレン、ジャン・ヴァールの追悼文、追悼論文が収録されている。

Merleau-Ponty, 〈*Revue de métaphysique et de morale*〉 oct.-déc. 1962.――『ルヴュ・ドゥ・メタフィジック・エ・ドゥ・モラール』のメルロ＝ポンティ特集号。H. L. Van Breda: Maurice Merleau-Ponty et les Archives-Husserl à Louvain（「モーリス・メルロ＝ポンティとルーヴァンのフッサール文庫」前田耕作訳『現象学研究』せりか書房、一九七二年一〇月創刊号所収）が収められている。

R. C. Kwant: *The phenomenological philosophy of Merleau-Ponty*, Pittsburgh, Pa., Duquesne University Press, et Louvain, Nauwelaerts, 1963.（『メルロー＝ポンティの現象学的哲学』滝浦静雄・竹本貞之・箱石匡行訳、国文社、一九七六年）

A. Robinet: *Merleau-Ponty. Sa vie, son œuvre, avec un exposé de sa philosophie*, Paris, P. U. F., 1963.——叢書 Philosophes の1冊。メルロ＝ポンティの著書からの抜粋をふくむ小冊子。

W. Maier: *Das Problem der Leiblichkeit bei Jean-Paul Sartre und Maurice Merleau-Ponty*, Tübingen, Niemeyer, 1964.——サルトルとメルロ＝ポンティの身体論の比較研究。

Richard M. Zaner: *The Problem of Embodiment*, Phaenomenologica 17, Den Haag, Martinus Nijhoff, 1964.——ガブリエル・マルセル、サルトル、メルロ＝ポンティの身体論の比較研究。

Présence de Merleau-Ponty, 〈*Critique*〉 Décembre 1964.——雑誌『クリティク』のメルロ＝ポンティ特集号。ヴュイユマン、グリーン、カウフマンの三篇のメルロ＝ポンティ論が集められている。

Mary Rose Barral: *Merleau-Ponty. The role of the body-subject in interpersonal relations*, Pittsburgh, Pa., Duquesne University Press, 1965.——かなり早い時期に、英語圏でメルロ＝ポンティの「現象学的実存主義」を紹介したもの。

Thomas Langan: *Merleau-Ponty's critique of reason*, New Haven and London, Yale University Press, 1966.——初期の作品に焦点を合わせたメルロ＝ポンティの哲学のまとまった紹介。

R. C. Kwant: *From phenomenology to metaphysics. An Inquiry into the last period of Merleau-Ponty's philosophical life*, Pittsburgh, Pa., Duquesne University Press, 1966.——オランダのユトレヒト大学の教授であり、アメリカのピッツバーグのデュケイン大学でも講義をしている著者が前著『メルロ＝ポンティの現象学的哲学』に次いで、後期思想に焦点を合わせて書

いた研究書。
Michel-Antoine Burnier: *Les existentialistes et la politique*, Paris, Gallimard, 1966.（M＝A・ビュルニエ『実存主義と政治』篠田浩一郎訳、紀伊國屋書店、一九六八年）
Xavier Tilliette: *Merleau-Ponty ou la mesure de l'homme*, Paris, Éditions Seghers, 1970.（X・ティリエット『メルロ＝ポンティ――あるいは人間の尺度』木田元・篠憲二訳、大修館書店、一九七三年）――セゲルスの「永遠の哲学者」叢書の一冊。メルロ＝ポンティの最後期の思想の検討に多くの紙数をさいているすぐれた研究書。
Albert Rabil Jr: *Merleau-Ponty, existentialist of the Social world*, New York & London, Columbia University Press, 1967.――これも英語圏へのメルロ＝ポンティの哲学の紹介書。年代を追いながら、社会哲学を中心にその思想の展開を跡づけている。
Ludwig Landgrebe: Merleau-Pontys Auseinandersetzung mit Husserls Phänomenologie, in *Phänomenologie und Geschichte*, Gütersloh, Gütersloher Verlagshaus Gerd Mohn, 1967.――フッサールの直接の弟子である、ドイツの現象学者ラントグレーベによるメルロ＝ポンティの評価。一九六六年におこなわれたラジオ講演「フランスにおける現象学」をもとにしたものだが、条理を尽したみごとなもの。
John O'Neill: *Perception, Expression, and History. The social phenomenology of Maurice Merleau-Ponty*, Evanston, Northwestern University Press, 1970.――カナダでの現象学的社会学・政治学の提唱者によるメルロ＝ポンティの哲学の紹介。『弁証法の冒険』の英訳者であるだけに、よく読みこなしている。最近邦訳の出た同じ著者の論文集『言語・身体・社会――社会的世界の現象学とマルクス主義』（須田朗・財津理・宮武昭訳、新曜社、一九八四年）にもメルロ＝ポンティへの言及が見られる。

Théodore F. Geraets: *Vers une nouvelle philosophie transcendantale. La genèse de la philosophie de Maurice Merleau-Ponty jusqu'à la phénoménologie de la perception,* Phaenomenologica 39, Den Haag, Martinus Nijhoff, 1971.——副題の示すとおり、『知覚の現象学』にいたるまでのメルロ＝ポンティの思想形成を問題にした貴重な研究。筆者も本書執筆にあたって裨益されるところ大きかった。

François Heidsieck: *L'ontologie de Merleau-Ponty*, Paris, P. U. F., 1971.——しゃれた構成で、小冊ながら眼配りのよくきいた研究書。

Merleau-Ponty, 〈*L'arc*〉 46, 1971.——雑誌『アルク』の特集号。レヴィ＝ストロースの「いくたびかの出会い」のほか、モーリス・ブランショ、ルフォール、ゴーシェ、マルク・リシール、J＝P・シモン、ポンタリス、カストリアディス、ベルナール・パンゴー、ルネ・ミシャの諸論文を収めている。そのうちのいくつかが『現象学研究』特別号「モーリス・メルロ＝ポンティ」（せりか書房、一九七六年）に訳出されている。

Georg Pilz: *Maurice Merleau-Ponty—Ontologie und Wissenschaftskritik*, Bonn, Bouvier Verlag Herbert Grundmann, 1973.——初期の作品に焦点を合わせ、メルロ＝ポンティの哲学的立場を規定しようとする試み。

Gary Brent Madison: *La phénoménologie de Merleau-Ponty—Une recherche des limites de la conscience*, Paris, Édition Klincksieck, 1973.——芸術論と言語論を中心に据えて、メルロ＝ポ

ンティの著作の存在論的読解を試みた重要な研究書。ポール・リクールの序文が付されている。

Garth Gillan (ed.): *The horizons of the flesh—critical perspectives on the thought of Merleau-Ponty*, London and Amsterdam, Southern Illinois University Press, 1973.――アメリカの若い研究者たちが比較的後期の思想に焦点を合わせながら書いた論文を集めたもの。

James M. Edie: Foreword to Merleau-Pontys *Consciousness and the acquisition of language*, Evanston, Northwestern University Press, 1973.――メルロ＝ポンティのソルボンヌ講義の一つ[102]「意識と言語の習得」の英訳に付されたJ・M・エディの序文。メルロ＝ポンティの言語論の展開を概観している。訳者シルヴァーマンの序文も、リヨン大学時代のメルロ＝ポンティの講義について、くわしい情報を与えてくれる。

X. Tilliette & A. Métraux: M. Merleau-Ponty, Das Problem des Sinnes, in *Grundprobleme der großen Philosophen, Philosophie der Gegenwart II*, Göttingen, UTB Vandenhoeck, 1973.――『大哲学者の根本問題』というシリーズの現代篇に収められた論文。意味の問題に焦点を合わせており、読みごたえがある。

James M. Edie: *Speaking and meaning—the phenomenology of language*, Bloomington, Indiana University Press, 1976.――『ことばと意味――言語の現象学』（滝浦静雄訳、岩波書店、一九八〇年）

R. Grathoff & W. Sprondel (ed.): *Maurice Merleau-Ponty und das Problem der Struktur in den Sozialwissenschaften*, Stuttgart, Ferdinand Enke Verlag, 1976.――一九七三年六月に、ボーデン湖畔のコンスタンツでおこなわれたコロキウム『モーリス・メルロ＝ポンティと社会諸科

学における構造の問題』の記録。一三篇の論文が収録されているが、メルロ＝ポンティに直接ふれているのは次の三篇である。
B. Waldenfels: Die Offenheit sprachlicher Strukturen bei Merleau-Ponty.
J. Taminiaux: Über Erfahrung, Ausdruck und Struktur: ihre Entwicklung in der Phänomenologie Merleau-Pontys.
A. Métraux: Über Leiblichkeit und Geschichtlichkeit als Konstituentien der Sozialphilosophie Merleau-Pontys.

J. Taminiaux: *Le regard et l'excédent*, Phaenomenologica 75, Den Haag, Martinus Nijhoff, 1977.——論文集であるが、第五論文 La phénoménologie dans le dernier ouvrage de Merleau-Ponty, 第六論文 L'expérience, l'expression et la forme dans l'itinéraire de Merleau-Ponty でメルロ＝ポンティが論じられている。

Ilina Gregori: *Merleau-Pontys Phänomenologie der Sprache*, Heiderberg, Carl Winter Universitätsverlag, 1977.——『知覚の現象学』から『見えるものと見えないもの』にいたるまでの言語論の展開を追ったもの。

Hubert Wallot: *L'accès au monde littéraire ou éléments pour une critique littéraire chez Maurice Merleau-Ponty*, Québec, Édition Naaman, 1977.——カナダの医師が、最初メルロ＝ポンティの言語論、殊に表現論や言語の文学的用法に焦点を合わせて書かれた論文をふくらませて、マックギル大学の文学部に提出した学位論文。

Heidi Aschenberg: *Phänomenologische Philosophie und Sprache—Grundzüge der*

Sprachtheorien von Husserl, Pos und Merleau-Ponty, Tübingen, Verlag Gunter Narr, 1978.――フッサールと、その弟子であったオランダの言語哲学者ポス、それにメルロ＝ポンティによる現象学的言語論の展開を跡づけた言語学者の論文。

Claude Lefort: *Sur une Colonne absente, Écrits autour de Merleau-Ponty*, Paris, Gallimard, 1978.――メルロ＝ポンティの弟子であり、その遺稿の編纂者でもあるルフォールがメルロ＝ポンティをめぐって書いた八篇の論文を集めたもの。さすがに参考になる。

Birgit Frostholm: *Leib und Unbewußtes—Freuds Begriff des Unbewußten interpretiert durch den Leib-Begriff Merleau-Pontys*, Bonn, Bouvier Verlag Herbert Grundmann, 1978.――一方でフロイトの無意識の概念、他方でフッサールの身体概念がメルロ＝ポンティの身体概念においてどう継承され展開されたかを考察した論文。

Samuel B. Mallin: *Merleau-Ponty's Philosophy*, New Haven and London, Yale University Press, 1979.――カナダの哲学者の手になる概説書。

David Archard: *Marxism and existentialism—the political philosophy of Sartre and Merleau-Ponty*, Belfast, Blackstaff Press, 1980.――サルトルとメルロ＝ポンティの思想の展開をマルクス主義との関係に焦点を合わせながら跡づけたイギリスの哲学者の論文。

Bernard Sichère: *Merleau-Ponty ou le corps de la philosophie*, Paris, Bernard Grasset, 1982.――メルロ＝ポンティの高等師範学校時代の友人で左翼の評論家J・T・ドサンティの珍しい序文の付されたよく眼配りのきいた研究書。

Maurice Merleau-Ponty, 〈*Esprit*〉 Juin 1982.――雑誌『エスプリ』のメルロ＝ポンティ特集号。

デュフランヌやルフォールも書いている。

邦語のものとしては

田島節夫『実存主義と現代』（現代思潮社）一九六二年。
滝浦静雄『想像の現象学』（紀伊國屋書店）一九七二年。
滝浦静雄『言語と身体』（岩波書店）一九七八年。
廣松渉・港道隆『メルロ＝ポンティ』（岩波書店）一九八三年。
木田元『現代哲学――人間存在の探究』（日本放送出版協会）一九六九年。
木田元『現象学』（岩波書店）一九七〇年。
『現代思想』メルロ＝ポンティ特集号（青土社）一九七四年八―九月号。
『理想』メルロ＝ポンティ特集号（理想社）一九七七年三月号。

メルロ＝ポンティの著作の邦訳補遺

＊学術文庫化にあたり、編集部作成に拠る、本書刊行後から二〇二四年までに刊行されたメルロ＝ポンティの邦訳文献の一覧を付す。単行本として刊行されたもののみを対象とし、論文単位での訳出は含めなかった。

『知覚の本性――初期論文集』（加賀野井秀一編訳、法政大学出版局）一九八八年。

『見えるものと見えないもの』（滝浦静雄・木田元訳、みすず書房）一九八九年。

『意識と言語の獲得』（ソルボンヌ講義1、木田元・鯨岡峻訳、みすず書房）一九九三年。

『見えるものと見えざるもの』（クロード・ルフォール編、伊藤泰雄・岩見徳夫・重野豊隆訳、法政大学出版局）一九九四年。

『メルロ＝ポンティ・コレクション』（中山元編訳、ちくま学芸文庫）一九九九年。

『サルトル／メルロ＝ポンティ往復書簡――決裂の証言』（菅野盾樹訳、みすず書房）二〇〇〇年。

『人間の科学と現象学』（メルロ＝ポンティ・コレクション1、木田元編、木田元・滝浦静雄・竹内芳郎訳、みすず書房）二〇〇一年。

『哲学者とその影』（メルロ＝ポンティ・コレクション2、木田元編、木田元・滝浦静雄訳、みすず書房）二〇〇一年。

『幼児の対人関係』（メルロ＝ポンティ・コレクション3、木田元編、木田元・滝浦静雄訳、みすず書房）二〇〇一年。

『間接的言語と沈黙の声』（メルロ＝ポンティ・コレクション4、木田元編、朝比奈誼・粟津則雄・木田元・佐々木宗雄訳、みすず書房）二〇〇二年。

『言語の現象学』（メルロ＝ポンティ・コレクション5、木田元編、木田元・滝浦静雄・竹内芳郎訳、みすず書房）二〇〇二年。

『ヒューマニズムとテロル――共産主義の問題に関する試論』（メルロ＝ポンティ・コレクション6、木田元編、合田正人訳、みすず書房）二〇〇二年。

『政治と弁証法』（メルロ＝ポンティ・コレクション7、木田元編、木田元・海老坂武訳、みすず書房）二〇〇二年。

『フッサール『幾何学の起源』講義』（加賀野井秀一・伊藤泰雄・本郷均訳、法政大学出版局）二〇〇五年。

『心身の合一――マールブランシュとビランとベルクソンにおける』（滝浦静雄・中村文郎・砂原陽一訳、ちくま学芸文庫）二〇〇七年。

『知覚の哲学――ラジオ講演一九四八年』（菅野盾樹訳、ちくま学芸文庫）二〇一一年。

『行動の構造』（全二冊、滝浦静雄・木田元訳、みすず書房）二〇一四年。

『メルロ゠ポンティ『眼と精神』を読む』（富松保文訳・注、武蔵野美術大学出版局）二〇一五年。

『メルロ゠ポンティ哲学者事典』（全三巻、加賀野井秀一・伊藤泰雄・本郷均・加國尚志監訳、白水社）二〇一七年。

『コレージュ・ド・フランス講義草稿 一九五九―一九六一』（ステファニー・メナセ編、松葉祥一・廣瀬浩司・加國尚志訳、みすず書房）二〇一九年。

『大人から見た子ども』（滝浦静雄・木田元・鯨岡峻訳、みすず書房）二〇一九年。

『自然――コレージュ・ド・フランス講義ノート』（ドミニク・セグラール編、松葉祥一・加國尚志訳、みすず書房）二〇二〇年。

『精選シーニュ』（廣瀬浩司編訳、ちくま学芸文庫）二〇二〇年。

『子どもの心理‐社会学』（ソルボンヌ講義2、松葉祥一・澤田哲生・酒井麻依子訳、みすず書房）二〇二三年。

あとがき

　本書は、雑誌『現代思想』の一九七六年七月号から一九八二年二月号まで三六回にわたって「メルロ＝ポンティの世界」という標題で連載したものを、大幅に整理し、幾分補筆して成ったものである。一九七六年の春頃であったろう、新たに『現代思想』の編集長を引き受けられた三浦雅士氏が研究室に来て、メルロ＝ポンティの著作の翻訳もかなり出そろったが、いわば素人にそうすぐに読みこなせるものでもないので、それを読みながら翻訳を読んでゆけば理解の助けになるような、解説半分、研究半分といった形の連載をやってみないかという申し出をされた。当時ほかの出版社から書きおろしでメルロ＝ポンティの思想の解説書を出さないかという話もあったが、なかなか着手するきっかけがつかめないでいたところだったので、ではその足ならしのつもりでやってみるかというので始めたのがこの連載である。三浦氏も、当初はおそらく一年一二回くらいのことを考えておられたのだろうと思うし、私もそんなつもりだったのが延々三六回になってしまったのである。むろん大まかなプランは立てていたのだが、大学の講義やほかの仕事もしながらの毎月の連載というのは、それに使える日数が限られているので、一回にそう何十枚も書くわけにはいかない。その頃新しく出たばかりのジェラーツの研究書などを種に書いていると、思想形成期だけで五回にもなってしまった。そこに生来の怠惰と遅筆が手伝って、締切ギリギリまで書いてもまとまらずやむなく休載にする、一九七九年には私としては大病をして入院をし、前後一年以上休んでしまうといったことで、結局足かけ七年、三六回という非常識な連載になってしまった。辛棒づよくこんな連載を続けさせてくれた三浦氏には、お礼の申し上げようもないくらいである。

正確には計算していないが、結局一二〇〇枚くらい書いたのであろうが、今度こうした形でまとめるに当って、紙幅の関係から、あまりに紹介に終始している部分を三〇〇枚分ほど削った。出来ればその後出た研究書をも参照しながら全面的に書き直したいところであるが、今はとてもそんな気力も体力もないので、不本意ながら幾分の補筆でまとめるしかなかった。校正刷が出てあらためて読み直してみると、自分ではこの連載のなかでも書いたつもりでいたのに、書き落してしまったこと——たとえばメルロ＝ポンティの「制度化」の概念について——のあるのに思いあたったり、全体として粗密の度合にひどく不均衡のあることに気づいたり、多々不満は残るが、今となってはいたし方ない。「制度化」の概念については、別の機会に書いたことがあるので御参照願えれば幸いである。また、メルロ＝ポンティの思想にあって政治論や、殊に芸術論は大きな位置を占めているのだが、これにはまったくふれることができなかった。これはもっぱら紙幅の関係と、それに根気が尽きてしまったことによる。他日機を見て取り組んでみたいと思っている。

私事にわたって恐縮であるが、生来ひどく怠け者の私は、自分から進んで仕事をするというようなことはおよそありそうにもなく、こういう機会を与えてもらえなければ、これだけまとまったものを書くことなどけっしてなかったであろう。その意味では、編集者の方々に実に大きなものを負うていると日頃思っている。この本に関しても連載の機会を与えてくれた三浦雅士氏、それをこうした形で本にまとめる機会を与えてくれた岩波書店の大塚信一氏には本当にお世話になった。大塚氏は、いつもなんとなく見守ってくれていて、したい時にしたい仕事ができるように計らってくれる。この機会に改めて御礼を申し上げたい。この連載については、もう一つ忘れられないことがある。私の原稿は枡目を無視して書いた、訂正だらけのきたないものであるが、毎月ほとんど誤植のないきれいな校正刷が出てくる。不思議に思って、その頃毎月原稿をとりに来てくれていた坂下裕明君によく「ずいぶんいい印刷所を使っているんだね」と言っていた。そのつど坂下君は困ったような笑い方をしていたが、もう十数回を過ぎたいつであったか、聞えないほどの早口で、「実は印刷所に入れる前に、ちょっと書き直しているんです」と言った。それを聞いたとき、全身電気に打たれたようになったのを今でも覚えている。どうせ毎月締切を過ぎ、ギリギリになってから渡す原稿である。徹夜でもしなければ清書できるわけはない。申しわけなさと有難いという思いで胸がいっぱいになってしまった。だからと言って、翌月から原稿がきれいになったというわけではないのだが、自分ひとりでやっているようなつもりでいても、一つの仕事をするのにこんなにもひとさまの力を借りていたのかということをつくづくと思い知らされて、その後はいくらか生き方が変わったような気がする。今は中央公論社に移られた坂下君にも厚く御礼を申し上げたい。坂下君のあとを継いで編集の任に当ってくれた植野郁子さん、索引の作成に当ってくれた財津理君、村岡晋一君、福田收君、永山将史君、それに編集者としての最初の仕事だと言って力を入れてくれている岩波書店の川上隆志君にも謝意を表したい。

少し気はずかしいが、好き勝手な生き方をする扱いにくい息子をいつも暖かく見守ってきてくれた父上にこの本を捧げたい。

一九八四年七月二五日

木田　元

解説

加國尚志

この本の発売日に書店まで駆けるようにして急いだのが、思い出してみれば四〇年前、それだけの時を経過してもなお、メルロ＝ポンティ哲学全体の概説書、解説書として、質量ともにいまだこれを超えるものがないことにあらためて気づかされる。

まず、その量。著者あとがきにある通り、青土社の雑誌『現代思想』に一九七六年から足かけ七年、三六回にわたって連載され、連載終了後、一九八四年に岩波書店からA5判四三〇頁に及ぶ大冊の書物として出版され、モーリス・メルロ＝ポンティの生涯の学説を詳論して余すところがない。そもそも月刊誌で七年間に及ぶ長期連載が許され、九〇〇枚に及ぶ原稿を他の出版社が出版する、という事実は、メルロ＝ポンティの思想全般の解説書が一九七〇―八〇年代初頭にいかに待ち望まれていたか、そして木田元がいかに期待され、信頼された書き手であったかを示している。

木田元は本書に先立って、一九七〇年に『現象学』（岩波新書）を刊行している。それはフッサール、ハイデガー、サルトル、そしてメルロ＝ポンティという順序で現象学運動の流れを叙述するものだったが、彼はそこで、後期フッサールの現象学を拡張的に発展させたメルロ＝ポンティの哲学を、現象学運動の向かうべき正統な方向として描いている。最近の現象学の解説ではこういう整理はされないのだろうが、この本が広範な読者を獲得したこともあって、一九七〇年頃の日本でメルロ＝ポンティの名前は、彼の展開した身体論や生活世界の現象学とともに、マルクス主義や実存主義と並ぶ、そしてそれらを超えた視点を与えてくれる、時代の思想として受け止められていたようだ。一九六一年に五三歳という若さで亡くなり、六〇年代に遺稿が出版されるも、その全貌をつかむことが容易でなかったこの哲学者についての、要を得た解説書が当時どれほど期待されていたかは、重ねて言うまでもない。解説書としては異例の大部となった本書には、そうした時代の要望が反映しているのである。

そして、哲学解説書としての質。メルロ＝ポンティの生涯と共に、刊行された著作の順を追って通覧することによって、生涯にわたる思想の変遷をたどると同時に、その思想の区分をつけ、「ゲシュタルト」「構造」「現象野」「世界内存在」「身体」「言語」「他者」「歴史」「存在」といった重要な概念に焦点を当てて整理しながら、その問題の射程を浮かび上がらせる、という、実に行き届いた、よく考えられた構成となっている。思想の解釈、解説というのは、いずれにせよ再構成であるわけだが、ひとりの哲学者の生涯をたどる編年体的構成と、その思考の核となる概念地図的構成との両輪による物語作りの巧みさも、古典的な手法とはいえ、見事である。うまく語られた物語とは、すべてが語られた、という印象を読後に与えるものだが、本書はまさに、木田元によってこのうえなくうまく語られたメルロ＝ポンティ物語なのである。

しかし、本書が雑誌連載七年の成果であるばかりではなく、その準備期間ということになると、それこそ大変な時間がそこに費やされている。木田元は、メルロ＝ポンティの一部の著作を除くほとんどの著作を、滝浦静雄（一九二七―二〇一一年）と共訳している。その最初のものは『行動の構造』（みすず書房）で一九六四年、つづいて論文集『眼と精神』（みすず書房）で一九六六年、『言語と自然』（みすず書房）、『世界の散文』（みすず書房）が一九七九年、『見えるものと見えないもの』（みすず書房）が一九八九年であるから、本書刊行まで二〇年、その後も含めれば二五年にわたって、木田元はひたすらメルロ＝ポンティの文章を翻訳していたことになる。どんな理屈をもってこようが、外国語で書かれた思想を理解するには、原書を逐文逐語精読する以外に方法はない。まさにこのような長年にわたる地道な翻訳と読解という作業が、本書のような包括的な概説を可能にした。その意味では、本書は日本の特異な西洋哲学翻訳文化の生み出したものと言えそうであるし、翻訳者でなくては与えられない細やかな解釈の視点に満ちた最良の道案内と言える。

木田元は東北大学で大学院一年生まで三宅剛一（一八九五―一九八二年）に教えを受けて

いる。三宅剛一は西田幾多郎門下、フライブルクでフッサールやハイデガーに教わった哲学者であり、東北大学、京都大学で教鞭を執り、日本への現象学導入に重要な役割を担った人物である。三宅剛一はサルトルやメルロ゠ポンティの哲学にも理解を示していて、弟子たちにその研究を勧めていた、と言われている。木田元は三宅剛一のもとでハイデガーを教わっていたが、当時東北大学助教授の松本彦良という人が始めたサルトル『存在と無』の読書会に参加したらしい。この松本彦良は残念なことに早逝してしまい、その後、木田や滝浦がメルロ゠ポンティを読み続けていったのだろう。ドイツから日本に輸入された現象学の種が蒔かれ、いわばそこから出た新芽から伸びた蔓がメルロ゠ポンティの著作に巻きついた、というところだろうか。

その意味では、木田元はやはり現象学者であり、当然ながら『メルロ゠ポンティの思想』も、フッサールやハイデガーの哲学の理解の上に立って書かれている。これがたとえば、デカルトやベルクソンを研究するフランス哲学研究者なら、また違うメルロ゠ポンティ像を描いたにちがいないが、ある意味では、メルロ゠ポンティが現象学者として紹介されたことは、この哲学者を哲学史に位置づけるのに、この時期の日本ではたいへんわかりやすい指標を与えるものであったこともたしかである。『知覚の現象学』は一九四五年の刊行当時まだ遺稿として未刊だったフッサールの『ヨーロッパ諸学の危機と超越論的現象学』第三部（これも細谷恒夫との共訳で木田元が訳している）や『イデーンII』などの読解とともに生まれたものであるし、一九五八―五九年のコレージュ・ド・フランス講義でメルロ゠ポンティは、フッサールの『危機』書とともに、いわゆる「転回（ケーレ）」以降のハイデガーの読解に取り組み、その翌年度一九五九—六〇年の講義ではフッサールの「幾何学の起源」と「コペルニクス説の転覆」の翻訳までしている。現象学に理解のない人には、メルロ゠ポンティの哲学はつかめない、と言って過言ではない。その意味では、むしろドイツ系の現象学を学んでいた木田元がメルロ゠ポンティの翻訳に取り組み、その最初の紹介者となったことは、日本のメルロ゠ポンティ研究にとって幸運なことだったと言ってよい。

しかし、本書を読んでいただければわかる通り、メルロ゠ポンティは、現象学にとどまらず、ゲシュタルト心理学・生理学、実存主義、ソシュール言語学、マルクス主義、児童心理学、精神分析、二〇世紀の文学や芸術など、その時代の実にさまざまな分野に真摯に取り組む哲学者でもあった。メルロ゠ポンティの講義のタイトルに「現象学の限界に立つフッサール」というのがあるが、むしろ現象学と現象学以外の哲学や科学との境界線に立とうとしていたのは、メルロ゠ポンティその人だった。何より、メルロ゠ポンティはそれらの著作を読み、解釈した人であり、通り一遍の哲学史的知識だけでは、彼の叙述にはついていけない。メルロ゠ポンティを読む人は、またメルロ゠ポンティの読んだものも読まなくてはならないのである。

本書では、メルロ゠ポンティのそうした取り組みにも十分な目配りを怠っていない。連載当時には構造主義や記号論が流行していたこともあってか、本書ではソシュールやレヴィ゠ストロースにもかなりの叙述が割かれている。ソシュールについての部分は中央大学の同僚であった丸山圭三郎（一九三三―九三年）の解釈が援用されており、またウェーバーやルカーチについての叙述には、やはり同僚で親友でもあり、ルカーチ『理性の破壊』などを翻訳した生松敬三（一九二八―八四年）との会話が背景にあったことは想像に難くないが、まさに現象学と二〇世紀の人文諸科学の接触地点において、それぞれに異なる方法によりながら、古典的な哲学とは異なる仕方で、知の制度化への批判を行うことによって「野生の思考」を取り出そうとする努力が行われていたことも、本書は教えてくれる。メルロ＝ポンティの、一見現象学から離れていくような、こうした越境的な姿勢と知的誠実さは、たとえば今日のケアや看護の現象学、フェミニズムや人種差別批判などの批判的現象学が試みている現象学の可能性の拡張においても、メルロ＝ポンティの残したものが重要な参照源となっていることと、どこかでつながっているように思われる。四〇年前とは思想の流行は変わってしまったけれども、おそらく読み方を心得ている読者なら、そうしたメルロ＝ポンティの思想のスタイルと、それに粘り強くつきあう木田元の努力に、哲学を哲学の外部に触れさせて新しい空気を窓から入れる、開かれた思考の流儀のようなものを見いだすことができるはずである。

その意味では、本書の鍵は、メルロ＝ポンティが「スタイルとしての思考」と呼んでいたものを、メルロ＝ポンティ自身の思考のスタイルを提示する形で感じさせてくれるかどうか、というところにあるのだろう。たとえば本書の叙述では、比較的長い引用文の後に、その文章の内容を注釈、解説していく文章が来る。まるで翻訳作業に伴う注釈の現場を見る思いがするが、読者によっては、そうした部分を、冗長だ、とか、まどろっこしい、とか思う人もいるかもしれない。性急な読者は、注釈作業にかかる時間など省略して、要点だけ書いてくれ、と言うかもしれない。しかし、実際にメルロ＝ポンティの文章は、こうしたやり方でもしなければ、簡単には理解できない、あるいはその言わんとすることをつかめない、なかなかの難物なのである。

『行動の構造』はまだ学術的な文体で書かれているが、『知覚の現象学』では複文・重文構造の入り組んだ、きわめて息の長い文が現れ、論敵の意見も直説法で叙述され、どこで終わるか見当もつかないほど長い文を重ねてできあがった節の後で、逆接の接続詞で全部ひっくり返す、という、なんとも人を惑わす、思わせぶりな文章がひんぱんに出てくる。メルロ＝ポンティ自身が、端的に要点を提示するのではなく、批判するべき意見の理解とそれに対する検討とをひとつの思考の過程として粘り強く描く哲学者であったのだから、この思考の過程を省略してしまったのでは、メルロ＝ポンティらしい思考のスタイル、つまり両義的な思考の密度と緊張感は、どこかへ消えてしまう。さらに後期になると、哲学の伝統的な語彙を離れた比喩的表現に富んだ文章を書き始め、マルセル・プルーストの「文体とは視覚である」という言葉を地でいくような、クロード・シモンばりの文章まで登場し、こうなるとこの哲学者は、自分の哲学の文章で何かを見させよう、感じさせようとしていた、そのことを通じて何かを考えさせようとしていたのだ、と思えてくる。プルーストやクロード・シモンを要約しても何にもならないのと同じく、メルロ＝ポンティも、読んでみなくてはどうにもならない文章家なのである。

　そして、そんなメルロ＝ポンティからの引用文に、がっぷり四つに取り組むように、しかし、噛んで含めるような、ある意味で心地よい語り口調のテンポで、木田元が解説をつけていく。どうも本書の魅力は、メルロ＝ポンティの密度高く込みいった文章と、それをときほぐしていく木田元のゆったりとした名調子の語りとがアラベスクのように絡んで進みながら、二つの文体、二つの声の交差によってひとつの思想の像が織り上げられていくことにあるように思えてならない。

　本書を織り上げる、長いつづれ織のしめくくりは、当時木田元が訳稿を作っていた『見えるものと見えないもの』の研究ノートの解釈であり、そこで木田は、メルロ＝ポンティの後期思想とシェリングの後期思想の近さを指摘し、さらにそれをハイデガーにおけるライプニッツや後期シェリングへの関心と関連させ、そこに「現代哲学の基軸の向かっている方向」を見てとっている。メルロ＝ポンティの最後の思想的境地を指摘するこの見方は、木田元が本書の前年に発表していた『ハイデガー』（岩波書店、一九八三年）でも示されていたが、長年にわたるメルロ＝ポンティの翻訳と注釈の果てにたどりついた、木田元の哲学史への立脚点だったのだろう。その後の木田元の『反哲学史』（講談社、一九九五年）、『哲学と反哲学』（岩波書店、一九九〇年）、『反哲学入門』（新潮社、二〇〇七年）で繰り返し語られることになるこの哲学史観についての評価は今は措くとしても、メルロ＝ポンティのほとんどの著作の長年にわたる翻訳作業を通じて自身の思想を形作っていった、その作業の現場を見るようでもあり、他の言語で書かれた他の人の哲学を受容するとはどういうことか、ということまで示してくれているように思われるのである。

もっとも、本書が世に出てから四〇年、メルロ゠ポンティ哲学の研究状況が大きく変化したことにも触れておかねばならない。本書では、主にテオドール・F・ジェラーツの『新しい超越論的哲学のために』（一九七一年）やサルトルによる追悼文「生けるメルロ゠ポンティ」（『シチュアシオンⅣ』所収）などを参考に伝記的事実が描かれるが、今日では二〇一〇年にガリマール社から出た『著作集（*Œuvres*）』に付された、エマニュエル・ガルシアによる「生涯と著作　一九〇八―一九六一」を参照しなくてはならないだろうし、日本では加賀野井秀一『メルロ゠ポンティ　触発する思想』（白水社、二〇〇九年）の伝記的調査を読むべきであろう。たとえば同書で描かれている、ザザことエリザベート・ラコワンとメルロ゠ポンティの悲劇に終わる交際は、ボーヴォワールとラコワン、メルロ゠ポンティとボーヴォワールの書簡集『友情書簡　一九二〇―一九五九（*Lettres d'amitié 1920-1959*）』（ガリマール社、二〇二二年）でも確認できる。サルトルとの決裂についても、『サルトル／メルロ゠ポンティ往復書簡――決裂の証言』（みすず書房、二〇〇〇年）で、サルトルの追悼文とはまた異なった、より詳細な事情を知ることができる。二〇一六年にヴェルディエ社から出版された『ジョルジュ・シャルボニエとの対談及び他の対話　一九四六―一九五九

(*Entretiens avec Georges Charbonnier et autres dialogues, 1946-1959*)』では、メルロ＝ポンティ自身へのインタヴューを通じて、彼自身の言葉で伝記的事実が示されている。

また一九九五年以降続々と出版され始めたコレージュ・ド・フランス講義録（二〇二五年時点で邦訳のあるものとして『自然――コレージュ・ド・フランス講義ノート』（みすず書房、二〇二〇年）『コレージュ・ド・フランス講義草稿　一九五九―一九六一』（みすず書房、二〇一九年）、『フッサール『幾何学の起源』講義』（法政大学出版局、二〇〇五年））の数々は、メルロ＝ポンティにおける言語や文学への取り組み（とりわけ、プルーストやヴァレリーなど）、生物学を含む自然科学との対話、デカルト批判を軸とした哲学史の再考察について、本書とはまた異なる視点を与えてくれるし、ソルボンヌでの児童心理学講義『子どもの心理‐社会学』（みすず書房、二〇二三年）なども、ソルボンヌ時代のメルロ＝ポンティの人間科学に対する取り組みの広がり具合を教えてくれる。さらに二〇二二年にミシェル・ダリシエと松葉祥一の編集でミメーシス社から出された『未刊草稿（*Inédits*）』全二冊は、一九四六年から四九年までの講演や講義などの大量の草稿を収めており、これもこの時期のメルロ＝ポンティの思想的肖像を書き換える新発見をもたらす可能性があるだろう。

フランスでは、エマニュエル・ド・サントベールが未刊草稿を駆使して三冊の詳細な研究書を出しているが、それはメルロ＝ポンティの思想の展開を、サルトル批判、デカルト批判という視点で描いてみせている。こうした研究が本書のメルロ＝ポンティ像をある程度描き換えるものであることもたしかであろう。日本でも、本書刊行後、数多くの研究書が出ていて、それらは概説や入門の使命から離れて、倫理、文学、児童心理学、政治、と多岐にわたる論点からメルロ＝ポンティの思想の多様な側面を示すものである。本書でメルロ＝ポンティ哲学の物語が閉じられるわけではなく、あらゆる物語と同様に、つづきはまた明日、なのである。

しかし、どれほど草稿が出版されても、生前刊行の著作を読まなくては話にならないし、それを厳密にやってのけた本書があればこそ、多様に分化する研究も可能となったのだ、と考えれば、こうした研究状況が日本で生じていることも本書の意義を高める結果となろう。木田元は、本書あとがきで「制度化」概念を書き落としてしまった、としているが、『現象学の思想』（ちくま学芸文庫、二〇〇〇年）所収の「メルロ＝ポンティと「制度化」の概念」（初出は一九七八年）を読めばわかる通り、まだ「制度化」についての講義の全貌が明らかになっていない段階でこの概念に着目したのは慧眼と言うほかない。「制度化（Institution）」講義（*L'institution, la passivité*, Belin, 2003）が出版された今日ではメルロ＝ポンティの後期思想に至る最重要概念のひとつと認識される「制度化」概念にも、木田元はすでに先駆的に言及していたのである。

そして、メルロ＝ポンティをシェリングやホワイトヘッドと関連づけて論じる最近の英米圏の諸論文などを読んでいると、すでに一九八四年の時点で、いくぶんかは木田自身が訳したグザヴィエ・ティリエットのメルロ＝ポンティ解説本（篠憲二との共訳『メルロ＝ポンティ――あるいは人間の尺度』大修館書店、一九七三年）の影響があるとはいえ、メルロ＝ポンティの「野生の存在」の存在論を後期シェリングにつながる方向で読み解くことを示唆した点など、英米圏にはるかに先駆けるものであり、今日なお、本書がまだ現在進行中の研究との接点を失うものではないことは強調しておきたい。

木田元は自伝的な文章を多く書いた人であるし、その愛読者も数多く、今さら彼の生涯をくどくどしくたどる必要はないだろうが、一九二八年生まれ、山形県出身、満州国官僚になった父に連れられて満州で育ち、戦時中に江田島の海軍兵学校に入り、そこで原爆投下を目撃、終戦を迎え、戦後は父親がシベリアに抑留されたため、闇市をしながら母ときょうだいを養い、詐欺・窃盗まがいのことまでして得た金で農林専門学校に入り、そこから東北大学に入学したという経歴の持ち主である。秩序が崩壊して混乱する世間を、体を張って腕っぷしで生き抜いてきた、戦後焼け跡闇市派そのもの、大正時代から戦前にかけての人格主義や教養主義などとうに崩壊し、そのお上品な上っ面など無惨に引き剝がされて、極限状態の人間の現実がむきだしになった世界をかいくぐってきた世代である。そうした経歴を持つ木田元が、西洋哲学という、それこそ教養主義と理性主義の代名詞のような学問の中から、メルロ＝ポンティの身体の哲学をつかみとったことの意味は、単に個人的なものではなく歴史的なものであると言っていいように思われる。

メルロ＝ポンティやサルトルは、彼らの先生たちの新カント派的主知主義を「上空飛翔」の思考、すなわち俯瞰的な物の見方として批判し、「状況づけられた思考」、「受肉した思考」を主張した。彼らもまた、その戦争経験の中で歴史を学んだ世代である。メルロ＝ポンティは第二次大戦が終わった後に「戦争は起こった」（一九四五年）というエッセイを書いていて、そこで「われわれは歴史を学んだのであり、これを忘れてはならないと主張する」と述べ、「自由は世界の手前にあるのではなく、世界との接触のうちにある」と書いている。木田元とメルロ＝ポンティはちょうど二〇歳離れているが、フランスの若い哲学教師とやがては哲学を学び始める日本の闇市青年が、彼方と此方で、戦争という共通の歴史的経験に導かれて世界を見ていたのだと考えることは、あながち行き過ぎたこじつけの連想だとも思えない。

思えば、本書が刊行された後、日本はバブル景気の狂奔へと向かっていったが、四〇年経って文庫化されるときには、そんなものはもはや夢幻の彼方、今や遠い世界のあちらこちらに戦禍が蔓延し、人間が何の慈悲もなく殺されていく時代となっている。歴史の皮肉か、歴史の狡知か、巡り合わせとは不思議なものだが、肉体頑健だった戦後焼け跡闇市派の遺した、厚くて熱い、この一冊、ＡＩやＩＴ技術による効率的な上空飛翔思考に染まってすっかりなまった頭脳に、きつい知性の腕立て伏せを課し、心して再対決に臨みたい。

（哲学、立命館大学教授）

年	メルロ＝ポンティ関係事項	その他
1955	『弁証法の冒険』を発表し、サルトルに厳しい批判をくわえる	シモーヌ・ドゥ・ボーヴォワール「メルロ＝ポンティとえせサルトル主義」によって激しい反批判をおこなう。レヴィ＝ストロース『悲しき熱帯』
1958		レヴィ＝ストロース『構造人類学』
1959	『見えるものと見えないもの』の執筆に着手	
1960	論文集『シーニュ』	サルトル『弁証法的理性批判』第1巻
1961	1月　「眼と精神」を『アール・ドゥ・フランス』誌に発表 5月3日　心臓麻痺で急逝	サルトル『生けるメルロ＝ポンティ』
1964	遺稿『見えるものと見えないもの』（クロード・ルフォール編集） 講義録「ソルボンヌにおけるメルロ＝ポンティ」（『ビュルタン・ドゥ・プシコロジー』誌の特集号として刊行）	
1968	『講義要録――コレージュ・ドゥ・フランス、一九五二―一九六〇年』（クロード・ルフォール編集）	
1969	遺稿『世界の散文』（クロード・ルフォール編集）	
1971		レヴィ＝ストロース「いくたびかの出会い」

年	メルロ＝ポンティ関係事項	その他
1945	『知覚の現象学』。７月　『行動の構造』と『知覚の現象学』によって学位取得。リヨン大学講師に就任。10月　サルトルらとともに雑誌『現代（レ・タン・モデルヌ）』を創刊	第２次大戦終結 サルトル『自由への道』第１、２部、講演『実存主義は一つのヒューマニズムである』
1946	『現代』誌の事実上の編集長となる	サルトル『唯物論と革命』
1947	論文集『ヒューマニズムとテロル』。(−49) 高等師範学校講師を兼任	アンドレ・マルロー『芸術の心理学』(1947−50)
1948	論文集『意味と無意味』。リヨン大学教授に昇進。ソシュールを研究しはじめる	サルトル『文学とは何か』
1949	(−52) パリ大学文学部（ソルボンヌ）児童心理学および教育学の講座主任教授	サルトル『自由への道』第３部、レヴィ＝ストロース『親族の基本構造』
1950	朝鮮戦争開始と同時に『現代』誌の政治的指導者の地位を放棄	朝鮮戦争はじまる
1951	『世界の散文』の執筆に着手するが、やがて中断（51年秋か52年はじめ）	
1952	(−61) コレージュ・ドゥ・フランス教授。サルトルと決裂し、『現代』誌の事実上の編集長を辞任	サルトル『共産主義者と平和』第１、２論文
1953	１月　コレージュ・ドゥ・フランス就任講演『哲学をたたえて』。母親を失う	サルトル、クロード・ルフォールと論争
1954		サルトル『共産主義者と平和』第３論文

年	メルロ＝ポンティ関係事項	その他
1933	(−34) 国立科学研究所で研修	ナチス政権成立
1934	(−35) シャルトルの高等中学校哲学教授	
1935	(−39) 高等師範学校の復習教師。アレクサンドル・コジェーヴの『精神現象学』についての講義に出席。これと並行してマルクスやルカーチの『歴史と階級意識』を読みはじめる。アロン・ギュルヴィッチの論文に協力。書評「キリスト教とルサンチマン」	
1936	書評「『存在と所有』」。書評「サルトル『想像力』」	サルトル『想像力』『自我の超越』
1938	『行動の構造』いちおうの完成を見る	フッサール歿
1939	ルーヴァンのフッサール文庫を訪ね、フッサールの遺稿を閲読 (−40) 第5歩兵連隊の将校として動員されるが、フランスの降伏とともに解除	第2次大戦勃発
1940	(−44) カルノー高等中学校哲学教授	サルトル『想像力の問題』
1941	レジスタンス・グループ「社会主義と自由」に参加して、サルトルと再会	
1942	『行動の構造』刊行	
1943		サルトル『存在と無』
1944	(−45) サルトルの渡米後その後任としてコンドルセ高等中学校に移る	8月　パリ解放

年　譜

年	メルロ＝ポンティ関係事項	その他
1905		J＝P・サルトル、ポール・ニザン、レーモン・アロンら生まれる
1908	3月14日　モーリス・メルロ＝ポンティ生まれる （はじめル・アーヴル高等中学校（リセ）、次いでパリのジャンソン＝ドゥ＝サイイ高等中学校、ルイ＝ル＝グラン高等中学校で中等教育を受ける）	シモーヌ・ドゥ・ボーヴォワール、クロード・レヴィ＝ストロース生まれる
1913		フッサール『イデーン』第1巻
1923		ルカーチ『歴史と階級意識』
1926	(−30) 高等師範学校（エコール・ノルマル・シュペリユール）在学	
1927		ハイデガー『存在と時間』
1928		マックス・シェーラー歿。シェーラー『宇宙における人間の地位』
1929	フッサールのソルボンヌでの連続講義を聴講	
1930	哲学の教授資格（アグレガシオン）試験に合格。(−31) 兵役につく	
1931	(−33) ボーヴェの高等中学校哲学教授	フッサール『デカルト的省察』
1932		マルクス『経済学哲学草稿』

3　計画されたが執筆されなかった、あるいは変更された書名

4　講義名・講義録名

2 遺稿

II　メルロ＝ポンティの作品名索引

1　著　作

ワ　行

ヤ 行

ラ 行

マ　行

タ 行

ナ 行

ハ 行

サ　行

I　人名・作品名索引

ア　行

カ　行

索　引

・本文および注に登場する主な人名・作品名を掲げる。作品名は著者名の下位項目として配列した。
・人名に関しては、注の書誌情報は対象としなかった。また欧文は、一部の作品名を除き対象としなかった。
・メルロ＝ポンティに関しては索引を分け、1「著作」、2「遺稿」、3「計画されたが執筆されなかった、あるいは変更された書名」、4「講義名・講義録名」をそれぞれ50音順に配列した。4「講義名・講義録名」は講義が行われた機関ごとに50音順に配列している。

KODANSHA

本書の原本は一九八四年に岩波書店から刊行されました。編集部で日本語文献の書誌情報を補いました。なお、今日の感覚では、明らかに差別的な表現がふくまれていますが、本書が執筆された時代環境を考え、また著者が故人であることから、そのままにしてあります。差別の助長を意図するものではありません。

木田　元（きだ　げん）

1928-2014年。東北大学文学部哲学科卒業。中央大学名誉教授。専門は西洋哲学。著訳書に『現象学』，『ハイデガーの思想』，『ハイデガー『存在と時間』の構築』（以上，岩波書店），『反哲学史』，『わたしの哲学入門』，『マッハとニーチェ』（以上，講談社），モーリス・メルロ＝ポンティ『行動の構造』，『眼と精神』，『見えるものと見えないもの』（いずれも共訳，みすず書房），マルティン・ハイデガー『現象学の根本問題』（共訳，作品社）など多数。

講談社学術文庫

定価はカバーに表示してあります。

メルロ＝ポンティの思想《しそう》

木田《きだ》　元《げん》

2025年3月11日　第1刷発行

発行者　篠木和久
発行所　株式会社講談社
東京都文京区音羽2-12-21 〒112-8001
電話　編集（03）5395-3512
販売（03）5395-5817
業務（03）5395-3615
装　幀　蟹江征治
印　刷　株式会社ＫＰＳプロダクツ
製　本　株式会社国宝社
本文データ制作　講談社デジタル製作

ISBN978-4-06-539139-6

「講談社学術文庫」の刊行に当たって

これは、学術をポケットに入れることをモットーとして生まれた文庫である。学術は少年の心を養い、成年の心を満たす。その学術がポケットにはいる形で、万人のものになることは、生涯教育をうたう現代の理想である。

こうした考え方は、学術を巨大な城のように見る世間の常識に反するかもしれない。また、一部の人たちからは、学術の権威をおとすものと非難されるかもしれない。しかし、それはいずれも学術の新しい在り方を解しないものといわざるをえない。

学術は、まず魔術への挑戦から始まった。やがて、いわゆる常識をつぎつぎに改めていった。学術の権威は、幾百年、幾千年にわたる、苦しい戦いの成果である。こうしてきずきあげられた城が、一見して近づきがたいものにうつるのは、そのためである。しかし、学術の権威を、その形の上だけで判断してはならない。その生成のあとをかえりみれば、その根は常に人々の生活の中にあった。学術が大きな力たりうるのはそのためであって、生活をはなれた学術は、どこにもない。

開かれた社会といわれる現代にとって、これはまったく自明である。生活と学術との間に、もし距離があるとすれば、何をおいてもこれを埋めねばならない。もしこの距離が形の上の迷信からきているとすれば、その迷信をうち破らねばならぬ。

学術文庫は、内外の迷信を打破し、学術のために新しい天地をひらく意図をもって生まれた。文庫という小さい形と、学術という壮大な城とが、完全に両立するためには、なおいくらかの時を必要とするであろう。しかし、学術をポケットにした社会が、人間の生活にとってより豊かな社会であることは、たしかである。そうした社会の実現のために、文庫の世界に新しいジャンルを加えることができれば幸いである。

一九七六年六月

野間省一

927
湯浅泰雄《ゆあさやすお》著（解説・T・P・カスリス）
身体論 東洋的心身論と現代

西洋近代の〈知〉の枠組を、東洋からの衝撃が揺るがしつつある。仏教、芸道の修行にみられる〝心身一如〟の実践哲学を、M＝ポンティらの身体観や生理心理学の新潮流が切り結ぶ地平で捉え直す意欲的論考。

931
柄谷行人著（解説・小森陽一）
マルクスその可能性の中心

あらゆる問題を考えるために必要な一つの問題として、柄谷行人は〈マルクス〉をとりあげた。価値形態論において「まだ思惟されていないもの」を読んだ話題の力作。文学と哲学を縦横に通底した至高の柄谷理論。

934
辻　直四郎著（解説・原　實）
ウパニシャッド

人類最古の偉大な哲学宗教遺産は何を語るのか。紀元前十五世紀に遡るインド古代文化の精華ヴェーダ。その極致であり後の人類文化の源泉ともいえるウパニシャッドの全体像と中核思想を平明に解説した名著。

946
今道友信著
エコエティカ 生圏倫理学入門

人類の生息圏規模で考える新倫理学の誕生。今日の高度技術社会の中で、生命倫理や医の倫理などすべての分野で倫理が問い直されている。今こそ人間の生き方に関わる倫理の復権が急務と説く注目の書き下ろし。電P

968
木田　元著
現代の哲学

現代哲学の基本的動向からさぐる人間存在。激動する二十世紀の知的状況の中で、フッサール、メルロ＝ポンティ、レヴィ＝ストロースら現代の哲学者達が負った共通の課題とは？　人間の存在を問う現代哲学の書。電

1014
金谷　治著（解説・楠山春樹）
淮南子《えなんじ》の思想 老荘的世界

無為自然を道徳の規範とする老荘の説を中心に、周末以来の儒家、兵家などの思想をとり入れ、処世や政治、天文地理から神話伝説まで集合した淮南子の人生哲学の書。諸子から戦国時代までを網羅した中国思想史。

哲学・思想・心理

1394
荀子
内山俊彦著

戦国時代最後の儒家・荀子の思想とその系譜。秦帝国出現前夜の激動の時代を生きた荀子。性悪説で名高い人間観をはじめ自然観、国家観、歴史観等、異彩を放つその思想の全容と、思想史上の位置を明らかにする。

電 P

1424
反哲学史
木田　元著（解説・保坂和志）

新たな視点から問いなおす哲学の歴史と意味。哲学を西洋の特殊な知の様式と捉え、古代ギリシアから近代への歴史を批判的にたどる。講義録をもとに平明に綴った刺激的哲学史。学術文庫『現代の哲学』の姉妹篇。

電 P

1477
〈戦前〉の思考
柄谷行人著（解説・鎌田哲哉）

国民国家を超克する「希望の原理」とは？「終わり」が頻繁に語られる時、我々は何かの「事前」に立っていることを直観している。戦前を反復させぬために〈戦前〉の視点から思考を展開する著者による試論集。

1481
哲学の教科書
中島義道著（解説・加藤尚武）

平易なことばで本質を抉る、哲学・非-入門書。哲学とは何でないか、という視点に立ち、哲学の何たるかを探る。物事を徹底的に疑うことが出発点になる、哲学センス・予備知識ゼロからの自由な心のトレーニング。

電 P

1515
カント
坂部　恵著

哲学史二千年を根源から変革した巨人の全貌。すべての哲学はカントに流れ入り、カントから再び流れ出す。認識の構造を解明した『純粋理性批判』などカントの独創的作品群を、その生涯とともに見渡す待望の書。

電

1544
西田幾多郎の思想
小坂国継著

自己探究の求道者西田の哲学の本質に迫る。強靱な思索力で意識を深く掘り下げた西田幾多郎。西洋思想と厳しく対決して、独自の体系を構築。西田哲学とはどのようなものか。その性格と魅力を明らかにする。

《講談社学術文庫　既刊より》

2261
高田珠樹著
ハイデガー　存在の歴史

現代の思想を決定づけた『存在と時間』はどこへ向けて構想されたか。存在論の歴史を解体・破壊し、根源的な存在の経験を取り戻すべく、「在る」ことを探究したハイデガー。その思想の生成過程と精髄に迫る。

電 P

2262
ヴィクトール・E・フランクル著／中村友太郎訳（解説・諸富祥彦）
生きがい喪失の悩み

どの時代にもそれなりの神経症があり、またそれなりの精神療法を必要としている――。世界的ベストセラー『夜と霧』で知られる精神科医が看破した現代人の病理。底知れない無意味感＝実存的真空の正体とは？

2266
木田　元著
マッハとニーチェ　世紀転換期思想史

十九世紀の物理学者マッハと古典文献学者ニーチェ。接点のない二人は同時期同じような世界像を持っていた。ニーチェの「遠近法的展望」とマッハの「現象」の世界はほぼ重なる。二十世紀思想の源泉を探る快著。

電 P

2267
鷲田清一著
〈弱さ〉のちから　ホスピタブルな光景

「そこに居てくれること」で救われるのは誰か？　看護、ダンスセラピー、グループホーム、小学校。ケアする側とされる側に起こる反転の意味を現場に追い、ケア関係の本質に迫る、臨床哲学の刺戟的なこころみ。

電 P

2276
コーラ・ダイアモンド編／大谷　弘・古田徹也訳
ウィトゲンシュタインの講義　数学の基礎篇　ケンブリッジ１９３９年

後期ウィトゲンシュタインの記念碑的著作『哲学探究』に至るまでの思考が展開された伝説の講義の記録。数を数えるとは。矛盾律とは。数学基礎論についての議論が言語、規則、命題等の彼の哲学の核心と響き合う。

2282
中島義道著
差別感情の哲学

差別とはいかなる人間的事態なのか。他者への否定的感情、その裏返しとしての自分への肯定的感情、そして「誠実性」の危うさの解明により見えてくる差別感情の本質。人間の「思考の怠惰」を哲学的に追究する。

電 P

2616

中野孝次著

ローマの哲人　セネカの言葉

死や貧しさ、運命などの身近なテーマから「人間となる術」を求め、説いたセネカ。その姿はモンテーニュやアランにもつながる。作家・中野孝次が、晩年に自らの翻訳で読み解いた、現代人のためのセネカ入門。

2627

渡辺公三著（解説・小泉義之）

レヴィ＝ストロース　構造

現代最高峰の人類学者の全貌を明快に解説。ブラジルへの旅、ヤコブソンとの出会いから構造主義誕生を告げる『親族の基本構造』出版、そして『野生の思考』を経て『神話論理』に至る壮大な思想ドラマ！

2630

鷲田清一著

メルロ＝ポンティ　可逆性

独自の哲学を創造し、惜しまれながら早世した稀有の哲学者。その生涯をたどり、『知覚の現象学』をはじめとする全主要著作をやわらかに解きほぐす著者渾身のモノグラフ、決定版として学術文庫に登場！

2633

エドワード・S・リード著／村田純一・染谷昌義・鈴木貴之訳（解題・佐々木正人）

魂《ソウル》から心《マインド》へ　心理学の誕生

心理学を求めたのは科学か、形而上学か、宗教か。「魂」概念に代わる「心」概念の登場、実験心理学の成立、自然化への試みなど、一九世紀の複雑な流れを整理しつつ、心理学史の新しい像を力強く描き出す。

2637

野矢茂樹著（解説・古田徹也）

語りえぬものを語る

相貌論、懐疑論、ウィトゲンシュタインの転回、過去、知覚、自由……さまざまな問題に豊かなアイディアで切り込み、スリリングに展開する「哲学的風景」。著者会心の哲学への誘い。

2640

田中美知太郎著（解説・國分功一郎）

古代哲学史

古代ギリシア哲学の碩学が生前刊行した最後の著作。著者の本領を発揮した凝縮度の高い哲学史、より深く学びたい人のための手引き、そしてヘラクレイトスの決定版となる翻訳——哲学の神髄がここにある。

西洋の古典

2566
全体性と無限
エマニュエル・レヴィナス著／藤岡俊博訳

特異な哲学者の燦然と輝く主著、気鋭の研究者による渾身の新訳。二種を数える既訳を凌駕するべく、原書のあらゆる版を参照し、訳語も再検討しながら臨む。次代に受け継がれるスタンダードがここにある。

2568
イマジネール
想像力の現象学的心理学
ジャン＝ポール・サルトル著／澤田　直・水野浩二訳

「イメージ」と「想像力」をめぐる豊饒なる考察——ブランショ、レヴィナス、ロラン・バルト、ドゥルーズなどの幾多の思想家に刺激を与え続けてきた一九四〇年刊の重要著作を第一級の研究者が渾身の新訳！

2569
ルイ・ボナパルトのブリュメール18日
カール・マルクス著／丘沢静也訳

一八四八年の二月革命から三年後のクーデタまでの展開を報告した名著。ジャーナリストとしてのマルクスの舌鋒鋭くもウィットに富んだ筆致を、実力者が達意の日本語にした、これまでになかった新訳。

2570
レイシズム
R・ベネディクト著／阿部大樹訳

レイシズムは科学を装った迷信である。人種の優劣や純粋な民族など、存在しない——ナチスが台頭しファシズムが世界に吹き荒れた一九四〇年代、『菊と刀』で知られるアメリカの文化文類学者が鳴らした警鐘。

2596
イミタチオ・クリスティ
キリストにならいて
トマス・ア・ケンピス著／呉　茂一・永野藤夫訳

十五世紀の修道士が著した本書は、『聖書』についで多くの読者を獲得したと言われる。読み易く的確な論しに満ちた文章が、悩み多き我々に安らぎを与え深い瞑想へと誘う。温かくまた厳しい言葉の数々。

2677
我と汝
マルティン・ブーバー著／野口啓祐訳（解説・佐藤貴史）

経験と利用に覆われた世界の軛から解放されるには、全身全霊をかけて相対する〈なんじ〉と出会わねばならない。その時、わたしは初めて真の〈われ〉となるのだ——。「対話の思想家」が遺した普遍的名著！

《講談社学術文庫　既刊より》